NH농협
직무능력

NH농협
직무능력

초판 발행	2021년 11월 17일
개정판 발행	2023년 1월 10일

편 저 자 | 취업적성연구소

발 행 처 | ㈜서원각

등록번호 | 1999-1A-107호

주   소 | 경기도 고양시 일산서구 덕산로 88-45(가좌동)

대표번호 | 031-923-2051 / 070-4233-2507

팩   스 | 031-923-3815

교재문의 | 카카오톡 플러스 친구[서원각]

영상문의 | 070-4233-2505

홈페이지 | www.goseowon.com

책임편집 | 이은지

디 자 인 | 김한울

머리말

우리나라 기업들은 1960년대 이후 현재까지 비약적인 발전을 이루었습니다. 이렇게 급속한 성장을 이룰 수 있었던 배경에는 우리나라 국민들의 근면성 및 도전정신이 있었습니다. 그러나 빠르게 변화하는 세계 경제의 환경에 적응하기 위해서는 근면성과 도전정신 이외에 또 다른 성장 요인이 필요합니다.

최근 많은 기업에서는 기존의 직무 관련성에 대한 고려 없이 인·적성, 지식 중심으로 치러지던 필기전형을 탈피하고, 산업현장에서 직무를 수행하기 위해 요구되는 능력을 산업부문별·수준별로 체계화 및 표준화한 NCS를 기반으로 하여 채용공고 단계에서 제시되는 직무 설명자료 상의 직업기초능력과 직무수행능력을 측정하기 위한 직업기초능력평가, 직무수행능력평가 등을 도입하고 있습니다.

이러한 사회적 변화에 따라 본서는 NCS 직무능력평가에 대한 중요핵심이론과 출제예상문제를 수록하여 NH농협 필기시험을 준비하는 수험생들의 이해를 돕고 빠르게 문제에 적응할 수 있도록 구성하였습니다.

본서가 합격을 향해 고군분투하는 수험생 여러분에게 힘이 되는 교재가 되기를 바라며, 달려가는 길을 서원각이 진심으로 응원합니다.

특징 및 구성

농협 정보

농협 소개, 조직 현황, 농협 비전 2025, 농협의 10대 이슈 등 필기뿐만 아니라 면접에서도 유용한 농협의 최신 정보들을 한 눈에 볼 수 있도록 정리하였습니다.

최신 기출복원 문제

농협은행필기시험 기출 키워드로 기출문제를 복원·재구성하여 대비할 수 있도록 하였습니다. 실제 시험 난이도와 자주 보이는 키워드를 확인하여 실전처럼 준비해보세요.

직무능력평가

의사소통능력, 수리능력, 문제해결능력, 정보능력, 자원관리능력에 대한 상세한 설명과 함께 출제예상문제를 수록하였습니다. 다양한 난이도의 문제로 구성하여 시험에 대한 감을 익혀보세요.

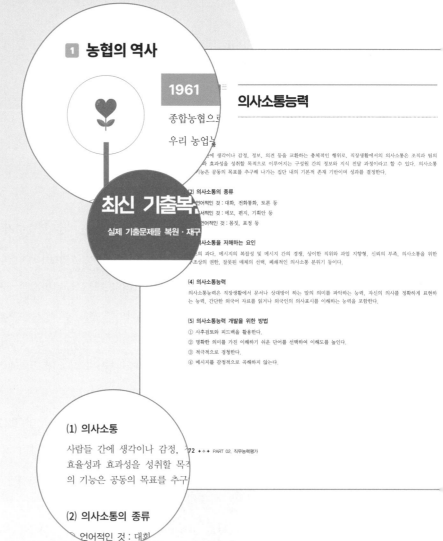

1 농협의 역사

1961

종합농협으로

우리 농업

최신 기출복

실제 기출문제를 복원·재구

(1) 의사소통

사람들 간에 생각이나 감정, 효율성과 효과성을 성취할 목적의 기능은 공동의 목표를 추구

(2) 의사소통의 종류

언어적인 것 : 대화

의사소통능력

에 생각이나 감정, 정보, 의견 등을 교환하는 총체적인 행위로, 직장생활에서의 의사소통은 조직과 팀의 와 효과성을 성취할 목적으로 이루어지는 구성원 간의 정보와 지식 전달 과정이라고 할 수 있다. 의사소통 기능은 공동의 목표를 추구해 나가는 집단 내의 기본적 존재 기반이며 성과를 결정한다.

(2) 의사소통의 종류
언어적인 것 : 대화, 전화통화, 토론 등
서적인 것 : 메모, 편지, 기획안 등
언어적인 것 : 몸짓, 표정 등

(4) 의사소통을 해하는 요인
의 과다, 메시지의 복잡성 및 메시지 간의 경쟁, 상이한 직위와 과업 지향형, 신뢰의 부족, 의사소통을 위한 조상의 권한, 잘못된 매체의 선택, 폐쇄적인 의사소통 분위기 등이다.

(4) 의사소통능력
의사소통능력은 직장생활에서 문서나 상대방이 하는 말의 의미를 파악하는 능력, 자신의 의사를 정확하게 표현하는 능력, 간단한 외국어 자료를 읽거나 외국인의 의사표시를 이해하는 능력을 포함한다.

(5) 의사소통능력 개발을 위한 방법
① 사후검토와 피드백을 활용한다.
② 명확한 의미를 가진 이해하기 쉬운 단어를 선택하여 이해도를 높인다.
③ 적극적으로 경청한다.
④ 메시지를 감정적으로 곡해하지 않는다.

72 ✦✧✧ PART 02. 직무능력평가

인·적성평가

NCS뿐만 아니라 인성검사의 개요와 실전 인성검사를 수록하여 실전에 대비할 수 있도록 하였습니다.

인·적성평가

고난도 모의고사

고득점과 고난도 시험에도 대비할 수 있도록 PSAT 및 공기업 NCS 기출 모의고사를 수록하였습니다. 출제경향을 파악하고 문제 유형을 익혀 시험 전에 충분히 연습해보세요.

차례

4 고난도 모의고사

5 정답 및 해설

의사소통능력

문서나 상대방이 하는 말의 의미를 파악하는 능력, 자신의 의사를 정확하게 표현하는 능력을 말한다.

- ※ 사후검토와 피드백을 활용한다.
- ※ 명확한 의미를 가진 이해하기 쉬운 단어를 선택하여 이해도를 높인다.
- ※ 적극적으로 경청한다.
- ※ 메시지를 감정적으로 곡해하지 않는다.

문제해결능력

목표와 현상을 분석하고 이 결과를 토대로 과제를 도출하여 최적의 해결책을 찾아 실행·평가해 가는 활동이다.

- ※ 문제와 해결방안이 상위 시스템과 어떻게 연결되어 있는지를 생각한다.
- ※ 전체를 각각의 요소로 나누어 그 의미를 도출하고 우선순위를 부여하여 구체적인 문제해결방법을 실행한다.
- ※ 인식의 틀을 전환하여 새로운 관점으로 바라보는 사고를 지향한다.
- ※ 기술, 재료, 사람 등 필요한 자원을 효과적으로 활용한다.

수리능력

직장생활에서 요구되는 사칙연산과 기초적인 통계를 이해하고 도표의 의미를 파악하거나 도표를 이용해서 결과를 효과적으로 제시하는 능력을 말한다.

- ※ 기본적인 사칙연산 뿐만 아니라 다단계의 복잡한 사칙연산까지도 수행할 수 있어야 한다.
- ※ 표본을 통해 연구대상 집단의 특성을 유추한다.
- ※ 관찰 가능한 자료를 통해 논리적으로 결론을 추줄·검증한다.

정보능력

업무 수행 시 컴퓨터 활용 및 정보 수집·활용을 원활하게 할 수 있는 능력을 말한다.

- ※ What(무엇을?) : 정보의 입수대상을 명확히 한다.
- ※ Where(어디에서?) : 정보의 소스(정보원)을 파악한다.
- ※ When(언제까지) : 정보의 요구(수집)시점을 고려한다.
- ※ Why(왜?) : 정보의 필요목적을 염두에 둔다.
- ※ Who(누가?) : 정보활동의 주체를 확정한다.
- ※ How(어떻게) : 정보의 수집방법을 검토한다.
- ※ How Much(얼마나?) : 정보수집의 비용성(효용성)을 중시한다.

자원관리능력

업무 수행 시 물적·인적자원을 관리하는 능력을 말한다.

- ※ 필요한 자원의 종류와 양을 확인하고 이용 가능한 자원을 수집한다.
- ※ 자원 활용의 계획을 세우고 계획대로 수행한다.
- ※ 필요한 과업 및 활동 구명 → 우선순위 결정 → 예산 배정 과정을 통해 예산을 수립한다.

농협의
기본

1 농협의 역사

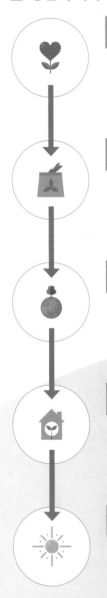

1961

종합농협으로 출범,

우리 농업농촌과 함께 성장한 대한민국 대표 협동조합

2000

분산되어 있던 농업협동조합중앙회, 축산업협동조합중앙회 및 인삼업협동조합중앙회를 통합,

통합 농협중앙회체계 구축

2011

창립 50주년에 농협법 개정을 통한 경제사업과 신용사업 체제를 전문화,

지역 농축협과 농업인들의 실질적인 권익을 향상시킬 수 있는 역량 강화

2012.03.02.

개정된 농협법에 따라 새롭게 출발

2020.05.

농협, 새로운 100년을 향한 비전 2025 선포식 개최

2 농업·농촌, 그리고 농협

1960년대

"식량 증산을 달성하다!"

1962년 정부는 농협이 비료와 농약을 전담 공급하도록 하여 영농자재를 편리하게 공급하고 시비 합리화, 경종법 개선, 병충해 방제 등 식량 증산을 위한 지도사업을 적극 추진하였다.

1970년대

"농촌경제 발전에 기여하다!"

새마을운동 활성화 : '새마을교육지원', '협동새마을육성', '마을식량증산지원', '마을환경개선', '새마을 소득종합개발' 등 농협을 주축으로 다양한 사업을 추진하였다. 1972년에는 농협대학에 새마을지도자 양성을 위한 '독농가연수원'을 설립, 1973년에는 '새마을지도자연수원'으로 명칭을 변경하여 전문적인 역량을 지닌 지도자를 양성하였다.

상호금융 도입 및 연쇄점 개설 : 1970년 연쇄점 방식의 현대식 소매점을 개설하여 농가가 생활물자를 저렴하게 구입할 수 있도록 하였으며, 1973년부터 '농어촌 1조 원 저축운동'을 추진하여 목돈 마련의 기회를 제공하였다. 이는 농가 가계비 절감과 농촌 물가 안정에 크게 기여하였다.

1980년대

"농업생산성 향상과 영농지도에 힘쓰다!"

농기계 구입 자금융자 확대 및 농기계 공동이용사업을 추진하여 농업기계화를 촉진하였고, 1983년 단위농협에 영농지도원을 확보하여 농업경영, 지역농업종합개발계획, 복합영농사업, 농산물유통지도, 출하지도 업무를 전담하게 하여 농가소득 증대를 도모하였다.

1990년대

"농·축산물 시장개방에 대응하다!"

• UR협상으로 농·축산물 시장이 개방되자 1991년 '쌀 수입 개방 반대 범국민 서명운동'과 함께 '신토불이', '농토불이' 구호와 함께 우리농촌 살리기 운동을 전개하였다.

• 1998년 기존 도매기능에 저장, 소포장, 집배송, 소매기능을 통합한 '농산물 물류센터'를 전국에 설치하여 유통단계를 축소하고 불필요한 유통비용을 절감하였으며, 미곡종합처리장과 산지유통센터 등을 확충하여 농·축산물 시장과 유통시장 개방에 대응하였다.

2000년대

"통합농협으로 농업인·국민 곁에 더욱 가까이 서다!"

2000년 7월 농·축·인삼협 중앙회를 하나로 통합하여 사업 규모를 확대하고 농업인에게 다양한 지원이 가능하게 되었다. 2004년 농협문화복지재단을 설립하여 장학사업과 복지사업을 체계적으로 전개하였다. 또한 농·축산물 안전에 대한 관심이 대두되면서 농업과 농촌의 중요성에 대한 범국민적 공감대 형성하기 위하여 '농촌사랑운동'을 전개하였다.

2010년대

"사업 전문성을 강화, 농업인 실익 지원을 확대하다!"

2012년 사업 부문별 전문성 및 효율성 강화를 위한 사업구조 개편이 실시되었다. 산지유통 혁신, 도매물류 인프라 구축, 소비지 유통망 확충과 농협로컬푸드직매장 등의 직거래 사업을 추진하였으며 6차 산업 지원과 함께 '농업인 행복 콜센터'를 비롯한 다양한 농촌복지 사업을 전개하였다. 또한 농업·농촌 가치에 대한 국민 공감대를 높이기 위해 전개된 **'농업 가치 헌법반영 국민공감 운동'** ✛ 은 38일 만에 1,153만 8,570명의 국민이 서명에 동참하였다.

상식PLUS ✛ 농업 가치 헌법반영 국민공감 운동 … 농업의 공익적 기능을 헌법에 구체적으로 명시하고 재정지원을 포함한 국가 의무를 명문화해야 한다는 운동

3 농업 · 농촌운동의 흐름

우리 농산물을 애용하자! 신토불이 운동

농협에 의해 만들어진 신조어 신토불이(身土不二)는 당시에도 현재에도 우리 농산물 애용운동의 대명사가 되었다. 특히 처음 신토불이가 등장한 1989년에는 시장개방에 대해 농민들의 반대가 거셌던 터라 국민적 공감대는 이루 말할 수 없을 정도였다. 쌀시장 개방방대 범국민 서명운동은 돌입 42일 만에 1,307만여 명에 달해 기네스북에 오르기도 했다. 이후 신토불이 운동은 농도불이운동, 농촌사랑운동 등으로 가지를 뻗었다.

1
새농민운동
1965년 ~ 현재

2
• 농민 스스로 농촌사랑의 선구자 역할
• 자립, 과학, 협동하는 농민

2
신토불이 운동
1989년

3
농토불이 운동
1996년 ~ 2002년

• 우리 농산물 애용 확대
• 쌀시장 개방반대 범국민 서명운동

4

1사 1촌 자매결연 행사 실시

강원농협지역본부는 자매결연을 맺은 홍천군을 찾아 일손돕기 봉사활동을 실시했다고 전했다. 현장에는 본부장을 비롯한 직원 스무 명과 조합장, 홍천군지부장 등이 함께 했다. 비닐하우스 작업 외에도 코로나19 예방을 위해 방역용 마스크를 전달하기도 했다. 강원농협은 해당 마을은 1994년부터 자매결연을 한 이래로 일손 지원 및 농산물 판매 등 지속적인 교류를 이어오고 있다.

• 농촌과 도시는 서로 돕는 하나
• 농산물 직거래 사업

4
농촌사랑운동
2003년 ~ 현재

• 농업 · 농촌 문제 범국민적 해결 모색
• 1사 1촌 자매결연

5

식사랑 농사랑 운동

2011년 ~ 2015년

식생활식문화운동

6

또 하나의 마을 만들기

2016년 ~ 현재

- 명예이장 위촉 등 노동교류활성화
- 농업의 공익적 가치 확산
- 깨끗하고 아름다운 농촌마을 가꾸기

7

국민과 함께하는 도농상생 활성화

2020년 ~

농촌 봉사활동 전개

6

모두가 힘을 합쳐 만드는 또 하나의 마을

또 하나의 마을 만들기는 농촌마을의 활력증대와 도농교류 확대를 통한 농촌의 가치와 이해 증진을 위하여 농협중앙회에서 2016년부터 전국적으로 추진하는 운동이다. 현재 농촌 마을은 인구 감소를 비롯하여 농산물 수입 자유화 등으로 점점 활력을 잃어가고 있다. 이는 결국 우리 농업의 경쟁력 약화 및 농가 소득 정체로 이어지며 농업 관계자들의 숙제가 아닐 수 없다. 이에 따라 농협에서는 농협 임직원을 필두로 전국의 농촌 마을 '명예 이장'으로 위촉하여 농촌 예술화 등 다양한 활동을 전개하고 있다.

7

함께 하는 100년 농협, 함께하는 농촌봉사활동

지난달 1일, 농협중앙회는 임직원들과 함께 경기 김포시 소재 인삼농가를 찾아 봉사활동 행사를 시작하였다. 농협은 지난해 2020년부터 한국사회복지협의회 등과 협력하여 기업들의 농촌봉사활동을 적극 권장하고 있으며 농협 홈페이지와 1365 자원봉사포털을 통해 농촌 일손돕기 봉사자를 모집하고 있다. 농협중앙회장은 "코로나19 장기화로 외국인 노동자의 입국마저 어려워져 농업인들이 인력난을 겪어왔다. 이에 농협에서는 기업과 단체 임직원 등 자원봉사자들과 함께 농촌일손돕기에 힘써왔으며, 지난해에는 일반인 봉사활동 참여자가 1만 8천여 명에 이르렀다."고 전하였다.

① 농협 소개

① 미션(농협법 제1조)

비전2025

농업이 대우받고 농촌이 희망이며 농업인이 존경받는

함께하는 100년 농협

· 농업인과 국민, 농촌과 도시, 농축협과 중앙회, 그리고 임직원 모두 협력하여 농토피아를 구현하겠다는 의지 ·
· 60년을 넘어 새로운 100년을 향한 위대한 농협으로 도약하겠다는 의지 ·

※ 농업인의 경제적 · 사회적 · 문화적 지위를 향상시키고, 농업의 경쟁력 강화를 통하여 농업인의 삶의 질을 높이며, 국민경제의 균형 있는 발전에 이바지함

② 농협 5대 핵심가치

농업인과 소비자가 함께 웃는 유통 대변화	미래 성장동력을 창출하는 디지털 혁신	경쟁력 있는 농업, 잘 사는 농업인	지역과 함께 만드는 살고 싶은 농촌	정체성이 살아 있는 든든한 농협
소비자에게 합리적인 가격으로 더 안전한 먹거리를, 농업인에게 더 많은 소득을 제공하는 유통개혁 실현	4차 산업혁명 시대에 부응하는 디지털 혁신으로 농업 · 농촌 · 농협의 미래 성장동력 창출	농업인 영농지원 강화 등을 통한 농업경쟁력 제고로 농업인 소득 증대 및 삶의 질 향상	지역 사회의 구심체로서 지역사회와 협력하여 살고 싶은 농촌 구현 및 지역경제 활성화에 기여	농협의 정체성 확립과 농업인 실익 지원 역량 확충을 통해 농업인과 국민에게 신뢰받는 농협 구현

③ 농협의 구호

 농업인과 함께! 국민과 함께!

2 조직현황

① 농협중앙회

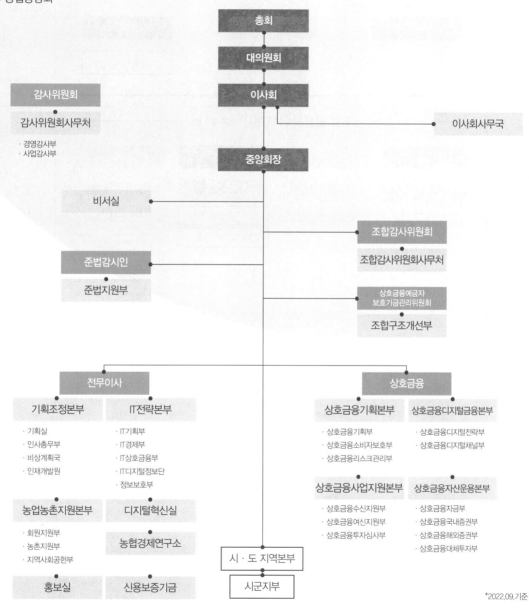

총회

대의원회

이사회

감사위원회
감사위원회사무처
· 경영감사부
· 사업감사부

이사회사무국

중앙회장

비서실

조합감사위원회
조합감사위원회사무처

준법감시인
준법지원부

상호금융예금자
보호기금관리위원회
조합구조개선부

전무이사

기획조정본부
· 기획실
· 인사총무부
· 비상계획국
· 인재개발원

IT전략본부
· IT기획부
· IT경제부
· IT상호금융부
· IT디지털정보단
· 정보보호부

농업농촌지원본부
· 회원지원부
· 농촌지원부
· 지역사회공헌부

디지털혁신실

농협경제연구소

홍보실

신용보증기금

상호금융

상호금융기획본부
· 상호금융기획부
· 상호금융소비자보호부
· 상호금융리스크관리부

상호금융디지털금융본부
· 상호금융디지털전략부
· 상호금융디지털채널부

상호금융사업지원본부
· 상호금융수신지원부
· 상호금융여신지원부
· 상호금융투자심사부

상호금융자산운용본부
· 상호금융자금부
· 상호금융국내증권부
· 상호금융해외증권부
· 상호금융대체투자부

시 · 도 지역본부
시군지부

*2022.09.기준

② 농협계열사

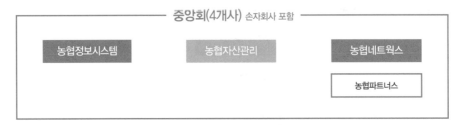

중앙회(4개사) 손자회사 포함

농협정보시스템	농협자산관리	농협네트웍스
		농협파트너스

농협 금융지주(11개사) 손자회사 포함

은행	보험	증권	기타
NH농협은행	NH농협생명	NH투자증권	NH-Amundi 자산운용
	NH농협손해보험	NH선물	NH농협캐피탈
		NH헤지자산운용	NH저축은행
			NH농협리츠운용
			NH벤처투자

농협 경제지주(16개사) 손자회사 포함

유통부문	제조부문	식품부문	기타부문
농협하나로유통	농우바이오	농협목우촌	농협물류
농협유통	상림	농협홍삼	NH농협무역
농협충북유통	남해화학	농협양곡	
농협대전유통	농협사료	농협식품	
농협부산경남유통	농협TMR		
	농협케미컬		
	농협아그로		
	농협흙사랑		

3 농협이 하는 일

교육지원부문	
	✱ 농업인의 권익을 대변하고 농가 소득 증대를 통해 농업인 삶의 질 향상에 도움을 주고 있다.
	✱ 또 하나의 마을 만들기 운동 등을 통해 농업과 농촌에 활력을 불어넣고 농업인과 도시민이 동반자 관계로 성장 · 발전하는 데 기여하고 있다.

교육지원사업
✱ 농 · 축협 육성 · 발전지도, 영농 및 회원 육성 · 지도
✱ 농업인 복지증진
✱ 농촌사랑, 또 하나의 마을 만들기 운동
✱ 농정활동 및 교육사업 · 사회공헌 및 국제협력활동 등

경제부문	
	✱ 농업인이 영농활동에 안정적으로 전념할 수 있도록 농산물 생산 · 유통 · 가공 · 소비에 이르는 다양한 경제사업을 지원하고 있다.
	✱ 국민의 건강과 행복을 위하여 안전한 축산식품을 저렴한 값으로 공급하고자 축산물 유통혁신을 주도하고 있다.

농업경제사업
✱ 영농자재(비료, 농약, 농기계, 면세유 등) 공급
✱ 산지유통혁신
✱ 도매 사업
✱ 소비지 유통 활성화
✱ 안전한 농식품 공급 및 판매

축산경제사업
✱ 축산물 생산 · 도축 · 가공 · 유통 · 판매 사업
✱ 축산지도(컨설팅 등)
✱ 지원 및 개량 사업
✱ 축산 기자재(사료 등) 공급 및 판매

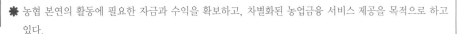

금융부문	
	✱ 농협 본연의 활동에 필요한 자금과 수익을 확보하고, 차별화된 농업금융 서비스 제공을 목적으로 하고 있다.
	✱ 시중은행의 업무 외에도 NH카드, NH보험, 외국환 등 다양한 금융서비스를 제공하고 있다.

상호금융사업
✱ 농촌지역 농업금융 서비스 및 조합원 편익 제공
✱ 서민금융 활성화

농협금융지주
✱ 종합금융그룹(은행, 보험, 증권, 선물 등)

4 새로운 100년을 향한 농협 비전 2025

1 새로운 100년을 향한 농협 비전 2025

1. 농토피아(農Topia)

농업이 대우받고
농촌이 희망이며
농업인이 존경받는

농토피아(農Topia)

대우받는 농업	희망이 있는 농촌	존경받는 농업인
✱ 농업인이 안심하고 생산에만 전념할 수 있도록 유통체계 구축 ✱ 국민들에게 고품질의 안전한 농축산물 공급 ✱ 농업인·소비자 모두 만족하는 합리적 가격으로 농축산물 공급	✱ 스마트팜 등 혁신기술에 기반한 비즈니스 기회가 제공되는 농촌 ✱ ICT 기술 등을 통하여 살기 좋은 정주 여건을 갖춘 농촌 ✱ 일터, 삶터, 쉼터로서 도농간 교류가 활성화되는 농촌	✱ 혁신을 통하여 경쟁력 있는 농업을 이끌어가는 농업인 ✱ 식량의 안정적 공급, 생태 환경보전, 전통문화 계승 등 농업의 공익적 가치 창출로 국민들로부터 인정받는 농업인

① 농협의 과제 : 농업인이 행복한 삶을 영위할 수 있는 농업·농촌의 미래상

② 농협의 추구 방향

- 안전한 먹거리 공급망 구축을 통해 꼭 필요한 산업으로 대우받는 농업
- 농업의 디지털 혁신으로 새로운 기회가 넘쳐나는 희망이 있는 농촌
- 농업의 혁신과 공익적가치 창출의 주체로 국민에게 존경받는 농업인

2. 새로운 100년 지속가능 성장 농협

창의적 · 혁신적 성장	내실 있는 성장
✱ 유통 및 디지털 혁신	✱ 협동조합 정체성 강화
✱ 미래 먹거리 창출	✱ 안정적 경영기반 구축

① 농협의 과제 : 지속가능한 농업·농촌의 발전을 위해 흔들림이 없는 농협, 위기보다 기회가 어울리는 농협

② 농협의 추구 방향

- 새로운 100년을 책임질 미래 먹거리를 찾는 혁신적 농협
- 견고한 성장을 이루기 위한 조직의 체질 개선

3. 포용과 상생의 가치

농업농촌의 여건 변화	✽ 농업의 공익적 가치 인식 확산 ✽ 식품안전, 농촌의 휴식공간 관심 증대	▶ 농촌과 도시의 조화 | 농업인과 소비자의 상생
농정의 틀 대전환	✽ 지속가능성, 포용성 강조 ✽ 자치분권 – 지역 중심의 농정 확대	▶ 사람과 환경의 공존 | 지역사회 공동체 협력
사회적 가치 변화	✽ 동반성장, 사회적경제 활성화 ✽ 기업의 사회적 역할 중요성 증대	▶ 계층지역 간 균형 | 공공 및 취약계층 배려
시장환경 변화	✽ 4차 산업혁명 시대의 본격화 ✽ 소비트렌드 및 고객니즈의 다양화	▶ 혁신성장 기술의 융합 | 금융과 유통의 융복합

키워드	# 포용 # 상생 # 조화 # 공존 # 협력 # 균형 # 배려 # 융합	"함께"

① 농협의 과제 : 새로운 100년 농협을 향한 도전의 길에서 성공으로 이끌 수 있는 가장 중요한 가치

② 농협의 추구 방향 : 농협이 지향하는 농토피아의 구현과 100년 농협의 성장을 위해서 모든 구성원들이 함께 가치를 공유하고 성장해 나갈 수 있는 상생모델을 적극적으로 추구해야 한다.

4. 농협 비전 2025 엠블럼

> "함께하는 100년 농협".

- 손을 잡고 있는 두 사람이 무한한 성장을 상징하는 무한궤도를 만들고 있음
- 함께 할 때 더 큰 가능성이 열리고 끊임없이 발전해 나갈 수 있음을 의미
- 다양한 색상들이 조합된 형태는 다양한 가치들이 한 데 모여 적극적인 협력을 하겠다는 약속을 표현
- 언제나 흔들리지 않고 농업인, 국민과 영원히 함께 하겠다는 의지를 전달

⑤ 농협의 10대 이슈

1. 메가FTA 중심의 신(新)통상질서

> 미국과 중국의 갈등, WTO의 교착상태 지속, 글로벌 식량 공급망의 안정성에 대한 신뢰 하락, 기후위기의 가속화 등 통상여건의 불확실성 요인이 점점 증대되고 있다. 이에 따라 지역 간 메가FTA라는 거대 경제블록이 형성되면서 신(新)통상질서의 재편 또한 가속화되고 있다. 시장개방이라는 파고에 맞서 우리농업이 경쟁력을 유지하기 위해서는 메가FTA의 전략적인 가치와 활용방안, 피해대책에 대한 치밀한 영향분석과 실효성 있는 대책마련이 필요하다.

① 세계 최대 자유무역협정인 RCEP, 올해 2월 발효

- RCEP의 농산물 평균 관세철폐율은 58.5%
- 쌀, 고추, 양파 등 핵심 민감품목과 바나나, 파인애플 등 수입액이 많은 민감품목은 현행 관세 유지
- 열대과일 등 일부품목은 추가 개방되었으며, 두리안, 망고스틴, 구아바, 파파야는 10년 후 관세 완전 철폐, 아보카도, 냉동열대과일은 15년 후 관세 완전 철폐 예정
- 우리의 수출 유망품목(소주, 막걸리, 사과, 딸기 등)은 시장 접근성 개선

> **상식PLUS⁺ 역내포괄적경제동반자협정(RCEP: Regional Comprehensive Economic Partnership)** ··· 한 · 중 · 일과 아세안 등 총 15개국이 참여하며 전 세계 GDP 와 인구의 약 30%를 차지하는 거대 FTA이다.

② 역대 최고 수준의 시장개방을 지향하는 CPTPP 가입 신청 추진

- 한국 · 중국 · 미국 등이 추가로 가입할 경우 상호의존성이 크게 높아질 수 있는 구조

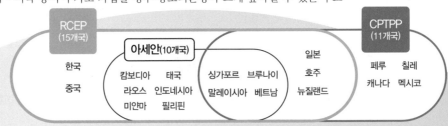

구분	인구	GDP	교역
RCEP	22.6억 명(대세계비중 29.9&)	26.3조 달러(대세계비중 30.0%)	5.4조 달러(대세계비중 28.7%)
CPTPP	22.6억 명(대세계비중 29.9&)	11.3조 달러(대세계비중 12.9%)	2.9조 달러(대세계비중 15.3%)

> **상식PLUS⁺ 포괄적 · 점진적 환태평양동반자협정(CPTPP:Comprehensive and Progressive Agreement for Trans-Pacific Partnership)** ··· 일본 주도로 11개국이 참여하고 있으며, 기존 FTA보다 범위가 포괄적이고 높은 수준의 무역자유화를 추구한다.

③ 향후 전망

- RCEP 발효 시 국내 과수산업 피해 우려 및 이에 대한 대책 논의가 필요
- CPTPP 가입 시 국내 농업 피해가 역대 최대 규모가 될 가능성 급증
- 메가FTA를 아우르는 FTA피해지원 현실화 및 실효성 제고 시급

2. 원자재 가격 상승 대란

글로벌 경기회복에 따른 수요 증가와 주요 생산국의 수출규제 등으로 곡물 및 원자재 가격이 급등하고 있다. 수입의존도가 높은 유류, 비료원료, 곡물 등 주요 원자재 가격 급등은 2022년 상반기까지 지속될 전망이며, 이로 인하여 농가의 경영비 부담도 가중될 것으로 예상된다. 대외의존도가 높은 원자재의 안정적 확보와 가격 안정화를 위한 정부 지원 강화, 장기적 대안 마련이 필요한 실정이다.

① 최근 곡물 및 원자재 가격 급등

• 우리나라 곡물 자급률은 약 20%에 불과, 배합사료 원료 중 95%는 수입하여 농가 부담 가중

• 요소, 염화칼륨, 암모니아 가격 상승으로 정부는 비료구입 부담 경감 지원방안을 마련함과 동시에 영농기술 보급을 강화해 나갈 계획

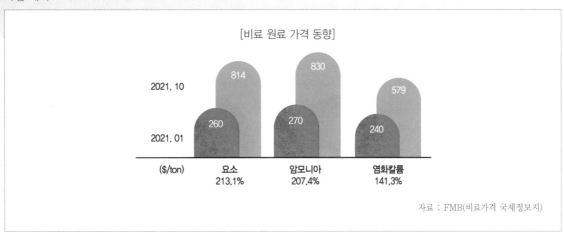

[비료 원료 가격 동향]

2021. 10

814   830   579

2021. 01

260   270   240

(\$/ton) 요소   암모니아   염화칼륨
        213.1%   207.4%   141.3%

자료 : FMB(비료가격 국제정보지)

② 코로나19 변이에 대한 우려 확산으로 유가 변동성 심화

• 농업용 하우스 비닐, 파이프 등 농자재 가격 상승과 함께 시설원예 영농광열비, 물류비 등 증가

③ 향후 전망

• 원자재 가격 상승의 여파는 단기간에 안정화되기 힘든 상황

• 국제곡물가격의 수급여건 불확실성은 더욱 커질 전망이며, 기후변화와 중국의 지속적인 곡물 수입 확대, 해상운임과 달러 환율의 상승이 부정적인 영향을 미칠 것으로 예상

• 대외 의존도가 높은 원료와 사료용 곡물의 대외 수급 불안정을 해소할 장기적 대안 마련이 필요

3. 농업부문 탄소중립 가속화

> 탄소중립은 더 이상 미룰 수 없는 글로벌 핵심의제가 되었다. 화석연료 보조금 감축, 탄소국경세 도입, 재생에너지 확대 등 거대한 저탄소 물결이 산업 전반에 확산되고 있다. 탄소중립의 거센 흐름에 농업도 예외가 아니며 소극적 대응 시 농업 전반의 경쟁력 상실이 우려되므로 농가의 탄소중립 연착륙을 위한 정부의 지원이 무엇보다도 중요할 것으로 전망된다.

① 농업부문 탄소중립 이행 로드맵 마련

- 2018년 기준 우리나라 농업 비에너지 부문의 온실가스 배출량은 21.2백만 톤으로, 국가 전체 배출량인 728백만 톤의 2.9% 비중을 차지
- 탄소중립 흐름에 발맞춰 2021년 10월 27일 2050 탄소중립 시나리오를 확정하고 중간목표인 2030 국가 온실가스 감축목표(NCD)를 2018년 대비 40% 감축하는 것으로 대폭 강화
- 농축수산 부문은 2030년까지 2018년 배출량 대비 27.1% 감축하고 2050년까지는 37.7%를 감축하는 것이 목표

② 농식품부, 체계적인 탄소중립 이행 기반 구축에 주력

2022년 농업분야 온실가스 감축사업 지원 확대

농촌 에너지전환을 위한 농촌 에너지자립 마을 조성 및 시범마을 운영

농촌 마을 단위의 RE100 모델 개발

주민이익 공유방식의 공공 가축분뇨 에너지 시설 신규 지원

③ 향후 전망

- 농업생산 – 소비에 이르는 농식품 시스템 전반의 온실가스 감축 중요
- 저투입 · 친환경 농업 전환에 따른 농가의 부담 가중 우려로 지원정책 확충에 대한 논의 확대 필요
- 농가의 탄소중립 연착륙을 위한 정부 지원정책 강화 필요

4. 식량안보 안전망 구축

> 팬데믹으로 인한 국제 공급망 장애 발생, 이상기후에 따른 생산 감소, 중국의 곡물 수요 증가 등으로 세계식량가격이 급등세로 전환되었다. 전 세계에서 7번째로 곡물을 많이 수입하는 우리나라는 국제곡물 가격 상승으로 식량안보 위기의식이 고조되고 있다. 라니냐 발생 확률 증가, 코로나19의 새로운 변이 출현 등 국제 곡물시장의 불확실성이 여전히 높은 상황에서 지난해 수립한 '국가식량계획'의 실효적 추진 등을 통해 식량자급 능력 제고에 대한 요구가 커질 것으로 전망된다.

① 최근 세계식량가격지수 사상 최고치 기록

- 자연재해로 인한 농산물 주요 생산국의 작황 부진 및 중국 등 신흥국의 식품 수요 증가가 상승에 영향을 미친 것으로 분석

- 2020년 우리나라 곡물 수입량은 1,717만 톤으로 식량 · 가공 · 사료용 수요량(2,093만 톤)의 82%를 해외에 의존

- 식품 생산에 필요한 원료의 해외의존성이 높은 만큼 국제곡물가격으로 인한 애그플레이션 위기에 노출되어 위험성 증가

상식PLUS⁺ **세계식량가격지수(FAO)** … 1996년 이후 24개 품목에 대한 국제가격동향(95개)을 모니터링하여, 5개 품목군(곡물, 유지류, 육류, 유제품, 설탕)별로 매월 작성 · 발표하는 수치이다. (2014 ~ 2016년 평균 = 100)

② 정부는 식량안보 강화, 먹거리 접근성 보장 등을 위해 국가식량계획 수립

- 식량안보 위기 의식 고조에 따른 불안에 대응하고자 지난해 9월 정부가 '국가식량계획' 발표

- 먹거리 공급 및 소비와 관련된 다양한 이슈를 통합적으로 해결하고 국민의 먹거리 기본권을 강화하기 위한 종합 전략 수립

[국가식량계획 추진방안 주요 내용('21.9월 발표)]

구분	주요 내용
안정적 공급 체계 구축	쌀 · 콩 · 밀의 비축물량 확대, 밀 · 콩의 생산단지 조성 · 확대, 공공임대용 농지 매입 · 비축 확대, 로컬푸드에 기반한 지역 푸드플랜 확산 등
지속가능한 생산 · 소비	친환경농업집적지구 육성, 경축순환농업 활성화, 식품 소비기한 표시제 도입, 기후적응형 품종개발, 화학비료 사용감축, 신재생에너지 활용 확대 등
먹거리 접근성 보장	취약계층 먹거리 지원 강화, 식생활 교육 강화, 수입농식품 안전관리 강화 등

③ 향후 전망

- 겨울철 라니냐 발생 확률이 높아짐에 따라 곡물 생산량 감소가 예상되며 국제곡물 수급 여건의 불확실성이 증가

- 현재 현재의 '농업 · 농촌 및 식품산업발전계획'이 2022년에 만료됨에 따라 2023 ~ 2027년 발전계획 수립 시, 2027년 식량자급률 목표치를 제시가 필요

5. 농지법 개정

> 지난해 LH사태로 농지의 불법투기 문제가 불거짐에 따라 농지법이 개정되었다. 개정된 농지법은 예외적으로 인정되었던 비농업인의 농지취득 및 부동산업을 하는 농업법인의 농지취득을 제한하였고, 농지법을 위반하는 행위에 대한 제재를 강화하였다. 금년부터는 농지은행관리원 설치, 농지대장 마련, 농지위원회 설치 등 농지관리를 상시적으로 하기 위한 행정체계가 본격적으로 구축되어 농지관리가 한층 더 강화될 것으로 전망된다. 한편 농민·시민단체들은 농지투기를 근본적으로 막기 위해서는 농지전수조사 등이 필요하다며 농지제도 개선을 지속적으로 요구할 것으로 예상된다.

① 농지법 개정에 따라 농지취득 제한 및 농지 불법행위 제재 강화

② 농지법 개정안 주요 내용
- 농지취득자격증명 발급 시 취득 심사요건을 정비
- 상속·이농농지를 자기의 농업경영에 이용하지 아니할 수 있는 정당한 사유를 구체화
- 농업진흥지역 해제요건에 대한 규정을 정비
- 농림축산식품부장관이 매년 실시하는 실태조사 내용을 구체화
- 농업진흥구역에 설치 가능한 정부관리양곡 가공·처리시설의 설치 면적을 구체화
- 농업진흥구역에 허용되는 사료제조시설에서 생산된 제품의 유통·판매시설 부지면적 규정
- 농업법인의 농지전용 제한 사항 규정
- 농지관리위원회 자문을 구해야 하는 농지전용규모, 위원회 구성 및 운영방안을 구체화
- 농지위원회 구성·운영방안을 구체화
- 농지대장 변경신청 범위를 구체화하고, 과태료 부과기준을 마련
- 농지정보시스템 구축·운영 권한을 농어촌공사에 위탁
- 농지 처분통지 등의 정보를 제공할 수 있는 은행 이외 금융기관을 규정
- 농지원부 등본 및 자경증명서 발급 수수료를 감면
- 농지보전부담금 감면대상을 추가하고 감면대상 관련 규정을 정비

③ 향후 전망
- 농지법 개정에 따라 불법적 농지 취득 및 이용 감소 예상
- 하지만 비농업인의 농지 소유를 막는 데에는 한계가 있으며 실효성이 약함
- 농지투기 문제를 해결하기 위해서는 농지전수조사가 선행되어야 할 필요성 제기

6. 농촌 영농인력난

코로나19 장기화로 농촌의 영농인력 부족 문제가 심각하다. 외국인근로자의 입국이 제한되면서 영농인력난과 인건비 상승에 따른 농가의 경영비 부담이 가중되고 있다. 노동력을 절감할 수 있는 밭농업 기계화율도 다양한 밭작물과 재배법, 미흡한 밭 생산기반정비 때문에 저조한 실정이다. 영농인력의 안정적 공급과 밭농업 기계화율 제고를 위해 정부와 지자체 차원의 보다 근본적인 대책 마련 요구가 증가할 전망이다.

① 코로나19 이후 영농인력 구인난 가중

- **외국인 계절근로자**는 2021년 7월 말 기준 배정인원의 약 8%에 불과, 외국인 체류인원이 크게 감소
- 농업인 71.5%는 코로나19 이후 영농인력 구인에 어려움을 겪고 있다고 응답

> **상식PLUS**＋ **계절근로자제도** … 농번기 일손부족 현상을 해결하기 위해 단기간(최대 5개월)동안 외국인을 합법적으로 고용할 수 있는 제도로, 국내와 해외 지자체 간 MOU를 통해 법무부장관이 인정한 작물에 한해 도입되었다.

② 정부와 지자체는 영농인력 확보를 위한 지원 확대

- 영농인력 확보를 위해 2020년 5월 도시형 인력중개센터를 개시, 구직자에게는 교통비, 숙박비, 보험료 등을 지원하고 구인농가에는 구직자 현장 실습 교육비를 지원
- 하지만 홍보 부족과 코로나19의 영향으로 신청 인원 1,116명 중 실제 참여는 202명에 불과했다.
- 2021년 4월, 농식품부는 농촌 인력난 해소를 위해 '농업분야 긴급인력 파견근로 지원사업'을 시범적으로 도입
- 농가가 적법한 파견사업자를 통해 파견근로자를 고용할 경우 농가가 부담하는 4대 보험료와 파견수수료를 지원

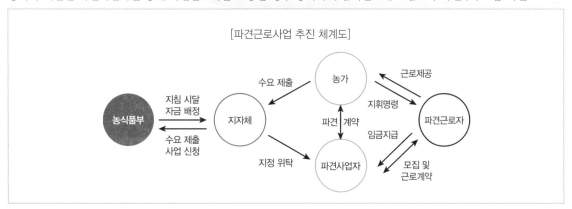

[파견근로사업 추진 체계도]

③ 향후 전망

- 영농인력난과 인건비 상승으로 농가 부담 가중 우려
- 영농인력 부족 해소를 위한 정책적 지원 강화 필요

7. 반려동물 시장 성장과 동물복지 확산

> 반려동물 증가로 펫푸드 등과 같은 반려동물 관련 산업이 빠르게 성장 중이며, 향후에도 고급화·다양화 중심의 지속성장이 전망되고 있다. 또한 농물 복지에 대한 사회적 관심이 증가하면서, 관련 제도의 강화가 이루어지고 있다. 동물복지 제도 강화는 반려동물만이 아닌 전체 동물을 대상으로 추진되고 있는 만큼, 한국 축산 현실에 맞는 복지제도 정착, 복지 강화에 따른 축산농가 시행착오 최소화 등을 위한 대응방안 마련이 요구된다.

① 반려동물 양육 가구 증가

- 농식품부에 따르면, 2020년 기준 우리나라의 반려동물 양육가구 수는 638만 가구로 2015년 대비 39.6% 증가
- 2020년 우리나라의 반려동물 관련 산업의 시장규모는 전년 대비 7.6% 증가한 18억 2,940만 달러(약 2조 1,587억 원) 수준으로 추정
- 펫푸드 시장 11억 5,290만 달러(약 1조 3,604억 원), 펫용품 시장 6억 7,650만 달러(7,983억 원) 규모를 차지

② 동물복지 관련 제도 강화 추세

- 2019년 유기동물 발생건수는 135,791건으로 2015년 이후 연평균 13.4% 증가하며 동물 학대·유기·유실 증과 같은 부작용도 함께 증가
- 농림축산식품부는 2020년 1월 '20 ~ 24년 동물복지 종합계획'을 수립하고, 반려·축산·실험·야생 동물들의 복지 강화를 위한 6대 분야 26대 과제를 도출
- 법무부는 '동물은 물건이 아니다'라는 조항을 신설하는 민법 개정안을 발의

③ 향후 전망

- 단순 양적 성장만이 아닌 고급화·다양화 등과 같은 질적 성장이 동반될 것으로 판단되며, 이는 ==펫 휴머니제이션(Pet Humanization)== 현상의 심화 등으로 반려동물에게 투자를 아끼지 않는 소비자들이 점차 증가하고 있기 때문
- 동물복지 강화를 위한 정책 강화는 반려동물만이 아닌 축산, 실험, 야생 동물 전반으로 확산될 것으로 전망되며 이와 관련 농식품부는 동물복지 종합계획에 의거 아래와 같은 축산동물 복지개선을 추진

[농장동물 복지 개선 주요 내용]

구분	주요 내용
사육단계	• 임신돈 스톨 사육기간 설정(6주), 산란계 강제털갈이 제한 • 산란계 배터리 케이지 사육 방식 전환 로드맵 마련
도축·운송단계	소·돼지·닭 등 주요 축종의 도축·운송단계 실태조사 후 동물복지 기준 구체화(전기몰이 금지 등)
인증기관	정부기관이 아닌 공공기관을 인증기관으로 지정
인증범위	농가 단위에서 생산·제조·가공으로 확대, 가공품의 '동물복지' 표시 허용

상식PLUS+ 펫 휴머니제이션(Pet Humanization) … 반려동물을 가족 구성원으로 생각하며, 인간처럼 대하고 보살피는 트렌드이다.

8. 농산물 비대면 유통

코로나19 팬데믹 이후 새벽배송을 중심으로 농축산물 온라인 판매가 급증하고 있다. 이미 생활 깊숙이 스며든 IT 기술의 영향으로 이러한 추세는 '위드코로나' 이후에도 지속되고, 라이브커머스 등 다양한 온라인 채널이 확산될 것으로 전망된다. 온라인 시장 성장에 따른 부가가치가 농업인까지 전달될 수 있도록 산지 · 도매 단계의 대응역량 강화가 필요할 것으로 전망된다.

① 코로나19 이후 온라인 시장 급성장

- 1~8월 누적 거래액 기준 2021년 농축산물 온라인 거래액은 5.1조원으로 2017년 이후 연평균 35.4% 증가

- 온라인 시장 성장의 주도는 모바일 쇼핑이며, 전체 거래액 중 모바일 거래액의 비중은 75%로 2017년 대비 13.2%p 증가

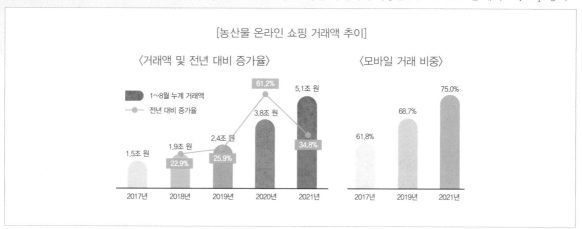

[농산물 온라인 쇼핑 거래액 추이]

〈거래액 및 전년 대비 증가율〉

■ 1~8월 누계 거래액
─○─ 전년 대비 증가율

1.5조 원 (2017년)
1.9조 원 22.9% (2018년)
2.4조 원 25.9% (2019년)
3.8조 원 61.2% (2020년)
5.1조 원 34.8% (2021년)

〈모바일 거래 비중〉

61.8% (2017년)
68.7% (2019년)
75.0% (2021년)

② 온라인 유통시장은 '위드코로나' 이후에도 지속적으로 성장할 것으로 전망

- 생활 깊숙이 스며든 스마트폰과 IT 기술로 쇼핑 트렌드 변화

- 한국농촌경제연구원의 조사결과에 따르면, "코로나19 종식 이후에도 온라인 등 현재 식료품 구입경로를 계속 이용하겠다"는 소비자 비중이 81.5%에 달하는 것으로 나타남

③ 향후 전망

- 농축산물을 포함한 전체 온라인쇼핑 시장 규모가 2021년 185조 원에서 2023년에는 241조 원으로 약 30% 증가할 것으로 전망

- 차별화와 비즈니스 모델 효율화 방안의 일환으로 기업 간 전략적 제휴가 활발해질 것으로 예상

- 소비자와 판매자 간 쌍방향 소통이 가능한 **라이브커머스** 시장이 크게 성장할 것으로 예상

- 플랫폼 업체와 대형유통업체들의 온라인 시장 주도에 대한 대응으로 산지 · 도매 단계의 온라인 판매역량 강화 필요

상식PLUS + 라이브커머스 … 동영상 스트리밍과 쇼핑을 연계한 시장으로, 상품에 대한 대리 체험이 가능하여 가치지향형 소비를 중시하는 젊은 소비층을 중심으로 이용이 증가하는 추세이다. 판매자의 입장에서는 물류시설 등에 대한 투자부담이 적은 장점이 있어 컨텐츠나 상품 기획 역량을 갖추고 있는 경우 새로운 소득을 창출하는 기회가 된다.

9. 공익직불제

공익직불제 시행 2년차인 2021년에는 112만 농가·농업인에게 총 2조 2,263억 원의 기본직불금이 지급될 예정이다. 농지의 자연감소 등으로 지급대상 면적이 줄어 지급총액이 2020년보다 506억 원 감소하였다. 현장에서는 과거 특정기간에 직불금 수령실적이 있어야만 공익직불금을 받을 수 있는 규정 때문에 실경작자가 대상에서 제외되고 있다는 민원이 제기되고 있다. 이 때문에 직불금 자격요건 개선 요구가 높아질 것으로 보인다. 아울러 선택형 직불제 확대 논의가 본격화 될 것으로 전망된다.

① 2020년 5월부터 전격 시행

• 크게 '기본형 직불제'와 '선택형 직불제'로 구성되어 있으며 '기본형 직불제'는 '소농직불'과 '면적직불'로 구분

• 기본직불금을 받기 위해서는 '농지요건'과 '농업인 자격'등을 모두 갖춰야 신청 가능

② **공익직불제** 시행 3년차 도래

• 2021년 기본직불금 총 112만 농가·농업인에게 총 2조 2,263억 원 지급 예정

• 사전 검증 강화, 농지의 자연 감소 등으로 지급 대상면적이 전년보다 약 4만 5천ha 감소하면서 면적직불금도 전년보다 754억 원 감소

[기본형 직불급 지급 현황]

구분	지급액(억 원)		지급면적(천 ha)		지급인원(천 호, 천 명)		비고
	2020년	2021년	2020년	2021년	2020년	2021년	
소농직불금	5,162	5,410	143	146	431	451	농가 기준
면적직불금	17,607	16,853	985	937	690	672	농업인 기준
계	22,769	22,263	1,128	1,083	1,121	1,123	

상식PLUS **공익직불제** … 2020년 처음 시행된 공익직불제는 농업과 농촌의 공익기능 증진을 위해 정부가 영세농가에 지원금을 지급하는 제도이다.

③ 향후 전망

• 실경작자가 제외되지 않도록 직불금 자격요건 개선 필요

• 현재 공익직불제는 기본형 직불 중심으로 설계되어 있어 선택형 직불제 프로그램 확대 논의 본격화 예상

• 선택직불제 강화, 수혜농가 대상 확대 등을 위해 공익직불제 예산 확대 요구 증가

10. 고향사랑 기부금

고향사랑 기부금법이 지난 2021년 9월 28일 국회를 통과하여 2023년 1월 1일 시행될 예정이다. 이에 따라 재정이 열악한 지자체는 기부금을 유치하기 위해 다양한 경영전략과 마케팅이 필요할 것으로 예상된다. 또한 기부금의 접수부터 답례품의 배송까지 다양한 행정업무가 필요하므로, 고향사랑 기부금 운영지원을 위한 사업자 간 경쟁도 치열할 전망이다. 또한 고향사랑 기부금 제도 활성화를 위해 기부금 한도액 및 세액공제 범위에 대한 논의가 지속될 전망이다.

① 열악한 지방재정을 보완, 지역 경제 활성화를 위해 도입 필요성 대두

- 저출산 · 고령화 등으로 경제활동 인구가 감소
- 2020년 기준, 전국 82개 군에서 지방세 수입으로 공무원 인건비를 충당하지 못하는 군이 69곳(84.1%)

② 「고향사랑 기부금에 관한 법률」 2021년 9월 국회 본회의 통과

- 관련 법규(조세특례법, 지방세특례제한법) 개정과 시행령 및 지자체 조례 제정 후 2023년 1월 1일부터 시행될 예정
- 거주 지자체는 기부대상에서 제외, 개인별 최대 500만 원 기부 가능
- 열악한 군소규모 지자체의 모금강요 방지를 위해 처벌규정도 법률에 포함

[「고향사랑 기부금에 관한 법률안」 주요 내용]

구분	주요 내용
목적	고향에 대한 건전한 기부문화를 조성하고 지역경제를 활성화함으로써 국가균형발전에 이바지
주체	기부금을 모집하는 지방자치단체의 주민이 아닌 자
한도	개인별 최대 500만 원(이해관계로 인한 특혜 등 방지를 위해 법인 기부 불가)
답례품	대통령령으로 정하는 한도 내에서 지역특산품, 지역상품권 등 제공
처벌규정	• 개별적인 전화 · 서신, 향우회 등 사적인 모임을 통한 기부금 모금 불가 • 업무 · 고용 그 밖의 관계를 이용하여 다른 사람에게 기부 강요 불가

상식PLUS + **고향사랑기부제** … 고향 또는 원하는 지방자치단체에 주민복리 등을 위하여 기부를 하면 기부자에게 세제혜택을 주는 제도이다.

③ 향후 전망

- 각 지자체는 답례품 개발, 차별적 기금 사용처 발굴 등 기업과 같은 경영 전략 수립
- 기부금 관련 정보시스템 구축 및 운영을 전문기간에 위탁할 수 있음에 따라 전국적 금융 · 유통 네트워크를 가지고 있는 농협, 수협, 우체국 등 간 사업권 유치를 위한 치열한 경쟁이 예상
- 기부자 유인과 기부금 규모를 늘리기 위해 기부금 한도액과 세액공제율을 높이는 방안에 대한 논의가 지속될 전망

최신 기출복원 문제

PART

01

최신 기출복원 문제

실제 기출문제를 복원 · 재구성하였습니다.

▌1 ~ 2▐ 다음은 농협에서 주관하는 농촌체험 브랜드 팜스테이(Farmstay) 마을 숙박 안내 규정이다.

〈깔끔한 가족 펜션 안내〉

가. 객실 이용

방 이름	방 형태	최대 정원	비수기	성수기	
				주중	주말
A	원룸 7평	3명	5만 원	8만 원	9만 원
B	방, 거실 13평	6명	8만 원	14만 원	15만 원
C	방, 거실 16평	8명	10만 원	17만 원	18만 원
D	온돌방 12평	5명	7만 원	13만 원	14만 원
E	온돌방 13평	6명	8만 원	14만 원	15만 원

※ 1박 기준

나. 기타 사항
• 숙박 인원 추가는 각 방 1명만 가능하며 1만 원의 요금이 추가됩니다.
• 성수기는 7 ~ 8월(휴가철인 7월 20일부터 8월 10일까지는 성수기 주말 요금 적용)입니다.
• 주말은 매주 금, 토 그리고 공휴일 전날과 연휴기간입니다.

다. 예약 확인
• 예약과 취소는 010 - 0000 - 0000으로 연락주세요.
• 예약 후 24시간 이내에 요금이 입금되지 않으면 취소처리됩니다.
• 객실 체크인 시간은 오후 2시부터 가능하며 체크아웃 시간은 다음날 오전 11시입니다.

라. 환불 규정
• 예정일 10일 전 취소 또는 계약 체결 당일 취소 : 예약금 100% 환불
• 예정일 7일 전 취소 : 예약금 90% 환불
• 사용 예정일 5일 전 취소 : 예약금 70% 환불
• 사용 예정일 3일 전 취소 : 예약금 50% 환불
• 사용 예정일 1일 전 또는 당일 취소 : 예약금 20% 환불

1 다음 중 환불받을 수 있는 금액으로 옳지 않은 것은?

인원	방	일정	취소 날짜	환불 금액
9명	C	7월 22일(수)부터 1박2일	7월 16일	① 133,000원
4명	D	6월 9일(화)부터 2박3일	당일 취소	② 28,000원
3명	A	7월 21일(화)부터 2박3일	7월 14일	③ 162,000원
7명	E	8월 14일(금)부터 1박2일	8월 7일	④ 126,000원
6명	B	4월 17일(금)부터 2박3일	4월 14일	⑤ 80,000원

2 다음 상황에 근거할 때 甲, 乙, 丙 일행이 각각 지불한 요금 중 가장 큰 금액과 가장 작은 금액의 차이는?

〈상황〉

甲 일행 : 성인 2명과 어린이 4명이 6월 13일(월)부터 3박4일간 D방을 이용하였다.
乙 일행 : 성인 5명이 8월 6일(목)부터 2박3일간 B방을 이용하였다.
丙 일행 : 성인 7명이 11월 19일(목)부터 2박3일간 E방을 이용하였다.

① 150,000원   ② 120,000원
③ 90,000원   ④ 50,000원
⑤ 30,000원

3 다음 기준을 읽고 문의사항 답변으로 적절하지 않은 것은?

〈깨끗하고 아름다운 농촌마을 가꾸기 경진대회〉

가. **응모대상** : 사계절 깨끗하고 아름다운 마을 가꾸기를 실천하고 있는 농촌형 마을
- 마을 규모 : 읍·면소재 25호 이상의 가구
- 마을 가꾸기 경진대회 기 수상마을은 응모 제외

  ※ 기 수상마을 중 '동상' 수상마을은 수상년도 포함 3년 경과 시 응모 가능

나. **신청 기간** : 21.5.1. ~ 21.6.1.

다. **시상내역**
- 상패 : 24개소(행정안전부 장관상 2개소, 농협중앙회장상 22개소)
- 시상금 : 5억 원 규모

구분	대상	금상	은상	동상
시상금	5천만 원	3천만 원	2천만 원	1천5백만 원
수상마을 수	1개소	3개소	5개소	15개소

  ※ 1) 시상금은 아름다운 마을 공간 조성을 위한 마을숲원사업 지원금으로 활용(수령액 기준)
  2) 들녘 가꾸기 우수마을은 전체 24개소 중 20% 내외 시상 예정
  3) 시상내역은 본회 상황에 따라 변경될 수 있음

라. **공모절차** : 마을 → 지역농축협·시군지부 → 지역본부 → 중앙본부

마을	지역농축협·시군지부	지역본부	중앙본부
신청서 제출, 결과 제출	마을추천, 현지확인	예선심사(지역심사위원회)	본선심사(중앙심사위원회)

  ※ 공모 세부일정은 본회 상황에 따라 변경될 수 있음

마. **제출 서류**
- 공모신청(6.1.까지)
- -마을 공모신청서
- -개인정보 수집·이용·제공 동의서
- -마을 추천서(추천권자 : 농축협 조합장·시군지부장·지역본부장)
- 마을 결과제출(7.31.까지)
- -결과보고서 및 활동사진, 사업실적 근기자료, 언론 보도자료 등 각종 증빙자료 첨부
- -결과보고서 작성 시 최근 1년간 농촌마을 재생을 위한 마을주민의 참여도·노력도 위주 작성

바. **신청 및 제출방법** : 마을대표가 (관할)지역농축협으로 공모신청서 및 결과보고서 제출

사. **평가부문** : 최근 1년간 마을가꾸기 신규 사업 중심으로써 농촌마을 재생을 위한 「연간 마을주민의 참여도·노력도」 종합평가

분야	평가내용 및 비율
아름다운 농촌마을	• 아름다운 마을환경 • 깨끗한 농업생산환경
다시 찾고 싶은 힐링 공간	• 농촌 어메니티 자원 보존·활용 • 도시민 휴식공간 • 도농교류 마을역량
가점	• 독창적인 마을사업 추진

  ※ 세부 평가내용은 심사위원회 의견 등 본회 상황에 따라 변동될 수 있음

아. **결과발표** : 농협홈페이지(공지사항)에 게재

자. **기타 유의사항**

- 허위 또는 과장하여 신청서를 작성 제출하여 선정되었거나 선정 후 신청내용이 허위사실로 확인된 경우에는 시상대상자 선정을 취소할 수 있으며 이에 따른 상패 및 상금 등을 환수함
- 신청서 제출마을 중 기일 내 결과보고서 미제출 마을은 공모에서 제외됨
- 본회가 심사에 필요한 추가자료 요청 시 신청마을에서는 추가 자료를 요청기일 내에 제출하여야 하며, 미제출 시 심사대상에서 제외됨
- 참가자 제출 서류는 일체 반환되지 않으며, 입상한 마을이 제출한 각종 제출 자료는 농협중앙회의 깨끗하고 아름다운 농촌마을 가꾸기 사업에 무상으로 이용할 수 있도록 동의한 것으로 봄
  ※ 사진 등에 인물, 건축물, 개인·법인소유지 등이 포함되었을 경우 응모자는 초상권 등 저작권, 개인정보와 관련하여 발생할 수 있는 문제를 해결한 후 응모, 향후 분쟁이 발생할 경우 민·형사상 모든 법적 책임은 신청자에게 있음
- 시상금은 마을숲원사업 진행 시 관할 농축협에서 확인 후 지급예정
  ※ 시상마을은 종합소득세 신고 대상이 될 수 있음에 유의

① 고객 : 우리 마을은 2018년에 동상을 수상했는데 올해 응모할 수 없나요?

　담당 : 기 수상마을 중 동상 수상마을은 수상년도를 포함, 3년 경과 시 응모가 가능합니다. 따라서 2018년에 동상을 수상한 경우 2021년 올해부터 응모가 가능합니다.

② 고객 : 사진 촬영 여건이 마땅하지 않아 인터넷에 있는 사진을 첨부한 경우에도 선정 후 허위사실로 확인되나요?

　담당 : 응모 전 초상권 및 저작권, 개인정보를 확인해야 해야 하며, 선정 후 해당 촬영분이 허위 또는 과장한 사실을 나타낼 시 선정을 취소할 수 있습니다.

③ 고객 : 결과보고서를 어제 제출하였는데, 제출 서류 중에 개인정보 수집·이용·제공 동의서를 빠트렸어요. 추가로 제출할 수 있나요?

　담당 : 개인정보 수집·이용·제공 동의서는 신청서 제출 시 함께 제출하는 서류이므로 추가 제출은 하지 않아도 됩니다.

④ 고객 : 결과보고서 증빙자료에 작년 7월에 찍은 사진을 첨부해도 되나요?

　담당 : 결과보고서 작성 시 최근 1년간의 증빙자료를 첨부해야 하므로 결과보고서 제출 마감일 (7.31.)이후인 8월 사진자료부터 첨부해 주시기 바랍니다.

⑤ 고객 : 마을 대표가 개인적인 사유로 신청서 제출이 어려울 경우 대리인이 대리인 위임장을 동봉하여 송부해도 되나요?

　담당 : 대리인 위임장을 동봉하여 (관할)지역농축협으로 공모신청서 및 결과보고서 제출하실 수 있습니다.

4 다음은 농협에서 주관하는 팜스테이(Farmstay) 마을 신규 지정 및 취소 기준이다. 이에 대한 설명으로 옳은 것은?

〈팜스테이(Farmstay) 마을 신규 지정 및 취소 기준〉

가. 지정 기준
- 「도시와 농어촌 간의 교류촉진에 관한 법률」에 의해 '농어촌 체험 · 휴양마을사업자'로 지정 받을 것
  ※ 농어촌 체험 · 휴양마을 사업자로 지정되지 않을 경우에는 음식 · 숙박 등 관련법령에 의한 저촉이 없는 마을 및 사업 참여 주민이 농업경영체 등록이 되어 있는 '농업협동조합법' 상의 조합원일 것
- 마을 주민의 3/4 이상이 사업에 동의하고 10호 이상의 농가가 사업참여가 가능한 마을
- 농촌관광 관련 교육 등을 수료하고 마을 주민들의 적극적 참여를 유도할 수 있는 지도자가 있을 것
- 단체배상책임보험에 가입할 것
- 고객이 사용할 수 있는 편의시설을 갖추고 농업 · 농촌체험프로그램을 개발 완료한 마을
- 우수 농산물을 생산하는 마을
- 관할 농협 조합장 및 지역본부장의 추천
- 사업자 대표가 '농업협동조합법'상의 조합원일 것

나. 취소 기준
- 협의회원의 의무를 이행하지 아니한 때
- 본회의 사업을 방해하거나 중대한 손실을 초래한 때
- 마을등급제를 위한 마을 평가 후 평가표상 3회 이상 65점 미만을 득점 시 또는 특별한 사유 없이 2회 이상 65점 미만을 득점 시 또는 특별한 사유 없이 3회 이상 등급 평가에 응하지 않을 경우
- 본래의 사업 추진 목적에 어긋나거나 전체 마을의 사업 진행에 큰 영향을 미칠 민원을 발생시킨 경우 또는 참여 농가 간 분쟁 발생 등으로 더 이상 사업을 유지할 수 없다고 판단될 경우
- 팜스테이 사업의 추진 실적이 없거나 향후 추진의사가 없다고 인정될 때
- 팜스테이 마을이 소수(1 ~ 3개 참여농가)에 의해서만 운영되거나 단순히 음식판매업 또는 민박전업화 된 경우

다. 등급 평가
- 목적
  - 팜스테이 마을 방문 고객에게 마을의 등급수준을 감안하여 선택적으로 이용할 수 있도록 정보 제공
  - 팜스테이 마을 고객 서비스 향상 및 마을 수준 향상 유도
- 등급 평가 방법
  - NICE 알앤씨(주) 위탁 평가
  - 평가자가 마을을 방문하여 현지 확인 및 전화응대 평가
  - 세부 평가기준으로 공정평가
  - 등급 분류

최우수마을	평가표상 90점 이상	표준마을	평가표상 65점 이상
우수마을	평가표상 75점 이상	기본마을	평가표상 65점 미만

---

① 마을 전체 인구수가 140명인 경우 100명이 사업에 동의했을 경우 팜스테이 마을로 지정될 수 있다.
② 팜스테이 마을로 지정되기 전 단체배상책임보험에 가입해야 한다.
③ 평가표상 2회 이상 65점 득점했을 경우 팜스테이 마을에서 지정 취소된다.
④ 팜스테이 마을이 10호의 참여농가에 의해 운영되는 경우 지정 취소된다.
⑤ 팜스테이 마을로 지정된 후 농협에서 개발해주는 고객 편의시설 및 체험 프로그램을 적용해야 한다.

5 다음 SWOT 분석 결과를 보고 가장 적절한 전략을 고르시오.

내부환경 외부환경	강점(Strength)	약점(Weakness)
기회(Opportunity)	SO 전략(강점 – 기회 전략) : 강점으로 시장기회를 활용하는 전략	WO 전략(약점 – 기회전략) : 약점을 극복하여 시장기회를 활용하는 전략
위협(Threat)	ST 전략(강점 – 위협 전략) : 강점으로 시장위협을 회피하는 전략	WT 전략(약점 – 위협 전략) : 시장위협을 회피하고 약점을 최소화하는 전략

농협 하나로 마트 환경 분석 결과
강점(Strength)
• 강력한 브랜드 파워 • 전국 지역 농·축협을 통한 안전하고 신선한 농축산물 공급
약점(Weakness)
• 농촌 이미지가 강해 젊은 층 고객에게는 선호도가 다소 떨어짐 • 소비자 니즈 변화에 다소 느린 대응
기회(Opportunity)
• 다점포 운영 시스템 • 인터넷 직거래 유통 판로 확대
위협(Threat)
• 대형 마트 입점 포화 • 인터넷 새벽배송 확대로 인한 매출 급감 우려

① SO 전략 : 가격할인 프로모션을 통하여 브랜드를 홍보한다.
② WO 전략 : 최근 트렌드와 소비자 니즈를 파악하여 인터넷 직거래 유통 판로를 확대한다.
③ ST 전략 : 상품의 축소를 통해 비용을 감축한다.
④ WT 전략 : 기존 제품의 강점을 가격할인을 제공하며 적극적으로 홍보한다.
⑤ WT 전략 : 농민 친화적 이미지를 적극 홍보하여 가격경쟁에 대응한다.

6 다음 ㉠ ~ ㉤ 중 문제해결 절차 과정의 원인분석 절차에 해당하는 것은?

> A 씨는 거래처의 부탁으로 ㉠농협몰에서 상품을 구매하였으나 구입한 상품의 일부만 배송되었다고 연락받았다. 당장 이번 주에 상품이 필요하다며 배송 예상날짜를 물어보는 거래처에 난감해진 A 씨는 고객센터에 문의를 남겼고 답변 메일을 받았다.
>
>> 고객님, 안녕하세요.
>> 오늘도 저희 ○○ 홈페이지를 방문해 주셔서 감사합니다.
>> ㉡상품을 여러 개 담아 한 번에 결제하셨는데도 일부 상품만 도착해서 궁금하셨을 텐데, 안내해 드리겠습니다. ㉢택배배송 상품을 주문했으나 동일한 상품이 아닌 경우 각 업체별 상황에 따라 준비 및 배송 시점이 다를 수 있습니다. 또한 부피가 큰 상품, 가구, 수량 등 상품 특성에 따라 부분 발송될 수 있는 점 양해 부탁드립니다.
>> ㉣배송되지 않은 상품에 대한 정보는 마이페이지 〉 주문·배송 현황에서 확인이 가능합니다. 또한 진행현황의 배송조회를 클릭하시면 운송장 번호로 추적이 가능합니다.
>> 다른 문의사항이 있으실 경우 고객센터로 문의주시면 친절하고 상세하게 안내해 드리겠습니다.
>> 그럼 오늘도 좋은 하루 보내시길 바라겠습니다. 감사합니다.
>
> A 씨는 답변에 따라 ㉤운송장 번호로 배송 추적하여 예상 날짜를 파악하고 부분배송 이유와 함께 거래처에 이 같은 사실을 알렸다.

① ㉠
② ㉡
③ ㉢
④ ㉣
⑤ ㉤

7 다음 조건에 일치하는 것은?

> 가. 농촌지원부와 지역사회공헌부는 복사기를 같이 쓴다.
> 나. 3층에는 홍보실이 있다.
> 다. IT본부실은 디지털혁신실 바로 아래층에 있다
> 라. 디지털혁신실은 농촌지원부 아래쪽에 있으며 2층의 복사기를 쓰고 있다.
> 마. 홍보실은 위층의 복사기를 쓰고 있다.

① 농촌지원부는 지역사회공헌부와 같은 층에 있다.
② 홍보실은 4층의 복사기를 쓰고 있다.
③ 디지털혁신실은 2층에 있다.
④ 지역사회공헌부는 4층에 있다.
⑤ 지역사회공헌부는 농촌지원부 아래층에 있다.

8 다음은 소정 씨의 금융상품별 투자 보유 비중 변화를 나타낸 것이다. ㈎에서 ㈏로 변경된 내용으로 옳은 것은?

〈투자보유 비중 변화〉

금융상품		보유 비중(%)	
		㈎	㈏
주식	A㈜	30	20
	B㈜	20	0
저축	보통예금	10	20
	정기 적금	20	20
채권	국·공채	20	40

〈보기〉

㉠ 직접금융 종류에 해당하는 상품 투자 보유 비중이 낮아졌다.
㉡ 수익성보다 안전성이 높은 상품 투자 보유 비중이 높아졌다.
㉢ 배당 수익을 받을 수 있는 자본 증권 투자 보유 비중이 높아졌다.
㉣ 일정 기간 동안 일정 금액을 예치하는 예금 보유 비중이 낮아졌다.

① ㉠㉡
② ㉠㉢
③ ㉡㉢
④ ㉡㉣
⑤ ㉠㉢㉣

9 영업지원부서에서 다음 연도 예산을 편성하기 위해 전년도 시행되었던 정책들을 평가하여 다음과 같은 결과를 얻었다. 영업지원부서의 예산 편성에 대한 설명으로 옳지 않은 것은?

〈정책 평가 결과〉

정책	계획 충실성	계획 대비 실적	성과지표 달성도
A	96	95	76
B	93	83	81
C	94	96	82
D	98	82	75
E	95	92	79
F	95	90	85

가. 정책 평가 영역과 각 영역별 기준 점수
- 계획의 충실성 : 기준 점수 90점
- 계획 대비 실적 : 기준 점수 85점
- 성과지표 달성도 : 기준 점수 80점

나. 평가 점수가 해당 영역의 기준 점수 이상인 경우 '통과'로 판단하고 기준 점수 미만인 경우 '미통과'로 판단한다.
- 모든 영역이 통과로 판단된 정책에는 전년과 동일한 금액을 편성하며, 2개 영역이 통과로 판단된 정책에는 10% 감액, 1개 영역이 통과로 판단된 정책에는 15% 감액하여 편성한다. 다만 '계획 대비 실적' 영역이 미통과인 경우 위 기준과 상관없이 15% 감액하여 편성한다.
- 전년도 영업지원부서의 A ~ F 정책 예산은 각각 20억 원으로 총 120억 원이었다.

① 전년도와 비교하여 예산의 삭감 없이 예산이 편성될 정책은 2개 이상이다.
② '성과지표 달성도' 평가에서 '통과'를 받았음에도 예산을 감액해야하는 정책이 있다.
③ 영업지원부서의 올해 예산은 총 110억 원이 될 것이다.
④ 전년 대비 15% 감액하여 편성될 정책은 모두 '계획 대비 실적'에서 '미통과'되었다.
⑤ 전년 대비 10% 감액하게 될 정책은 총 3개이다.

10 다음은 정미 씨가 A지점에서 B지점을 거쳐 C지점으로 출근을 할 때 각 경로의 거리와 주행속도를 나타낸 것이다. 정미 씨가 오전 8시 정각에 A지점을 출발해서 B지점을 거쳐 C지점으로 갈 때, 이에 대한 설명 중 옳은 것은?

구간	경로	주행속도(km/h)		거리(km)
		출근 시간대	기타 시간대	
A → B	경로 1	30	45	30
	경로 2	60	90	
B → C	경로 3	40	60	40
	경로 4	80	120	

※ 단, 출근 시간대는 오전 8시부터 오전 9시까지이며, 그 외의 시간은 기타 시간대이다.

① C지점에 가장 빨리 도착하는 시각은 오전 9시 10분이다.
② C지점에 가장 늦게 도착하는 시각은 오전 9시 20분이다.
③ B지점에 가장 빨리 도착하는 시각은 오전 8시 20분이다.
④ B지점에 가장 늦게 도착하는 시각은 오전 8시 40분이다.
⑤ 경로 2와 경로 3을 이용하는 경우와 경로1과 경로 4를 이용하는 경우 C지점에 도착하는 시각은 동일하다.

│11~12│ 다음 2021년 12월 1일자 환율표를 보고 질문에 답하시오.

통화명	매매기준율	현찰		송금	
		사실 때	파실 때	보내실 때	받으실 때
미국(USD)	1,116.50	1,136.03	1,096.97	1,127.40	1,105.60
유럽연합(EUR)	1,354.43	1,381.38	1,327.48	1,367.97	1,340.89
일본(JPY 100엔)	1,066.63	1,085.29	1,047.97	1,077.08	1,056.18
중국(CNY)	172.81	181.45	164.17	174.53	171.09
러시아(RUB)	153.45	15.78	13.13	14.89	14.61
캐나다(CAD)	874.93	892.16	857.70	883.67	866.19

11 J 사원은 2021년 12월 1일에 러시아로 350,000루블을 송금하려고 한다. 이때 J가 환전해야 하는 원화는?

① 53,707,500원

② 5,523,000원

③ 5,211,500원

④ 5,113,500원

⑤ 4,595,500원

12 K 대리는 2021년 12월 1일에 600달러를 송금 받은 후 400유로를 송금하려고 한다. 이때 통장 잔액은? (단, 송금 받기 전 통장 잔액은 고려하지 않는다)

① 112,740원

② 116,172원

③ 127,004원

④ 129,252원

⑤ 140,084원

13 L 사원은 연봉이 3,300만 원이며, L은 매달 실수령액 11%를 적금하려고 한다. 매달 세금으로 31만 원이 지출된다고 할 때 L이 매월 납입하는 적금액은?

① 215,700원

② 237,300원

③ 268,400원

④ 341,000원

⑤ 3,630,000원

14 다음 교육지원 예산에 관한 자료이다. 다음 중 ㉣의 값은?

분야	예산(억 원)	비율(%)
소비자 보호 사업 출판	㉠	㉢
의료 지원 영상	40.85	19
다문화가족 지원 사업 게임	51.6	24
취약 농가 인력 지원 광고	㉡	31
여성 복지사업 지원 저작권	23.65	11
총합	㉣	100

① 165

② 195

③ 200

④ 205

⑤ 215

다음은 연도별 보험 건수에 관한 자료이다.

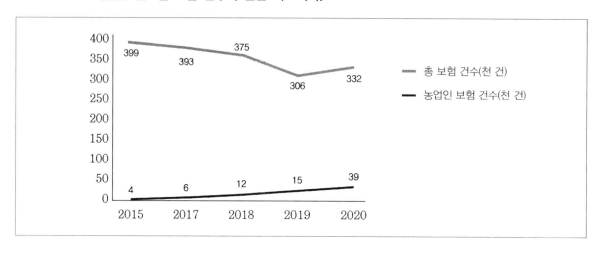

15 2016년의 농업인 보험 건수는 전년 대비 1.25배가 증가되었다고 할 때, 2016년 대비 2019년의 농업인 보험 건수의 증가율을 구하면?

① 200%

② 180%

③ 160%

④ 150%

⑤ 140%

16 다음 중 옳지 않은 것은?

① 2015년 이후 총 보험 건수는 2019년까지 감소하였다.

② 2015년 이후 농업인 보험 건수는 증가하였다.

③ 5년간 총 보험 건수의 평균은 350(천 건)이다.

④ 2017년 대비 2019년의 농업인 보험 건수는 2.7배 이상 증가하였다.

⑤ 2018년 대비 2020년의 농업인 보험 건수는 3.25배 이상 증가하였다.

17 P 과장은 퇴직금 중 3,000만 원을 예금에 가입하였다. 연 6%의 복리 이자를 준다고 했을 때 원금 3,000만 원이 두 배로 늘어나는 데 걸리는 기간은? (단, 과세는 고려하지 않는다)

① 11년
② 12년
③ 18년
④ 20년
⑤ 21년

18 다음은 항공사별 운항현황이다. 항공기 1대당 운항 거리가 2020년과 동일하다고 했을 대, B 항공사가 2021년 한 해 동안 9,451,570㎞의 거리를 운항하기 위해 증편해야 할 항공기 수는 몇 대인가?

항공사	구분	2020년	2019년	2018년	2017년
A	운항 편(대)	8,756	8,148	8,642	8,486
	여객(명)	1,078,490	964,830	1,168,460	1,101,596
	운항거리(km)	6,423,765	5,761,479	6,038,761	5,928,362
B	운항 편(대)	11,104	11,082	12,074	11,534
	여객(명)	1,574,966	1,715,962	2,062,426	1,891,652
	운항거리(km)	8,905,408	8,972,439	9,794,531	9,112,071

① 495
② 573
③ 681
④ 709
⑤ 711

19 다음은 2020년 사료 거래액에 관한 표이다. 1월 산란 거래액은 육계 거래액의 몇 배인가? (소수 둘째짜리까지 구하시오)

(단위 : 백만 원)

구분	1월	2월	3월	4월	5월
비육	200,078	195,543	233,168	176,981	193,835
낙농	13,145	11,516	10,198	44,151	21,113
양돈	231,874	226,138	255,383	233,432	432,261
산란	103,567	91,241	78,316	62,123	92,100
육계	12,727	11,529	29,234	33,211	34,136
오리	286,248	239,735	116,355	11,121	33,002
기타	122,498	102,325	101,100	89,332	71,996

① 8.13

② 8.26

③ 8.33

④ 9.53

⑤ 9.75

20 한 팀이 진행할 경우 30일 걸리는 프로젝트가 있다. 영업 1팀과 영업 2팀이 함께 6일 동안 일하고, 잔업과 마무리는 영업 1팀이 한다고 할 때, 프로젝트가 모두 끝나는 데 소요되는 기간은? (단, 영업 1팀과 영업 3팀이 하루 업무량은 동일하다)

① 18일

② 20일

③ 22일

④ 24일

⑤ 29일

영국 경제학자 콜린 클라크는 산업을 1차 ～ 3차 산업으로 분류했는데, 1차 산업은 자연환경과 직접적으로 연관된 농업, 임업, 어업 등을 말한다. 2차 산업은 1차 산업의 결과물을 다른 상품으로 생산하는 산업을 말하는데 공업이나 건설업 등이 대표적이다. 3차 산업은 1 ～ 2차 산업의 생산물을 서비스로 제공하는 산업이기 때문에 서비스업이라고도 한다. 3차 산업은 도매 및 ⊙소매업, 운송업, 음식점업 등이 ⓒ포함되는데, 현재는 대부분의 산업을 3차 산업으로 분류할 수 있다. 3차 산업을 다시 4 ～ 5차 산업으로 분류할 수 있다. 4차 산업은 정보, ⓒ의료, 교육, 서비스 산업 등 지식 산업을 말하며, 5차 산업은 패션 및 오락, 레저 등 취미 산업을 의미한다. 산업의 변화로 1.5차 산업과 2.5차 산업, 6차 산업 등 새로운 형태의 산업이 등장하였다.

1.5차 산업은 1차와 2차의 중간으로 농수산물을 가공하는 가공업 등이 해당하며, 2.5차 산업은 제조업과 제품과 서비스를 결합하여 경쟁력을 확보하는 새로운 산업이다. 우리나라에서는 구례군 산수유 마을이 1.5차 산업으로 지정되었다. 6차 산업은 1 ～ 3차 산업이 복합된 산업으로, 최근에는 농촌의 발전과 성장을 위한 6차 산업이 강조되고 있다. 농촌의 인구 감소와 고령화, 수입 농산물 ⓔ개방으로 인한 국내 농산물 경쟁력 약화 등의 문제로 새롭게 등장하였으며 국내 공식 명칭은 농촌 융·복합 산업이다. 현재 농림축산식품부에서 6차 산업 사업자를 대상으로 성장 가능성을 고려하여 심사를 거친 뒤 사업자 ⓜ인증서를 수여하고 있다. 농촌 융·복합 산업 사업자 인증제도는 농업인과 농업법인을 인증하여 핵심 경영체를 육성하는 시스템으로, 농촌의 다양한 유무형 자원을 활용하고 새로운 부가가치를 창출하기 위하여 도입되었다.

21 글을 읽고 알 수 있는 내용으로 옳은 것은?

① 농촌과 국내 농산물 경쟁력을 제고하기 위해 6차 산업이 등장하였다.
② 2007년에 구례군 산수유 마을이 1.5차 산업으로 지정되었다.
③ 6차 산업은 1차 산업부터 취미 산업까지 이르는 새로운 산업이다.
④ 6차 산업은 농업인과 농업법인 핵심 경영체를 육성하기 위한 산업이다.
⑤ 6차 산업은 농촌의 다양한 유무형 자원을 활용하고 부가가치를 창출할 수 있다.

22 밑줄 친 부분의 한자어 표기로 옳지 않은 것은?

① ⊙ － 小賣業　　　　　　② ⓒ － 包含
③ ⓒ － 醫療　　　　　　　④ ⓔ － 開方
⑤ ⓜ － 認證書

23 다음 글을 통해 알 수 있는 것은?

식량부족 해결책으로 품종 개발을 계획하였다. 1962년 필리핀에 설립된 국제미작연구소에서 생산성이 높은 품종 개발 연구를 시작하였는데, 당시 반 왜성 품종의 밀과 벼가 생산성이 높다고 인정되었기 때문에 반 왜성 품종유전자와 열대지역의 인디카, 온대지역의 자포니카 품종을 결합하는 교배를 진행하였다. 이를 통해 만들어진 벼들 가운데 우수종자를 선발하고 교배하여 더욱 발전시켰다. 그 결과 1971년에 통일벼가 개발되었고 이듬해 농가에 보급되어 본격적인 재배가 시작되었다.

통일벼는 키가 짧고 내비성과 광합성 능력이 높아 당시 다른 품종보다 약 30 ~ 40%가량 생산성이 높은 다수확 품종이었다. 또한 도열병, 줄무늬잎마름병, 흰잎마름병 등 주요 병해에도 강하다는 특성이 있었다. 때문에 정부에서도 이를 적극 권장하였으며, 이중곡가제를 실시하였다. 1976년에는 통일벼의 재배면적은 전체 44%로 확대되면서 521.5만 톤을 생산해냈고, 안정적인 자급자족이 이루어졌다. 이후 세계 벼 육종학자들은 물론, 농학계의 관심 대상이 되었다. 그러나 인디카 품종유전자가 높았기 때문에 저온에 대한 내성이 약했다. 찰기가 많고 품질이 좋은 자포니아 품종에 비하여 찰기가 없고 품질이 다소 떨어지며 탈립성이 약해서 수확기에 알맹이가 쉽게 떨어져 나가는 등의 단점이 있었다.

이를 개선하기 위한 연구를 추진하여 조생통일, 영남조생, 유신 등의 통일형 품종이 개발·보급되었으나 1980년대부터는 통일벼 과다생산의 우려와 양질의 쌀을 추구함에 따라 재배면적이 줄어들었다. 하지만 기적의 볍씨라고도 불리는 통일벼의 개발은 우리나라 식량자급의 직접적인 계기가 되었고, 작물육종 기술 격상과 나라의 안정 및 발전에 크게 이바지하였다. 이를 바탕으로 최근에는 농·식품 수출시장 확대를 위하여 쌀의 품질을 보다 끌어올려 생산량은 유지하되 해외시장을 공략하려는 사업이 일고 있다.

① 통일벼가 본격적으로 보급된 시기의 재배 면적은 44%에 달하였다.
② 역사상 최초의 자급자족이었다.
③ 정부에서는 농민에게 비싸게 사들이고, 저렴한 가격으로 보급하였다.
④ 열대지역 품종 특성상 주요 병해 피해가 적다.
⑤ 후에 비탈립성의 단점 등의 이유로 재배면적이 줄어들었다.

24 다음은 NH OO 여행 적금 상품에 대한 설명이다. 옳은 것은?

NH OO 여행 적금

가. 상품 특징

고객의 풍요로운 삶과 행복을 지향하기 위하여 농협 자회사인 NH여행사와 연계한 적금 상품으로 (가족)여행과 관련된 고객니즈를 반영한 특화상품

나. 가입 대상

실명의 개인

다. 가입 기간

- 정기 적금 : 6개월 이상 5년 이내 월 단위
- 자유 적립 적금 : 3개월 이상 5년 이내 월 단위

라. 가입 금액

구분	초입금 및 월 적립금	가입 한도
정기 적금	• 초입금 : 500원 이상 • 월 적립금 : 500원 이상	제한 없음
자유 적립 적금	• 초입금 : 1천 원 이상 • 월 적립금 : 1천 원 이상	제한 없음 ※ 단, 계좌별 계약기간의 3/4경과 후 적립할 수 있는 금액은 이전 적립금액의 1/2이내, 만기 1개월 이내에는 전월의 입금액을 초과한 입금 불가

마. 기본 이율(연%, 세전)

가입 기간	기본이율	가입 기간	기본이율
3개월 이상	1%	36개월 이상	1.5%
6개월 이상	1%	48개월 이상	1.5%
12개월 이상	1.4%	60개월 이상	1.5%
24개월 이상	1.45%		

바. 이자 계산법

- 정기 적금 : 월 저축금액을 매월 이 계약에서 정한 날짜에 입금하였을 때에는 입금건별로 입금일부터 해지일 전일까지 예치일수에 대하여 이자율로 계산하여 지급하고, 정한 날짜보다 빨리 혹은 늦게 입금하였을 때에는 적립식 예탁금 약관에서 정한대로 이자 지급
- 자유 적립 적금 : 저축금마다 입금일부터 해지일 전일까지 기간에 대하여 약정이율로 셈한 후 이자를 더하여 지급
  ※ 저축금별 이자 계산 예시 : 입금액 × 약정금리 × 예치일수 / 365

사. 이자 지급 방식

- 가입 기간 동안 약정이율로 계산하여 만기일에 일시 지급

아. NH여행사 연계 우대 서비스
- 서비스 이용대상은 신규 가입고객(예금금액 제한 없음)이며 서비스의 이용기간은 신규일로부터 적금만기 후 3개월 이내로 한다.
- 서비스 이용방법
- 신규가입 시 안내문구 통장인자 및 인증번호 부여
- 고객이 NH여행사 홈페이지(www.nhtour.co.kr) 회원가입 시 NH여행 적금 인증번호 입력(최초 접속 시만 해당, 회원가입 후 에는 개인아이디로 접속)
- 회원정보 입력 및 메일수령 동의여부 등을 입력
- 회원가입 절차를 마친 후 상품안내 화면으로 이동하여 해당 서비스 이용 가능
- 서비스 신청은 예금주 본인 명의로 신청해야 하되, 실제 서비스 이용자는 본인이 아니어도 가능

① 지역농협 농협급여통장 가입 고객이면 적금 인터넷 신규 시 1%p의 우대이율을 받을 수 있다.
② 가입 시 지정 여행사의 제휴 여행상품을 할인받을 수 있다.
③ 전 직원 단체 여행 시 법인도 여행 적금 상품에 가입할 수 있다.
④ 가입 기간이 36개월인 사람과 60개월인 사람의 이율은 동일하다.
⑤ 서비스의 이용기간은 적금만기 후 3개월부터이다.

25 농협의 비전에 대한 설명이다. 이를 표현한 사자성어로 적절한 것은?

"농업이 대우받고 농촌이 희망이며 농업인이 존경받는 함께하는 100년 농협"은 농업인과 국민, 농촌과 도시, 농축협과 중앙회, 그리고 임직원 모두 협력하여 농토피아를 구현하겠다는 의지이다. 60년을 넘어 새로운 100년을 향한 위대한 농협으로 도약하겠다는 의지를 담고 있다.

① 동심동덕(同心同德)
② 동공이곡(同工異曲)
③ 동기일신(同氣一身)
④ 동업상구(同業相仇)
⑤ 동귀수도(同歸殊塗)

㉠ 사물 인터넷(IoT)은 사물통신(M2M)과 혼용하여 사용되곤 하지만 사물통신의 의미와는 차이가 있다. M2M은 인간이 직접 제어하지 않는 상태에서 장비나 사물 또는 지능화된 기기들이 인간을 대신하여 통신 모두를 맡는 기술을 의미한다. 센서 등을 통해 전달하고 수집하며 위치나 시각, 날씨 등의 데이터를 다른 장비나 기기 등에 전달하기 위한 통신이다.

㉡ 사물 인터넷(IoT)의 궁극적인 목표는 우리 주변의 사물 인터넷 연결을 통하여 사물이 가진 특성을 지능화하고 인간의 개입을 최소화하여 자동화시키는 것을 목표로 한다. 더불어 다양한 연결을 통한 정보 <u>융합</u>이 인간에게 양질의 서비스를 제공하는 데에 있다. 이를 위하여 사물끼리의 연결로 다양한 정보를 수집하고 분석하여 서로 공유하도록 하는 것이 중요하다. 더 나아가 사물 인터넷을 구현하기 위해서는 상황 인지 기술, 통신·네트워크 기술, 빅데이터 기술, 데이터 마이닝 기술, 프라이버시 보호 기술 등이 요구된다.

㉢ 사물 인터넷(IoT)은 기본적으로 모든 사물을 인터넷으로 연결하는 것이다. 상호 운용 가능한 정보 기술 및 통신 기술을 활용하여 다양한 물리·가상 사물 간의 상호 연결을 하고, 이를 통하여 발전된 서비스를 제공할 수 있게 하는 글로벌 네트워크 인프라라고 정의할 수 있는 것이다. 즉, 사물 인터넷은 사람과 사물, 공간, 데이터 등 모든 것이 인터넷으로 연결되어 정보가 생성되고 수집 및 공유, 활용되는 초연결 인터넷이다.

㉣ 사물통신(M2M)과 사물 인터넷(IoT)은 사물 간 통신이라는 공통점이 있다. 하지만 M2M이 이동통신 주체인 사물이 중심인 데 비해, 사물 인터넷은 인간을 둘러싼 환경이 중심이다. 오히려 사물 인터넷은 인간 중심이라는 점에서 사용자가 장소, 시간에 구애받지 않고 자유롭게 네트워크에 접속할 수 있는 환경인 유비쿼터스(Ubiquitous)와 흡사하다. 정리하자면 M2M은 하나의 기술로 존재하며, 이를 활용하는 서비스가 사물 인터넷(IoT)인 것이다.

※ 데이터 마이닝 : 방대한 양의 데이터로부터 유용한 정보를 추출하는 기술을 말한다.

26 제시문을 문맥상 가장 자연스러운 순서로 배열한 것은?

① ㉠ – ㉡ – ㉢ – ㉣
② ㉡ – ㉢ – ㉣ – ㉠
③ ㉡ – ㉣ – ㉠ – ㉢
④ ㉢ – ㉡ – ㉠ – ㉣
⑤ ㉢ – ㉣ – ㉠ – ㉡

27 밑줄 친 '융합'을 대체할 수 있는 것으로 가장 적절한 것은?

① 협합
② 합성
③ 상충
④ 융화
⑤ 분경

28 글을 읽고 유추할 수 있는 내용으로 옳지 않은 것은?

스마트팜은 사물 인터넷(IoT)과 빅데이터, 인공지능 등을 기반으로 한 ICT(정보통신기술)를 온실과 축사 등에 접목하여 PC나 스마트폰을 통해 원격·자동으로 생육환경을 제어하고 관리하는 기술이다. 즉, 비닐하우스나 농장·과수원 등의 생육환경을 최적으로 유지하고 관리하여 생산의 효율성과 노동의 편리성을 향상시키는 농업시스템이다. 4차 산업의 등장과 농촌 고령화 및 노동인력 부족, 생산성 향상 둔화 등의 구조적 문제를 해결하고 재배기술과 ICT 강점을 활용하여 농업의 미래를 제고하기 위하여 추진되었다. 스마트 온실은 PC나 스마트폰을 통하여 온실의 온·습도 등을 모니터링하고 창문 개폐 및 영양분 공급 등을 제어하여 유지하고 관리하도록 적용하고 있으며, 스마트 과수원의 경우 기상 상황 등을 모니터링하여 관수나 병해충 관리 등에 적용하고 있다. 스마트 축사인 경우 사료 및 물 공급 시기와 양 등을 원격·자동으로 제어하고 있다. 2016년 농림부 통계에 의하면 스마트팜을 도입한 농가는 도입 전보다 생산량은 25%가량 증가하였으며, 노동비는 16%가량 감소하는 것으로 나타났다. 이에 농림축산식품부는 실증단지 구축, 스마트팜 관련 R&D체계화, 빅데이터 활용 및 기자재 표준화 등으로 관련 산업 인프라 구축을 추진 중이며, 2022년까지 스마트팜 혁신밸리를 전국에 4개소를 조성할 것을 목표로 내놓았다. 스마트팜은 해외에서도 적극 적용되고 있다.

미국의 살리나스 밸리는 실리콘밸리의 첨단 ICT산업을 접목하여 스마트 농업을 실현하는 프로젝트를 추진하였다. 농약 살포량을 조절하는 스마트 스프레이 시스템, 마이크로 워터 센서, 드론 등의 스마트팜 기술을 적용하고 있으며, 벨기에 홀티플란(Hortiplan)에서는 재배베드자동이송시스템(MGS)을 중심으로 묘 자동이식 로봇, 자동재식거리조정방식, 등을 사용하고 있어 최소 인력으로 유지·관리하고 있다.

한편 스마트팜은 청년들의 농촌 진출 장려와 농산물 생산성의 효율을 위해 도입하고 있으나 고령 농업인에게는 활용이 어렵다는 점과 개인 농업인 대상의 금전적 지원 및 교육 환경이 부족하다는 단점이 있다.

---

① 수집한 빅데이터를 기반으로 최적의 생육환경을 조성하여 생산량을 향상시킨다.
② 모니터링을 통하여 온·습도 및 병충해 관리 등을 원격·자동으로 제어한다.
③ 한 토마토 농장은 스마트팜 도입 후 양질의 토마토 수확량이 25%가량 증가하였다.
④ 정부는 스마트팜 혁신밸리를 전국 네 곳에 조성할 것을 추진 중이다.
⑤ 스마트팜 기술을 적용한 대표적 해외 성공사례로 미국과 벨기에 등이 있다.

〈NH 직장인 적금〉

가. 상품 특징

급여이체 및 교차거래 실적에 따라 금리가 우대되는 직장인 전용 적금 상품

나. 가입 대상

만 18세 이상 개인

※ 단, 개인사업자 제외

다. 가입 기간

12개월 이상 36개월 이내(월 단위)

라. 가입 금액

초입금 및 매회 입금 1만 원 이상 원단위(계좌당), 분기당 3백만 원 이내(1인당)

※ 단, 계약기간 3/4 경과 후 적립할 수 있는 금액은 이전 적립누계액의 1/2 이내

마. 이자 지급 방식

입금액마다 입금일부터 만기일 전일까지 기간에 대하여 약정금리로 계산한 이자를 월복리로 계산하여 지급

※ 단, 중도해지금리 및 만기 후 금리는 단리로 계산

바. 우대 금리 : 최고 0.8%p

• 가입 기간 동안 1회 이상 당행으로 건별 50만 원 이상 급여를 이체한 고객이 다음에 해당할 경우

조건내용	우대 금리
당행 입출식통장으로 3개월 이상 급여이체실적	0.3%p
당행 신용/체크카드의 결제실적이 100만 원 이상인 경우	0.2%p
당행 주택청약종합저축(청약저축, 청년우대형 포함) 또는 적립식 펀드 중 한 개 이상 신규가입 시	0.2%p

• 인터넷(스마트)뱅킹 또는 올원뱅크로 이 적금에 가입할 경우 0.1%p

사. 유의사항

• 우대 금리는 만기해지 계좌에 대해 계약기간 동안 적용함

• 급여이체 실적 인정기준

－ 당행에서 입금된 급여이체 : 월 누계금액 50만 원 이상

－ 창구 입금 : 급여코드를 부여받은 급여 입금분

－ 인터넷뱅킹 입금 : 개인사업자 또는 법인이 기업인터넷뱅킹을 통해 대량입금이체(또는 다계좌이체)에서 급여코드로 입금한 급여

－ 타행에서 입금된 급여이체 : 입금 건당 50만 원 이상

－ '급여, 월급, 봉급, 상여금, 보너스, 성과급, 급료, 임금, 수당, 연금' 문구를 포함한 급여이체 입금분

－ 전자금융공동망을 통한 입금분 중 급여코드를 부여받아 입금된 경우

－ 급여이체일을 전산등록한 후 해당 일에 급여이체 실적이 있는 경우, 급여이체일 ± 1영업일에 이체된 급여를 실적으로 인정

> ※ 공휴일 및 토요일 이체 시 실적 불인정
> − 급여이체일 등록 시 재직증명서, 근로소득원천징수영수증, 급여명세표 中 하나를 지참 후 당행 영업점 방문
> • 자동이체일이 말일이면서 휴일인 경우 다음 달 첫 영업일에 자동이체 처리

29 NH 직장인 적금에 대한 설명으로 옳은 것은?

① 직장인만 해당되는 적금 상품이다.
② 매회 300만 원 이내로 적립할 수 있다.
③ 전산등록한 급여이체일이 16일(금)일 때 17일(토)에 이체되었을 경우에 실적으로 인정한다.
④ 당행 영업점을 방문하여 급여이체일 등록 시 주민등록증을 지참하여야 한다.
⑤ 말일에 자동이체되는 경우 휴일과 겹쳤을 때 내달 첫 영업일에 처리된다.

30 밑줄 친 '지급'의 반의어인 '영수' 한자 표기로 옳은 것은?

① 領收
② 領水
③ 英數
④ 領袖
⑤ 靈邃

31 상품개발부 S는 일산에서 열리는 박람회에 참여하고자 한다. 당일 회의 후 출발해야 하며 회의 종료 시간은 오후 3시라고 할 때, S가 선택할 교통편으로 가장 적절한 것은?

장소	일시
일산 킨텍스 제2전시장	2021.11.25.(목) PM 15 : 00 ~ 19 : 00 ※ 종료 2시간 전까지 입장 가능합니다.

가. 오시는 길
- 지하철 : 4호선 대화역(도보 30분 거리)
- 버스 : 8109번, 8407번(도보 5분 거리)

나. 회사에서 버스정류장 및 지하철역까지 소요시간

출발지	도착지	소요시간	
회사	A정류장	도보	15분
		택시	5분
	지하철역	도보	30분
		택시	10분

다. 일산 킨텍스 가는 길

교통편	출발지	도착지	소요시간
지하철	강남역	대화역	1시간 25분
버스	A정류장	일산 킨텍스 정류장	1시간 45분

① 도보 - 지하철
② 도보 - 버스
③ 택시 - 지하철
④ 택시 - 버스
⑤ 자차 이용

32 새롭게 출시한 다음의 적금 상품을 홍보하려고 할 때, 책자에 담을 내용으로 적절하지 않은 것은?

가. 상품 특징

인터넷으로 가입 시 영업점 창구에서 가입 시보다 높은 금리(+ 0.3%p)가 제공되는 비대면 전용 상품

나. 거래 조건

구분	내용
가입 자격	개인(1인 1계좌)
가입 금액	• 초입금 5만 원 이상, 매회 1만 원 이상(계좌별) • 매월 2천만 원 이내(1인당) • 총 불입액 2억 원 이내(1인당)에서 자유 적립 　※ 단, 계약기간 3/4경과 후 월 적립 가능 금액은 이전 월 평균 적립금액의 1/2 이내
가입 기간	1년 이상 3년 이내 월 단위

적용 금리	가입 기간	1년 이상	2년	3년
	기본 금리(연%)	2.18	2.29	2.41

우대 금리	• 가입일 해당 월로부터 만기일 전월 말까지 ○○카드 이용 실적이 100만 원 이상인 경우 : 0.2%p • 예금가입 고객이 타인에게 이 상품을 추천하고 타인이 이 상품에 가입한 경우 : 추천 및 피추천 계좌 각 0.1%p(최대 0.3%p)
예금자보호	이 예금은 예금자보호법에 따라 예금보험공사가 보호하되, 보호한도는 본 은행에 있는 귀하의 모든 예금보호대상 금융상품의 원금과 소정의 이자를 합하여 1인당 최고 5천만 원이며, 5천만 원을 초과하는 나머지 금액은 보호하지 않습니다.

---

① 은행에 방문하지 않고도 가입할 수 있는 상품임을 강조

② 금리는 최대 2.71%임을 강조

③ 가입 기간이 길수록 우대 금리가 적용되는 상품임을 강조

④ 유사시 가입상품에 불입한 금액의 일부를 잃게 될 수 있음을 기재

⑤ "1년 계약자가 9개월이 지난 후 불입 총액이 180만 원이었다면, 10개월째부터는 월 10만 원이 적립 한도금액이 된다."는 예시 기재

33 L은 직원들의 출장비용을 관리하고 있다. 회사 규정이 다음과 같을 때 L이 甲 부장에게 지급해야 하는 총일비와 총 숙박비는 각각 얼마인가? (단, 지역 간 이동은 모두 KTX편이라고 가정한다)

가. 출장 일수 계산

　　출장일수는 실제 소요되는 일수에 의한다. 출발일은 목적지를, 도착일은 출발지를 여행하는 것으로 본다.

나. 여비의 구분계산

• 여비 각 항목은 구분하여 계산한다.

• 같은 날에 여비액을 달리하여야 할 경우에는 많은 금액을 기준으로 지급한다.

다. 일비 · 숙박비 지급

• 〈국내여비정액표〉에 따라 지급한다.

• 일비는 출장일수에 따라 지급한다.

• 숙박비는 숙박하는 밤의 수에 따라 지급한다. 다만 KTX 이동 중에는 따로 숙박비를 지급하지 아니한다.

〈국내여비정액표〉

(단위 : 만 원)

구분	지역	일비	숙박비
부장	A지역	50	15
	B지역	40	13

〈甲의 출장 일정〉

1일째	14 : 00 출발	3일째	09 : 00 회의
	17 : 00 A지역 도착		13 : 00 만찬
	18 : 00 만찬		
2일째	09 : 00 회의	4일째	09 : 00 회의
	15 : 00 A지역 출발		11 : 00 B지역 출발
	17 : 00 B지역 도착		15 : 00 도착
	18 : 00 회의		

	총일비	총숙박비		총일비	총숙박비
①	180만 원	41만 원	②	180만 원	45만 원
③	170만 원	45만 원	④	170만 원	43만 원
⑤	190만 원	41만 원			

34 영업 1부문 동계 워크숍에서 총무를 담당하게 된 사원 K는 다음과 같은 계획에 따라 예산을 진행하였으나 불가피하게 비용 항목을 줄여야 한다. 비용 항목을 줄이기 가장 적절한 것은?

〈영업 1부문 동계 워크숍〉

가. **해당 부서** : 농축협사업부, 영업지원부, 고객지원부
나. **일정** : 2021년 12월 15 ~ 17일(2박3일)
다. **장소** : 강원도 속초 A연수원
라. **행사 내용** : 동계 체육대회 및 시상, 친교의 밤 행사, 행사 참가 상품 증정, 기타

① 숙박비
② 식비
③ 교통비
④ 기념품비
⑤ 상품비

35 다음 기업의 자체 인재 개발원 대관 방법을 읽고 원하는 날짜에 예약할 수 있다고 할 때 예약금과 9일 전에 취소했을 때 돌려받을 수 있는 환불 금액으로 옳은 것은?

〈N 인재 개발원 강당 대관 방법〉

가. 대관 절차 : 인터넷 홈페이지를 통한 접수

장소	기본 대관료	철수 후 환급 금액	수용 인원	기본 이용 시간
회의장	80만 원	10만 원	최대 60명	6시간
소강당	100만 원	15만 원	최대 70명	8시간
대강당	120만 원	20만 원	최대 90명	10시간

※ 1) 이용 기준 초과 시 환급 금액에서 시간당 5만 원 씩 차감
2) 이용 가능 시간 06 : 00 ~ 24 : 00
3) 기본 대관료의 50%의 금액이 입금되어야 예약 확정(차액은 대관 당일에 지급)

나. 취소에 의한 위약금 안내
• 2주일 전 : 위약금 없음
• 1주일 전 : 예약금의 20%
• 3일 전 : 예약금의 50%
• 당일 취소 : 예약금 반환 없음

다. 대여 가능한 시설 안내

시설물	사용 금액 (1개당)	수량	시설물	사용 금액 (1개당)	수량
무선마이크	30,000	10	빔 프로젝터	40,000	4
유선마이크	20,000	5	녹화 시스템	50,000	4

※ 1) 장소 대관 시간만큼만 대여 가능
2) 시설물 대여료의 50%는 철수 후 환급

안녕하세요. 대외마케팅부 K 사원입니다. 단합대회를 위해 강당을 빌리려고 합니다. 인원은 모두 80명이며 오전 8시부터 오후 5시까지 사용하고 싶습니다. 부대시설로는 무선마이크 4개와 녹화 시스템은 전부 사용하고 싶습니다.

	예약금	반환금		예약금	반환금
①	76만 원	61만 원	②	76만 원	38만 원
③	66만 원	33만 원	④	60만 원	38만 원
⑤	60만 원	48만 원			

36 인사부에서 근무하는 S는 다음 〈상황〉과 〈조건〉에 근거하여 부서 배정을 하려고 한다. 〈상황〉과 〈조건〉을 모두 만족하는 부서 배정으로 옳은 것은?

〈상황〉

지역사회공헌부, IT기획부, 정보보호부에는 각각 3명, 2명, 3명의 인원을 배정하여야 한다. 이번에 선발한 인원으로는 5급이 A, B, C가 있으며, 6급은 D, E가 있고 7급이 F, G, H가 있다.

〈조건〉

조건 1 : 지역사회공헌부에는 5급 두 명이 배정되어야 한다.
조건 2 : B와 C는 서로 다른 부서에 배정되어야 한다.
조건 3 : 정보보호부에는 7급 두 명이 배정되어야 한다.
조건 4 : A와 H는 같은 부서에 배정되어야 한다.

	지역사회공헌부	IT기획부	정보보호부
①	A, B, E	D, G	C, F, H
②	A, C, H	D, E	B, F, G
③	A, D, F	B, C	E, G, H
④	B, C, H	A, D	E, F, G
⑤	A, H, D	G, F	B, C, E

37 다음은 사업지원본부의 2022년 1월 신입사원 교육장소 현황에 관한 자료이다. 다음 문의에 할 수 있는 질문으로 옳지 않은 것은?

가. 사업지원본부 1월 신입사원 교육장소 현황

강의실	수용 최대 인원	수용 최소 인원	비고
A강당	200명	90명	의자/테이블 이동불가
B강당	150명	90명	의자 이동가능
회의장	40명	30명	라운드 테이블
나눔방	100명	50명	의자/테이블 이동가능
채움방	80명	50명	개별 PC

나. 사업지원본부 1월 신입사원 교육장소 예약 현황

월	화	수	목	금	토
3	4	5	6	7	8
A강당 (9시/3시간) 나눔방 (1시/4시간)	회의장 (9시/3시간) 나눔방 (1사/4시간)	회의장 (1시/3시간)	나눔방 (9시/4시간) 회의장 (9시/3시간)	회의장 (1시/5시간) 나눔방 (1시/5시간)	점검
10	11	12	13	14	15
회의장 (1시/5시간)		A강당 (1시/5시간)	채움방 (1시/5시간)	A강당 (3시/3시간) 채움방 (4시/2시간)	점검

※ 필요한 부대시설은 개별 연락

> 안녕하세요. 축산유통부 P 대리입니다. 1월 13 ~ 15일 사이에 신입직원 교육을 위해 교육장소를 예약하려고 합니다. 총인원은 90명이며 월요일과 화요일을 제외한 요일로 예약 가능할까요?

① 교육 시작 시간은 몇 시부터 입니까? ② 부대시설이 추가로 필요합니까?
③ 교육은 몇 시간으로 예상합니까? ④ 개별 PC를 사용해야 합니까?
⑤ 의자 및 테이블의 이동이 필요합니까?

38 다음에 주어진 내용만을 고려했을 때 그림의 기점에서 ㉠, ㉡ 각 지사까지 총 운송비가 가장 저렴한 교통수단으로 옳은 것은?

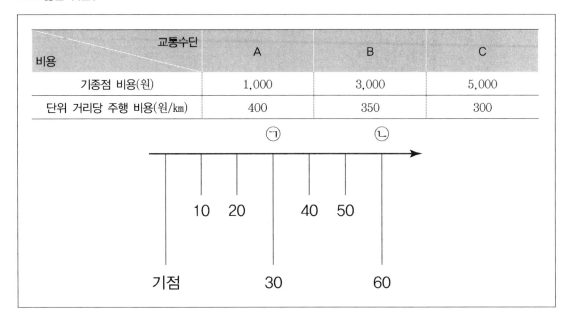

비용 \ 교통수단	A	B	C
기종점 비용(원)	1,000	3,000	5,000
단위 거리당 주행 비용(원/km)	400	350	300

	㉠	㉡
①	A	B
③	C	B
⑤	A	A

	㉠	㉡
②	A	C
④	C	A

39 다음은 성과상여금 지급 기준이다. 다음의 기준에 따를 때 성과상여금을 가장 많이 받는 사원과 가장 적게 받는 사원의 금액 차이는?

〈성과상여금 지급 기준〉

가. 지급 원칙

5급 이상	6 ~ 7급	8 ~ 9급	계약직
500만 원	400만 원	200만 원	200만 원

※ 성과상여금은 적용대상사원에 대하여 성과(근무성적, 업무난이도, 조직 기여도의 평점 합) 순위에 따라 지급한다.

나. 지급 등급 및 지급률
• 5급 이상

지급 등급	S등급	A등급	B등급	C등급
성과 순위	1위	2위	3위	4위
지급률	180%	150%	120%	80%

• 6급 이하

지급 등급	S등급	A등급	B등급
성과 순위	1 ~ 2위	3 ~ 4위	5위 이하
지급률	150%	130%	100%

다. 지급액 산정 방법
개인별 성과상여금 지급액은 지급 기준액에 해당 등급의 지급율을 곱하여 산정한다.

〈성과상여금 지급 기준〉

사원	평점			직급
	근무성적	업무난이도	조직 기여도	
경운	8	5	10	계약직
혜민	10	7	9	계약직
허윤	8	8	6	4급
성민	6	5	6	6급
세훈	9	8	8	5급
정아	7	8	6	7급

① 100만 원
② 160만 원
③ 370만 원
④ 400만 원
⑤ 490만 원

40 다음 글을 가장 잘 설명하고 있는 것은?

> 경쟁력과 체계를 확보하기 위해 해외에 새로운 지사를 운영하게 되었다. 이를 위해 컨설팅부에서는 새로운 프로젝트팀으로 L을 배정하였다. 팀장이 된 L은 해외 지사에서 일하는 모든 근로자가 자유롭게 새로운 제안과 건의 등을 할 수 있는 소통의 장을 만들었으며, 그에 따른 보상도 계획하였다. 프로젝트팀은 팀원 개개인에게 맞는 역할로 꾸렸다. L은 프로젝트에 대한 예산을 작성하고 본사 결재를 받았으나 프로젝트를 진행 중 계획서에 작성하지 않은 식자재 관리 전산 시스템에 대한 비용을 추가해야 하는 상황이 발생했다. 계획서에 없는 내용이 추가되다 보니 계획한 항목의 비용을 조절해야 하는 경우가 발생하여 프로젝트를 이끌어감에 어려움을 겪었다. 계속해서 문제가 발생하다 보니 업무시간을 초과하여 일을 하게 되고 기한 내에 끝내지 못하는 업무들이 생겨났다. 이는 L이 모든 업무를 직접 눈으로 확인하고 검사해야 하는 성격도 한몫하여 발생하는 문제이기도 했다.

① L에게 발생한 문제들은 우선순위를 정하여 순차적으로 해결해 나가는 시간관리가 제대로 실행되지 않아 생기는 문제들이다.

② 인적자원에 대한 계획은 바르게 수립하였으나 물적 자원관리 계획을 제대로 수립하지 못하여 전반적으로 어려움을 겪고 있다.

③ 식자재의 선납선출을 할 수 있게 해주는 식자재 관리 전산 시스템은 재고관리를 수월하게 하고, 물품 품목들이 정리되어 있기 때문에 누구나 현재의 상황을 쉽게 파악할 수 있게 해준다. 때문에 계획되어 있지 않은 부분이라도 예산을 사용한 것은 옳은 대처이다.

④ 팀원들의 의견을 반영하지 않고 사적인 감정으로만 진행하기 때문에 문제가 발생하고 있다.

⑤ 위의 문제점은 L의 성격으로 인해 생기는 문제로 볼 수 있으므로 팀을 적극 활용하여 해결방안을 모색하는 게 바람직하다.

41 다음 시트에서 영업3팀의 보험 실적 합계를 구하고자 할 때, [G2]에 입력할 수식으로 옳은 것은?

	A	B	C	D	E	F	G
1	성명	부서	직급	실적		부서	합계
2	김진호	영업1팀	대리	10		영업3팀	
3	강은희	영업3팀	사원	5			
4	구만혜	영업2팀	사원	11			
5	함유현	영업1팀	사원	6			
6	하진주	영업3팀	대리	12			
7	민진기	영업1팀	대리	11			
8	유장훈	영업2팀	대리	15			
9	윤기은	영업2팀	사원	13			
10	남소영	영업1팀	사원	12			
11	한재현	영업3팀	사원	3			
12	이민영	영업3팀	대리	20			
13	오진한	영업1팀	사원	17			
14							

① =DSUM(A1:D13,"실적",F)

② =DSUM(A1:D13,'실적',F1:F2)

③ =DSUM(A1:D13,"4',F1:F2)

④ =SUM(A1:D13,"실적",F)

⑤ =SUM(A1:D13, "D" ,F1:F2)

42 다음 Outputstream의 메소드 설명으로 옳지 않은 것은?

① close( ) : 출력 스트림을 닫는다.

② flush( ) : 출력 버퍼에 잔류하는 바이트 모두를 출력한다.

③ write(byte[ ] b) : 주어진 배열 b의 바이트 모두를 출력한다.

④ write(byte[ ] b, int off, int len) 주어진 배열b[off]부터 len개까지의 바이트를 출력한다.

⑤ write(int b) 4byte를 출력한다.

43 다음에 대한 설명으로 옳은 것은?

> Java SE 11.0.2 (LTS)

① JDK 버전과 Java SE 버전은 동일하다.
② 11은 주 버전으로 자바 언어에 변화가 있을 경우 다운된다.
③ 0은 업데이트 버전을 의미하며 0부터 시작한다.
④ 2는 개선 버전을 의미하며 주 버전에서 일부 사항이 개선될 때 증가된다.
⑤ LTS는 단기지원서비스를 받을 수 있는 버전을 의미한다.

44 Seo.java 소스 파일을 생성하는 과정에서 다음 코드를 보고 잘못된 것을 고르면?

```
01 package ㉠ sosojung01;
02
03 public class ㉡ seo
04   public static void main(㉢ String[ ] args) {
05       ㉣ System.out.println("Seo, Java")㉤ :
06   }
07 }
```

① ㉠   ② ㉡
③ ㉢   ④ ㉣
⑤ ㉤

| 45 ～ 47 | 다음은 코드 부여 방법이다.

가. 출판지 코드

서울	부산	대구	인천	광주	세종	제주
1	2	3	4	5	6	7

나. 출판사 코드

지역		출판사
서울	A	참빛
	B	성호
	C	세진
부산	D	서인당
	E	시대
대구	F	바탕골
	G	한빛
인천	H	명로
	I	예명사
	J	남도
광주	K	남경사
	L	태인
	M	원우
세종	N	향인사
	O	세종당
제주	P	바다북스
	Q	해명스

다. 서적 코드

분야 코드		세부 코드	
01	요리	001	한식
		002	양식
02	참고서	003	초등
		004	중등
		005	고등
		006	일반
03	외국어	007	일본어
		008	중국어
		009	아랍어

		010	사회과학
04	인문학	011	역사
		012	예술
05	아동	013	그림
		014	놀이
06	라이프	015	건강
		016	취미
		017	레저

라. **특수 코드**

특수한 코드에는 다음과 같은 코드가 부여된다.

코드	내용
H	개인 서점에 출고되는 서적
I	대형 서점에 출고되는 서적
W	직원에게 제공되는 서적
Y	견본으로 활용되는 서적
Z	서점에서 반품된 서적

마. **출판 연월**

- 2020년 12월 → 2012
- 2021년 3월 → 2103

바. **코드 부여**

출판 연월 – 출판지 코드 – 출판사 코드 – 분야 코드 – 세부 코드 – 특수 코드 순으로 12자리가 구성된다.

사. **책임자**

책임자	코드 번호	책임자	코드 번호
김하나	20121A03008H	한소윤	20073G05014W
이준일	20121B04010H	함경민	18031C02003W
박건아	21012D01002W	유진한	19012D06017Y
정수영	19115K05013Z	김유경	19115M02004Z
이제훈	18036O06017I	김기현	21016N04012Y
유태오	21026O03007Y	박지영	20034I01001I
박준곤	19097Q02006I	김우리	19107P02006Y
김정희	20084J02005I	김수현	20034I06015I

45 다음 중 2021년 2월 부산 '시대'에서 출판된 인문학 서적으로, 대형 서점에서 반품된 서적에 대한 코드로 알맞은 것은?

① 21022D00904I
② 21022D04010I
③ 21022E04012W
④ 21022E04011Z
⑤ 21022E01104Z

46 다음 광주지역에서 출판되는 서적 중 반품된 서적 모두를 본사 매장으로 보내야 한다. 이때, 관여하는 책임자는 모두 몇 명인가?

① 1명
② 2명
③ 3명
④ 4명
⑤ 5명

47 동일한 분야의 책임자끼리 바르게 짝지어진 것은?

① 이준일, 박준곤
② 정수영, 김유경
③ 김하나, 유태오
④ 김정희, 한소윤
⑤ 박지영, 김수현

48 다음 문제에서 출력되는 결과가 3.5라고 할 때, (   ) 안에 들어갈 코드로 옳은 것은?

```
int x = 7;
int y = 2;
double result = (    )x/y;
System.out.println(result);
```

① float
② (float)
③ double
④ (double)
⑤ println

49 다음은 정보검색 연산자에 대해 정리한 표이다. (   ) 안에 들어갈 기호로 옳은 것은?

기호	연산자	검색 조건
*, &	AND	두 단어가 모두 포함된 문서 검색
|	OR	두 단어가 모두 포함되거나, 하나만 포함된 문서 검색
−, !	NOT	'−' 혹은 '!' 기호 다음에 오는 단어를 포함하지 않는 문서 검색
( ), near	인접검색	앞뒤 단어가 가깝게 인접해 있는 문서 검색

① ~
② /
③ @
④ ^
⑤ #

50 다음은 기본 타입을 허용 범위 크기순으로 나타낸 것이다. 위치가 옳은 것은?

> byte < ㉠ int < ㉡ long < ㉢ float < ㉣ short < ㉤ double

① ㉠　　　　　　　　　　　② ㉡

③ ㉢　　　　　　　　　　　④ ㉣

⑤ ㉤

직무능력평가

PART

02

CHAPTER

의사소통능력

(1) 의사소통

사람들 간에 생각이나 감정, 정보, 의견 등을 교환하는 총체적인 행위로, 직장생활에서의 의사소통은 조직과 팀의 효율성과 효과성을 성취할 목적으로 이루어지는 구성원 간의 정보와 지식 전달 과정이라고 할 수 있다. 의사소통의 기능은 공동의 목표를 추구해 나가는 집단 내의 기본적 존재 기반이며 성과를 결정한다.

(2) 의사소통의 종류

① 언어적인 것 : 대화, 전화통화, 토론 등
② 문서적인 것 : 메모, 편지, 기획안 등
③ 비언어적인 것 : 몸짓, 표정 등

(3) 의사소통을 저해하는 요인

정보의 과다, 메시지의 복잡성 및 메시지 간의 경쟁, 상이한 직위와 과업 지향형, 신뢰의 부족, 의사소통을 위한 구조상의 권한, 잘못된 매체의 선택, 폐쇄적인 의사소통 분위기 등이다.

(4) 의사소통능력

의사소통능력은 직장생활에서 문서나 상대방이 하는 말의 의미를 파악하는 능력, 자신의 의사를 정확하게 표현하는 능력, 간단한 외국어 자료를 읽거나 외국인의 의사표시를 이해하는 능력을 포함한다.

(5) 의사소통능력 개발을 위한 방법

① 사후검토와 피드백을 활용한다.
② 명확한 의미를 가진 이해하기 쉬운 단어를 선택하여 이해도를 높인다.
③ 적극적으로 경청한다.
④ 메시지를 감정적으로 곡해하지 않는다.

의사소통능력은 업무를 수행함에 있어 문서를 읽거나 상대방의 말을 듣고 뜻한 바를 파악, 자신의 의사를 정확하게 표현·전달하는 능력이다. NCS를 시행하는 대부분의 공기업에서 기본으로 포함하는 영역으로 모듈형이 주로 출제된다. 주로 문서이해능력과 문서 작성능력이 출제되는 편이며 최근에는 안내문 등 난이도가 있는 자료를 제시하고 독해능력을 묻는 문제가 자주 출제되고 있다.

하위능력별 출제 유형

문서이해능력 ✦✦✦✦✦
업무관련성이 높은 문서에 대한 독해 능력과 업무와 관련된 내용을 메모하는 문제 등이며, 언어논리의 독해와 유사하다.

문서 작성능력 ✦✦✦✦✧
공문서, 기안서, 매뉴얼 등 특정 양식에 대해 작성 시 주의사항 및 빈칸 채우기 등의 유형으로 구성된다.

경청능력 ✦✦✧✧✧
제시된 상황에 적절한 경청 방법에 대한 문제로 구성된다.

의사표현능력 ✦✦✧✧✧
제시된 상황에 대해 적절한 의사표현을 고르는 문제로 구성된다.

기초외국어능력 ✦✧✧✧✧
외국과 우리나라의 문화차이에 의해 발생하는 상황에 대한 문제로 구성된다.

하위능력별 출제 빈도

문서이해능력

(1) 문서

제안서, 보고서, 기획서, 이메일, 팩스 등 문자로 구성된 것으로 상대방에게 의사를 전달하여 설득하는 것을 목적으로 한다.

(2) 문서이해능력

직업현장에서 자신의 업무와 관련된 문서를 읽고, 내용을 이해하고 요점을 파악할 수 있는 능력을 말한다.

(3) 문서의 종류

구분	내용
공문서	정부기관에서 공무를 집행하기 위해 작성하는 문서로, 단체 또는 일반회사에서 정부기관을 상대로 사업을 진행할 때 작성하는 문서도 포함된다. 엄격한 규격과 양식이 특징이다.
기획서	아이디어를 바탕으로 기획한 프로젝트에 대해 상대방에게 전달하여 시행하도록 설득하는 문서이다.
기안서	업무에 대한 협조를 구하거나 의견을 전달할 때 작성하는 사내 공문서이다.
보고서	특정한 업무에 관한 현황이나 진행 상황, 연구·검토 결과 등을 보고하고자 할 때 작성하는 문서이다. 보고서는 영업 보고서, 결산 보고서, 일일업무 보고서, 주간업무 보고서, 출장 보고서, 회의 보고서가 있다.
설명서	상품의 특성이나 작동 방법을 소비자에게 설명하기 위해 작성하는 문서로 상품소개서와 제품설명서가 있다.
보도자료	정부기관이나 기업체 등이 언론을 상대로 자신들의 정보를 기사화 되도록 하기 위해 보내는 자료이다.
자기소개서	개인이 자신의 성장과정이나, 입사 동기, 포부 등에 대해 구체적으로 기술하여 자신을 소개하는 문서이다.
비즈니스 레터 (E - Mail)	사업상의 이유로 고객에게 보내는 편지다.
비즈니스 메모	업무상 확인해야 할 일을 메모형식으로 작성하여 전달하는 글이다. 전화, 회의, 업무를 적는다.

(4) 문서이해의 절차

문서의 목적 이해 → 문서 작성 배경·주제 파악 → 정보 확인 및 현안문제 파악 → 문서 작성자의 의도 파악 및 자신에게 요구되는 행동 분석 → 목적 달성을 위해 취해야 할 행동 고려 → 문서 작성자의 의도를 도표나 그림 등으로 요약·정리

문서 작성능력

(1) 문서 작성의 구성 요소

① 작성되는 문서에 대상과 목적, 시기, 기대효과 등을 포함
② 짜임새 있는 골격, 이해하기 쉬운 구조
③ 객관적이고 논리적인 내용
④ 명료하고 설득력 있는 문장
⑤ 세련되고 인상적인 레이아웃

의사소통능력

수리능력

문제해결능력

정보능력

자원관리능력

(2) 문서의 종류에 따른 작성 방법

구분	내용
공문서	• 육하원칙이 드러나도록 써야 한다. • 날짜는 반드시 연도와 월, 일을 언급하며, 날짜 다음에 괄호를 사용할 때는 마침표를 찍지 않는다. • 대외문서이며, 장기간 보관되기 때문에 정확하게 기술해야 한다. • 내용이 복잡할 경우 ' - 다음 - ', ' - 아래 - '와 같은 항목을 만들어 구분한다. • 한 장에 담아내는 것을 원칙으로 하며, 마지막엔 반드시 '끝'자로 마무리 한다.
설명서	• 정확하고 간결하게 작성한다. • 이해하기 어려운 전문용어의 사용은 삼가고, 복잡한 내용은 도표화 한다. • 명령문보다는 평서문을 사용하고, 동어 반복보다는 다양한 표현을 구사하는 것이 바람직하다.
기획서	• 상대를 설득하여 기획서가 채택되는 것이 목적이므로 상대가 요구하는 것이 무엇인지 고려하여 작성하며, 기획의 핵심을 잘 전달하였는지 확인한다. • 분량이 많을 경우 전체 내용을 한눈에 파악할 수 있도록 목차구성을 신중히 한다. • 효과적인 내용 전달을 위한 표나 그래프를 적절히 활용하고 산뜻한 느낌을 줄 수 있도록 한다. • 인용한 자료의 출처 및 내용이 정확해야 하며 제출 전 충분히 검토한다.
보고서	• 도출하고자 한 핵심 내용을 구체적이고 간결하게 작성한다. • 내용이 복잡할 경우 도표나 그림을 활용하고, 참고자료는 정확하게 제시한다. • 제출하기 전에 최종점검을 하며 질의를 받을 것에 대비한다.

(3) 문서 작성의 원칙

① 간결체 사용 : 문장은 짧고 간결하게 작성한다.
② 상대방이 이해하기 쉽게 쓴다.
③ 불필요한 한자의 사용을 자제한다.
④ 문장은 긍정문의 형식을 사용한다.
⑤ 간단한 표제를 붙인다.
⑥ 두괄식 구성 : 문서의 핵심 내용을 먼저 쓰도록 한다.

(4) 문서 작성 시 주의사항

① 육하원칙에 의해 작성한다.
② 문서 작성시기가 중요하다.
③ 한 사안은 한 장의 용지에 작성한다.
④ 반드시 필요한 자료만 첨부한다.
⑤ 금액, 수량, 일자 등은 기재에 정확성을 기한다.
⑥ 경어나 단어사용 등 표현에 신경 쓴다.
⑦ 문서 작성 후 반드시 최종적으로 검토한다.

(5) 효과적인 문서 작성 요령

구분	내용
내용이해	전달하고자 하는 내용과 핵심을 정확하게 이해해야 한다.
목표설정	전달하고자 하는 목표를 분명하게 설정한다.
구성	내용 전달 및 설득에 효과적인 구성과 형식을 고려한다.
자료수집	목표를 뒷받침할 자료를 수집한다.
핵심전달	단락별 핵심을 하위목차로 요약한다.
대상파악	대상에 대한 이해와 분석을 통해 철저히 파악한다.
보충설명	예상되는 질문을 정리하여 구체적인 답변을 준비한다.
문서표현의 시각	그래프, 그림, 사진 등을 적절히 사용하여 이해를 돕는다.

하위능력 03 경청능력

(1) 경청의 중요성

경청은 다른 사람의 말을 주의 깊게 들으며 공감하는 능력으로 경청을 통해 상대방을 한 개인으로 존중하고 성실한 마음으로 대하게 되며, 상대방의 입장에 공감하고 이해할 수 있다.

(2) 적극적 경청과 소극적 경청

구분	내용
적극적 경청	• 상대방의 이야기에 주의집중하고 있음을 행동을 통해 표현하며 듣는 것을 의미한다. • 상대방의 이야기 중 이해가 되지 않는 부분이나 자신이 이해한 것이 맞는지 확인하며 상대방 이야기에 공감할 수도 있다.
소극적 경청	상대방의 이야기에 특별히 반응하지 않고 수동적으로 듣는 것을 의미한다. 상대방의 발언 중 화제를 돌리거나 말을 가로채는 등의 행위를 하지 않는 것을 말한다.

(3) 경청을 방해하는 습관

짐작하기, 대답할 말 준비하기, 걸러내기, 판단하기, 다른 생각하기, 조언하기, 언쟁하기, 옳아야만 하기, 슬쩍 넘어가기, 비위 맞추기 등

(4) 기본 태도

① 비판·충고적인 태도를 버린다.

② 비언어적 표현에도 신경 쓴다.

③ 상대방이 말하는 동안 경청하는 것을 표현한다.

④ 대화 시 흥분하지 않는다.

(5) 효과적인 경청방법

구분	내용
준비하기	강연이나 프레젠테이션 이전에 나누어주는 자료를 읽어 미리 주제를 파악하고 등장하는 용어를 익혀둔다.
주의 집중	말하는 사람의 모든 것에 집중해서 적극적으로 듣는다.
예측하기	다음에 무엇을 말할 것인가를 추측하려고 노력한다.
나와 관련짓기	상대방이 전달하고자 하는 메시지를 나의 경험과 관련지어 생각해 본다.
질문하기	질문은 듣는 행위를 적극적으로 하게 만들고 집중력을 높인다.
요약하기	주기적으로 상대방이 전달하려는 내용을 요약한다.
반응하기	피드백을 통해 의사소통을 점검한다.

하위능력 04 의사표현능력

(1) 의사표현의 개념
화자가 자신의 생각과 감정을 청자에게 음성언어나 신체언어로 표현하는 행위이다.

(2) 의사표현의 종류
① 공식적 말하기 : 사전에 준비된 내용을 대중을 대상으로 말하는 것으로 연설, 토의, 토론 등이 있다.
② 의례적 말하기 : 사회·문화적 행사에서와 같이 절차에 따라 하는 말하기로 식사, 주례, 회의 등이 있다.
③ 친교적 말하기 : 친근한 사람들 사이에서 자연스럽게 주고받는 대화 등을 말한다.

(3) 의사표현의 방해요인
① 연단공포증 : 연단에 섰을 때 가슴이 두근거리거나 땀이 나고 얼굴이 달아오르는 등의 현상으로 충분한 분석과 준비, 더 많은 말하기 기회 등을 통해 극복할 수 있다.
② 말 : 말의 장단, 고저, 발음, 속도, 쉼 등을 포함한다.
③ 음성 : 목소리와 관련된 것으로 음색, 고저, 명료도, 완급 등을 의미한다.
④ 몸짓 : 비언어적 요소로 화자의 외모, 표정, 동작 등이다.
⑤ 유머 : 말하기 상황에 따른 적절한 유머를 구사할 수 있어야 한다.

(4) 상황과 대상에 따른 의사표현법
① 잘못을 지적할 때 : 모호한 표현을 삼가고 확실하게 지적하며, 당장 꾸짖고 있는 내용에만 한정한다.
② 칭찬할 때 : 자칫 아부로 여겨질 수 있으므로 센스 있는 칭찬이 필요하다.
③ 부탁할 때 : 먼저 상대방의 사정을 듣고 응하기 쉽게 구체적으로 부탁하며 거절을 당해도 싫은 내색을 하지 않는다.
④ 요구를 거절할 때 : 먼저 사과하고 응해줄 수 없는 이유를 설명한다.
⑤ 명령할 때 : 강압적인 말투보다는 '○○을 이렇게 해주는 것이 어떻겠습니까?'와 같은 식으로 부드럽게 표현하는 것이 효과적이다.
⑥ 설득할 때 : 일방적으로 강요하기보다는 먼저 양보해서 이익을 공유하겠다는 의지를 보여주는 것이 좋다.
⑦ 충고할 때 : 충고는 가장 최후의 방법이다. 반드시 충고가 필요한 상황이라면 예화를 들어 비유적으로 깨우쳐주는 것이 바람직하다.
⑧ 질책할 때 : 샌드위치 화법(칭찬의 말 + 질책의 말 + 격려의 말)을 사용하여 청자의 반발을 최소화 한다.

(5) 원활한 의사표현을 위한 지침

① 올바른 화법을 위해 독서를 하라.
② 좋은 청중이 되라.
③ 칭찬을 아끼지 마라.
④ 공감하고, 긍정적으로 보이게 하라.
⑤ 겸손은 최고의 미덕임을 잊지 마라.
⑥ 과감하게 공개하라.
⑦ 뒷말을 숨기지 마라.
⑧ 첫마디 말을 준비하라.
⑨ 이성과 감성의 조화를 꾀하라.
⑩ 대화의 룰을 지켜라.
⑪ 문장을 완전하게 말하라.

(6) 설득력 있는 의사표현을 위한 지침

① 'Yes'를 유도하여 미리 설득 분위기를 조성하라.
② 대비 효과로 분발심을 불러 일으켜라.
③ 침묵을 지키는 사람의 참여도를 높여라.
④ 여운을 남기는 말로 상대방의 감정을 누그러뜨려라.
⑤ 하던 말을 갑자기 멈춤으로써 상대방의 주의를 끌어라.
⑥ 호칭을 바꿔서 심리적 간격을 좁혀라.
⑦ 끄집어 말하여 자존심을 건드려라.
⑧ 정보전달 공식을 이용하여 설득하라.
⑨ 상대방의 불평이 가져올 결과를 강조하라.
⑩ 권위 있는 사람의 말이나 작품을 인용하라.
⑪ 약점을 보여 주어 심리적 거리를 좁혀라.
⑫ 이상과 현실의 구체적 차이를 확인시켜라.
⑬ 자신의 잘못도 솔직하게 인정하라.
⑭ 집단의 요구를 거절하려면 개개인의 의견을 물어라.
⑮ 동조 심리를 이용하여 설득하라.
⑯ 지금까지의 노고를 치하한 뒤 새로운 요구를 하라.
⑰ 담당자가 대변자 역할을 하도록 하여 윗사람을 설득하게 하라.
⑱ 겉치레 양보로 기선을 제압하라.
⑲ 변명의 여지를 만들어 주고 설득하라.
⑳ 혼자 말하는 척하면서 상대의 잘못을 지적하라.

(1) 기초외국어능력의 개념

기초외국어능력은 외국어로 된 간단한 자료를 이해하거나, 외국인과의 전화응대와 간단한 대화 등 외국인의 의사표현을 이해하고, 자신의 의사를 기초외국어로 표현할 수 있는 능력이다.

(2) 기초외국어능력의 필요성

국제화 · 세계화 시대에 다른 나라와의 무역을 위해 우리의 언어가 아닌 국제적인 통용어를 사용하거나 그들의 언어로 의사소통을 해야 하는 경우가 생길 수 있다.

(3) 외국인과의 의사소통에서 피해야 할 행동

① 상대를 볼 때 흘겨보거나, 노려보거나, 아예 보지 않는 행동

② 팔이나 다리를 꼬는 행동

③ 표정이 없는 것

④ 다리를 흔들거나 펜을 돌리는 행동

⑤ 맞장구를 치지 않거나 고개를 끄덕이지 않는 행동

⑥ 생각 없이 메모하는 행동

⑦ 자료만 들여다보는 행동

⑧ 바르지 못한 자세로 앉는 행동

⑨ 한숨, 하품, 신음소리를 내는 행동

⑩ 다른 일을 하며 듣는 행동

⑪ 상대방에게 이름이나 호칭을 어떻게 부를지 묻지 않고 마음대로 부르는 행동

(4) 기초외국어능력 향상을 위한 공부법

① 외국어공부의 목적부터 정하라.

② 매일 30분씩 눈과 손과 입에 밸 정도로 반복하라.

③ 실수를 두려워하지 말고 기회가 있을 때마다 외국어로 말하라.

④ 외국어 잡지나 원서와 친해져라.

⑤ 소홀해지지 않도록 라이벌을 정하고 공부하라.

⑥ 업무와 관련된 주요 용어의 외국어는 꼭 알아두자.

⑦ 출퇴근 시간에 외국어 방송을 보거나, 듣는 것만으로도 귀가 트인다.

⑧ 어린이가 단어를 배우듯 외국어 단어를 암기할 때 그림카드를 사용해 보라.

⑨ 가능하면 외국인 친구를 사귀고 대화를 자주 나눠 보라.

01　문서이해능력

다음은 신용카드 약관의 주요내용이다. 규정 약관을 제대로 이해하지 못한 사람은?

> **[부가서비스]**
> 카드사는 법령에서 정한 경우를 제외하고 상품을 새로 출시한 후 1년 이내에 부가서비스를 줄이거나 없앨 수가 없다. 또한 부가서비스를 줄이거나 없앨 경우에는 그 세부내용을 변경일 6개월 이전에 회원에게 알려주어야 한다.
>
> **[중도 해지 시 연회비 반환]**
> 연회비 부과기간이 끝나기 이전에 카드를 중도해지하는 경우 남은 기간에 해당하는 연회비를 계산하여 10 영업일 이내에 돌려줘야 한다. 다만, 카드 발급 및 부가서비스 제공에 이미 지출된 비용은 제외된다.
>
> **[카드 이용한도]**
> 카드 이용한도는 카드 발급을 신청할 때에 회원이 신청한 금액과 카드사의 심사 기준을 종합적으로 반영하여 회원이 신청한 금액 범위 이내에서 책정되며 회원의 신용도가 변동되었을 때에는 카드사는 회원의 이용한도를 조정할 수 있다.
>
> **[부정사용 책임]**
> 카드 위조 및 변조로 인하여 발생된 부정사용 금액에 대해서는 카드사가 책임을 진다. 다만, 회원이 비밀번호를 다른 사람에게 알려주거나 카드를 다른 사람에게 빌려주는 등의 중대한 과실로 인해 부정사용이 발생하는 경우에는 회원이 그 책임의 전부 또는 일부를 부담할 수 있다.

① 혜수 : 카드사는 법령에서 정한 경우를 제외하고는 1년 이내에 부가서비스를 줄일 수 없어.
② 진성 : 카드 위조 및 변조로 인하여 발생된 부정사용 금액은 일괄 카드사가 책임을 지게 돼.
③ 영훈 : 회원의 신용도가 변경되었을 때 카드사가 이용한도를 조정할 수 있어.
④ 영호 : 연회비 부과기간이 끝나기 이전에 카드를 중도해지하는 경우에는 남은 기간에 해당하는 연회비를 카드사는 돌려줘야 해.
⑤ 지훈 : 카드 이용한도는 발급 신청 시 회원이 신청한 금액과 카드사 심사기준을 종합적으로 반영하여 책정돼.

02　문서 작성능력

다음은 들은 내용을 구조적으로 정리하는 방법이다. 순서에 맞게 배열하면?

> ㉠ 관련 있는 내용끼리 묶는다.
> ㉡ 묶은 내용에 적절한 이름을 붙인다.
> ㉢ 전체 내용을 이해하기 쉽게 구조화한다.
> ㉣ 중복된 내용이나 덜 중요한 내용을 삭제한다.

① ㉠㉡㉢㉣　　　　　　　　　　　　② ㉠㉡㉣㉢
③ ㉡㉠㉢㉣　　　　　　　　　　　　④ ㉡㉠㉣㉢
⑤ ㉢㉡㉠㉣

다음 중 공문서 작성에 대한 설명으로 가장 적절하지 못한 것은?

① 공문서나 유가증권 등에 금액을 표시할 때에는 한글로 기재하고 그 옆에 괄호를 넣어 숫자로 표기한다.
② 날짜는 숫자로 표기하되 연도, 월, 일의 글자는 생략하고 그 자리에 온점(.)을 찍어 표시한다.
③ 첨부물이 있는 경우에는 붙임 표시문 끝에 1자 띄우고 "끝."이라고 표시한다.
④ 공문서의 본문이 끝났을 경우에는 1자를 띄우고 "끝."이라고 표시한다.
⑤ 육하원칙이 드러나도록 써야 한다.

당신은 팀장님께 업무 지시내용을 수행하고 결과물을 보고 드렸다. 하지만 팀장님께서는 "최 대리, 업무를 이렇게 처리하면 어떡하나? 누락된 부분이 있지 않은가."라고 말하였다. 이에 대해 당신이 행할 수 있는 가장 부적절한 대처 자세는?

① "죄송합니다. 제가 잘 모르는 부분이라 이수혁 과장님께 부탁을 했는데 과장님께서 실수를 하신 것 같습니다."
② "주의를 기울이지 못해 죄송합니다. 어느 부분을 수정보완하면 될까요?"
③ "지시하신 내용을 제가 충분히 이해하지 못하였습니다. 내용을 다시 한 번 여쭤보아도 되겠습니까?"
④ "부족한 내용을 보완하는 자료를 취합하기 위해서 하루정도가 더 소요될 것 같습니다. 언제까지 재작성하여 드리면 될까요?"
⑤ "죄송합니다. 누락된 부분을 다시 수정 보완하겠습니다."

다음은 면접스터디 중 일어난 대화이다. 민아의 고민을 해소하기 위한 조언으로 가장 적절한 것은?

> 영주 : 민아 씨, 어디 아파요? 표정이 안 좋아 보여요.
> 민아 : 제가 원서 넣은 공단이 내일 면접이어서요. 그동안 스터디를 통해서 면접 연습을 많이 했는데도 벌써부터 긴장이 되네요.
> 영주 : 민아 씨는 자기 의견도 명확히 피력할 줄 알고 조리 있게 설명을 잘 하시니 걱정 안하셔도 될 것 같아요. 아, 손에 꽉 쥐고 계신 건 뭔가요?
> 민아 : 아, 제가 예상 답변을 정리해서 모아둔 거예요. 내용은 거의 외웠는데 이렇게 쥐고 있지 않으면 불안해서….
> 영주 : 그 정도로 준비를 철저히 하셨으면 걱정할 이유 없을 것 같아요.
> 민아 : 그래도 압박면접이거나 예상치 못한 질문이 들어오면 어떻게 하죠?
> 영주 : _____

① 시선을 적절히 처리하면서 부드러운 어투로 말하는 연습을 해보는 건 어때요?
② 공식적인 자리인 만큼 옷차림을 신경 쓰는 게 좋을 것 같아요.
③ 당황하지 말고 질문자의 의도를 잘 파악해서 침착하게 대답하면 되지 않을까요?
④ 예상 질문에 대한 답변을 좀 더 정확하게 외워보는 건 어떨까요?
⑤ 예상 답변을 모아 둔 것을 지금처럼 꼭 쥐고 있는 건 어떨까요?

Chapter. 01

출제예상문제

정답 및 해설 p.310

1 다음은 업무 중 자주 작성하게 되는 '보고서'에 대한 작성요령을 설명한 글이다. 다음 작성요령을 참고하여 수정한 문구 중 적절하지 않은 것은 어느 것인가?

의사소통능력

수리능력

문제해결능력

정보능력

자원관리능력

○ 간단명료하게 작성할 것

주로 쓰는 '~를 통해', '~하는 과정을 통해', '~에 관한', '~에 있어', '~지 여부', '~들', '~에 걸쳐'
등은 사족이 되는 경우가 많다.

○ 중복을 피할 것

단어 중복, 구절 중복, 의미 중복, 겹말 피하기

○ 호응이 중요하다.

주어와 서술어의 호응, 목적어와 서술어의 호응, 논리적 호응

○ 피동형으로 만들지 말 것

가급적 능동형으로 쓰기, 이중피동 피하기

○ 단어의 위치에 신경 쓸 것

수식어는 수식되는 말 가까이에, 주어와 서술어는 너무 멀지 않게, 의미파악이 쉽도록 위치 선정

---

① 시민들이 사고로 숨진 희생자들을 추모하기 위해 건물 앞 계단에 촛불을 늘어놓으며 애도를 표시하고 있다.

→ 사고로 숨진 희생자들을 추모하기 위해 시민들이 건물 앞 계단에 촛불을 늘어놓으며 애도를 표시하고 있다.

② 폭탄 테러를 막기 위해 건물 입구에 차량 진입 방지용 바리케이드를 이중 삼중으로 설치했다.

→ 폭탄 테러를 막기 위해 건물 입구에 차량 진입을 막기 위한 바리케이드를 이중 삼중으로 설치했다.

③ 투자자 보호에 관한 정책에 대해 신뢰하지 않는다.

→ 투자자를 보호하는 정책을 신뢰하지 않는다.

④ 인간에 의해 초래된 생태계의 인위적 변화

→ 인간이 초래한 생태계의 인위적 변화

⑤ 이번 캠페인을 통해 일회용 컵의 사용에 있어서 더 줄일 수 있는 계기가 되었다.

→ 이번 캠페인은 일회용 컵 사용을 더 줄일 수 있는 계기가 되었다.

2 다음 지문이 미세먼지 관련 공공기관의 대국민 안내문일 경우, 연결되어 설명될 내용으로 가장 적절한 것은?

> 미세먼지의 신상 유해성에 내한 경각심이 높아지고 있다. 미세먼지는 눈에 안 보이는 지름 10㎛ 이하(머리카락 굵기의 최대 7 ~ 8분의 1)의 작은 먼지로, 황산염, 질산염 등과 같은 독성물질이 들어 있다. 국립환경과학원 자료에 따르면 만성질환자, 고령자, 어린이는 미세먼지 농도가 30㎍/㎥을 넘으면 기침, 안구 따가움, 피부 트러블 등의 증상이 나타난다. 미세먼지보다 입자가 작은(지름 2.5㎛ 이하) 초미세먼지는 인체에 더 잘 침투하고, 건강에도 더 해롭다. 2013년 기준 서울의 미세먼지 농도는 45㎍/㎥, 초미세먼지는 25㎍/㎥였다. 미세먼지는 인체 위해성이 있는 만큼, 미세먼지를 피하고 미세먼지의 발생을 줄이는 것이 절실하다.
>
> 미세먼지는 눈, 피부, 폐 등 호흡기에 직접적인 영향을 미친다. 미세 먼지가 안구에 붙으면 염증과 가려움증을 유발하고, 피부는 모공 속으로 들어가 모공을 확대하고 피부염을 일으킨다. 폐로 들어가면 폐포를 손상시키고 염증반응을 일으킨다. 이로 인해 기침이나 천식이 악화된다. 미세먼지는 혈관을 뚫고 들어가 심장이나 뇌도 망가뜨린다.
>
> 캐나다 토론토종합병원 심장내과 연구팀이 건강한 성인 25명을 선정, 고농도의 미세먼지(150㎍/㎥)를 주입한 밀폐 공간에 2시간 동안 머물게 한 뒤 심전도 검사를 한 결과, 심장박동이 불규칙해지는 것으로 나타났다. 세브란스 심장내과 연구팀이 쥐 110마리의 혈액 속에 고농도의 미세먼지(200㎍/mL)를 주입했더니 혈액 속 산화 스트레스 농도가 39% 증가했다. 이에 따라 세포 속에 칼슘이 과도하게 많아지는 등 칼슘 대사 장애가 발생, 부정맥(심장박동이 불규칙한 병)이 생겼다.
>
> 미세먼지는 뇌에도 영향을 미친다. 뇌는 미세먼지와 같은 유해물질이 침투하기 가장 어려운 곳으로 알려져 있다. 혈액이 뇌 조직으로 들어갈 때 유해물질을 걸러내는 장벽(혈액–뇌장벽·BBB)이 있기 때문이다. 하지만 미세먼지가 이 장벽을 뚫고 뇌로 직접 침투할 수 있다는 사실이 동물실험에서 밝혀졌다. 미세먼지가 뇌 속으로 들어가면 염증반응이 일어나고 혈전이 생겨 뇌졸중이 유발될 수 있다. 신경세포 손상으로 인지기능도 떨어진다. 미세먼지 농도가 높은 곳에 사는 사람일수록 뇌 인지기능 퇴화 속도가 빠르다는 연구도 있다.

① 미세먼지의 예방과 발생 시 행동요령
② 선진국의 미세먼지 대처 방법 소개
③ 최근 미세먼지 질환의 발병률과 사례
④ 국제사회의 공동 대응책 논의 현황
⑤ 뇌 기능 퇴화와 미세먼지의 연관성

3 다음 글의 밑줄 친 ㉠ ~ ㉤의 어휘가 의미상 올바르게 대체되지 않은 것은 어느 것인가?

> 문화체육관광부장관배 전국어울림마라톤대회가 지난 9월 29일 태화강 국가정원 ㉠일원에서 개최되었다. 19일 울산시장애인체육회에 따르면, 울산시장애인체육회가 주최·주관하고 문화체육관광부 등에서 후원하는 이번 대회는 태화강 국가지정 기념사업 일환으로 울산에서 처음 개최되는 전국 어울림마라톤 대회다. 태화강 국가정원 일원에서 울산 최초로 10km 마라톤 코스 ㉡인증을 받아 실시되었다.
>
> 10km ㉢경쟁 마라톤과 5km 어울림부는 장애인과 비장애인이 함께 마라톤 코스를 달렸다. 참가비는 장애인은 무료이며, 비장애인은 종목별 10,000원이다. 참가자 전원에게는 기념셔츠와 메달, 간식이 제공되었다.
>
> 울산시장애인체육회 사무처장은 "장애인과 비장애인이 서로 이해하며 마음의 벽을 허무는 좋은 기회가 되었고, ㉣아울러 산업도시 울산에 대한 이미지 제고에도 ㉤기여를 하였다."고 전했다.

① ㉠ 일대
② ㉡ 인거
③ ㉢ 경기
④ ㉣ 더불어
⑤ ㉤ 이바지

4 다음 공공언어 바로 쓰기 규정을 참고할 때, 제시된 문장 중 규정에 맞게 사용된 것은 어느 것인가?

> □ 단어 바로 쓰기
>   1) 정확한 용어 선택
>   ○ 정확한 개념을 표현한 용어
>   ○ 이해하기 쉬운 용어
>   ○ 혼동되거나 오해할 가능성이 적은 용어
>   ○ 어문 규범에 맞는 용어
>   2) 순화어 사용
>   ○ 우리말 다듬기(국어 순화)의 의미 : 국민 정서에 맞지 않는 말, 지나치게 어렵거나 생소한 말을 '쉽고 바르고 고운 말로 다듬는 것
>   ○ 국어 순화의 목적 : 국어의 소통 기능 향상, 국어 문화와 민족 문화 발전
>   ○ 다듬은 말의 효용 : 쉽고 원활한 의사소통 도모, 경제적 손실 방지

3) 어문 규범 준수
  ○ 표준어 사용 : 온 국민에게 통용될 수 있는 언어 사용
  ○ 표기 규범 준수 : 올바른 국어 표기를 위한 어문 규범 준수
  – 한글 맞춤법
  – 외래어 표기법
  – 국어의 로마자 표기법
□ 문장 바로 쓰기
  1) 간결하고 명료한 문장 사용
    가) 주어와 서술어의 호응
      ○ 주어와 서술어의 관계를 명확하게 표현함
      ○ 능동과 피동 등 흔히 헷갈리기 쉬운 것에 유의
    나) 지나치게 긴 문장 삼가기
      ○ 여러 가지 정보는 여러 문장으로 나누어 작성함
    다) 여러 뜻으로 해석되는 표현 삼가기
      ○ 하나의 뜻으로 해석되는 문장을 사용함
    라) 명료한 수식어구 사용
      ○ 수식어구가 무엇을 수식하는지를 분명히 알 수 있는 표현을 사용함
    마) 조사 · 어미 등 생략 시 어법 고려
      ○ 조사, 어미, '–하다' 등을 과도하게 생략하지 않음
    바) 대등한 것끼리 접속
      ○ '–고/–며', '–와/–과' 등으로 접속되는 말에는 구조가 같은 표현을 사용함
  2) 외국어 번역 투 삼가기
    우리말다운 문장이 가장 자연스러운 문장이며, 외국어 번역 투는 어순이나 문체 등이 자연스럽게
    느껴지지 않을 수 있으므로 삼가야 함
    가) 영어 번역 투 삼가기
      ○ 어색한 피동 표현(~에 의해 ~되다)
      ○ 스스로 움직이지 않는 사물이나 추상적 대상이 능동적 행위의 주어로 나오는 문장
    나) 일본어 번역 투 삼가기
      ○ ~에 있다 : '~이다'로 바꾸어 사용함
      ○ ~에 있어서 : '~에 대하여', '~에 관하여', '~에서' 등으로 바꾸어 사용함

① 팀장은 직원들과 회사의 인사 정책에 대하여 자유토론을 실시하였다.
② 우리 동네 주변에는 아웃렛 매장이 두 군데나 있어 계절 옷을 사기가 정말 편하다.
③ 원래 그 동굴은 원주민들에 의해 발견된 것이 아니다.
④ 앞으로 치러질 선거에 있어서 금품 수수 행위가 적발되면 입후보 자격이 취소된다.
⑤ 제품의 중고 가격은 생산 시기의 판매가에 의해 정해진다.

5 다음의 내용을 읽고 문맥상 괄호 안에 들어갈 말로 가장 적절한 것을 고르면?

'특정 종교의 행사'라는 이유로 전주역 광장에 기원 탑 설치를 불허했던 코레일 전북본부가 입장을 철회했다. 부처님 오신 날 봉축기간에 맞춰 기원 탑을 설치하려던 지역 불교계의 거센 반발에 부딪히자 긍정적 입장에서의 재검토를 약속한 것이다. 코레일 전북본부는 4월 18일 전라북도 부처님 오신 날 봉축위원회(이하 전북 봉축위)에 보낸 공문을 통해 '기원 탑 설치를 위한 전주역 광장 사용 요청에 관해 긍정적으로 승인을 재검토 하겠다'고 했다. 코레일 전북본부는 "전주역과 귀 위원회 간 '남북 평화통일 기원 탑' 설치와 관련 발생된 이견은 전주역과의 구두협의 과정에서 상호 이해가 부족했던 사항으로 판단된다"며 "다시 요청을 해주시면 긍정적으로 승인을 재검토 할 수 있다"고 전해왔다. 이어 "귀 위원회에서 추진 중인 '연등회' 행사는 국가무형문화재로서 전통문화와 민족정서를 계승하고 있다는 점에 공감하며 성공적으로 마칠 수 있기를 기원한다"고 전해왔다. 코레일 전북본부 관계자는 법보신문과의 통화에서 "전북 봉축위에서 보낸 공식 공문을 17일에야 접수했다. 전주역에서 코레일 전북본부 쪽으로 온 문의는 시설물 설치 안전에 관한 문의였고 '연등회' 행사라는 이야기도 없었다. 안전 등을 생각해 전주역에서 판단할 사항으로 결정했다"며 "공문 접수 후 전주역 광장 사용 허가를 긍정적으로 검토해 전북 봉축위에 전달했으나 현재 시일이 촉박하여 이미 다른 장소에 기원 탑을 설치하고 있는 만큼 안전에 문제가 없는 상황에서 내년부터는 전주역 광장을 사용하는 것으로 일단락 지었다"고 말했다. 이와 관련 전북 봉축위 이원일 사무국장은 "행사 일정상 올해에는 전주역에 기원 탑을 설치하는 것이 힘들어 내년부터 전주역 광장을 사용하도록 할 계획"이라며 "하지만 연등회 행사를 특정종교 행사로 인식하고 있는 관계기관의 인식을 바로잡고 잘못된 전례를 남기지 않기 위해서 코레일 전북본부의 명확한 답변을 받아냈다"고 말했다. 전북 불교연합대책위 등 지역불교 단체들은 코레일 전북본부의 (   )을/를 긍정적으로 평가하며 "이러한 사태에 엄중히 대응함으로써 후대에 오점을 남기는 일이 없도록 해야 한다"며 "이번 일을 계기로 연등회 준비를 더 빠르게 계획하고 추진해 더욱 내실 있는 행사로 발전시켜 나가겠다"고 입을 모았다.

① 면담(面談)
② 발송(發送)
③ 발전(發展)
④ 회신(回信)
⑤ 담화(談話)

6 **다음 중 필자의 생각과 거리가 먼 것은?**

> 감염성 질병이란 단지 감염을 초래하는 미생물이 환경에 존재한다고 발생하는 것이 아니다. 질병은 미생물의 활동과 인간 활동 간의 상호작용으로 초래된다. 병원균에 의한 대부분의 감염현상은 감염되는 개체의 밀도와 수에 의존한다. 문명의 발달로 인구밀도가 높아짐에 따라 이전에는 인간에게 거의 영향을 줄 수 없었던 병원균들이 인간사회의 주변에 생존하면서 질병을 일으키게 되었다. 인간 활동이 질병을 초래하는 매체들의 서식지 등에 영향을 주면서 이러한 현상이 발생하였다. 말라리아와 같은 질병은 인간이 정주생활과 농경을 위해 대규모로 토지를 개간함으로써 흐르지 않는 물이 늘어나 모기 등의 서식지를 확대시켰기 때문에 발생하였다.
>
> 인간의 정주생활은 특정 병원매체와 인간의 계속적인 접촉을 가능하게 하였다. 회충, 촌충과 같은 기생충은 일정기간을 인간의 신체 밖에서 성장하는데 인간이 정주생활을 함에 따라 병원체의 순환이 가능해졌다. 현대의 많은 질병은 인간이 식용 목적으로 동물을 사육함에 따라 동물의 질병이 인간에게 전파된 것들이다. 예를 들어 홍역은 개와 소에서, 독감은 돼지, 닭, 오리에서, 감기는 말에서 인간에게 전염되었다. 식생활의 변화, 위생관리상태 등도 영향을 주었는데 특히 무역과 교류의 확대는 질병을 확산시켰다. 예를 들어, 홍역, 천연두, 결핵, 페스트, 유행성 이하선염, 발진 티푸스 등은 콜럼버스나 이후의 탐험가들에 의해 유럽에서 신대륙으로 옮겨졌다.

① 인간의 정주생활은 특정 병원매체와 인간의 간헐적인 접촉을 가능하게 하였다.
② 이전에는 거의 영향을 줄 수 없었던 병원균들이 문명의 발달로 인간에게 질병을 일으키게 되었다.
③ 말라리아의 발생은 인간의 정주생활과 밀접한 관계가 있다.
④ 현대의 많은 질병은 인간이 동물을 사육함에 따라 동물의 질병이 인간에게 전파된 것들이다.
⑤ 감염성 질병은 미생물과 인간 활동 간의 상호작용으로 생겨난다.

7 다음 글을 통해 추론할 수 있는 것으로 가장 적절한 것은?

> 많은 이들이 우리 사회 민주주의의 문제점들을 관계와 소통의 회복을 통해 극복하고자 노력하고 있다. 이들은 네트워크 시대가 만들어낸 시민들의 개인화·개별화 경향에 우려를 표하고 있다. 네트워크 시대의 개인은 복합적 네트워킹을 통해 다양하고 폭넓은 관계를 맺고 살고 있지만, 개인들 간의 유대감은 낮기 때문에 그 관계는 지속적이기보다는 매우 유동적이고, 관계를 맺고 있는 개인들 간에 합의되어 나오는 행동들도 매우 일시적인 경향을 띤다. 즉, 온라인 공론장은 개별 주체들의 모임으로서 그 개별화된 개인들의 선택에 의해 매우 유동적으로 움직이게 된다.
>
> 예를 들어, 같은 사이트들이라도 이슈에 따라 공론장이 형성될 수도 형성되지 않을 수도 있으며, 이 공론장 형성 여부는 멤버들의 개인적·사적 이해관계에 따라 결정되는 경우가 많다. 나와 내 자녀들이 먹을 먹거리이기 때문에 쇠고기 수입에는 지대한 관심을 가지던 사람들은 나와는 아무런 관련이 없어 보이는 계약직 근로자의 부당한 대우에는 관심을 가질 필요가 없기 때문에 대화의 장을 마련할 이유를 찾지 못한다. 즉, 온라인 공론장은 때로는 시민사회를 포획하려는 지배 권력과 정치적 세력 또는 사적 영역에 대한 대안적 채널로서 역할을 하지만 또 다른 경우에는 공공영역으로서의 역할을 전혀 하지 못하는 모습을 보일 수 있다는 것이다. 이러한 점에서 분절적이고 분산된 네트워크를 보다 유기적으로 조직화하여 공공영역으로서의 지속성을 가질 수 있도록 하는 시도들이 필요하다.

① 네트워크를 구성하는 개인들은 결속력이 매우 강한 모습을 보인다.
② 온라인상에서는 정보의 진위 여부를 떠나 집단 감성이 발현되기 어렵다.
③ 유대감 없는 인터넷 공간의 자율성이나 공개성이 신뢰 받기 어렵다.
④ 지속성이 없으면 온라인 공간의 개인은 자신의 의견을 제대로 표출하지 못한다.
⑤ 온라인 공론장은 매우 수동적인 개별 주체들이 모여있어 폭넓은 관계가 어렵다.

의사소통능력

수리능력

문제해결능력

정보능력

자원관리능력

8 다음 ㉠ ~ ㉤을 고쳐 쓰기 위한 방안으로 적절하지 않은 것은?

> 매년 장마철이면 한강에서 ㉠수만 마리의 물고기가 떼죽음을 당합니다. 공장폐수와 생활하수를 흘려보내는 시민들의 탓만은 아닙니다. ㉡그래서 자연은 더 이상 인간의 무분별한 파괴를 너그럽게 ㉢묵인해주지 않습니다. ㉣또한 장마로 인한 호우 피해의 복구 또한 제대로 이뤄지지 않고 있습니다. 우리 모두가 사태의 심각성을 깨닫고, 자연과 조화하는 삶의 ㉤애티튜드를 지녀야 하는 것입니다.

① ㉠의 '마리'는 수를 세는 단위이므로 붙여 써야겠어.
② ㉡은 접속어의 사용이 잘못되어 문장의 연결이 어색해. '하지만'으로 고치는 게 좋겠어.
③ ㉢은 '모르는 체하고 하려는 대로 내버려 둠으로써 슬며시 인정함'이라는 뜻으로 단어의 사용이 잘못되었어.
④ ㉣은 글의 통일성을 저해하니 삭제해야겠어.
⑤ ㉤은 순화어 사용을 위해 '태도'로 고치는 것이 좋겠어.

9 다음 대화 중 주체 높임 표현이 쓰이지 않은 것은?

> ㉠ 경미 : 원장 선생님께서는 어디 가셨나요?
> ㉡ 서윤 : 독감 때문에 병원에 가신다고 아까 나가셨어요.
> ㉢ 경미 : 맞다. 며칠 전부터 편찮으시다고 하셨지.
> ㉣ 서윤 : 연세가 많으셔서 더 힘드신가 봐요.
> ㉤ 경미 : 요즘은 약이 좋아져서 독감도 쉽게 낫는다고 하니 다행이지요.

① ㉠   ② ㉡
③ ㉢   ④ ㉣
⑤ ㉤

10 다음 제시된 문장 ㉠ ~ ㉣를 문맥에 맞는 순서로 올바르게 배열한 것은?

> ㉠ 과학과 기술의 발전으로 우리는 적어도 기아와 질병 등의 문제로부터 어느 정도 탈출했다.
> ㉡ 새롭게 다가올 것으로 예상되는 재앙으로부터 우리를 보호해 줄 과학 기술은 아직 존재하지 않는 것이다.
> ㉢ 많은 기후학자들은 이상 기상현상이 유례없이 빈번하게 발생하는 원인을 지구온난화 현상에서 찾고 있다.
> ㉣ 그러나 과학과 기술의 발전으로 이룬 산업발전은 지구온난화라는 부작용을 만들어냈다.

① ㉣ - ㉠ - ㉢ - ㉡   ② ㉡ - ㉣ - ㉢ - ㉠
③ ㉠ - ㉢ - ㉣ - ㉡   ④ ㉠ - ㉣ - ㉢ - ㉡
⑤ ㉢ - ㉡ - ㉠ - ㉣

┃11 ~ 12 ┃ 다음은 어느 회사 홈페이지에서 안내하고 있는 사회보장의 정의에 대한 내용이다. 물음에 답하시오.

- '사회보장'이라는 용어는 유럽에서 실시하고 있던 사회보험의 '사회'와 미국의 대공황 시기에 등장한 긴급경제보장위원회의 '보장'이란 용어가 합쳐져서 탄생한 것으로 알려져 있다. 1935년에 미국이 「사회보장법」을 제정하면서 법률명으로서 처음으로 사용되었고, 이후 사회보장이라는 용어는 전 세계적으로 ㉠통용되기 시작하였다.
- 제2차 세계대전 후 국제노동기구(ILO)의 「사회보장의 길」과 영국의 베버리지가 작성한 보고서 「사회보험과 관련 서비스」 및 프랑스의 라로크가 ㉡책정한 「사회보장계획」의 영향으로 각국에서 구체적인 사회정책으로 제도화되기 시작하였다.
- 우리나라는 1962년 제5차 개정헌법 제30조 제2항에서 처음으로 '국가는 사회보장의 증진에 노력하여야 한다'고 규정하여 국가적 의무로서 '사회보장'을 천명하였고, 이에 따라 1963년 11월 5일 법률 제1437호로 전문 7개조의 「사회보장에 관한 법률」을 제정하였다.
- '사회보장'이라는 용어가 처음으로 사용된 시기에 대해서는 대체적으로 의견이 일치하고 있으며 해당 용어가 전 세계적으로 ㉢파급되어 사용하고 있음에도 불구하고, '사회보장'의 개념에 대해서는 개인적, 국가적, 시대적, 학문적 관점에 따라 매우 다양하게 인식되고 있다.
- 국제노동기구는 「사회보장의 길」에서 '사회보장'은 사회구성원들에게 발생하는 일정한 위험에 대해서 사회가 적절하게 부여하는 보장이라고 정의하면서, 그 구성 요소로 전체 국민을 대상으로 해야 하고, 최저생활이 보장되어야 하며 모든 위험과 사고가 보호되어야 할뿐만 아니라 공공의 기관을 통해서 보호나 보장이 이루어져야 한다고 하였다.
- 우리나라는 사회보장기본법 제3조 제1호에 의하여 "사회보장"이란 출산, ㉣양육, 실업, 노령, 장애, 질병, ㉤빈곤 및 사망 등의 사회적 위험으로부터 모든 국민을 보호하고 국민 삶의 질을 향상 시키는 데 필요한 소득 · 서비스를 보장하는 사회보험, 공공부조, 사회서비스를 말한다'라고 정의하고 있다.

의사소통능력

수리능력

문제해결능력

정보능력

자원관리능력

11 사회보장에 대해 잘못 이해하고 있는 사람은?

① 영은 : '사회보장'이라는 용어가 법률명으로 처음 사용된 것은 1935년 미국에서였대.

② 원일 : 각국에서 사회보장을 구체적인 사회정책으로 제도화하기 시작한 것은 제2차 세계대전 이후구나.

③ 지민 : 사회보장의 개념은 어떤 관점에서 보느냐에 따라 매우 다양하게 인식될 수 있겠군.

④ 정현 : 국제노동기구의 입장에 따르면 개인에 대한 개인의 보호나 보장 또한 사회보장으로 볼 수 있어.

⑤ 지원 : 우리나라에서 사회보장은 사회적 위험에서 국민을 보호하고 국민 삶의 질을 향상 시키는 데 필요한 것을 보장하는 것이야.

12 밑줄 친 단어가 한자로 바르게 표기된 것은?

① ㉠ 통용 – 通容　　　　　　② ㉡ 책정 – 策正

③ ㉢ 파급 – 波及　　　　　　④ ㉣ 양육 – 羊肉

⑤ ㉤ 빈곤 – 貧困

13 다음은 ○○은행이 자사 홈페이지에 게시한 입찰 관련 안내문의 일부이다. 다음 입찰 안내문을 보고 알 수 있는 내용으로 적절하지 않은 것은?

가. 용역명 : 「○○은행 을지로 제13지구 도시환경정비사업 건축설계 및 인허가」 용역

나. 용역목적
  (1) 건축물 노후화에 따른 업무 환경개선과 시설 기능 개선 및 향상을 도모하고 미래 환경에 대한 최적의 지원 환경 구축과 효율적인 보유 자산 활용을 위해 을지로 제13지구 기존 건축물을 재건축하고자 함
  (2) 을지로 제13지구 도시환경정비사업 건축설계 및 인허가 용역은 건축, 정비계획, 지하철출입구, 관리처분 계획 등을 위한 설계에 대한 축적된 지식과 노하우를 보유한 최적의 설계회사를 선정하는 데 목적이 있음

다. 용역내용

구분		설계개요
발주자		○○은행
토지 등 소유자		○○은행, ㈜○○홀딩스
위치		서울특별시 중구 을지로 xxx
설계 규모	기간	건축물사용승인 완료 후 1개월까지(계약일로부터 약 67개월)
	추정 공사비	약 430억 원(VAT포함) ※ 건축공사비 408억 원, 지하철연결 22억 원(변동가능)
	사업 시행면적	2,169.7㎡(656평) ※ 당행(1,494.2㎡) + ㈜○○홀딩스(191.1㎡) + 기부채납(공원)부지(207.4㎡) + 서쪽 보행자도로 조성(271.9㎡) + 도로 xxx번지 일부 5.1㎡ 편입
	대지면적	1,685.3㎡(509.8평) ※ 당행(1,494.2㎡ : 452평), ㈜○○홀딩스(191.1㎡ : 57.8평)
	연면적	21,165㎡(6,402평) 내외
	건물규모	지하 5층, 지상 18층 내외
	주요시설	업무시설 및 부대시설
	설계내용 설계	건축 계획·기본·실시설계, 지하철출입구·공공보행통로 설계 등 정비사업 시행에 필요한 설계
	설계내용 인허가	건축허가, 정비계획 변경, 도시계획시설(철도) 변경, 실시계획인가, 사업시행인가, 관리처분계획인가 등 정비사업 시행에 필요한 인허가
	설계내용 기타	서울교통공사 업무협약, 사후설계 관리업무, 설계 및 인허가를 위한 발주자 또는 인허가청 요청업무 등

① 건축 및 사업 시행에 필요한 인가, 허가 사항은 모두 낙찰업체의 이행 과제이다.
② 지상, 지하 총 23층 내외의 건축물 설계에 관한 입찰이며, 업무시설 이외의 시설도 포함된다.
③ 응찰 업체는 추정가격 430억 원을 기준으로 가장 근접한 합리적인 가격을 제시하여야 한다.
④ 입찰의 가장 근본적인 목적은 해당 건축물의 노후화에 있다.
⑤ 설계에 대한 지식과 노하우를 보유한 설계회사를 선정하고자 게시한 글이다.

14 다음은 ㈜ 한국에너지에 근무하는 甲이 작성한 에너지 사용량에 대한 보고서의 일부이다. 주어진 내용을 참고할 때, 이 보고서에 포함된 내용이라고 보기 어려운 것은 무엇인가?

> 에너지의 사용량을 결정하는 매우 중요한 핵심인자는 함께 거주하는 가구원의 수이다. 다음의 표에서 가구원수가 많아질수록 연료비 지출액 역시 함께 증가하는 것을 확인할 수 있다.
>
> □ 가구원수에 따른 연료비
>
> | 가구원수 | 비율 | 가구 소득(천 원, %) | 연료비(원, %) | 연료비 비율 |
> |---|---|---|---|---|
> | 1명 | 17.0% | 1,466,381(100.0) | 59,360(100.0) | 8.18% |
> | 2명 | 26.8% | 2,645,290(180.4) | 96,433(162.5) | 6.67% |
> | 3명 | 23.4% | 3,877,247(264.4) | 117,963(198.7) | 4.36% |
> | 4명 | 25.3% | 4,470,861(304.9) | 129,287(217.8) | 3.73% |
> | 5명 이상 | 7.5% | 4,677,671(319.0) | 148,456(250.1) | 4.01% |
>
> 하지만 가구원수와 연료비는 비례하여 증가하는 것은 아니며, 특히 1인 가구의 지출액은 3인이나 4인 가구의 절반 수준, 2인 가구와 비교하여서도 61.5% 수준에 그친다. 연료비 지출액이 1인 가구에서 상대적으로 큰 폭으로 떨어지는 이유는 1인 가구의 가구유형에서 찾을 수 있다. 1인 가구의 40.8%가 노인가구이며, 노인가구의 낮은 소득수준이 연료비 지출을 더욱 압박하는 효과를 가져왔을 것이다. 하지만 1인 가구의 연료비 감소폭에 비해 가구 소득의 감소폭이 훨씬 크며, 그 결과 1인 가구의 연료비 비율 역시 3인 이상인 가구들에 비해 두 배 가까이 높게 나타난다. 한편, 2인 가구 역시 노인가구의 비율이 21.7%로, 3인 이상 가구 6.8%에 비해 3배 이상 높게 나타난다.

① 가구 소득분위별 연료비 지출 현황
② 가구의 유형별 연료비 지출 현황
③ 가구주 연령대별 연료비 지출 내역
④ 과거 일정 기간 동안의 연료비 증감 내역
⑤ 가구원 수에 따른 가구 소득

15 △△연금 신입사원 A가 작성한 홍보대사 모집 공고문 초안을 검토한 B 팀장은 다음 내용을 보고 몇 가지 누락된 사항이 있음을 지적하였다. 다음 중 B 팀장이 누락된 사항으로 지적한 항목으로 보기 어려운 것은?

제9기 △△연금 대학생 홍보대사 모집

○ 지원 자격 : 국내 대학 재학생(휴학생 포함)
 － 타 기업(기관) 홍보대사 지원 불가
 － 2차 면접전형 시 재학증명서 제출 필수
○ 지원 방법
 － △△연금 홈페이지(www.nps.co.kr)에서 지원서를 다운로드하여 작성 후 이메일(npcb0000@nps.co.kr)로 제출
 － 접수마감일(1월 22일) 18:00 도착 분까지 유효
○ 모집 및 활동 일정
 － 지원기간 : 2022년 1월 16일(수) ~ 1월 22일(화)
 － 1차 합격자 발표 : 2022년 2월 1일(금), 오후 3시(15시) 홈페이지 게시
 － 2차 면접전형일정 : 2022년 2월 7일(목) ~ 8일(금) 중, 면접 기간 개별 안내
 － 최종 합격자 발표 : 2022년 2월 11(월), 오후 3시(15시) 홈페이지 게시
 － 발대식(오리엔테이션) : 2022년 2월 20일(수) ~ 21일(목), 1박 2일
 － 활동기간 : 2022년 3월 ~ 8월(약 6개월)
 － 정기회의 : 매월 마지막 또는 첫 주 금요일 오후 1시
  ※ 상기 일정은 내부 사정에 따라 변동될 수 있습니다.

---

① 선발 인원
② 문의처
③ 활동비 지급 내역
④ 활동에 따른 혜택 및 우대사항
⑤ 활동 내용

16 다음은 「보안업무규칙」의 일부이다. A 연구원이 이 내용을 보고 알 수 있는 사항이 아닌 것은?

제3장 인원보안

제7조 인원보안에 관한 업무는 인사업무 담당부서에서 관장한다.

제8조

1. 비밀취급인가 대상자는 별표 2에 해당하는 자로서 업무상 비밀을 항상 취급하는 자로 한다.
2. 원장, 부원장, 보안담당관, 일반보안담당관, 정보통신보안담당관, 시설보안담당관, 보안심사위원회 위원, 분임보안담당관과 문서취급부서에서 비밀문서 취급담당자로 임용되는 자는 II급 비밀의 취급권이 인가된 것으로 보며, 비밀취급이 불필요한 직위로 임용되는 때에는 해제된 것으로 본다.

제9조 각 부서장은 소속 직원 중 비밀취급인가가 필요하다고 인정되는 때에는 별지 제1호 서식에 의하여 보안담당관에게 제청하여야 한다.

제10조 보안담당관은 비밀취급인가대장을 작성·비치하고 인가 및 해제사유를 기록·유지한다.

제11조 다음 각 호의 어느 하나에 해당하는 자에 대하여는 비밀취급을 인가해서는 안 된다.

1. 국가안전보장, 연구원 활동 등에 유해로운 정보가 있음이 확인된 자
2. 3개월 이내 퇴직예정자
3. 기타 보안 사고를 일으킬 우려가 있는 자

제12조 비밀취급을 인가받은 자에게 규정한 사유가 발생한 경우에는 그 비밀취급인가를 해제하고 해제된 자의 비밀취급인가증은 그 소속 보안담당관이 회수하여 비밀취급인가권자에게 반납하여야 한다.

① 비밀취급인가 대상자에 관한 내용
② 취급인가 사항에 해당되는 비밀의 분류와 내용
③ 비밀취급인가의 절차
④ 비밀취급인가의 제한 조건 해당 사항
⑤ 인원보안 업무 취급 부서

17 다음은 '에너지 절약과 조직 문화'와 관련하여 어느 건설회사 직원들이 나눈 대화이다. 대화의 흐름상 S 씨가 했을 말로 가장 적절한 것은?

> 다양한 기술을 활용해 외부로부터 에너지 공급을 받지 않는 건물을 '순 제로 에너지 빌딩(NZEB)'이라 한다. 이 건물은 단순한 재생에너지 사용에서 나아가 냉난방, 조명, 교통에 필요한 에너지 등의 소비를 획기적으로 줄여 빌딩의 유지비용을 줄일 뿐만 아니라, 내부 환경의 변화를 통해 새로운 기업 문화를 만드는 데도 영향을 미치고 있다.

> K 씨 : 사무실 건물 내의 칸막이를 모두 제거하는 것도 효과적일 것 같아. 천장으로부터 들어오는 빛이 실내에 잘 전달되고 공기 흐름도 좋아져서 에너지를 효율적으로 사용할 수 있을 거야.
> J 씨 : 그거 괜찮네. 그렇게 하면 조직 문화의 관점에서도 많은 이득이 있을 거라고 생각해.
> S 씨 : 맞아, (   )
> P 씨 : 그러네. 그러고 보면 칸막이 같은 사무실의 사소한 요소도 다방면으로 회사에 많은 영향을 미칠 수 있을 것 같아.

① 사무실이 밝아져 업무 효율성이 증가할 수 있어.
② 에너지의 효율적인 사용으로 비용절감이 가능해질 거야.
③ 칸막이가 없으니 소음 차단이 제대로 되지 못해 업무에 집중하기가 어렵겠지.
④ 각 조직 간의 물리적 장벽을 없애 소통과 협업이 잘 이루어지게 할 수 있을 것 같아.
⑤ 이를 통해서 에너지 소비를 줄이고 빌딩 유지비도 감소될거야.

18 다음에 해당하는 언어의 기능은?

> 이 기능은 우리가 세계를 이해하는 정도에 비례하여 수행된다. 그러면 세계를 이해한다는 것은 무엇인가? 그것은 이 세상에 존재하는 사물에 대하여 이름을 부여함으로써 발생하는 것이다. 여기 한 그루의 나무가 있다고 하자. 그런데 그것을 나무라는 이름으로 부르지 않는 한 그것은 나무로서의 행세를 못한다. 인류의 지식이라는 것은 인류가 깨달아 알게 되는 모든 대상에 대하여 이름을 붙이는 작업에서 형성되는 것이라고 말해도 좋다. 어떤 사물이건 거기에 이름이 붙으면 그 사물의 개념이 형성된다. 다시 말하면, 그 사물의 의미가 확정된다. 그러므로 우리가 쓰고 있는 언어는 모두가 사물을 대상화하여 그것에 의미를 부여하는 이름이라고 할 수 있다.

① 정보적 기능
② 친교적 기능
③ 명령적 기능
④ 관어적 기능
⑤ 지령적 기능

19 다음에 제시된 글의 목적에 대해 바르게 나타낸 것은?

제목 : 사내 신문의 발행

1. 우리 회사 직원들의 원만한 커뮤니케이션과 대외 이미지를 재고하기 위하여 사내 신문을 발간하고자 합니다.

2. 사내 신문은 홍보지와 달리 새로운 정보와 소식지로써의 역할이 기대되오니 아래의 사항을 검토하시고 재가해주시기 바랍니다.

― 아래 ―

㉠ 제호 : We 서원인
㉡ 판형 : 140 × 210mm
㉢ 페이지 : 20쪽
㉣ 출간 예정일 : 2022. 1. 1.

별첨 견적서 1부

---

① 회사에서 정부를 상대로 사업을 진행하려고 작성한 문서이다.
② 회사의 업무에 대한 협조를 구하기 위하여 작성한 문서이다.
③ 회사의 업무에 대한 현황이나 진행상황 등을 보고하고자 하는 문서이다.
④ 회사 상품의 특성을 소비자에게 설명하기 위하여 작성한 문서이다.
⑤ 회사 외부에서 진행되는 행사를 안내하기 위한 문서이다.

20 다음 글에서 가장 중요한 요점은 무엇인가?

부패방지위원회

수신자 : 수신자 참조
(경유)
제목 : 2022년 부패방지평가 보고대회 개최 알림

1. 귀 기관의 무궁한 발전을 기원합니다.
2. 지난 3년간의 부패방지 성과를 돌아보고 국가청렴도 향상을 위한 정책방안을 정립하기 위하여 2022년 부패방지평가 보고대회를 붙임(1)과 같이 개최하고자 합니다.
3. 동 보고대회의 원활한 진행을 위하여 붙임(2)의 협조사항을 2022년 1월 20일까지 행사준비팀(전화 : 02 - 000 - 0000, 팩스 : 02 - 000 - 0001, E-mail : 0000@0000.co.kr)로 알려주시기 바랍니다.

※ 초정장은 추후 별도 송부 예정임

붙임(1) : 2022년 부패방지평가 보고대회 기본계획 1부
     (2) : 행사준비관련 협조사항 1부. 끝.

부패방지위원회 회장
○ ○ ○

수신자   부패방지공관   부패방지시민모임   기업홍보부   정의실천모임

---

① 수신자의 기관에 무궁한 발전을 위하여
② 초청장의 발행 여부 확인을 위하여
③ 보고대회가 개최됨을 알리기 위하여
④ 기업홍보를 위한 스폰서를 모집하기 위하여
⑤ 행사 협조를 위한 인원을 모집하기 위하여

21 다음 글을 읽고 잘못된 부분을 바르게 설명한 것은?

> 기획사 편집부에 근무하는 박 대리는 중요 출판사로부터 출간기획서를 요청받았다. 그 출판사 대표는 박 대리가 근무하는 회사와 오랫동안 좋은 관계를 유지하며 큰 수익을 담당하던 사람이었다. 박 대리는 심혈을 기울인 끝에 출간기획서를 완성하였고 개인적인 안부와 함께 제안서 초안을 이메일로 송부하였다.
>
> 한편 그 대표의 비서는 여러 군데 기획사에 맡긴 출간기획서를 모두 취합하여 간부회의에 돌려볼 수 있도록 모두 출력하였다. 그러나 박 대리가 보낸 이메일 내용이 간부회의 때 큰 파장을 일으켰다. 이메일에는 가족사와 지극히 개인적인 내용이 들어 있었던 것이었다.
>
> 며칠 후 박 대리는 그 대표로부터 제안서 탈락과 동시에 거래처 취소 통보를 받았다. 박 대리는 밀접한 인간관계를 믿고 이메일을 보냈다가 공과 사를 구분하지 못한다는 대표의 불만과 함께 거래처고 개인적인 만남이고 모든 관계가 끝이 나 버리게 되었다.

① 이메일을 송부했다는 연락을 하지 못한 것이 실수이다.
② 출간기획서 초안을 보낸 것이 실수이다.
③ 공과 사를 엄격하게 구분하지 못한 것이 실수이다.
④ 대표의 요구사항을 반영하지 못한 기획서를 보낸 것이 실수이다.
⑤ 회의에서 개인적인 안부를 물은 것이 실수이다.

22 다음 글을 통하여 추리할 때, 이 글 앞에 나왔을 내용으로 적합한 것은?

> 하지만 20 ~ 40대가 목 디스크의 발병률이 급증해 전체적인 증가세를 이끌었다. 'PC나 스마트폰, 태블릿 PC 등을 오래 사용하는 사무직 종사자나 젊은 층에서 발병률이 높다.'고 분석했다.

① 목 디스크의 예방법
② 50대 이상 목 디스크 환자의 감소
③ 목 디스크에 걸리기 쉬운 20 ~ 40대의 문제점
④ 스마트폰의 사용과 목 디스크의 연관성
⑤ 목디스크 발병 원인

23 다음의 글을 읽고 박 대리가 저지른 실수를 바르게 이해한 것은?

> 직장인 박 대리는 매주 열리는 기획회의에서 처음으로 발표를 할 기회를 얻었다. 박 대리는 자신이 할 수 있는 문장실력을 총 동원하여 4페이지의 기획안을 작성하였다. 기획회의가 열리고 박 대리는 기획안을 당당하게 읽기 시작하였다. 2페이지를 막 읽으려던 때, 부장이 한 마디를 했다. "박 대리, 그걸 전부 읽을 셈인가? 결론이 무엇인지만 말하지." 그러자 박 대리는 자신이 작성한 기획안을 전부 발표하지 못하고 중도에 대충 결론을 맺어 발표를 마무리하게 되었다.

① 박 대리의 기획안에는 첨부파일이 없었다.
② 박 대리의 발표는 너무 시간이 길었다.
③ 박 대리의 기획안에는 참신한 아이디어가 없었다.
④ 박 대리는 기획안을 외우지 못했다.
⑤ 박 대리의 발표는 간결하지 못하고 시각적인 부분이 부족했다.

┃24 ~ 26┃ 다음 글을 읽고 물음에 답하시오.

> 활자로 된 책을 통해 정보를 얻으려면, 그것을 읽고 그 개념적 의미를 능동적으로 이해해야 한다. 그만큼 지적 긴장과 시간이 필요하고 따라서 비경제적이다. 그러나 전통적 매체에 의한 정보 전달에 치르는 대가는 충분히 보상된다. 책을 구성하고 있는 문자 기호의 의미는 영상 매체를 구성하는 기호인 이미지보다 정확할 수 있으며, 영상 매체의 기호들이 언제나 제한된 공간과 시간에 구속되어 단편적이고 순간적인 파악을 요청하는 데 반해, 하나의 책에 기록된 기호들은 공식적으로 전체적인 입장에서 포괄적으로 해석될 수 있으며, 시간의 제약 없이 반복적이면서도 반성적으로 해석될 수 있고, 따라서 그만큼 깊은 차원의 정보 전달이 가능하다. 책의 기호적 의미와 그러한 의미에 의한 정보 전달 기능은 그 성격상 어떤 상황에서도 영상 매체를 통한 정보 전달 기능으로 완전히 대체될 수 없다.
>
> 영상 매체가 지배하는 문명은 피상적이고, 피상적 문명의 의미는 공허하며, 공허한 문명은 곧 문명의 죽음을 가져오게 된다. 깊은 의미를 지닌 문명과, 인간적으로 보다 충족된 삶을 위해서 영상 매체의 완전한 지배에 저항해야 할 것이다. 아무리 영상 매체가 발달되더라도 의미 있는 문명이 살아 있는 한 인쇄 매체는 어떤 형태로든 살아남을 것이다.
>
> 그러나 우리의 문명과 삶이 공허한 것이 되지 않도록 하기 위해서 보다 더 적극적으로 없어서는 안 될 책의 기능을 의식하고, 보다 나은 책을 더 많이 창조하고, 책에 담긴 풍요롭고 깊은 가치를 발견하고 음미하는 습관을 잊지 않는 노력이 한결 더 요청된다.
>
> – 박이문, 「영상 매체 시대의 책」 –

24 주어진 글의 특성으로 알맞은 것은?

① 상상력을 바탕으로 한 허구의 이야기이다.
② 개인의 감정과 정서가 운율로 압축된 글이다.
③ 객관적인 정보 전달을 목적으로 하는 글이다.
④ 근거를 바탕으로 자신의 의견을 주장하는 글이다.
⑤ 일상에서 얻은 생각과 느낌을 자유롭게 쓴 글이다.

의사소통능력

수리능력

문제해결능력

정보능력

자원관리능력

25 주어진 글에 나타난 '책의 가치'로 알맞은 것은?

① 메시지를 순간적으로 파악할 수 있다.
② 반복적이고 반성적인 해석이 가능하다.
③ 책의 기호가 영상 매체의 기호보다 즉각적이다.
④ 짧은 시간에 의미를 이해할 수 있어 경제적이다.
⑤ 무엇보다 수동적으로 개념을 이해할 수 있다.

26 주어진 글에서 사용된 주된 내용 전개 방식으로 적절한 것은?

① 대상의 개념을 풀이하고 있다.
② 특정 대상에 대한 묘사를 하고 있다.
③ 진행 과정을 순서대로 제시하고 있다.
④ 두 대상의 차이점을 견주어 대조하고 있다.
⑤ 시간의 순서대로 자신이 겪은 일을 설명하고 있다.

┃ 27 ～ 28 ┃ 다음 글을 읽고 물음에 답하시오.

(가) 바야흐로 "21세기는 문화의 세기가 될 것이다."라는 전망과 주장은 단순한 바람의 차원을 넘어서 보편적 현상으로 인식되고 있다. 이러한 현상은 세계 질서가 유형의 자원이 힘이 되었던 산업사회에서 눈에 보이지 않는 무형의 지식과 정보가 경쟁력의 원천이 되는 지식 정보 사회로 재편되는 것과 맥을 같이 한다.

(나) 지금까지의 산업사회에서 문화와 경제는 각각 독자적인 영역을 유지해 왔다. 그러나 지식정보사회에서는 경제성장에 따라 소득 수준이 향상되고 교육 기회가 확대되면서 물질적 풍요를 뛰어넘는 삶의 질을 고민하게 되었고, 모든 재화와 서비스를 선택할 때 기능성을 능가하는 문화적, 미적 가치를 고려하게 되었다.

(다) 이제 문화는 배부른 자나 유한계급의 전유물이 아니라 생활 그 자체가 되었다. 고급문화와 대중문화의 경계가 무너지고 장르 간 구분이 모호해지면서 서로 다른 문화가 뒤섞여 새로운 문화가 생겨나고 있다. 이렇게 해서 나타나는 퓨전 문화가 대중적 관심을 끌고 있는 가운데 이율배반적인 것처럼 보였던 문화와 경제의 공생 시대가 열린 것이다.

(라) 특히 경제적 측면에서 문화는 고전 경제학에서 말하는 생산의 3대 요소인 토지·노동·자본을 대체하는 생산 요소가 되었을 뿐만 아니라 경제적 자본 이상의 주요한 자본이 되고 있다.

27 주어진 글의 내용과 일치하지 않는 것은?

① 문화와 경제가 서로 도움이 되는 보완적 기능을 하는 공생 시대가 열렸다.
② 산업사회에서 문화와 경제는 각각 독자적인 영역을 유지해 왔다.
③ 이제 문화는 부유층의 전유물이 아니라 생활 그 자체가 되었다.
④ 문화는 경제적 자본 이상의 주요한 자본이 되고 있다.
⑤ 고급문화와 대중문화가 각자의 영역을 확고히 굳히며 그 깊이를 더하고 있다.

28 주어진 글의 흐름에서 볼 때 아래의 글이 들어갈 적절한 곳은?

> 뿐만 아니라 정보통신이 급격하게 발달함에 따라 세계 각국의 다양한 문화를 보다 빠르게 수용하면서 문화적 욕구와 소비를 가속화시켰고, 그 상황 속에서 문화와 경제는 서로 도움이 되는 보완적 기능을 하게 되었다.

① (가) 앞　　　　　　　　　　　② (가)와 (나) 사이
③ (나)와 (다) 사이　　　　　　　④ (다)나 (라) 사이
⑤ (라) 뒤

오랫동안 인류는 동물들의 희생이 수반된 육식을 당연하게 여겨왔으며 이는 지금도 진행 중이다. 그런데 이에 대해 윤리적 문제를 제기하며 채식을 선택하는 경향이 생겨났다. 이러한 경향을 취향이나 종교, 건강 등의 이유로 채식하는 입장과 구별하여 '윤리적 채식주의'라고 한다. 그렇다면 윤리적 채식주의 관점에서 볼 때, 육식의 윤리적 문제점은 무엇인가?

육식의 윤리적 문제점은 크게 개체론적 관점과 생태론적 관점으로 나누어 살펴볼 수 있다. 개체론적 관점에서 볼 때, 인간과 동물은 모두 존중받아야 할 '독립적 개체'이다. 동물도 인간처럼 주체적인 생명을 영위해야 할 권리가 있는 존재이다. 또한 동물도 쾌락과 고통을 느끼는 개별 생명체이므로 그들에게 고통을 주어서도, 생명을 침해해서도 안 된다. 요컨대 동물도 고유한 권리를 가진 존재이기 때문에 동물을 단순히 음식 재료로 여기는 인간 중심주의적인 시각은 윤리적으로 문제가 있다.

한편 ㉠ 생태론적 관점에서 볼 때, 지구의 모든 생명체들은 개별적으로 존재하는 것이 아니라 서로 유기적으로 연결되어 존재한다. 따라서 각 개체로서의 생명체가 아니라 유기체로서의 지구 생명체에 대한 유익성 여부가 인간 행위의 도덕성을 판단하는 기준이 되어야 한다. 그러므로 육식의 윤리성도 지구 생명체에 미치는 영향에 따라 재고되어야 한다. 예를 들어 대량 사육을 바탕으로 한 공장제 축산업은 인간에게 풍부한 음식 재료를 제공한다. 하지만 토양, 수질, 대기 등의 환경을 오염시켜 지구 생명체를 위협하므로 윤리적으로 문제가 있다.

결국 우리의 육식이 동물에게든 지구 생명체에든 위해를 가한다면 이는 윤리적이지 않기 때문에 문제가 있다. 인류의 생존을 위한 육식은 누군가에게는 필수불가결한 면이 없지 않다. 그러나 인간이 세상의 중심이라는 시각에 젖어 그동안 우리는 인간 이외의 생명에 대해서는 윤리적으로 무감각하게 살아왔다. 육식의 윤리적 문제점은 인간을 둘러싼 환경과 생명을 새로운 시각으로 바라볼 것을 요구하고 있다.

의사소통능력

수리능력

문제해결능력

정보능력

자원관리능력

29 윗글의 중심 내용으로 가장 적절한 것은?

① 윤리적 채식의 기원
② 육식의 윤리적 문제점
③ 지구 환경 오염의 실상
④ 윤리적 채식주의자의 권리
⑤ 생명체의 유기적 관계

30 ⊙을 지닌 사람들이 다음에 대해 보일 반응으로 가장 적절한 것은?

> 옥수수, 사탕수수 등을 원료로 하는 바이오 연료는 화석 연료에 비해 에너지 효율은 낮지만 기존의 화석 연료를 대체하는 신재생 에너지로 주목받고 있다. 브라질에서는 넓은 면적의 열대우림을 농경지로 개간하여 바이오 연료를 생산함으로써 막대한 경제적 이익을 올리고 있다. 하지만 바이오 연료는 생산과정에서 화학비료나 농약 등을 과도하게 사용하여 여러 환경문제를 발생시켰다. 또한 식량 자원을 연료로 사용함으로써 저개발국의 식량보급에 문제를 발생시켰다.

① 바이오 연료 생산으로 열대우림이 파괴되는 것도 인간에게 이익이 되는 일이라면 가치가 있다.

② 바이오 연료는 화석 연료에 비해 에너지 효율이 낮지만, 대체 에너지 자원으로 적극 활용해야 한다.

③ 바이오 연료가 식량 문제를 발생시켰지만, 신재생 에너지이므로 환경 문제를 해결하는 데에는 긍정적이다.

④ 바이오 연료는 경제적 이익을 창출하는 데 도움이 되지만 식량 보급에는 큰 문제가 된다.

⑤ 바이오 연료는 친환경 에너지원으로 보이지만, 그 생산 과정을 고려하면 지구 생명체에 유해한 것으로 보아야 한다.

수리능력

(1) 기초직업능력으로서의 수리능력

① 정의 : 직장생활에서 요구되는 사칙연산과 기초적인 통계를 이해하고 도표의 의미를 파악하거나 도표를 이용해서 결과를 효과적으로 제시하는 능력이다. 수리능력은 크게 기초 연산능력, 기초 통계능력, 도표 분석능력, 도표 작성능력으로 구성된다.

② 기초 연산능력 : 직장생활에서 필요한 기초적인 사칙연산과 계산방법을 이해하고 활용할 수 있는 능력

③ 기초 통계능력 : 평균, 합계, 빈도 등 직장생활에서 자주 사용되는 기초적인 통계기법을 활용하여 자료의 특성과 경향성을 파악하는 능력

④ 도표 분석능력 : 그래프, 그림 등 도표의 의미를 파악하고 필요한 정보를 해석하는 능력

⑤ 도표 작성능력 : 도표를 이용하여 결과를 효과적으로 제시하는 능력

(2) 업무 수행에서 수리능력이 활용되는 경우

① 업무상 계산을 수행하고 결과를 정리하는 경우

② 업무비용을 측정하는 경우

③ 고객과 소비자의 정보를 조사하고 결과를 종합하는 경우

④ 조직의 예산안을 작성하는 경우

⑤ 업무 수행 경비를 제시해야 하는 경우

⑥ 다른 상품과 가격비교를 하는 경우

⑦ 연간 상품 판매실적을 제시하는 경우

⑧ 업무비용을 다른 조직과 비교해야 하는 경우

⑨ 상품판매를 위한 지역조사를 실시해야 하는 경우

⑩ 업무 수행과정에서 도표로 주어진 자료를 해석하는 경우

⑪ 도표로 제시된 업무비용을 측정하는 경우

(3) 수리능력의 중요성

① 수학적 사고를 통한 문제 해결

② 직업세계의 변화에의 적응

③ 실용적 가치의 구현

수리능력은 업무를 수행함에 있어 요구되는 사칙연산과 도표 및 데이터 정리, 통계를 이해하고 적용하는 능력이다. 기초적인 연산능력을 바탕으로 하는 자료해석이 주로 출제되는 편이며 실무 위주의 그래프 등의 자료를 제시하여 의사결정을 묻는 문제가 출제된다.

하위능력별 출제 유형

기초 연산능력 ✦✦✦✦✦
단일 유형으로 나오지는 않지만, 실제 시험에서 짧은 시간 안에 매우 복잡한 연산을 요구하는 문제로 구성되며, 수리능력 전반적으로 등장한다.

기초 통계능력 ✦✦◇◇◇
기초적인 통계기법(평균, 합계, 빈도 등)을 활용할 수 있는 능력의 유무를 따지는 문제로 구성된다.

도표 분석능력 ✦✦✦✦✦
수리논리의 자료해석과 같으며, 업무관련성이 높고, 각 기업의 특징이 가장 많이 포함되어 있는 표와 그래프로 등장한다.

도표 작성능력 ✦✦✦◇◇
주어진 표와 그래프 등을 더욱 효과적으로 보이게 하기 위한 문제로 구성되며, 자료 변환 등 직무적성 유형도 출제된다.

하위능력별 출제 빈도

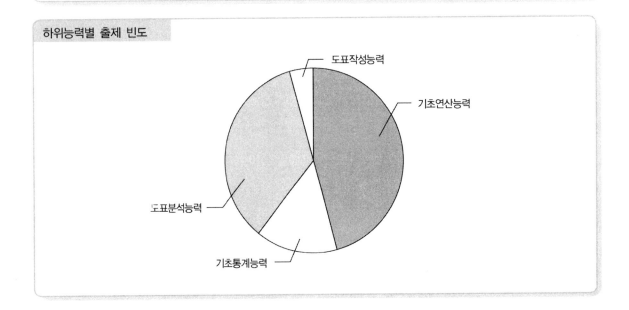

하위능력 01 기초 연산능력

(1) 사칙연산

수에 관한 덧셈, 뺄셈, 곱셈, 나눗셈의 네 종류의 계산법으로 업무를 원활하게 수행하기 위해서는 기본적인 사칙연산뿐만 아니라 다단계의 복잡한 사칙연산까지도 수행할 수 있어야 한다.

(2) 검산

① 정의 : 연산의 결과를 확인하는 과정으로 대표적인 검산방법으로 역연산과 구거법이 있다.

② 역연산 : 덧셈은 뺄셈으로, 뺄셈은 덧셈으로, 곱셈은 나눗셈으로, 나눗셈은 곱셈으로 확인하는 방법이다.

③ 구거법 : 원래의 수와 각 자리 수의 합이 9로 나눈 나머지가 같다는 원리를 이용한 것으로 9를 버리고 남은 수로 계산하는 것이다.

(3) 단위환산표

구분	단위환산
길이	$1cm = 10mm$, $1m = 100cm$, $1km = 1,000m$
넓이	$1cm^2 = 100mm^2$, $1m^2 = 10,000cm^2$, $1km^2 = 1,000,000m^2$
부피	$1cm^3 = 1,000mm^3$, $1m^3 = 1,000,000cm^3$, $1km^3 = 1,000,000,000m^3$
들이	$1m\ell = 1cm^3$, $1d\ell = 100cm^3$, $1L = 1,000cm^3 = 10d\ell$
무게	$1kg = 1,000g$, $1t = 1,000kg = 1,000,000g$
시간	1분 $= 60$초, 1시간 $= 60$분 $= 3,600$초
할푼리	1푼 $= 0.1$할, 1리 $= 0.01$할, 1모 $= 0.001$할

(1) 업무 수행과 통계

① **정의** : 통계란 집단현상에 대한 구체적인 양적 기술을 반영하는 숫자로 업무 수행에 통계를 활용함으로써 얻을 수 있는 이점이 있다. 많은 수량적 자료를 처리가능하고 쉽게 이해할 수 있는 형태로 축소하고, 표본을 통해 연구대상 집단의 특성을 유추, 의사결정의 보조수단, 관찰 가능한 자료를 통해 논리적으로 결론을 추출·검증을 할 수 있다.

② **기본적인 통계치**
- **빈도와 빈도분포** : 빈도란 어떤 사건이 일어나거나 증상이 나타나는 정도를 의미하며, 빈도분포란 빈도를 표나 그래프로 종합적으로 표시하는 것이다.
- **평균** : 모든 사례의 수치를 합한 후 총 사례 수로 나눈 값이다.
- **백분율** : 전체의 수량을 100으로 하여 생각하는 수량이 그중 몇이 되는가를 퍼센트로 나타낸 것이다.

(2) 통계기법

① **범위와 평균**
- **범위** : 분포의 흩어진 정도를 가장 간단히 알아보는 방법으로 최곳값에서 최젓값을 뺀 값을 의미한다.
- **평균** : 집단의 특성을 요약하기 위해 가장 자주 활용하는 값으로 모든 사례의 수치를 합한 후 총 사례 수로 나눈 값이다.
- 관찰값이 1, 3, 5, 7, 9일 경우 범위는 $9 - 1 = 8$이 되고, 평균은 $\dfrac{1+3+5+7+9}{5} = 5$가 된다.

② **분산과 표준편차**
- **분산** : 관찰값의 흩어진 정도로, 각 관찰값과 평균값의 차의 제곱의 평균이다.
- **표준편차** : 평균으로부터 얼마나 떨어져 있는가를 나타내는 개념으로 분산값의 제곱근 값이다.
- 관찰값이 1, 2, 3이고 평균이 2인 집단의 분산은 $\dfrac{(1-2)^2+(2-2)^2+(3-2)^2}{3} = \dfrac{2}{3}$이고 표준편차는 분산값의 제곱근 값인 $\sqrt{\dfrac{2}{3}}$이다.

(3) 통계자료의 해석

① **다섯숫자요약**
- **최솟값** : 원자료 중 값의 크기가 가장 작은 값
- **최댓값** : 원자료 중 값의 크기가 가장 큰 값
- **중앙값** : 최솟값부터 최댓값까지 크기에 의하여 배열했을 때 중앙에 위치하는 사례의 값
- **하위 25%값 · 상위 25%값** : 원자료를 크기 순으로 배열하여 4등분한 값

② **평균값과 중앙값** : 평균값과 중앙값은 그 개념이 다르기 때문에 명확하게 제시해야 한다.

도표 분석능력

(1) 도표의 종류

① 목적별 : 관리(계획 및 통제), 해설(분석), 보고

② 용도별 : 경과 그래프, 내역 그래프, 비교 그래프, 분포 그래프, 상관 그래프, 계산 그래프

③ 형상별 : 선 그래프, 막대 그래프, 원 그래프, 점 그래프, 층별 그래프, 레이더 차트

(2) 도표의 활용

① 선 그래프

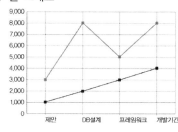

● 주로 시간의 경과에 따라 수량에 의한 변화 상황(시계열 변화)을 절선의 기울기로 나타내는 그래프이다.
● 경과, 비교, 분포를 비롯하여 상관관계 등을 나타낼 때 쓰인다.

② 막대 그래프

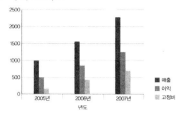

● 비교하고자 하는 수량을 막대 길이로 표시하고 그 길이를 통해 수량 간의 대소관계를 나타내는 그래프이다.
● 내역, 비교, 경과, 도수 등을 표시하는 용도로 쓰인다.

③ 원 그래프

● 내역이나 내용의 구성비를 원을 분할하여 나타낸 그래프이다.
● 전체에 대해 부분이 차지하는 비율을 표시하는 용도로 쓰인다.

④ 점 그래프

- 종축과 횡축에 2요소를 두고 보고자 하는 것이 어떤 위치에 있는가를 나타내는 그래프이다.
- 지역분포를 비롯하여 도시, 기방, 기업, 상품 등의 평가나 위치ㆍ성격을 표시하는 데 쓰인다.

⑤ 층별 그래프

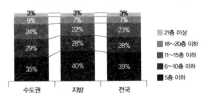

- 선 그래프의 변형으로 연속내역 봉 그래프라고 할 수 있다. 선과 선 사이의 크기로 데이터 변화를 나타낸다.
- 합계와 부분의 크기를 백분율로 나타내고 시간적 변화를 보고자 할 때나 합계와 각 부분의 크기를 실수로 나타내고 시간적 변화를 보고자 할 때 쓰인다.

⑥ 레이더 차트(거미줄 그래프)

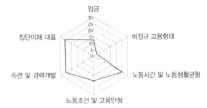

- 원 그래프의 일종으로 비교하는 수량을 직경, 또는 반경으로 나누어 원의 중심에서의 거리에 따라 각 수량의 관계를 나타내는 그래프이다.
- 비교하거나 경과를 나타내는 용도로 쓰인다.

(3) 도표 해석상의 유의사항

① 요구되는 지식의 수준을 넓힌다.

② 도표에 제시된 자료의 의미를 정확히 숙지한다.

③ 도표로부터 알 수 있는 것과 없는 것을 구별한다.

④ 총량의 증가와 비율의 증가를 구분한다.

⑤ 백분위수와 사분위수를 정확히 이해하고 있어야 한다.

도표 작성능력

(1) 도표 작성 절차

① 어떠한 도표로 작성할 것인지를 결정

② 가로축과 세로축에 나타낼 것을 결정

③ 한 눈금의 크기를 결정

④ 자료의 내용을 가로축과 세로축이 만나는 곳에 표현

⑤ 표현한 점들을 선분으로 연결

⑥ 도표의 제목을 표기

(2) 선 그래프 작성 시 유의점

① 세로축에 수량, 가로축에 명칭구분을 제시한다.

② 선의 높이에 따라 수치를 파악하는 경우가 많으므로 세로축의 눈금을 가로축보다 크게 하는 것이 효과적이다.

③ 선이 두 종류 이상일 경우 반드시 그 명칭을 기입한다.

(3) 막대 그래프 작성 시 유의점

① 막대 수가 많을 경우에는 눈금선을 기입하는 것이 알아보기 쉽다.

② 막대의 폭은 모두 같게 하여야 한다.

(4) 원 그래프 작성 시 유의점

① 정각 12시의 선을 기점으로 오른쪽으로 그리는 것이 보통이다.

② 분할선은 구성비율이 큰 순서로 그린다.

(5) 층별 그래프 작성 시 유의점

① 눈금은 선 그래프나 막대 그래프보다 적게 하고 눈금선은 넣지 않는다.

② 층별로 색이나 모양이 완전히 다른 것이어야 한다.

③ 같은 항목은 옆에 있는 층과 선으로 연결하여 보기 쉽도록 한다.

의사소통능력

수리능력

문제해결능력

정보능력

자원관리능력

01 　도표 분석능력

다음 자료를 보고 주어진 상황에 대한 물음에 답하시오.

근로소득에 대한 간이 세액표						
월 급여액(천 원) (비과세 및 학자금 제외)		공제대상 가족 수				
이상	미만	1	2	3	4	5
2,500	2,520	38,960	29,280	16,940	13,570	10,190
2,520	2,540	40,670	29,960	17,360	13,990	10,610
2,540	2,560	42,380	30,640	17,790	14,410	11,040
2,560	2,580	44,090	31,330	18,210	14,840	11,460
2,580	2,600	45,800	32,680	18,640	15,260	11,890
2,600	2,620	47,520	34,390	19,240	15,680	12,310
2,620	2,640	49,230	36,100	19,900	16,110	12,730
2,640	2,660	50,940	37,810	20,560	16,530	13,160
2,660	2,680	52,650	39,530	21,220	16,960	13,580
2,680	2,700	54,360	41,240	21,880	17,380	14,010
2,700	2,720	56,070	42,950	22,540	17,800	14,430
2,720	2,740	57,780	44,660	23,200	18,230	14,850
2,740	2,760	59,500	46,370	23,860	18,650	15,280

※ 1) 갑근세는 제시되어 있는 간이 세액표에 따름
　2) 주민세 = 갑근세의 10%
　3) 국민연금 = 급여액의 4.50%
　4) 고용보험 = 국민연금의 10%
　5) 건강보험 = 급여액의 2.90%
　6) 교육지원금 = 분기별 100,000원(매 분기별 첫 달에 지급)

박 사원의 5월 급여내역이 다음과 같고 전월과 동일하게 근무하였으나, 특별수당은 없고 차량지원금으로 100,000원을 받게 된다면, 6월에 받게 되는 급여는 얼마인가? (단, 원 단위 절삭)

(주) 서원플랜테크 5월 급여내역			
성명	박○○	지급일	5월 12일
기본급여	2,240,000	갑근세	39,530
직무수당	400,000	주민세	3,950
명절 상여금		고용보험	11,970
특별수당	20,000	국민연금	119,700
차량지원금		건강보험	77,140
교육지원		기타	
급여계	2,660,000	공제합계	252,290
지급총액			2,407,710

① 2,443,910
② 2,453,910
③ 2,463,910
④ 2,473,910
⑤ 2,483,910

02 기초 연산능력

둘레의 길이가 4.4km인 정사각형 모양의 공원이 있다. 이 공원의 넓이는 몇 a인가?

① 12,100a
② 1,210a
③ 121a
④ 12.1a
⑤ 1.2a

03 기초 통계능력

인터넷 쇼핑몰에서 회원가입을 하고 디지털 캠코더를 구매하려고 한다. 다음은 구입하고자 하는 모델에 대하여 인터넷 쇼핑몰 세 곳의 가격과 조건을 제시한 표이다. 표에 있는 모든 혜택을 적용하였을 때 디지털 캠코더의 배송비를 포함한 실제 구매가격을 바르게 비교한 것은?

구분	A 쇼핑몰	B 쇼핑몰	C 쇼핑몰
정상가격	129,000원	131,000원	130,000원
회원혜택	7,000원 할인	3,500원 할인	7% 할인
할인쿠폰	5% 쿠폰	3% 쿠폰	5,000원
중복할인여부	불가	가능	불가
배송비	2,000원	무료	2,500원

① A < B < C
② B < C < A
③ B < A < C
④ C < A < B
⑤ C < B < A

04 도표분석능력

다음 표는 2019 ~ 2020년 지역별 직장인들의 자기개발에 관해 조사한 내용을 정리한 것이다. 이에 대한 분석으로 옳은 것은?

(단위 : %)

연도	2019년				2020년			
구분 지역	자기개발 하고 있음	자기개발 비용 부담 주체			자기개발 하고 있음	자기개발 비용 부담 주체		
		직장 100%	본인 100%	직장50% + 본인50%		직장 100%	본인 100%	직장50% + 본인50%
충청도	36.8	8.5	88.5	3.1	45.9	9.0	65.5	24.5
제주도	57.4	8.3	89.1	2.9	68.5	7.9	68.3	23.8
경기도	58.2	12	86.3	2.6	71.0	7.5	74.0	18.5
서울시	60.6	13.4	84.2	2.4	72.7	11.0	73.7	15.3
경상도	40.5	10.7	86.1	3.2	51.0	13.6	74.9	11.6

① 2019년과 2020년 모두 자기개발 비용을 본인이 100% 부담하는 사람의 수는 응답자의 절반 이상이다.
② 자기개발을 하고 있다고 응답한 사람의 수는 2019년과 2020년 모두 서울시가 가장 많다.
③ 자기개발 비용을 직장과 본인이 각각 절반씩 부담하는 사람의 비율은 2019년과 2020년 모두 서울시가 가장 높다.
④ 2019년과 2020년 모두 자기개발을 하고 있다고 응답한 비율이 가장 높은 지역에서 자기개발비용을 직장이 100% 부담한다고 응답한 사람의 비율이 가장 높다.
⑤ 제주도의 자기개발을 하고 있다고 응답한 비율이 2019년보다 2020년에 10% 줄어들었다.

Chapter. 02

출제예상문제

정답 및 해설 p.318

▌1 ~ 4▐ 다음 숫자들의 배열 규칙을 찾아 빈칸에 늘어갈 알맞은 숫자를 고르시오.

1

> 2, 5, 11, 23   2, 7, 22, 67   1, 5, 21, 85   1, 6, 31, 156   1, 7, 43, (   )

① 245   ② 252
③ 259   ④ 264
⑤ 267

2

> 22, 4, 2   19, 3, 1   37, 5, 2   5, 3, 2   54, 6, (   )

① 0   ② 1
③ 2   ④ 3
⑤ 4

3

> 53   63   62   41 → 82   93   84   (   )

① 72   ② 74
③ 53   ④ 93
⑤ 85

4

> 2   4   0   6   −2   8   (   )

① 0   ② −1
③ −2   ④ −3
⑤ −4

5 4%의 소금물과 10%의 소금물을 섞은 후 물을 더 부어 4.5%의 소금물 200g을 만들었다. 10%의 소금물의 양과 더 부은 물의 양이 같다고 할 때, 4% 소금물의 양은 몇 g인가?

① 100g

② 105g

③ 110g

④ 120g

⑤ 139g

의사소통능력

수리능력

문제해결능력

정보능력

자원관리능력

6 A와 B가 둘레가 400m인 호수를 따라 산책을 하려고 한다. 한 지점에서 서로 같은 방향으로 출발하면 10분 후에 A가 B를 한 바퀴 앞서고, 다른 방향으로 출발하면 5분 후에 만난다고 할 때, A와 B가 각각 1분 동안 움직이는 거리는?

	A	B
①	50m	10m
③	40m	20m
⑤	40m	10m

	A	B
②	60m	10m
④	60m	20m

7 물탱크에 물을 채우는데 A호스를 사용하면 8시간이 걸리고, B호스를 사용하면 12시간이 걸린다고 한다. 처음부터 일을 마치기 전 3시간까지는 A호스와 B호스를 동시에 사용하고, 나머지 3시간은 A호스만 사용하여 물을 다 채웠다. 물을 다 채우는데 걸린 시간은?

① 4시간

② 5시간

③ 6시간

④ 7시간

⑤ 8시간

8 어떤 종이에 색깔을 칠하는데, 녹색은 종이 전체의 3분의 1을 칠하고 분홍색은 종이 전체의 45%만큼 칠하며 어떤 색도 칠하지 않은 넓이는 전체의 32%가 되었다. 녹색과 분홍색이 겹치게 칠해진 부분이 27.9cm^{2}일 때, 전체 종이의 넓이는?

① 260cm^2

② 270cm^2

③ 310cm^2

④ 320cm^2

⑤ 330cm^2

9 바구니에 4개의 당첨 제비를 포함한 10개의 제비가 들어있다. 이 중에서 갑이 먼저 한 개를 뽑고, 다음에 을이 한 개의 제비를 뽑는다고 할 때, 을이 당첨제비를 뽑을 확률은? (단, 한 번 뽑은 제비는 바구니에 다시 넣지 않는다)

① 0.2
② 0.3
③ 0.4
④ 0.5
⑤ 0.6

10 열차가 출발하기 전까지 1시간의 여유가 있어서 그 사이에 상점에 들러 물건을 사려고 한다. 걷는 속력이 시속 3km이고, 상점에서 물건을 사는 데 10분이 걸린다고 할 때, 역에서 몇 km 이내의 상점을 이용해야 하는가?

① 1km
② 1.25km
③ 1.5km
④ 2km
⑤ 2.5km

11 A와 B 두 식품이 있는데 A에는 단백질이 20%, 지방이 30% 들어 있고, B에는 단백질이 40%, 지방이 10% 들어 있다고 한다. 두 식품만 먹어 단백질 30g, 지방 10g을 섭취하려면 A와 B를 각각 몇 g씩 먹어야 하는가?

	A	B		A	B
①	10g	70g	②	40g	40g
③	30g	20g	④	50g	20g
⑤	60g	20g			

12 어떤 학교의 운동장은 둘레의 길이가 200m이다. 경석이는 자전거를 타고, 나영이는 뛰어서 이 운동장을 돌고 있다. 두 사람이 같은 지점에서 동시에 출발하여 같은 방향으로 운동장을 돌면 1분 40초 뒤에 처음으로 다시 만나고, 서로 반대 방향으로 돌면 40초 뒤에 처음으로 다시 만난다. 경석이의 속력은 나영이의 속력의 몇 배인가?

① $\frac{3}{7}$배
② $\frac{1}{2}$배
③ 2배
④ $\frac{8}{3}$배
⑤ $\frac{7}{3}$배

13 다음은 전년 동분기 대비 시·도별 서비스업 생산 및 소매 판매 증감률을 비교한 그래프이다. 다음 그래프에 대한 올바른 설명을 〈보기〉에서 모두 고른 것은?

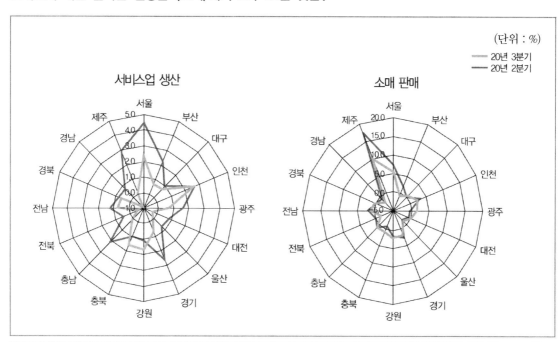

〈보기〉
㉠ 서비스업 생산의 18년 2분기 증감률이 2%를 넘는 지역은 모두 2곳이다.
㉡ 18년 2분기 증감률과 18년 3분기 증감률의 차이가 서비스업 생산과 소매 판매에서 모두 가장 큰 곳은 제주이다.
㉢ 18년 2분기 소매 판매의 증감률이 5%를 넘는 지역은 제주가 유일하다.
㉣ 경남, 제주, 서울, 부산은 18년 2분기에 비해 18년 3분기에 서비스업 생산과 소매 판매에서 모두 증감률이 더 낮아진 지역이다.

① ㉠㉡
② ㉠㉢
③ ㉡㉢
④ ㉡㉣
⑤ ㉢㉣

14 다음은 연도별 1인 가구의 변동 추이를 나타낸 자료이다. 다음 자료를 바탕으로 한 올바른 설명이 아닌 것은?

〈가구원수별 가구〉

(단위 : 천 가구, %)

년도	일반가구	1인	비율	2인	3인	4인 이상
2005년	15,887	3,171	20.0	3,521	3,325	5,871
2010년	17,339	4,142	23.9	4,205	3,696	5,296
2015년	19,111	5,203	27.2	4,994	4,101	4,813
2016년	19,368	5,398	27.9	5,067	4,152	4,751
2017년	19,524	5,562	28.5	5,261	4,173	4,528
2018년	19,752	5,739	29.1	5,411	4,212	4,389

〈1인 가구〉

(단위 : 천 가구, %)

년도	총 1인 가구	여 성	구성비	남 성	구성비
2005년	3,171	1,753	55.3	1,418	44.7
2010년	4,142	2,218	53.5	1,924	46.5
2015년	5,203	2,610	50.2	2,593	49.8
2016년	5,398	2,722	50.4	2,676	49.6
2017년	5,562	2,766	49.7	2,797	50.3
2018년	5,739	2,843	49.5	2,896	50.5

① 1인 가구의 남녀 비중은 2017년부터 남성이 더 많아지기 시작하였다.
② 가구원 수가 1인인 가구의 비중이 가장 큰 것은 2015년부터 계속 나타나는 현상이다.
③ 2018년에는 2인 ~ 4인의 가구원 수를 가진 여성 가구의 수가 전년보다 소폭 감소하였다.
④ 2018년 1인 여성 가구 수가 전체 일반가구 수에서 차지하는 비중은 15%에 미치지 못 한다.
⑤ 2015 ~ 2017년 1인 가구 수는 2010년 일반 가구 수보다 작다.

15 다음은 A백화점의 판매비율 증가를 나타낸 것으로 전체 평균 판매증가비율과 할인기간의 판매증가비율을 구분하여 표시한 것이다. 주어진 조건을 고려할 때 A ~ F에 해당하는 순서대로 차례로 나열한 것은?

구분 월별	A 전체	A 할인판매	B 전체	B 할인판매	C 전체	C 할인판매	D 전체	D 할인판매	E 전체	E 할인판매	F 전체	F 할인판매
1	20.5	30.9	15.1	21.3	32.1	45.3	25.6	48.6	33.2	22.5	31.7	22.5
2	19.3	30.2	17.2	22.1	31.5	41.2	23.2	33.8	34.5	27.5	30.5	22.9
3	17.2	28.7	17.5	12.5	29.7	39.7	21.3	32.9	35.6	29.7	30.2	27.5
4	16.9	27.8	18.3	18.9	26.5	38.6	20.5	31.7	36.2	30.5	29.8	28.3
5	15.3	27.7	19.7	21.3	23.2	36.5	20.3	30.5	37.3	31.3	27.5	27.2
6	14.7	26.5	20.5	23.5	20.5	33.2	19.5	30.2	38.1	39.5	26.5	25.5

㉠ 의류, 냉장고, 보석, 핸드백, TV, 가구에 대한 표이다.
㉡ 가구는 1월에 비해 6월에 전체 평균 판매증가비율이 높아졌다.
㉢ 냉장고는 3월을 제외하고는 할인기간의 판매증가비율이 전체 평균 판매증가비율보다 크다.
㉣ 핸드백은 할인기간의 판매증가비율보다 전체 평균 판매증가비율이 더 크다.
㉤ 1월과 6월을 비교할 때 의류는 전체 평균 판매증가비율의 감소가 가장 크다.
㉥ 보석은 1월에 전체 평균 판매증가비율과 할인기간의 판매증가비율의 차이가 가장 크다.

① TV − 의류 − 보석 − 핸드백 − 가구 − 냉장고
② TV − 냉장고 − 의류 − 보석 − 가구 − 핸드백
③ 의류 − 보석 − 가구 − 냉장고 − 핸드백 − TV
④ 의류 − 냉장고 − 보석 − 가구 − 핸드백 − TV
⑤ 냉장고 − 의류 − 보석 − 핸드백 − TV − 가구

16 다음 표는 4개 고등학교의 대학진학 희망자의 학과별 비율(상단)과 그중 희망대로 진학한 학생의 비율(하단)을 나타낸 것이다. 이 표를 보고 추론한 내용으로 올바른 것은?

고등학교	국문학과	경제학과	법학과	기타	진학 희망자수
A	60%(20%)	10%(10%)	20%(30%)	10%(40%)	700명
B	50%(10%)	20%(30%)	40%(30%)	20%(30%)	500명
C	20%(35%)	50%(40%)	40%(15%)	60%(10%)	300명
D	5%(30%)	25%(25%)	80%(20%)	30%(20%)	400명

⊙ B고와 D고 중에서 경제학과에 합격한 학생은 D고가 많다.
ⓒ A고에서 법학과에 합격한 학생은 40명보다 많고, C고에서 국문학과에 합격한 학생은 20명보다 많다.
ⓒ 국문학과에 진학한 학생들이 많은 순서대로 세우면 A고 → B고 → D고 → C고 순서가 나온다.

① ⊙
② ⓒ
③ ⓒ
④ ⊙ⓒ
⑤ ⊙ⓒ

17 다음은 문화산업부문 예산에 관한 자료이다. 다음 중 ⒭의 값으로 옳은 것은?

분야	예산(억 원)	비율(%)
출판	⒢	⒟
영상	40.85	19
게임	51.6	24
광고	⒧	31
저작권	23.65	11
총합	⒭	100

① 195
② 205
③ 215
④ 225
⑤ 235

18 다음은 1999 ~ 2007년 서울시 거주 외국인의 국적별 인구 분포 자료이다. 이에 대한 설명 중 옳지 않은 것을 고르면?

(단위 : 명)

국적 \ 연도	1999년	2000년	2001년	2002년	2003년	2004년	2005년	2006년	2007년
대만	3,011	2,318	1,371	2,975	8,908	8,899	8,923	8,974	8,953
독일	1,003	984	937	997	696	681	753	805	790
러시아	825	1,019	1,302	1,449	1,073	927	948	979	939
미국	18,763	16,658	15,814	16,342	11,484	10,959	11,487	11,890	11,810
베트남	841	1,083	1,109	1,072	2,052	2,216	2,385	3,011	3,213
영국	836	854	977	1,057	828	848	1,001	1,133	1,160
인도	491	574	574	630	836	828	975	1,136	1,173
일본	6,332	6,703	7,793	7,559	6,139	6,271	6,710	6,864	6,732
중국	12,283	17,432	21,259	22,535	52,572	64,762	77,881	119,300	124,597
캐나다	1,809	1,795	1,909	2,262	1,723	1,893	2,084	2,300	2,374
프랑스	1,180	1,223	1,257	1,360	1,076	1,015	1,001	1,002	984
필리핀	2,005	2,432	2,665	2,741	3,894	3,740	3,646	4,038	4,055
호주	838	837	868	997	716	656	674	709	737
서울시 전체	57,189	61,920	67,908	73,228	102,882	114,685	129,660	175,036	180,857

※ 2개 이상 국적을 보유한 자는 없는 것으로 가정함

① 서울시 거주 인도국적 외국인 수는 2004 ~ 2007년 사이에 매년 증가하였다.

② 2006년 서울시 거주 전체 외국인 중 중국 국적 외국인이 차지하는 비중은 60% 이상이다.

③ 제시된 국적 중 2000 ~ 2007년 사이에 서울시 거주 외국인 수가 매년 증가한 국적은 3개이다.

④ 1999년 서울시 거주 전체 외국인 중 일본 국적 외국인과 캐나다 국적 외국인의 합이 차지하는 비중은 2006년 서울시 거주 전체 외국인 중 대만 국적 외국인과 미국 국적 외국인의 합이 차지하는 비중보다 크다.

⑤ 2002년 서울시에 가장 많이 거주하는 외국인 국적은 2007년에도 가장 많이 거주한다.

19 다음은 A 도시와 다른 도시들 간의 인구 이동량과 거리를 나타낸 것이다. 인구가 많은 도시부터 적은 도시 순으로 바르게 나열한 것은?

(단위 : 천 명, km)

도시 간	인구 이동량	거리
A⇆B	60	2
A⇆C	30	4.5
A⇆D	25	7.5
A⇆E	55	4

※ 두 도시 간 인구 이동량 $= k \times \dfrac{\text{두 도시 인구의 곱}}{\text{두 도시 간의 거리}}$ (단, k는 양의 상수임)

① B − E − D − C
② D − E − C − B
③ B − C − D − E
④ D − C − E − B
⑤ E − D − C − B

20 다음은 식재료 관련 수입 현황이다. 식재료 수입 현황에서 중국산 구성비가 세 번째로 높은 것은?

〈표 1〉 식재료 수출입 실적

(단위 : 톤)

구분	2015년	2016년	2017년	2018년	2019년
수출량	29,124	31,451	24,645	45,751	35,643
수입량	1,026	22,125	945	36,154	26,654

〈표 2〉 김장 재료 수입 현황

(단위 : 톤)

구분	곡물류	채소류	과일류	생선류	육류
전체	64,456	62,484	97,456	21,464	26,440
중국	62,454	60,564	83,213	15,446	25,950

① 곡물류
② 채소류
③ 과일류
④ 육류
⑤ 생선류

21 다음은 영·유아 수별 1인당 양육비 현황에 대한 표이다. 이를 보고 바르게 해석하지 못한 것은?

구분 \ 가구	영·유아 1인 가구	영·유아 2인 가구	영·유아 3인 가구
소비 지출액	2,141,000원	2,268,000원	2,360,000원
1인당 양육비	852,000원	662,000원	529,000원
총 양육비	852,000원	1,324,000원	1,587,000원
소비 지출액 대비 총 양육비 비율	39.8%	55.5%	69.0%

의사소통능력

수리능력

문제해결능력

정보능력

자원관리능력

① 영·유아 수가 많은 가구일수록 1인당 양육비가 감소한다.
② 1인당 양육비는 영·유아가 3인 가구인 경우에 가장 많다.
③ 소비 지출액 대비 총 양육비 비율은 영·유아 1인 가구인 경우에 가장 낮다.
④ 영·유아 1인 가구의 총 양육비는 영·유아 3인 가구의 총 양육비의 절반을 넘는다.
⑤ 소비 지출액이 가장 큰 가구는 총 양육비도 가장 크다.

22 다음은 2005년 말 납김치 파동 전후 가정의 김치 조달경로에 대한 설문 조사 자료이다. 이 표를 분석한 것으로 옳지 않은 것은?

〈납김치 파동 전후 가정의 김치 조달경로〉

(단위 : %)

파동 전 \ 파동 후	담가먹음	얻어먹음	사먹음
담가먹음	56.5	1.4	0.7
얻어먹음	7.4	27.2	0.7
사먹음	2.8	0.9	2.4

※ 김치 조달경로는 담가먹음, 얻어먹음, 사먹음으로 분류되며, 각 가정은 3가지 조달경로 중 1가지만을 선택함

① 조사 대상 가정 중 13.9%는 납김치 파동 전후의 김치 조달경로가 변하였다.
② 납김치 파동 후 사먹는 가정의 비율은 파동 전에 비해 증가하였다.
③ 납김치 파동 전 담가먹던 가정 중에서 김치파동 후에 얻어먹게 된 가정의 비율은 전체의 약 0.8%이다.
④ 납김치 파동 전 사먹던 가정 중 파동 후 얻어먹는 가정으로 변화한 비율은 파동 전 사먹던 가정 중 파동 후 담가먹는 가정으로 변화한 비율보다 작다.
⑤ 파동 전 얻어먹던 가정의 비율은 파동 후 얻어먹는 가정의 비율보다 5.8% 크다.

23 다음 자료는 2020년 10월의 자동차 매출에 관한 자료이다. 다음 중 옳은 것을 고르면?

〈2020년 10월 월 매출액 상위 10개 자동차의 매출 현황〉

(단위 : 억 원, %)

순위	자동차	월 매출액		
			시장점유율	전월대비 증가율
1	A	1,139	34.3	60
2	B	1,097	33.0	40
3	C	285	8.6	50
4	D	196	5.9	50
5	E	154	4.6	40
6	F	150	4.5	20
7	G	138	4.2	50
8	H	40	1.2	30
9	I	30	0.9	150
10	J	27	0.8	40

① 2020년 10월 전체 자동차 매출액 총액은 3,500억 원 이하이다.
② 2020년 10월 시장점유율과 월 매출액은 반비례한다.
③ 2020년 9월 F 자동차의 월 매출액은 200억 원 이상이다.
④ 2020년 10월 월 매출액 최댓값은 최솟값의 40배 이하이다.
⑤ 전월 대비 월 매출 증가율이 가장 높은 차는 A이다.

24 각 부서에 표준 업무시간이 100시간인 업무를 할당하였다. 다음 중 업무효율이 가장 낮은 부서와 가장 높은 부서를 바르게 연결한 것은?

〈부서별 업무시간 분석결과〉

부서명	투입인원(명)	개인별 업무시간(시간)	회의	
			횟수(회)	소요시간(시간/회)
A	2	41	3	1
B	3	30	2	2
C	4	22	1	4
D	3	27	2	1

※ 1) 업무효율 = $\dfrac{\text{표준 업무시간}}{\text{총 투입시간}}$

　2) 총 투입시간은 개인별 투입시간의 합임

　　개인별 투입시간 = 개인별 업무시간 + 회의 소요시간

　3) 투입인원은 개인별 업무와 회의에 동일하게 적용된다.

① A부서 - C부서　　　　　　　　② A부서 - D부서

③ B부서 - D부서　　　　　　　　④ C부서 - A부서

⑤ C부서 - D부서

의사소통능력

수리능력

문제해결능력

정보능력

자원관리능력

25 다음은 지하가 없는 동일한 바닥면적을 가진 건물들에 관한 사항이다. 이 중 층수가 가장 높은 건물은?

건물	대지면적(m^2)	연면적(m^2)	건폐율(%)
A	400	1,200	50
B	300	840	70
C	300	1,260	60
D	400	1,440	60

※ 1) 건축면적 = $\dfrac{\text{건폐율} \times \text{대지면적}}{100}$

　2) 층수 = $\dfrac{\text{연면적}}{\text{건축면적}}$

① A　　　　　　　　　　　　　　② B

③ C　　　　　　　　　　　　　　④ D

⑤ A, D

┃ 26 ~ 27 ┃ 아래 두 표는 A, B 두 목격자의 도주자 성별에 대한 판정의 정확성을 정리한 것이다. 다음 물음에 답하시오.

A 목격자

실제성별 \ A의 결정	여자	남자	합
여자	35	15	50
남자	25	25	50
합	60	40	100

B 목격자

실제성별 \ B의 결정	여자	남자	합
여자	20	30	50
남자	5	45	50
합	25	75	100

26 B 목격자의 여성 도주자에 대한 판정 성공률은?

① 20%
② 30%
③ 40%
④ 70%
⑤ 80%

27 다음 기술 중 옳은 것을 모두 고르면?

㉠ 전체 판정 성공률은 B가 A보다 높다.
㉡ 실제 도주자가 여성일 때 판정 성공률은 B가 A보다 높다.
㉢ 실제 도주자가 남성일 때 판정 성공률은 B가 A보다 높다.
㉣ A, B 모두 여성 도주자에 대한 판정 성공률이 남성 도주자에 대한 판정 성공률보다 높다.

① ㉠
② ㉠㉢
③ ㉡㉢
④ ㉠㉡㉢
⑤ ㉡㉢㉣

28 다음은 A시의 교육여건 현황을 나타낸 자료이다. 이에 대한 설명 중 옳지 않은 것을 고르면?

교육여건 / 학교급	전체 학교 수	학교당 학급 수	학급당 주간 수업시수(시간)	학급당 학생 수	학급당 교원 수	교원당 학생 수
초등학교	150	30	28	32	1.3	25
중학교	70	36	34	35	1.8	19
고등학교	60	33	35	32	2.1	15

① 모든 초등학교와 중학교의 학생 수 차이는 모든 중학교와 고등학교의 학생 수 차이보다 크다.

② 모든 초등학교의 교원 수는 모든 중학교와 고등학교의 교원 수의 합보다 크다.

③ 모든 초등학교의 주간 수업시수는 모든 중학교의 주간 수업시수보다 많다.

④ 모든 중학교의 교원당 학생 수는 80,000명 이상이다.

⑤ 모든 고등학교 학생 수는 고등학교 교원 수의 15배 이상이다.

4차 산업혁명 관련 기술을 개발 또는 활용하고 있는 기업에 대한 다음 자료를 올바르게 해석한 설명은 어느 것인가?

〈표1〉

(단위 : 개, %)

	기업수	산업 대분류											
		농림어업	광업제조업	제조업	전기가스업	건설업	도소매업	운수·창고업	숙박음식업	정보통신업	부동산업	기타서비스업	금융보험업
조사 대상 기업 수	12,579	26	6,119	6,106	59	543	1,401	715	323	1,047	246	1,773	327
구성비	100.0	0.2	48.6	48.5	0.5	4.3	11.1	5.7	2.6	8.3	2.0	14.1	2.6
4차 산업 기술 개발·활용 기업 수	1,014	–	408	408	9	28	94	22	19	265	3	114	52
구성비	100.0	–	40.2	40.2	0.9	2.8	9.3	2.2	1.9	26.1	0.3	11.2	5.1

〈표2〉

(단위 : 개, %)

4차 산업 기술 개발·활용 기업 수	계	분야(복수응답)								
		사물인터넷	클라우드	빅데이터	모바일(5G)	인공지능	블록체인	3D프린팅	로봇공학	가상증강현실
1,014	1,993	288	332	346	438	174	95	119	96	105
	100.0	14.5	16.7	17.4	22.0	8.7	4.8	6.0	4.8	5.3

※ 단, 계산 값은 소수점 둘째 자리에서 반올림한다.

① 조사 대상 기업체 중 4차 산업 기술을 활용하는 기업의 비중은 금융보험업이 전기가스업보다 더 높다.
② 전체 조사 대상 기업 중 4차 산업 기술을 활용하는 기업의 수는 1,993개이다.
③ 가장 많이 활용되고 있는 3가지 4차 산업 기술은 5G 모바일, 빅데이터, 사물인터넷이다.
④ 조사 대상 기업체 중 4차 산업 기술 활용 비중이 가장 낮은 업종은 운수·창고업이다.
⑤ 부동산업은 4차 산업 기술 활용 기업에 포함되지 않는다.

30 다음 자료를 올바르게 판단한 의견을 〈보기〉에서 모두 고른 것은 어느 것인가?

종사자 규모별	사업체 수				종사자 수			
	2016년	2017년	증감률	기여율	2016년	2017년	증감률	기여율
합계	3,950,192	4,020,477	1.8	100.0	21,259,243	21,591,398	1.6	100.0
	(100.0)	(100.0)			(100.0)	(100.0)		
1 ~ 4인	3,173,203	3,224,683	1.6	73.2	5,705,551	5,834,290	2.3	38.8
	(80.3)	(80.2)	(−0.1)		(26.8)	(27.0)	(0.2)	
5 ~ 99인	758,333	776,922	2.5	26.4	10,211,699	10,281,826	0.7	21.1
	(19.2)	(19.3)	(0.1)		(48.0)	(47.6)	(−0.4)	
100 ~ 299인	14,710	14,846	0.9	0.2	2,292,599	2,318,203	1.1	7.7
	(0.4)	(0.4)	(0.0)		(10.8)	(10.7)	(−0.1)	
300인 이상	3,946	4,026	2.0	0.1	3,049,394	3,157,079	3.5	32.4
	(0.1)	(0.1)	(0.0)		(14.3)	(14.6)	(0.3)	

㉠ "종사자 규모 변동에 따른 사업체 수와 종사자 수의 증감 내역이 연도별로 다르네."
㉡ "기여율은 '구성비'와 같은 개념의 수치로군."
㉢ "사업체 1개당 평균 종사자 수는 사업체 규모가 커질수록 더 많네."
㉣ "2016년보다 종사자 수가 더 적어진 사업체는 없군."

① ㉠㉢

② ㉡㉣

③ ㉢㉣

④ ㉠㉡㉢

⑤ ㉡㉢㉣

문제 해결능력

(1) 문제와 문제 해결의 정의

문제란 업무를 수행함에 있어서 답을 요구하는 질문이나 의논하여 해결해야 되는 사항이며, 문제 해결은 목표와 현상을 분석하고 이 결과를 토대로 과제를 도출하여 최적의 해결책을 찾아 실행·평가해 가는 활동이다.

(2) 문제의 분류

구분	창의적 문제	분석적 문제
문제제시 방법	현재 문제가 없더라도 보다 나은 방법을 찾기 위한 문제 탐구→문제 자체가 명확하지 않음	현재의 문제점이나 미래의 문제로 예견될 것에 대한 문제 탐구→문제 자체가 명확함
해결 방법	창의력에 의한 많은 아이디어의 작성을 통해 해결	분석, 논리, 귀납과 같은 논리적 방법을 통해 해결
해답 수	해답의 수가 많으며, 많은 답 가운데 보다 나은 것을 선택	답의 수가 적으며 한정되어 있음
주요 특징	주관적, 직관적, 감각적, 정성적, 개별적, 특수성	객관적, 논리적, 정량적, 이성적, 일반적, 공통성

(2) 발생형 문제(보이는 문제)

① 정의 : 현재 직면하여 해결하기 위해 고민하는 문제이다. 원인이 내재되어 있기 때문에 원인지향적인 문제라고도 한다.

② 일탈문제 : 어떤 기준을 일탈함으로써 생기는 문제를 말한다.

③ 미달문제 : 어떤 기준에 미달하여 생기는 문제를 말한다.

(3) 탐색형 문제(찾는 문제)

① 정의 : 현재의 상황을 개선하거나 효율을 높이기 위한 문제이다. 방치할 경우 큰 손실이 따르거나 해결할 수 없는 문제로 나타나게 된다.

② 잠재문제 : 문제가 잠재되어 있어 인식하지 못하다가 확대되어 해결이 어려운 문제를 말한다.

③ 예측문제 : 현재로는 문제가 없으나 현 상태의 진행 상황을 예측하여 찾아야 앞으로 일어날 수 있는 문제가 보이는 문제를 말한다.

④ 발견문제 : 현재로서는 담당 업무에 문제가 없으나 선진기업의 업무 방법 등 보다 좋은 제도나 기법을 발견하여 개선시킬 수 있는 문제를 말한다.

(4) 설정형 문제(미래 문제)

장래의 경영전략을 생각하는 것으로 앞으로 어떻게 할 것인가 하는 문제이다. 문제 해결에 창조적인 노력이 요구되어 창조적 문제라고도 한다.

출제경향

문제 해결능력은 업무를 수행함에 있어 발생하는 복잡하고 다양한 문제를 바르게 인식하고 해결하는 능력이다. 상황을 제시하고 해결 절차를 적용하는 문제가 주로 출제되는 편이며, 창의적인 사고를 묻는 사고력 문제가 출제된다.

하위능력별 출제 유형

사고력 ◆◆◆◆◇
제시된 상황에 대해서 어떻게 풀이를 할 것인가에 대한 방법 모색과 근본적인 원인을 파악해야 하며, 기존과는 다른 관점으로 문제에 접근할 수 있어야 한다.

문제처리능력 ◆◆◆◆◆
전체 자료에서 필요한 요소를 분리할 수 있는지 여부가 중요하며, 우선순위를 통하여 빠르게 해결할 수 있어야 한다.

하위능력별 출제 빈도

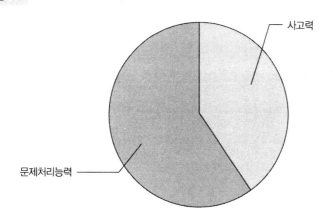

하위능력 01 사고력

(1) 창의적 사고

개인이 가지고 있는 경험과 지식을 통해 새로운 가치 있는 아이디어를 산출하는 사고능력이다.

(2) 창의적 사고의 특징

① 정보와 정보의 조합

② 사회나 개인에게 새로운 가치 창출

③ 창조적인 가능성

(3) 발산적 사고

창의적 사고를 위해 필요한 것으로 자유연상법, 강제연상법, 비교발상법 등을 통해 개발할 수 있다.

구분	내용
자유연상법	생각나는 대로 자유롭게 발상 <u>예</u> 브레인스토밍
강제연상법	각종 힌트에 강제적으로 연결 지어 발상 <u>예</u> 체크리스트
비교발상법	주제의 본질과 닮은 것을 힌트로 발상 <u>예</u> NM법, Synectics

(4) 논리적 사고

① 정의 : 사고의 전개에 있어 전후의 관계가 일치하고 있는가를 살피고 아이디어를 평가하는 사고능력이다.

② 논리적 사고를 위한 5가지 요소 : 생각하는 습관, 상대 논리의 구조화, 구체적인 생각, 타인에 대한 이해, 설득

③ 논리적 사고 개발 방법

- 피라미드 구조 : 하위의 사실이나 현상부터 사고하여 상위의 주장을 만들어가는 방법
- So What기법 : '그래서 무엇이지?' 하고 자문자답하여 주어진 정보로부터 가치 있는 정보를 이끌어 내는 사고 기법

(5) 비판적 사고

① 정의 : 어떤 주제나 주장에 대해서 적극적으로 분석하고 종합하며 평가하는 능동적인 사고이다.

② 비판적 사고 개발 태도 : 비판적 사고를 개발하기 위해서는 지적 호기심, 객관성, 개방성, 융통성, 지적 회의성, 지적 정직성, 체계성, 지속성, 결단성, 다른 관점에 대한 존중과 같은 태도가 요구된다.

③ 비판적 사고를 위한 태도

- 문제의식 : 비판적인 사고를 위해서 가장 먼저 필요한 것은 바로 문제의식이다. 자신이 지니고 있는 문제와 목적을 확실하고 정확하게 파악하는 것이 비판적인 사고의 시작이다.
- 고정관념 타파 : 지각의 폭을 넓히는 일은 정보에 대한 개방성을 가지고 편견을 갖지 않는 것으로 고정관념을 타파하는 일이 중요하다.

문제처리능력과 문제 해결 절차

(1) 문제처리능력

목표와 현상을 분석하고 이를 토대로 문제를 도출하여 최적의 해결책을 찾아 실행·평가하는 능력이다.

(2) 문제 해결 절차

① 문제 인식
- 문제 해결 과정 중 'What'을 결정하는 단계로 환경 분석 → 주요 과제 도출 → 과제 선정의 절차를 통해 수행된다.
- 3C 분석 : 환경 분석 방법의 하나로 사업환경을 구성하고 있는 요소인 자사(Company), 경쟁사(Competitor), 고객(Customer)을 분석하는 것이다.
- SWOT 분석 : 기업내부의 강점과 약점, 외부환경의 기회와 위협요인을 분석·평가하여 문제 해결방안을 개발하는 방법이다.

		내부환경요인	
		강점(Strengths)	약점(Weaknesses)
외부환경요인	기회 (Opportunities)	SO 내부강점과 외부기회 요인을 극대화	WO 외부기회를 이용하여 내부약점을 강점으로 전환
	위협 (Threat)	ST 외부위협을 최소화하기 위해 내부강점을 극대화	WT 내부약점과 외부위협을 최소화

② 문제 도출
- 선정된 문제를 분석하여 해결해야 할 것이 무엇인지를 명확히 하는 단계로, 문제 구조 파악 → 핵심 문제 선정 단계를 거쳐 수행된다.
- Logic Tree : 문제의 원인을 파고들거나 해결책을 구체화할 때 제한된 시간 안에서 넓이와 깊이를 추구하는 데 도움이 되는 기술로 주요 과제를 나무모양으로 분해·정리하는 기술이다.

③ 원인 분석 : 문제 도출 후 파악된 핵심 문제에 대한 분석을 통해 근본 원인을 찾는 단계로 Issue 분석 → Data 분석 → 원인 파악의 절차로 진행된다.

④ 해결안 개발 : 원인이 밝혀지면 이를 효과적으로 해결할 수 있는 다양한 해결안을 개발하고 최선의 해결안을 선택하는 것이 필요하다.

⑤ 실행 및 평가 : 해결안 개발을 통해 만들어진 실행계획을 실제 상황에 적용하는 활동으로 실행계획 수립 → 실행 → Follow - up의 절차로 진행된다.

의사소통능력

수리능력

문제해결능력

정보능력

자원관리능력

(3) 문제 해결에 필요한 기본적 사고

① **전략적 사고** : 문제와 해결방안이 상위 시스템과 어떻게 연결되어 있는지를 생각한다.

② **분석적 사고** : 전체를 각각의 요소로 나누어 그 의미를 도출하고 우선순위를 부여하여 구체적인 문제 해결 방법을 실행한다.

③ **발상의 전환** : 인식의 틀을 전환하여 새로운 관점으로 바라보는 사고를 지향한다.

④ **내 · 외부자원의 활용** : 기술, 재료, 사람 등 필요한 자원을 효과적으로 활용한다.

(4) 문제 해결의 장애요소

① 문제를 철저하게 분석하지 않는 경우

② 고정관념에 얽매이는 경우

③ 쉽게 떠오르는 단순한 정보에 의지하는 경우

④ 너무 많은 자료를 수집하려고 노력하는 경우

(5) 문제 해결 방법

① **소프트 어프로치** : 문제 해결을 위해서 직접적인 표현보다는 무언가를 시사하거나 암시를 통하여 의사를 전달하여 문제 해결을 도모하고자 한다.

② **하드 어프로치** : 상이한 문화적 토양을 가지고 있는 구성원을 가정하고, 서로의 생각을 직설적으로 주장하고 논쟁이나 협상을 통해 서로의 의견을 조정해 가는 방법이다.

③ **퍼실리테이션(Facilitation)** : 촉진을 의미하며 어떤 그룹이나 집단이 의사결정을 잘 하도록 도와주는 일을 의미한다.

01 문제처리능력

D회사 신입사원으로 입사한 귀하는 신입사원 교육에서 업무 수행과정에서 발생하는 문제 유형 중 설정형 문제를 하나씩 찾아오라는 지시를 받았다. 이에 대해 귀하는 교육받은 내용을 다시 복습하려고 한다. 설정형 문제에 해당하는 것은?

① 현재 직면하여 해결하기 위해 고민하는 문제
② 현재의 상황을 개선하거나 효율을 높이기 위한 문제
③ 앞으로 어떻게 할 것인가 하는 문제
④ 원인이 내재되어 있는 원인지향적인 문제
⑤ 현재에는 문제가 없으나 진행 상황을 예측하여 앞으로 일어나는 문제를 찾는 문제

의사소통능력

수리능력

문제해결능력

정보능력

자원관리능력

02 사고력

M사 홍보팀에서 근무하고 있는 귀하는 입사 5년차로 창의적인 기획안을 제출하기로 유명하다. S 부장은 이번 신입사원 교육 때 귀하에게 창의적인 사고란 무엇인지 교육을 맡아달라고 부탁하였다. 창의적인 사고에 대한 귀하의 설명으로 옳지 않은 것은?

① 창의적인 사고는 새롭고 유용한 아이디어를 생산해 내는 정신적인 과정이다.
② 창의적인 사고는 특별한 사람들만이 할 수 있는 대단한 능력이다.
③ 창의적인 사고는 기존의 정보들을 특정한 요구조건에 맞거나 유용하도록 새롭게 조합시킨 것이다.
④ 창의적인 사고는 통상적인 것이 아니라 기발하거나, 신기하며 독창적인 것이다.
⑤ 창의적인 사고는 정보들을 모아 새로운 가치를 창출하는 것이다.

03 문제처리능력

L사에서 주력 상품으로 밀고 있는 TV의 판매 이익이 감소하고 있는 상황에서 귀하는 B 부장으로부터 3C분석을 통해 해결방안을 강구해 오라는 지시를 받았다. 다음 중 3C에 해당하는 것은?

① Comfort   ② Company
③ Compose   ④ Content
⑤ Computer

04 문제처리능력

C사는 최근 국내 매출이 지속적으로 하락하고 있어 사내 분위기가 심상치 않다. 이에 대해 Y 부장은 이 문제를 극복하고자 문제처리 팀을 구성하여 해결방안을 모색하도록 지시하였다. 문제처리 팀의 문제 해결 절차를 올바른 순서로 나열한 것은?

① 문제 인식 → 원인 분석 → 해결안 개발 → 문제 도출 → 실행 및 평가
② 문제 도출 → 문제 인식 → 해결안 개발 → 원인 분석 → 실행 및 평가
③ 문제 인식 → 원인 분석 → 문제 도출 → 해결안 개발 → 실행 및 평가
④ 문제 인식 → 문제 도출 → 원인 분석 → 해결안 개발 → 실행 및 평가
⑤ 문제 도출 → 문제 인식 → 원인 분석 → 해결안 개발 → 실행 및 평가

Chapter. 03

출제예상문제

정답 및 해설 p.329

1 A, B, C 세 나라는 서로 수출과 수입을 하고 있으며, 모든 나라가 수입품에 대해 10%의 관세를 부과하고 있다. 만일, A국과 B국이 자유무역협정(FTA)을 맺는다면, 이때 발생하는 변화로 적절한 것을 〈보기〉에서 모두 고른 것은 어느 것인가?

> ㉠ A국과 B국 간의 교역규모가 증가한다.
> ㉡ A국과 B국의 모든 생산자는 관세 철폐로 인해 혜택을 누리게 된다.
> ㉢ A국과 B국의 모든 소비자는 관세 철폐로 인해 혜택을 누리게 된다.
> ㉣ C국은 종전과 같은 수준의 관세를 유지하고 있어 수출과 수입에 변화가 없다.

① ㉠㉡   ② ㉠㉢
③ ㉡㉢   ④ ㉡㉣
⑤ ㉢㉣

2 각기 번호가 다른 다섯 친구는 저마다 좋아하는 색상과 과일을 선택한다. 다음을 참고하여 병의 번호와 선택한 과일 및 색상을 올바르게 연결한 것을 고르면? (단, 번호, 과일, 색상은 중복되지 않는다)

> ㉠ 다섯 학생은 갑, 을, 병, 정, 무이다.
> ㉡ 선택 가능한 과일은 포도, 망고, 키위, 바나나, 수박이 있다.
> ㉢ 선택 가능한 색상은 노랑, 파랑, 빨강, 주황, 보라가 있다.
> ㉣ 노랑을 택한 친구는 수박을 좋아하고 5번이 아니다.
> ㉤ 정은 3번이고, 을은 주황을 좋아한다.
> ㉥ 갑은 4번이고 노랑을 좋아하지만 망고는 싫어한다.
> ㉦ 1번 친구는 파랑을 좋아하고, 무는 포도를 좋아한다.
> ㉧ 주황을 좋아하는 친구는 2번이다.
> ㉨ 병은 키위를 좋아하지만 보라는 싫어한다.
> ㉩ 바나나를 좋아하는 친구는 주황도 좋아한다.
> ㉪ 포도를 좋아하는 친구는 빨강도 좋아한다.

① 1번 – 키위 – 파랑   ② 4번 – 바나나 – 노랑
③ 3번 – 포도 – 보라   ④ 2번 – 망고 – 주황
⑤ 5번 – 수박 – 노랑

| 3 ～ 4 | 다음은 탄력근무제에 대한 사내 규정의 일부이다. 물음에 답하시오.

제17조(탄력근무 유형 등)

제1항 탄력근무의 유형은 시차출퇴근제와 시간선택제로 구분한다.

제2항 시차출퇴근제는 근무시간을 기준으로 다음 각 호와 같이 구분한다. 이 경우 시차출퇴근 C형은 12세 이하이거나 초등학교에 재학 중인 자녀를 양육하는 직원만 사용할 수 있다.

    1. 시차출퇴근 A형 : 8:00 ～ 17:00

    2. 시차출퇴근 B형 : 10:00 ～ 19:00

    3. 시차출퇴근 C형 : 9:30 ～ 18:30

제3항 시간선택제는 다음 각 호의 어느 하나에 해당하는 직원이 근무시간을 1시간부터 3시간까지 단축하는 근무형태로서 그 근무유형 및 근무시간은 별도로 정한 바와 같다.

    1. 「임금피크제 운영규정」 제4조에 따라 임금피크제의 적용을 받는 직원

    2. 「인사규정 시행규칙」 제34조의2 제1항 제1호 또는 제2호에 해당되는 근무 직원

    3. 일·가정 양립, 자기계발 등 업무 내·외적으로 조화로운 직장생활을 위하여 월 2회의 범위 안에서 조기퇴근(이하 "조기퇴근"이라 한다)을 하려는 직원

제18조(시간선택제 근무시간 정산)

제1항 시간선택제 근무 직원은 그 단축 근무로 통상근무에 비해 부족해진 근무시간을 시간선택제 근무를 실시한 날이 속하는 달이 끝나기 전까지 정산하여야 한다.

제2항 제1항에 따른 정산은 다음 각 호에 따른 방법으로 실시한다. 이 경우 정산근무시간은 10분 단위로 인정한다.

    1. 조기퇴근을 제외한 시간선택제 근무시간 정산 : 해당 시간선택제 근무로 근무시간이 단축되는 날을 포함하여 08:00부터 09:00까지 또는 18:00부터 21:00까지 사이에 근무

    2. 조기퇴근 근무시간 정산 : 다음 각 목의 방법으로 실시. 이 경우 사전에 미리 근무시간 정산을 할 것을 신청하여야 한다.

        가. 근무시작시간 전에 정산하는 경우 : 각 근무유형별 근무시작시간 전까지 근무

        나. 근무시간 이후에 정산하는 경우 : 각 근무유형별 근무종료시간부터 22:00까지 근무

제3항 시간선택제 근무 직원은 휴가·교육 등으로 제1항에 따른 정산을 실시하지 못함에 따른 임금손실을 방지하기 위하여 사전에 정산근무를 실시하는 등 적정한 조치를 하여야 한다.

제19조(신청 및 승인)

제1항 탄력근무를 하려는 직원은 그 근무시작 예정일의 5일 전까지 탄력근무 신청서를 그 소속 부서의 장에게 제출하여야 한다.

제2항 제20조 제2항에 따라 탄력근무가 직권해지(같은 항 제2호 또는 제3호의 사유로 인한 것에 한정한다)된 날부터 6개월이 지나지 아니한 경우에는 탄력근무를 신청할 수 없다.

제3항 다음 각 호의 직원은 제17조 제3항 제3호의 조기퇴근을 신청할 수 없다.

    1. 임신부

    2. 제17조 제3항 제1호 및 제2호에 해당하여 시간선택제를 이용하고 있는 직원

    3. 제8조 및 제9조의 단시간근무자

    4. 육아 및 모성보호 시간 이용 직원

제4항 부서의 장은 제1항에 따라 신청서를 제출받으면 다음 각 호의 어느 하나에 해당하는 경우 외에는

그 신청에 대하여 승인하여야 한다.

1. 업무공백 최소화 등 원활한 업무진행을 위하여 승인인원의 조정이 필요한 경우
2. 민원인에게 불편을 초래하는 등 정상적인 사업운영이 어렵다고 판단되는 경우

제5항 탄력근무는 매월 1일을 근무 시작일로 하여 1개월 단위로 승인한다.

제6항 제17조 제3항 제3호에 따른 조기퇴근의 신청, 취소 및 조기퇴근일의 변경은 별지 제4호의2 서식에 따라 개인이 신청한다. 이 경우 조기퇴근 신청에 관하여 승인권자는 월 2회의 범위에서 승인한다.

3 다음 중 위의 탄력근무제에 대한 올바른 설명이 아닌 것은 어느 것인가?

① 조기퇴근은 매월 2회까지만 실시할 수 있다.
② 시간선택제 근무제를 사용하려는 직원은 신청 전에 정산근무를 먼저 해 둘 수 있다.
③ 규정에 맞는 경우라 하더라도 탄력근무제를 신청하여 승인이 되지 않을 수도 있다.
④ 시차출퇴근제와 시간선택제의 다른 점 중 하나는 해당 월의 총 근무 시간의 차이이다.
⑤ 탄력근무제 신청은 그 근무시작 예정일의 5일 전까지 신청서를 제출해야 한다.

4 탄력근무제를 실시하였거나 실시하려고 계획하는 공단 직원의 다음과 같은 판단 중, 규정에 어긋나는 것은 어느 것인가?

① 놀이방에 아이를 맡겨 둔 K 씨는 시차출퇴근 C형을 신청하려고 한다.
② 7월 2일 조기퇴근을 실시한 H 씨는 7월 말일 이전 근무일에 저녁 9시경까지 정산근무를 하려고 한다.
③ 6월 3일에 조기퇴근을 실시하고 한 달 후인 7월 3일에 재차 사용한 M 씨는 7월 4일부터 8월 4일까지의 기간 동안 2회의 조기퇴근을 신청하려고 한다.
④ 7월 15일에 탄력근무제를 사용하고자 하는 R 씨는 7월 7일에 팀장에게 신청서를 제출하였다.
⑤ 부서장인 L 씨는 업무공백 최소화를 위해 직원의 신청서를 승인하지 않았다.

┃5～6┃ 다음은 휴양콘도 이용 안내문이다. 물음에 답하시오.

▲ 휴양콘도 이용대상
- 주말, 성수기 : 월평균소득이 243만 원 이하 근로자
- 평일 : 모든 근로자(월평균소득이 243만 원 초과자 포함), 특수형태근로종사자
- 이용희망일 2개월 전부터 신청 가능
- 이용희망일이 주말, 성수기인 경우 최초 선정일 전날 23시 59분까지 접수 요망. 이후에 접수할 경우 잔여객실 선정일정에 따라 처리

▲ 휴양콘도 이용우선순위
① 주말, 성수기
- 주말 · 성수기 선정 박수가 적은 근로자
- 이용가능 점수가 높은 근로자
- 월평균소득이 낮은 근로자
  ※ 위 기준 순서대로 적용되며, 근로자 신혼여행의 경우 최우선 선정
② 평일 : 선착순

▲ 이용 · 변경 · 신청취소
- 선정결과 통보 : 이용대상자 콘도 이용권 이메일 발송
- 이용대상자로 선정된 후에는 변경 불가 → 변경을 원할 경우 신청 취소 후 재신청
- 신청취소는 '근로복지서비스 〉 신청결과확인' 메뉴에서 이용일 10일 전까지 취소
  (9일 전 ~ 1일 전 취소는 이용점수가 차감되며, 이용당일 취소 또는 취소 신청 없이 이용하지 않는 경우 (No-Show) 1년 동안 이용 불가)
- 선정 후 취소 시 선정 박수에는 포함되므로 이용우선순위에 유의(평일 제외)
  (기준년도 내 선정 박수가 적은 근로자 우선으로 자동선발하고, 차순위로 점수가 높은 근로자 순으로 선발하므로 선정 후 취소 시 차후 이용우선순위에 영향을 미치니 유의하시기 바람)
- 이용대상자로 선정된 후 타인에게 양도 등 부정사용 시 신청일 부터 5년간 이용 제한

▲ 기본점수 부여 및 차감방법 안내
- 매년(년 1회) 연령에 따른 기본점수 부여
  [월평균소득 243만 원 이하 근로자]

연령대	50세 이상	40 ~ 49세	30 ~ 39세	20 ~ 29세	19세 이하
점수	100점	90점	80점	70점	60점

(월평균소득 243만 원 초과 근로자, 특수형태근로종사자, 고용 · 산재보험 가입사업장 : 0점)
- 기 부여된 점수에서 연중 이용점수 및 벌점에 따라 점수 차감

구분	이용점수(1박당)			벌점	
	성수기	주말	평일	이용취소 (9 ~ 1일 전 취소)	No - show (당일취소, 미이용)
차감점수	20점	10점	0점	50점	1년 사용제한

의사소통능력

수리능력

문제해결능력

정보능력

자원관리능력

▲ 벌점(이용취소, No-show)부과 예외
  • 이용자의 배우자·직계존비속 또는 배우자의 직계존비속이 사망한 경우
  • 이용자 본인·배우자·직계존비속 또는 배우자의 직계존비속이 신체이상으로 3일 이상 의료기관에 입원하여 콘도 이용이 곤란한 경우
  • 운송기관의 파업·휴업·결항 등으로 운송수단을 이용할 수 없어 콘도 이용이 곤란한 경우
  (벌점부과 예외 사유에 의한 취소 시에도 선정박수에는 포함되므로 이용우선순위에 유의)

5 다음 중 위의 안내문을 보고 올바른 콘도 이용계획을 세운 사람은 누구인가?

① "난 이용가능 점수도 높아 거의 1순위인 것 같은데, 올 해엔 시간이 없으니 내년 여름휴가 때 이용할 콘도나 미리 예약해 둬야겠군."
② "경태 씨, 우리 신혼여행 때 휴양 콘도 이용 일정을 넣고 싶은데 이용가능점수도 낮고 소득도 좀 높은 편이라 어려울 것 같네요."
③ "여보, 지난 번 신청한 휴양콘도 이용자 선정 결과가 아직 안 나왔나요? 신청할 때 제 전화번호를 기재했다고 해서 계속 기다리고 있는데 전화가 안 오네요."
④ "영업팀 최 부장님은 50세 이상이라서 기본점수가 높지만 지난 번 성수기에 2박 이용을 하셨으니 아직 미사용 중인 20대 엄 대리가 점수 상으로는 좀 더 선정 가능성이 높겠군."
⑤ "신청 후 선정되면 취소는 불가하므로 꼭 가야한다고 안내 받았어."

6 다음 〈보기〉의 신청인 중 올해 말 이전 휴양콘도 이용 순위가 높은 사람부터 순서대로 올바르게 나열한 것은 어느 것인가?

〈보기〉
• A 씨 : 30대, 월 소득 200만 원, 주말 2박 선정 후 3일 전 취소(무벌점)
• B 씨 : 20대, 월 소득 180만 원, 신혼여행 시 이용 예정
• C 씨 : 40대, 월 소득 220만 원, 성수기 2박 기 사용
• D 씨 : 50대, 월 소득 235만 원, 올 초 선정 후 5일 전 취소, 평일 1박 기 사용

① D 씨 – B 씨 – A 씨 – C 씨
② B 씨 – D 씨 – C 씨 – A 씨
③ C 씨 – D 씨 – A 씨 – B 씨
④ B 씨 – D 씨 – A 씨 – C 씨
⑤ D 씨 – A 씨 – B 씨 – C 씨

7 전력 설비 수리를 하기 위해 본사에서 파견된 8명의 기술자들이 출장지에서 하룻밤을 묵게 되었다. 1개 층에 4개의 객실(101 ~ 104호, 201 ~ 204호, 301 ~ 304호, 401 ~ 404호)이 있는 3층으로 된 숙소에 1인당 객실 1개씩을 잡고 투숙하였고 다음과 같은 조건을 만족할 경우, 12개의 객실 중 8명이 묵고 있지 않은 객실 4개를 모두 알기 위하여 필요한 사실이 될 수 있는 것은 다음 보기 중 어느 것인가? (출장자 일행 외의 다른 투숙객은 없는 것으로 가정한다)

• 출장자들은 1, 2, 3층에 각각 객실 2개, 3개, 3개에 투숙하였다.
• 출장자들은 1, 2, 3, 4호 라인에 각각 2개, 2개, 1개, 3개 객실에 투숙하였다.

의사소통능력

수리능력

문제해결능력

정보능력

자원관리능력

① 302호에 출장자가 투숙하고 있다.
② 203호에 출장자가 투숙하고 있지 않다.
③ 102호에 출장자가 투숙하고 있다.
④ 103호에 출장자가 투숙하고 있다.
⑤ 104호에 출장자가 투숙하고 있다.

8 은행, 식당, 편의점, 부동산, 커피 전문점, 통신사 6개의 상점이 아래에 제시된 조건을 모두 만족하며 위치할 때, 오른쪽에서 세 번째 상점은 어느 것인가?

㉠ 모든 상점은 옆으로 나란히 연이어 위치하고 있으며, 사이에 다른 상점은 없다.
㉡ 편의점과 식당과의 거리는 두 번째로 멀다.
㉢ 커피 전문점과 편의점 사이에는 한 개의 상점이 있다.
㉣ 왼쪽에서 두 번째 상점은 통신사이다.
㉤ 식당의 바로 오른쪽 상점은 부동산이다.

---

① 식당
② 통신사
③ 은행
④ 편의점
⑤ 부동산

9 사내 체육대회에서 영업1팀 ~ 4팀, 생산1팀 ~ 3팀의 7개 팀이 다음과 같은 대진표에 맞춰 경기를 펼치게 되었다. 7개의 팀은 대진표에서 1번부터 7번까지의 번호를 선택하여 대결을 하게 된다. 이 때, 영업1팀과 생산1팀이 두 번째 경기에서 만나게 될 확률은 얼마인가? (단, 각 팀이 이길 확률은 모두 50%로 같고, 무승부는 없다)

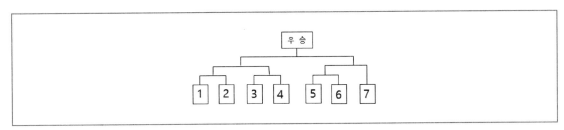

① $\dfrac{2}{21}$

② $\dfrac{3}{17}$

③ $\dfrac{4}{15}$

④ $\dfrac{5}{22}$

⑤ $\dfrac{7}{23}$

10 R공사에서는 신입사원 2명을 채용하기 위하여 서류와 필기 전형을 통과한 갑, 을, 병, 정 네 명의 최종 면접을 실시하려고 한다. 아래 표와 같이 네 개 부서의 팀장이 각각 네 명을 모두 면접하여 최종 선정 우선순위를 결정하였다. 면접 결과에 대한 〈보기〉와 같은 설명 중 적절한 것을 모두 고른 것은?

	A팀장	B팀장	C팀장	D팀장
최종 선정자 (1/2/3/4순위)	을 / 정 / 갑 / 병	갑 / 을 / 정 / 병	을 / 병 / 정 / 갑	병 / 정 / 갑 / 을

※ 1) 우선순위가 높은 사람 순으로 2명을 채용하며, 동점자는 A, B, C, D팀장 순으로 부여한 고순위자로 결정함
   2) 팀장별 순위에 대한 가중치는 모두 동일하다.

〈보기〉
㉠ '을' 또는 '정' 중 한 명이 입사를 포기하면 '갑'이 채용된다.
㉡ A팀장이 '을'과 '정'의 순위를 바꿨다면 '갑'이 채용된다.
㉢ B팀장이 '갑'과 '병'의 순위를 바꿨다면 '정'은 채용되지 못한다.

① ㉠

② ㉢

③ ㉠㉡

④ ㉠㉢

⑤ ㉡㉢

11 다음 제시된 전제에 따라 결론을 바르게 추론한 것은?

> • 어떤 천재는 수학자이다.
> • 피타고라스는 수학자이다.
> • 그러므로 (   )

① 피타고라스는 천재이다.
② 피타고라스는 천재가 아니다.
③ 피타고라스는 과학자이다.
④ 피타고라스는 과학자가 아니다.
⑤ 피타고라스가 천재인지 아닌지는 알 수 없다.

의사소통능력

수리능력

문제해결능력

정보능력

자원관리능력

12 다음에 제시된 사실이 모두 참일 때 이를 통해 얻은 결론의 참, 거짓, 알 수 없음을 판단하면?

> [사실]
> • 모든 변호사는 논리적이다.
> • 어떤 작가도 논리적이지 않다.
>
> [결론]
> A : 모든 변호사는 작가가 아니다.
> B : 모든 작가는 변호사이다.

① A만 옳다.
② B만 옳다.
③ A와 B 모두 옳다.
④ A와 B 모두 그르다.
⑤ 모두 알 수 없다.

13 다음의 논증이 타당하려면 반드시 보충되어야 할 전제는?

> M방송국이 올림픽 중계방송을 하지 않는다면 K방송국이 올림픽 중계방송을 한다. K방송국과 S방송국이 동시에 올림픽 중계방송을 하는 일은 있을 수 없다. 그러므로 M방송국은 올림픽 중계방송을 한다.

① S방송국이 올림픽 중계방송을 한다.
② K방송국이 올림픽 중계방송을 한다.
③ K방송국이나 S방송국이 올림픽 중계방송을 한다.
④ S방송국이 올림픽 중계방송을 하지 않으면 K방송국이 올림픽 중계방송을 한다.
⑤ K방송국이 올림픽 중계방송을 하지 않으면 S방송국이 올림픽 중계방송을 하지 않는다.

14 표는 A 씨의 금융 상품별 투자 보유 비중 변화를 나타낸 것이다. (개)에서 (내)로 변경된 내용으로 옳은 설명을 고르면?

금융 상품		(가)	(나)
		보유 비중(%)	
주식	○○(주)	30	20
	△△(주)	20	0
저축	보통예금	10	20
	정기적금	20	20
채권	국·공채	20	40

> ㉠ 직접금융 종류에 해당하는 상품 투자 보유 비중이 낮아졌다.
> ㉡ 수익성보다 안정성이 높은 상품 투자 보유 비중이 높아졌다.
> ㉢ 배당 수익을 받을 수 있는 자본 증권 투자 보유 비중이 높아졌다.
> ㉣ 일정 기간 동안 일정 금액을 예치하는 예금 보유 비중이 낮아졌다.

① ㉠㉡　　　　　　　　　　　　　② ㉠㉢
③ ㉡㉢　　　　　　　　　　　　　④ ㉡㉣
⑤ ㉢㉣

도서출판 서원각에 근무하는 K 씨는 고객으로부터 9급 건축직 공무원 추천도서를 요청받았다. K 씨는 도서를 추천하기 위해 다음과 같은 9급 건축직 발행도서의 종류와 특성을 참고하였다.

K 씨 : 감사합니다. 도서출판 서원각입니다.
고 객 : 9급 공무원 건축직 관련 도서 추천을 좀 받고 싶습니다.
K 씨 : 네, 어떤 종류의 도서를 원하십니까?
고 객 : 저는 기본적으로 이론은 대학에서 전공을 했습니다. 그래서 많은 예상문제를 풀 수 있는 것이 좋습니다.
K 씨 : 아. 문제가 많은 것이라면 딱 잘라서 말씀드리기가 어렵습니다.
고 객 : 알아요. 그래도 적당히 가격도 그리 높지 않고 예상문제가 많이 들어 있는 것이면 됩니다.
K 씨 : 네, 알겠습니다. 많은 예상문제풀이가 가능한 것 외에는 다른 필요한 사항은 없으십니까?
고 객 : 가급적이면 20,000원 이하가 좋을 듯 합니다.

도서명	예상문제 문항 수	기출문제 수	이론 유무	가격
실력평가모의고사	400	120	무	18,000
전공문제집	500	160	유	25,000
문제완성	600	40	무	20,000
합격선언	300	200	유	24,000
기출정복	300	300	무	24,000

15 다음 중 K 씨가 고객의 요구에 맞는 도서를 추천해 주기 위해 가장 우선적으로 고려해야 하는 특성은 무엇인가?

① 기출문제 수
② 이론 유무
③ 가격
④ 예상문제 문항 수
⑤ 도서명

16 고객의 요구를 종합적으로 반영하였을 때 많은 문제와 가격을 맞춘 가장 적당한 도서는?

① 실력평가모의고사
② 전공문제집
③ 문제완성
④ 합격선언
⑤ 기출정복

▌17 ~ 18▐ 다음 내용을 보고 유추할 수 없는 내용을 고르시오.

17

'사일로 효과'란 곡식을 저장해두는 굴뚝 모양의 창고인 사일로(Silo)에서 유래된 말로 다른 부서와의 협력과 交流 없이 자신이 속한 부서의 이익만을 추구하는 조직 장벽과 부서 이기주의를 뜻한다. 최근 성과주의가 심화되면서 기업의 부서 내에 지나친 경쟁 심리가 조직 이기주의라는 문화적 병리현상을 유발하고 있어서 사일로 현상은 더욱 고착화되는 경향이 짙다. 하지만 기업 전체 목표에서 살펴본다면 이러한 부서 간의 갈등은 당연히 기업이나 조직의 발전에 위험이 될 수 있음을 유의해야 할 것이다.

① 사일로 효과란 조직의 부서들이 서로 다른 부서와 담을 쌓고 내부 이익만을 추구하는 현상을 뜻한다.
② 고객의 니즈에 대하여 고민하고, 기업의 발전을 위해 노력해야 할 시간에 내부 직원들 간의 갈등은 기업 전체의 경쟁력에 있어 소모적일 뿐이다.
③ 나, 우리 부서만을 생각할 것이 아니라 조직의 전체목표를 바라볼 수 있어야 한다.
④ 성과주의의 심화는 사일로 효과를 약화시킬 것이다.
⑤ 조직의 발전을 위해서는 부서간 갈등은 사라져야 한다.

18

요즘 소비자들은 이야기를 재구성해 퍼뜨리기를 좋아하는 '호모나랜스(Homonarrans)'의 성격이 강하다. 호모나랜스의 특징은 다음과 같다.
첫째, 수동적으로 정보를 받기보다 관심 있는 정보를 적극적으로 찾아다닌다. 둘째, 상품 정보를 동료 소비자들과 소통하는 공간(We Media)에서 찾는다. 셋째, 흥미로운 이야기를 자신만의 방식으로 재구성하는 데 능하고, 그 과정 자체를 즐긴다. 넷째, 인터넷 콘텐츠를 만들어 온라인에 게재하고, 자신의 취향과 관심사를 표현하는 것을 매우 중요하게 생각한다.

① 최근 소비자들은 홈페이지의 상품 정보보다 다른 소비자들의 상품평을 더 신뢰한다.
② 최근 소비자들은 재구성한 이야기를 다시 다른 사람들과 공유한다.
③ 최근 소비자들은 정보를 독식하고 타인과 공유하기를 꺼려한다.
④ 최근 소비자들은 온라인 콘텐츠를 적극적으로 활용하여 자신들의 소비생활에 활용한다.
⑤ 최근 소비자들은 정보를 적극적으로 찾아다닌다.

19 다음은 甲 기업의 팀별 성과급 지급 기준이다. Y팀의 성과평가결과가 다음과 같다면 지급되는 성과급의 1년 총액은?

의사소통능력

수리능력

문제해결능력

정보능력

자원관리능력

〈성과급 지급 방법〉
(가) 성과급 지급은 성과평가 결과와 연계함
(나) 성과평가는 유용성, 안전성, 서비스 만족도의 총합으로 평가함. 단, 유용성, 안전성, 서비스 만족도의 가중치를 각각 0.4, 0.4, 0.2로 부여함.
(다) 성과평가 결과를 활용한 성과급 지급 기준

성과평가 점수	성과평가 등급	분기별 성과급 지급액	비고
9.0 이상	A	100만 원	성과평가 등급이 A이면 직전분기 차감액의 50%를 가산하여 지급
8.0 이상 9.0 미만	B	90만 원 (10만 원 차감)	
7.0 이상 8.0 미만	C	80만 원 (20만 원 차감)	
7.0 미만	D	40만 원 (60만 원 차감)	

구분	1/4 분기	2/4 분기	3/4 분기	4/4 분기
유용성	8	8	10	8
안전성	8	6	8	8
서비스 만족도	6	8	10	8

① 350만 원
② 360만 원
③ 370만 원
④ 380만 원
⑤ 400만 원

20 네 명의 볼링 선수 성덕, 도영, 재석, 선희가 토너먼트 경기를 하였다. 경기를 관람한 세 사람 A, B, C에게 경기 결과를 물어 보았더니 다음과 같이 대답하였다.

> A : 선희가 1등, 재석이가 3등을 했습니다.
> B : 도영이가 2등, 선희가 3등을 했습니다.
> C : 성덕이가 1등, 도영이가 4등을 했습니다.

이들 모두 두 사람의 순위를 대답했지만, 그 두 사람의 순위 중 하나는 옳고 하나는 틀리다고 한다. 실제 선수들의 순위는?

	1등	2등	3등	4등
①	도영	성덕	선희	재석
②	재석	선희	성덕	도영
③	선희	재석	도영	성덕
④	성덕	도영	재석	선희
⑤	성덕	재석	선희	도영

21 함께 여가를 보내려는 A ~ E 다섯 사람의 자리를 원형 탁자에 배정하려고 한다. 다음 글을 보고 옳은 것을 고르면?

> • A 옆에는 반드시 C가 앉아야 된다.
> • D의 맞은편에는 A가 앉아야 된다.
> • 여가 시간을 보내는 방법은 책읽기, 수영, 영화 관람이다.
> • C와 E는 취미생활을 둘이서 같이 해야 한다.
> • B와 C는 취미가 같다.

① A의 오른편에는 B가 앉아야 한다.
② B가 책읽기를 좋아한다면 E도 여가 시간을 책읽기로 보낸다.
③ B는 E의 옆에 앉아야 한다.
④ A와 D 사이에 C가 앉아있다.
⑤ D는 여가 시간을 수영하며 보낸다.

22 다음 글을 통해서 볼 때, 그림을 그린 사람(들)은 누구인가?

> 송화, 진수, 경주, 상민, 정란은 대학교 회화학과에 입학하기 위해 △△미술학원에서 그림을 그린다. 이들은 특이한 버릇을 가지고 있는데, 송화, 경주, 정란은 항상 그림이 마무리되면 자신의 작품 밑에 거짓을 쓰고, 진수와 상민은 자신의 그림에 언제나 참말을 써넣는다. 우연히 다음과 같은 글귀가 적힌 그림이 발견되었다.
>
> "이 그림은 진수가 그린 것이 아님"

① 진수
② 상민
③ 경주
④ 송화, 경주
⑤ 경주, 정란

의사소통능력

수리능력

문제해결능력

정보능력

자원관리능력

23 A, B, C, D, E는 4시에 만나서 영화를 보기로 약속했다. 이들이 도착한 것이 다음과 같다면 옳은 것은?

> • A 다음으로 바로 B가 도착했다.
> • B는 D보다 늦게 도착했다.
> • B보다 늦게 온 사람은 한 명뿐이다.
> • D는 가장 먼저 도착하지 못했다.
> • 동시에 도착한 사람은 없다.
> • E는 C보다 일찍 도착했다.

① D는 두 번째로 약속장소에 도착했다.
② C는 약속시간에 늦었다.
③ A는 가장 먼저 약속장소에 도착했다.
④ E는 제일 먼저 도착하지 못했다.
⑤ A 다음 C가 도착했다.

다음은 '니하오 중국어 어학원'의 강의 시간표와 관련된 자료이다. 다음 자료를 읽고 이어지는 물음에 답하시오.

김 대리는 3 ~ 4월 시간표를 참고해서 오는 5 ~ 6월 수업 시간표를 작성하려 한다. 니하오 중국어 어학원은 입문 – 초급 – 중급 – 고급의 4단계로 이루어져 있으며 5 ~ 6월 시간표는 3 ~ 4월 강좌보다 한 단계 높은 수준을 개설할 계획이다. 예를 들어 3 ~ 4월에 입문반이 있었으면 초급반으로, 초급반이 있었으면 이번에는 중급반으로 개설하는 것이다. 단, 고급반의 경우 다시 입문반으로 개설한다. 그리고 종합반은 2개 차시로 묶어서 개설해야 한다. 시간대는 종합반은 3 ~ 4월 시간표 그대로 하고, 직장인 대상 비즈니스반은 밤 8시 이후여야 하며, 모든 강좌는 꼭 주 2회 이상 있어야 한다.

〈5 ~ 6월 강좌 예상 일정〉

강좌명	개설 가능 요일	비고
종합반	매일	학생 대상
성조반	수, 금	
회화반A	매일	
회화반B	화, 목, 금	
독해반	매일	
문법반	월, 화, 목	
청취반	화, 목	
비즈니스반	월, 목	직장인 대상
한자반	월, 수, 금	학생 대상

〈3 ~ 4월 시간표〉

	월	화	수	목	금
16:00 ~ 16:50	종합반 (초급)	회화반A 고급	종합반 (초급)	회화반A 고급	종합반 (초급)
17:00 ~ 17:50		한자반 초급		한자반 초급	
19:00 ~ 19:50	회화반B 초급	성조반 중급	회화반B 초급	성조반 중급	회화반B 초급
20:00 ~ 20:50	문법반 중급	독해반 고급	문법반 중급	독해반 고급	문법반 중급
21:00 ~ 21:50	청취반 입문	비즈니스반 입문	청취반 입문	비즈니스반 입문	청취반 입문

24 다음은 김 대리가 5 ~ 6월 시간표를 작성하기 전에 강좌 예상 일정을 참고하여 각 강좌의 개설 가능 요일을 표로 정리한 것이다. 다음 중 요일 분배가 적절하지 않은 것은?

	월	화	수	목	금
성조반	X	X	O	X	O
회화반B	X	O	X	O	O
문법반	X	O	X	O	X
한자반	O	X	O	X	O
회화반A	O	O	O	O	O

① 성조반
② 회화반B
③ 문법반
④ 한자반
⑤ 회화반A

25 다음은 김 대리가 작성한 5 ~ 6월 시간표이다. 시간표를 보고 잘못 기재된 것을 올바르게 지적한 것은?

	월	화	수	목	금
16:00 ~ 16:50	종합반(중급)	회화반B	종합반(중급)	회화반B	종합반(중급)
		중급		중급	
17:00 ~ 17:50		독해반		독해반	
		입문		입문	
19:00 ~ 19:50	한자반	청취반	한자반	청취반	한자반
	중급	초급	중급	초급	중급
20:00 ~ 20:50	비즈니스반	회화반A	회화반A	비즈니스반	회화반A
	초급	입문	입문	초급	입문
21:00 ~ 21:50	문법반	문법반	성조반	문법반	성조반
	초급	초급	고급	초급	고급

① 독해반은 중급반으로 수정되어야 한다.
② 한자반의 요일과 단계가 모두 수정되어야 한다.
③ 비즈니스반과 회화반A의 요일이 서로 뒤바뀌었다.
④ 밤 9시에 열리는 문법반은 고급반으로 수정되어야 한다.
⑤ 성조반은 중급반으로 수정되어야 한다.

26 A, B, C, D는 영업, 사무, 전산, 관리의 일을 각각 맡아서 하기로 하였다. A는 영업과 사무 분야의 업무를 싫어하고, B는 관리 업무를 싫어하며, C는 영업 분야 일을 하고 싶어하고, D는 전산 분야 일을 하고 싶어한다. 인사부에서 각자의 선호에 따라 일을 시킬 때 옳게 짝지은 것은?

① A – 관리　　　　　　　　　　② B – 영업
③ B – 전산　　　　　　　　　　④ C – 전산
⑤ D – 사무

27 서울 출신 두 명과 강원도 출신 두 명, 충청도, 전라도, 경상도 출신 각 1명이 다음의 조건대로 줄을 선다. 앞에서 네 번째에 서는 사람의 출신지역은 어디인가?

• 충청도 사람은 맨 앞 또는 맨 뒤에 선다.
• 서울 사람은 서로 붙어 서있어야 한다.
• 강원도 사람 사이에는 다른 지역 사람 1명이 서있다.
• 경상도 사람은 앞에서 세 번째에 선다.

① 서울　　　　　　　　　　　② 강원도
③ 충청도　　　　　　　　　　④ 전라도
⑤ 경상도

▮28 ~ 29▮ 2층짜리 주택에 부모와 미혼인 자식으로 이루어진 두 가구, ㉠ ~ ㉆ 총 7명이 살고 있다. 아래의 조건을 보고 물음에 답하시오.

- 1층에는 4명이 산다.
- 혈액형이 O형인 사람은 3명, A형인 사람은 1명, B형인 사람은 1명이다.
- ㉠는 기혼남이며, 혈액형은 A형이다.
- ㉡와 ㉆는 부부이며, 둘 다 O형이다.
- ㉢는 미혼 남성이다.
- ㉣는 1층에 산다.
- ㉤의 혈액형은 B형이다.
- ㉥의 혈액형은 O형이 아니다.

28 ㉢의 혈액형으로 옳은 것은?

① A형　　　　　　　　　　　　② AB형
③ O형　　　　　　　　　　　　④ B형
⑤ 알 수 없다.

29 1층에 사는 사람은 누구인가?

① ㉠㉢㉣㉥　　　　　　　　　② ㉠㉣㉤㉥
③ ㉡㉣㉥㉆　　　　　　　　　④ ㉡㉣㉤㉆
⑤ 알 수 없다.

30 다음과 같은 구조를 가진 어느 호텔에 A ~ H 8명이 투숙하고 있고, 알 수 있는 정보가 다음과 같다. B의 방이 204호일 때, D의 방은? (단, 한 방에는 한 명씩 투숙한다)

A라인	201	202	203	204	205
복도					
B라인	210	209	208	207	206

- 비어있는 방은 한 라인에 한 개씩 있고, A, B, F, H는 A라인에, C, D, E, G는 B라인에 투숙하고 있다.
- A와 C의 방은 복도를 사이에 두고 마주보고 있다.
- F의 방은 203호이고, 맞은 편 방은 비어있다.
- C의 오른쪽 옆방은 비어있고 그 옆방에는 E가 투숙하고 있다.
- B의 옆방은 비어있다.
- H와 D는 누구보다 멀리 떨어진 방에 투숙하고 있다.

① 202호
② 205호
③ 206호
④ 207호
⑤ 208호

정보능력

(1) 정보와 정보화사회

① 자료 · 정보 · 지식

구분	특징
자료(Data)	객관적 실제의 반영이며, 그것을 전달할 수 있도록 기호화한 것
정보(Information)	자료를 특정한 목적과 문제 해결에 도움이 되도록 가공한 것
지식(Knowledge)	정보를 집적하고 체계화하여 장래의 일반적인 사항에 대비해 보편성을 갖도록 한 것

② 정보화사회 : 필요로 하는 정보가 사회의 중심이 되는 사회

(2) 컴퓨터의 활용 분야

① 기업 경영 분야에서의 활용 : 판매, 회계, 재무, 인사 및 조직관리, 금융 업무 등

② 행정 분야에서의 활용 : 민원처리, 각종 행정 통계 등

③ 산업 분야에서의 활용 : 공장 자동화, 산업용 로봇, 판매시점관리 시스템(POS) 등

④ 기타 분야에서의 활용 : 교육, 연구소, 출판, 가정, 도서관, 예술 분야 등

(3) 정보처리 과정

① 정보 활용 절차 : 기획 → 수집 → 관리 → 활용

② 5W2H : 정보 활용의 전략적 기획
  • WHAT(무엇을?) : 정보의 입수대상을 명확히 한다.
  • WHERE(어디에서?) : 정보의 소스(정보원)를 파악한다.
  • WHEN(언제까지) : 정보의 요구(수집)시점을 고려한다.
  • WHY(왜?) : 정보의 필요목적을 염두에 둔다.
  • WHO(누가?) : 정보활동의 주체를 확정한다.
  • HOW(어떻게) : 정보의 수집 방법을 검토한다.
  • HOW MUCH(얼마나?) : 정보 수집의 비용성(효용성)을 중시한다.

(4) 인터넷의 역기능

① 불건전 정보의 유통

② 개인정보 유출

③ 사이버 성폭력

④ 사이버 언어폭력

⑤ 언어 훼손

⑥ 인터넷 중독

⑦ 불건전한 교제

⑧ 저작권 침해

(5) 개인정보의 종류

① 일반 정보 : 이름, 주민등록번호, 운전면허정보, 주소, 전화번호, 생년월일, 출생지, 본적지, 성별, 국적 등

② 가족 정보 : 가족의 이름, 직업, 생년월일, 주민등록번호, 출생지 등

③ 교육 및 훈련 정보 : 최종학력, 성적, 기술자격증·전문면허증, 이수훈련 프로그램, 서클 활동, 상벌사항, 성격·행태보고 등

④ 병역 정보 : 군번 및 계급, 제대유형, 주특기, 근무부대 등

⑤ 부동산 및 동산 정보 : 소유주택 및 토지, 자동차, 저축현황, 현금카드, 주식 및 채권, 수집품, 고가의 예술품 등

⑥ 소득 정보 : 연봉, 소득의 원천, 소득세 지불 현황 등

⑦ 기타 수익 정보 : 보험가입현황, 수익자, 회사의 판공비 등

⑧ 신용 정보 : 대부상황, 저당, 신용카드, 담보설정 여부 등

⑨ 고용 정보 : 고용주, 회사주소, 상관의 이름, 직무수행 평가 기록, 훈련기록, 상벌기록 등

⑩ 법적 정보 : 전과기록, 구속기록, 이혼기록 등

⑪ 의료 정보 : 가족병력기록, 과거 의료기록, 신체장애, 혈액형 등

⑫ 조직 정보 : 노조가입, 정당가입, 클럽회원, 종교단체 활동 등

⑬ 습관 및 취미 정보 : 흡연·음주량, 여가활동, 도박성향, 비디오 대여 기록 등

(6) 개인정보 유출방지 방법

① 회원가입 시 이용 약관을 읽는다.

② 이용 목적에 부합하는 정보를 요구하는지 확인한다.

③ 비밀번호는 정기적으로 교체한다.

④ 정체불명의 사이트는 멀리한다.

⑤ 가입 해지 시 정보 파기 여부를 확인한다.

⑥ 남들이 쉽게 유추할 수 있는 비밀번호는 자제한다.

정보능력은 업무를 수행함에 있어 컴퓨터를 활용하여 필요한 정보를 수집하고 분석하는 능력이다. Excel의 이론보다는 실무에 활용하는 문제로 출제되며 검색 연산자에 대해 묻는 질문도 다수 출제된다.

하위능력별 출제 유형

컴퓨터활용능력 ✦ ✦ ✦ ✦ ✦

컴퓨터 이론, 소프트웨어 사용 방법과 프로그램 별 단축키, 엑셀 함수, PC관리기법 등

정보처리능력 ✦ ✦ ✦ ✧ ✧

소프트웨어의 활용과 제시된 상황에 따른 결과를 도출하는 유형이 출제된다.

하위능력별 출제 빈도

의사소통능력

수리능력

문제해결능력

정보능력

자원관리능력

(1) 인터넷 서비스 활용

① 전자우편(E – mail) 서비스 : 정보 통신망을 이용하여 다른 사용자들과 편지나 여러 정보를 주고받는 통신 방법

② 인터넷 디스크 · 웹 하드 : 웹 서버에 대용량의 저장 기능을 갖추고 사용자가 개인용 컴퓨터의 하드디스크와 같은 기능을 인터넷을 통하여 이용할 수 있게 하는 서비스

③ 메신저 : 인터넷에서 실시간으로 메시지와 데이터를 주고받을 수 있는 소프트웨어

④ 전자상거래 : 인터넷을 통해 상품을 사고팔거나 재화나 용역을 거래하는 사이버 비즈니스

(2) 정보 검색

여러 곳에 분산되어 있는 수많은 정보 중에서 특정 목적에 적합한 정보만을 신속하고 정확하게 찾아내어 수집, 분류, 축적하는 과정

(3) 검색엔진의 유형

① 키워드 검색 방식 : 찾고자 하는 정보와 관련된 핵심적인 언어인 키워드를 직접 입력하여 이를 검색 엔진에 보내어 검색 엔진이 키워드와 관련된 정보를 찾는 방식

② 주제별 검색 방식 : 인터넷상에 존재하는 웹 문서들을 주제별, 계층별로 정리하여 데이터베이스를 구축한 후 이용하는 방식

③ 통합형 검색 방식 : 사용자가 입력하는 검색어들이 연계된 다른 검색 엔진에게 보내고 이를 통하여 얻어진 검색 결과를 사용자에게 보여주는 방식

(4) 정보 검색 연산자

기호	연산자	검색 조건
*, &	AND	두 단어가 모두 포함된 문서를 검색
|	OR	두 단어가 모두 포함되거나 두 단어 중에서 하나만 포함된 문서를 검색
– , !	NOT	' – ' 기호나 '!' 기호 다음에 오는 단어는 포함하지 않는 문서를 검색
~ , near	인접검색	앞/뒤의 단어가 가깝게 있는 문서를 검색

(5) 소프트웨어의 활용

① 워드프로세서
  - **특징** : 문서의 내용을 화면으로 확인하면서 쉽게 수정 가능, 문서 작성 후 인쇄 및 저장 가능, 글이나 그림의 입력 및 편집 가능
  - **기능** : 입력기능, 표시기능, 저장 기능, 편집기능, 인쇄기능 등

② 스프레드시트
  - **특징** : 쉽게 계산 수행, 계산 결과를 차트로 표시, 문서를 작성하고 편집 가능
  - **기능** : 계산, 수식, 차트, 저장, 편집, 인쇄기능 등

③ 프레젠테이션
  - **특징** : 각종 정보를 사용자 또는 대상자에게 쉽게 전달
  - **기능** : 저장, 편집, 인쇄, 슬라이드 쇼 기능 등

④ 유틸리티 프로그램 : 파일 압축 유틸리티, 바이러스 백신 프로그램

(6) 데이터베이스의 필요성

① 데이터의 중복을 줄인다.
② 데이터의 무결성을 높인다.
③ 검색을 쉽게 해준다.
④ 데이터의 안정성을 높인다.
⑤ 개발 기간을 단축한다.

(1) 정보원

① 정의 : 1차 자료는 원래의 연구성과가 기록된 자료이며, 2차 자료는 1차 자료를 효과적으로 찾아보기 위한 사료 또는 1차 자료에 포함되어 있는 정보를 압축 · 정리한 형태로 제공하는 자료이다.

② 1차 자료 : 단행본, 학술지와 논문, 학술회의자료, 연구보고서, 학위논문, 특허정보, 표준 및 규격자료, 레터, 출판 전 배포자료, 신문, 잡지, 웹 정보자원 등

③ 2차 자료 : 사전, 백과사전, 편람, 연감, 서지데이터베이스 등

(2) 정보분석 및 가공

① 정보분석의 절차 : 분석과제의 발생 → 과제(요구)의 분석 → 조사항목의 선정 → 관련 정보의 수집(기존자료 조사/신규자료 조사) → 수집정보의 분류 → 항목별 분석 → 종합 · 결론 → 활용 · 정리

② 가공 : 서열화 및 구조화

(3) 정보관리

① 목록을 이용한 정보관리

② 색인을 이용한 정보관리

③ 분류를 이용한 정보관리

01   정보처리능력

5W2H는 정보를 전략적으로 수집·활용할 때 주로 사용하는 방법이다. 5W2H에 대한 설명으로 옳지 않은 것은?

① WHAT : 정보의 수집 방법을 검토한다.
② WHERE : 정보의 소스(정보원)를 파악한다.
③ WHEN : 정보의 요구(수집)시점을 고려한다.
④ HOW : 정보의 수집 방법을 검토한다.
⑤ WHO : 정보활동의 주체를 확정한다.

의사소통능력

수리능력

문제해결능력

정보능력

자원관리능력

02   컴퓨터활용능력

귀하는 커피 전문점을 운영하고 있다. 아래와 같이 엑셀 워크시트로 4개 지점의 원두 구매 수량과 단가를 이용하여 금액을 산출하고 있다. 귀하가 다음 중 D3셀에서 사용하고 있는 함수식으로 옳은 것은? (단, 금액 = 수량 × 단가)

	A	B	C	D	E
1	지점	원두	수량(100g)	금액	
2	A	케냐	15	150,000	
3	B	콜롬비아	25	175,000	
4	C	케냐	30	300,000	
5	D	브라질	35	210,000	
6					
7		원두	100g당 단가		
8		케냐	10,000		
9		콜롬비아	7,000		
10		브라질	6,000		
11					

① = C3*VLOOKUP(B3, $B$8 : $C$10, 1, 1)
② = B3*HLOOKUP(C3, $B$8 : $C$10, 2, 0)
③ = B3*VLOOKUP(C3, $B$8 : $C$10, 2, 0)
④ = C3*VLOOKUP(B3, $B$8 : $C$10, 2, 0)
⑤ = C3*HLOOKUP($B$8 : $C$10, 2, B3)

인사팀에서 근무하는 J 씨는 회사가 성장함에 따라 직원 수가 급증하기 시작하면서 직원들의 정보관리 방법을 모색하던 중 다음과 같은 A사의 직원 정보관리 방법을 보게 되었다. J 씨는 A사가 하고 있는 이 방법을 회사에도 도입하고자 한다. 이 방법은 무엇인가?

> A사의 인사부서에 근무하는 H 씨는 직원들의 개인정보를 관리하는 업무를 담당하고 있다. A사에서 근무하는 직원은 수천 명에 달하기 때문에 H 씨는 주요 키워드나 주제어를 가지고 직원들의 정보를 구분하여 관리하여, 찾을 때도 쉽고 내용을 수정할 때도 이전보다 훨씬 간편할 수 있도록 했다.

① 목록을 활용한 정보관리
② 색인을 활용한 정보관리
③ 분류를 활용한 정보관리
④ 수집을 활용한 정보관리
⑤ 1 : 1 매칭을 활용한 정보관리

다음 중 아래 시트에서 'C6' 셀에 제시된 바와 같은 수식을 넣을 경우 나타나게 될 오류 메시지는 어느 것인가?

	A	B	C
1	직급	이름	수당(원)
2	과장	홍길동	750,000
3	대리	조길동	600,000
4	차장	이길동	830,000
5	사원	박길동	470,000
6	합계		=SUM(C2:C6)

① #DIV/0!
② #VALUE!
③ #NAME?
④ #NUM!
⑤ #####

Chapter. 04

출제예상문제

정답 및 해설 p.339

1 다음에 제시된 네트워크 관련 명령어들 중, 그 의미가 올바르게 설명되어 있지 않은 것은 어느 것인가?

㉠ netstat	활성 TCP 연결 상태, 컴퓨터 수신 포트, 이더넷 통계 등을 표시한다.
㉡ finger	원격 컴퓨터의 사용자 정보를 알아보기 위해 사용되는 서비스이다.
㉢ ipconfig	현재 컴퓨터의 IP 주소, 서브넷 마스크, 기본 게이트웨이 등을 확인할 수 있다.
㉣ ping	인터넷 서버까지의 경로 추적으로 IP 주소, 목적지까지 거치는 경로의 수 등을 파악할 수 있도록 한다.
㉤ Nslookup	도메인명을 얻거나 IP주소와 연관된 정보를 알려주는 프로그램이다.

① ㉠
② ㉡
③ ㉢
④ ㉣
⑤ ㉤

2 컴퓨터 관련 용어에 대한 설명으로 옳은 것은?

- 인터넷 상에 존재하는 각종 자원들의 위치를 같은 형식으로 나타내기 위한 표준 주소 체계이다.
- 인터넷에 존재하는 정보나 서비스에 대해 접근 방법, 존재 위치, 자료 파일명 등의 요소를 표시한다.
- 형식은 '프로토콜://서버 주소[:포트 번호]/파일 경로/파일명'으로 표시된다.

① DNS
② IP Address
③ URL
④ HTML
⑤ HTTP

의사소통능력

수리능력

문제해결능력

정보능력

자원관리능력

3 데이터 마이닝(Data Mining)에 대한 설명으로 옳지 않은 것은?

① 대량의 데이터에서 유용한 정보를 추출하는 것을 말한다.
② 통계적 기법, 수학적 기법과 인공지능을 활용한 패턴인식 기술 등을 이용한다.
③ 데이터 마이닝은 고객의 소비패턴이나 성향을 분석하여 상품을 추천하는 데 사용된다.
④ 데이터 마이닝 → 데이터 선별과 변환 → 데이터 크리닝의 과정을 거친다.
⑤ 데이터 베이스 마케팅의 핵심적인 기술이다.

4 다음 표에 제시된 통계함수와 함수의 기능이 서로 잘못 짝지어진 것은 어느 것인가?

함수명	기능
㉠ AVERAGEA	텍스트로 나타낸 숫자, 논리값 등을 포함, 인수의 평균을 구함
㉡ COUNT	인수 목록에서 공백이 아닌 셀과 값의 개수를 구함
㉢ COUNTIFS	범위에서 여러 조건을 만족하는 셀의 개수를 구함
㉣ LARGE(범위, k번째)	범위에서 k번째로 큰 값을 구함
㉤ COUNT BLANK	목록에서 공백의 셀 개수를 구함

① ㉠   ② ㉡
③ ㉢   ④ ㉣
⑤ ㉤

5 Java에서 제공하는 연산식에 대한 설명으로 옳은 것은?

① 연산되는 데이터를 연산식이라고 한다.
② 연산자가 달라도 산출되는 값의 타입은 동일하다.
③ 연산식은 하나의 값만 산출한다.
④ 연산식의 값은 보통 결과 값에 저장한다.
⑤ 다른 연산식의 피연산자 위치에 올 수 없다.

6 다음 중 엑셀 사용 시의 원본 데이터와 서식에 의한 결과 데이터가 올바르게 연결되지 않은 것은 어느 것인가?

	원본 데이터	서식	결과 데이터
①	1234.5	###	1235
②	2018 − 6 − 17	yyyy − mm − ddd	2018 − 06 − Sun
③	2017/5/2	yy.m.d	17.5.2
④	대출	@주택담보	주택담보대출
⑤	01234567	전화번호(국번 3자리)	(02) 123 − 4567

의사소통능력

수리능력

문제해결능력

정보능력

자원관리능력

7 다음 자료는 '발전량' 필드를 기준으로 발전량과 발전량이 많은 순위를 엑셀로 나타낸 표이다. 태양광의 발전량 순위를 구하기 위한 함수식으로 'C3'셀에 들어가야 할 알맞은 것은 어느 것인가?

	A	B	C
1	<에너지원별 발전량(단위: Mwh)>		
2	에너지원	발전량	순위
3	태양광	88	2
4	풍력	100	1
5	수력	70	4
6	바이오	75	3
7	양수	65	5

① =ROUND(B3,$B$3:$B$7,0)

② =ROUND(B3,$B$3:$B$7,1)

③ =RANK(B3,$B$3:$B$7,1)

④ =RANK(B3,$B$3:$B$7,0)

④ =RAND(B3,$B$3:$B$7,0)

8 다음 중 컴퓨터 보안 위협의 형태와 그 내용에 대한 설명이 올바르게 연결되지 않은 것은 어느 것인가?

① 피싱(Phishing) – 유명 기업이나 금융기관을 사칭한 가짜 웹 사이트나 이메일 등으로 개인의 금융정보와 비밀번호를 입력하도록 유도하여 예금 인출 및 다른 범죄에 이용하는 수법

② 스푸핑(Spoofing) – 악의적인 목적으로 임의로 웹 사이트를 구축해 일반 사용자의 방문을 유도한 후 시스템 권한을 획득하여 정보를 빼가거나 암호와 기타 정보를 입력하도록 속이는 해킹 수법

③ 디도스(DDoS) – 시스템에 불법적인 행위를 수행하기 위하여 다른 프로그램으로 위장하여 특정 프로그램을 침투시키는 행위

④ 스니핑(Sniffing) – 네트워크 주변을 지나다니는 패킷을 엿보면서 아이디와 패스워드를 알아내는 행위

⑤ 랜섬웨어(Ransomware) – 시스템 데이터를 암호화하여 잠그거나 사용할 수 없도록 만든 뒤 금전을 요구하는 행위

〈코드 부여〉

생산연월	공급처		제품 분류		입고량
	원산지 코드	제조사 코드	용품 코드	제품별 코드	
• 2109 – 2021년 9월 • 2011 – 2020년 11월	1 중국	A All-8	01 캐주얼	001 청바지	00001 부터 5자리 시리얼 넘버 부여
		B 2 Stars		002 셔츠	
		C Facai	02 여성	003 원피스	
	2 베트남	D Nuyen		004 바지	
		E N-sky		005 니트	
	3 멕시코	F Bratos		006 블라우스	
		G Fama	03 남성	007 점퍼	
	4 한국	H 혁진사		008 카디건	
		I K상사		009 모자	
		J 영스타	04 아웃도어	010 용품	
	5 일본	K 왈러스		011 신발	
		L 토까이		012 래시가드	
		M 히스모	05 베이비	013 내복	
	6 호주	N 오즈본		014 바지	
		O Island	06 반려동물	015 사료	
	7 독일	P Kunhe		016 간식	
		Q Boyer		017 장난감	

〈예시〉

2020년 12월에 중국 '2 Stars'에서 생산된 아웃도어 신발의 15번째 입고 제품 코드
→ 2012 – 1B – 04011 – 00015

의사소통능력

수리능력

문제해결능력

정보능력

자원관리능력

9 2021년 10월에 생산된 '왈러스'의 여성용 블라우스로 10,215번째 입고된 제품의 코드로 알맞은 것은?

① 2010 − 5K − 02006 − 00215
② 2110 − 5K − 02060 − 10215
③ 2110 − 5K − 02006 − 10215
④ 2110 − 5L − 02005 − 10215
⑤ 2110 − 5L − 02006 − 10215

10 제품 코드 1910 − 3G − 04011 − 00910에 대한 설명으로 옳지 않은 것은?

① 해당 제품의 입고 수량은 적어도 910개 이상이다.
② 중남미에서 생산된 제품이다.
③ 여름에 생산된 제품이다.
④ 캐주얼 제품이 아니다.
⑤ 2019년에 생산되었다.

11 컴퓨터 통신이나 인터넷을 이용한 업무를 보는 경우 효과적인 업무처리뿐 아니라 자기개발을 위해서도 지속적인 네트워크 형성이 매우 중요하다. 다음 중 올바른 네트워킹 관리 방법으로 가장 거리가 먼 것은?

① 협회에 가입하여 각종 모임에 참석함으로써 동종 직업에 종사하는 사람들과의 관계를 형성한다.
② 각종 세미나나 강연에 참석하여 강사는 물론 다른 참가자들과 적극적으로 인간관계를 형성해 교제를 강화해 나간다.
③ 스키 동호회에 가입하여 자신의 취미 생활을 즐길 뿐 아니라 네트워킹을 넓히는 기회로 삼는다.
④ 여행사 예약 담당자나 인쇄소 관계자 등 외주업체는 회사 사정에 따라 변경될 수 있으므로 보안 상 관계를 구축하지 않는 것이 좋다.
⑤ 컴퓨터 관련 정보를 찾기 위해 각종 행사에 참여하여 서로 필요한 정보를 공유한다.

12 다음에서 설명하는 검색 옵션은 무엇인가?

> 와일드 카드 문자를 키워드로 입력한 단어에 붙여 사용하는 검색으로 어미나 어두를 확장시켜 검색한다.

① 필드 검색
② 절단 검색
③ 구문 검색
④ 자연어 검색
⑤ 메타 검색

의사소통능력

수리능력

문제해결능력

정보능력

자원관리능력

13 우리가 원하는 정보를 검색하고자 할 경우 갖추어야 할 검색기술에 대한 설명으로 옳지 않은 것은?

① 키워드는 구체적이고 자세하게 만드는 것이 좋다.
② 검색엔진별 연산자를 숙지하는 것이 좋다.
③ 원하는 정보를 찾을 수 있도록 적절한 검색엔진을 사용하는 것이 좋다.
④ 검색엔진이 제공하는 결과물에 가중치를 크게 부여하여야 한다.
⑤ 정확한 용어나 문구를 검색하는 것이 좋다.

14 다음에서 설명하는 소프트웨어는 무엇인가?

> • 쉽게 계산을 수행하는 프로그램이다.
> • 계산 결과를 차트로 표시하여 준다.
> • 문서를 작성하고 편집이 가능하다.
> • 계산, 수식, 차트, 저장, 편집, 인쇄가 가능하다.

① 워드프로세서
② 프레젠테이션
③ 일러스트레이터
④ 스프레드시트
⑤ 한컴오피스

15 데이터베이스에 대한 설명으로 옳지 않은 것은?

① 정보를 효과적으로 조작하고 효율적인 검색을 할 수 있도록 이용하기 시작한 것이 데이터베이스이다.
② 여러 개의 서로 연관된 파일을 데이터베이스라고 한다.
③ 데이터베이스 관리시스템은 데이터와 파일, 그들의 관계 등을 생성하고 유지하고 검색할 수 있게 해 주는 소프트웨어를 말한다.
④ 자료의 항목에서 중복되는 것을 없애고 자료를 구조화해 저장하여 효율적인 자료의 집합체이다.
⑤ 데이터베이스 파일시스템은 한 번에 여러 개의 파일에 대하여 생성, 유지, 검색할 수 있는 소프트웨어이다.

16 다음 중 차트에 관한 설명으로 옳지 않은 것은?

① 차트를 작성하려면 반드시 원본 데이터가 있어야 하며, 작성된 차트는 원본 데이터가 변경되면 차트의 내용이 함께 변경된다.
② 특정 차트 서식 파일을 자주 사용하는 경우에는 이 서식 파일을 기본 차트로 설정할 수 있다.
③ 차트에 사용될 데이터를 범위로 지정한 후 〈Alt〉 + 〈F11〉키를 누르면 데이터가 있는 워크시트에 기본 차트인 묶은 세로 막대형 차트가 작성된다.
④ 차트에 두 개 이상의 차트 종류를 사용하여 혼합형 차트를 만들 수 있다.
⑤ 두 개 이상의 정보를 입력하여 그 상호관계의 변화를 도형적으로 나타내고 확인할 수 있다.

17 다음과 같은 시트에서 이름에 '철'이라는 글자가 포함된 셀의 서식을 채우기 색 '노랑', 글꼴 스타일 '굵은 기울임꼴'로 변경하고자 한다. 이를 위해 [A2:A7] 영역에 설정한 조건부 서식의 수식 규칙으로 옳은 것은?

	A	B	C	D
1	이름	편집부	영업부	관리부
2	박초롱	89	65	92
3	강원철	69	75	85
4	김수현	75	86	35
5	민수진	87	82	80
6	신해철	55	89	45
7	안진철	98	65	95

① =COUNT(A2, "*철*")
② =COUNT(A2 : A7, "*철*")
③ =COUNTIF(A2, "*철*")
④ =COUNTIF(A2 : A7, "*철*")
⑤ =SUMIF(A2 : A7, "*철*")

18 다음 중 컴퓨터 사용 도중 발생하는 문제들을 해결하는 방법으로 옳지 않은 것은?

① 시스템 속도가 느린 경우 : [제어판]-[프로그램 추가/제거]-[Windows 구성 요소 추가/제거]-[인덱스 서비스]를 선택하여 설치한다.
② 네트워크 통신이 되지 않을 경우 : 케이블 연결과 프로토콜 설정을 확인하여 수정한다.
③ 메모리가 부족한 경우 : 메모리를 추가 또는 불필요한 프로그램을 종료한다.
④ 제대로 동작하지 않는 하드웨어가 있을 경우 : 올바른 장치 드라이버를 재설치한다.
⑤ 시스템 종료가 되지 않는 경우 : 작업관리자에서 CPU, 메모리, 디스크 점유율이 비정상적으로 높을 경우 정리한다.

의사소통능력

수리능력

문제해결능력

정보능력

자원관리능력

19 다음 중 Windows 7의 [그림판]에서 실행할 수 있는 기능으로 옳지 않은 것은?

① 선택한 영역을 대칭으로 이동시킬 수 있다.
② 그림판에서 그림을 그린 다음 다른 문서에 붙여 넣거나 바탕 화면 배경으로 사용할 수 있다.
③ 선택한 영역의 색을 [색 채우기] 도구를 이용하여 다른 색으로 변경할 수 있다.
④ JPG, GIF, BMP와 같은 그림 파일도 그림판에서 작업할 수 있다.
⑤ 보기 탭에서 그림판을 확대/축소가 가능하며 격자무늬를 설정할 수 있다.

20 다음 중 컴퓨터에서 데이터를 표현하기 위한 코드에 관한 설명으로 옳지 않은 것은?

① EBCDIC 코드는 4개의 Zone 비트와 4개의 Digit 비트로 구성되며, 256개의 문자를 표현할 수 있다.
② 표준 BCD 코드는 2개의 Zone 비트와 4개의 Digit 비트로 구성되며, 영문 대문자와 소문자를 포함하여 64개의 문자를 표현할 수 있다.
③ 해밍 코드(Hamming Code)는 잘못된 정보를 체크하고 오류를 검출하여 다시 교정할 수 있는 코드이다.
④ 유니코드는(Unicode)는 전 세계의 모든 문자를 2바이트로 표현하는 국제 표준 코드이다.
⑤ ASCII 코드는 7비트 구성 코드로 128종류의 제어문자, 특수무자, 숫자, 영문자를 표현할 수 있다.

21 다음 중 데이터의 자동필터 기능에 대한 설명으로 옳지 않은 것은?

① 같은 열에서 여러 개의 항목을 동시에 선택하여 데이터를 추출할 수 있다.

② 숫자로만 구성된 하나의 열에서는 색 기준 필터와 숫자 필터를 동시에 적용할 수 없다.

③ 같은 열에 날짜, 숫자, 텍스트가 섞여 있으면 항상 텍스트 필터가 기본으로 적용된다.

④ 필터를 이용하여 추출한 데이터는 항상 레코드(행) 단위로 표시된다.

⑤ 자동필터 기능을 사용하면 필터 단추가 생긴다.

22 다음 중 엑셀에서 날짜 데이터의 입력 방법을 설명한 것으로 옳지 않은 것은?

① 날짜 데이터는 하이픈(−)이나 슬래시(/)를 이용하여 년, 월, 일을 구분한다.

② 날짜의 연도를 생략하고 월과 일만 입력하면 자동으로 올해의 연도가 추가되어 입력된다.

③ 날짜의 연도를 두 자리로 입력할 때 연도가 30 이상이면 1900년대로 인식하고, 29 이하면 2000년대로 인식한다.

④ 오늘의 날짜를 입력하고 싶으면 Ctrl+Shift+;(세미콜론)키를 누르면 된다.

⑤ 셀 서식을 이용하여 날짜 데이터를 원하는 형식으로 표현할 수 있다.

23 다음 중 아래의 〈수정 전〉 차트를 〈수정 후〉 차트와 같이 변경하려고 할 때 사용해야 할 서식은?

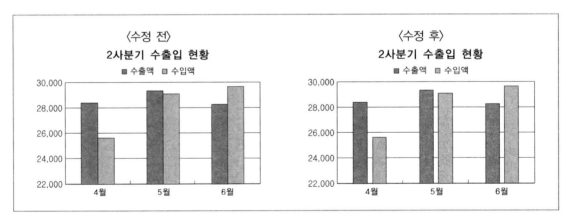

① 차트 영역 서식　　　　　　　　② 그림 영역 서식

③ 데이터 계열 서식　　　　　　　④ 축 서식

⑤ 도형 영역 서식

24 다음 중 아래 워크시트에서 참고표를 참고하여 55,000원에 해당하는 할인율을 [C6]셀에 구하고자 할 때의 적절한 함수식은?

	A	B	C	D	E	F
1		<참고표>				
2		금액	30,000	50,000	80,000	150,000
3		할인율	3%	7%	10%	15%
4						
5		금액	55,000			
6		할인율	7%			

① =LOOKUP(C5,C2:F2,C3:F3)
② =HLOOKUP(C5,C2:F2,C3:F3)
③ =HLOOKUP(C5,B2:F3,1)
④ =VLOOKUP(C5,C2:F3,1)
⑤ =VLOOKUP(C5,B2:F3,2)

의사소통능력

수리능력

문제해결능력

정보능력

자원관리능력

25 다음 중 워크시트 셀에 데이터를 자동으로 입력하는 방법에 대한 설명으로 옳지 않은 것은?

① 셀에 입력하는 문자 중 처음 몇 자가 해당 열의 기존 내용과 일치하면 나머지 글자가 자동으로 입력된다.
② 실수인 경우 채우기 핸들을 이용한 [연속 데이터 채우기]의 결과는 소수점 이하 첫째 자리의 숫자가 1씩 증가한다.
③ 채우기 핸들을 이용하면 숫자, 숫자/텍스트 조합, 날짜 또는 시간 등 여러 형식의 데이터 계열을 빠르게 입력할 수 있다.
④ 사용자 지정 연속 데이터 채우기를 사용하면 이름이나 판매 지역 목록과 같은 특정 데이터의 연속 항목을 더 쉽게 입력할 수 있다.
⑤ [자동 채우기 옵션]을 사용하면 원하는 옵션의 채우기 핸들 사용이 가능하다.

26 다음 중 1차 자료에 해당하지 않는 정보는?

① 학술회의자료　　　　　　　　② 신문
③ 백과사전　　　　　　　　　　④ 단행본
⑤ 특허 정보

27 다음 중 아래 그림과 같이 [A2:D5] 영역을 선택하여 이름을 정의한 경우에 대한 설명으로 옳지 않은 것은?

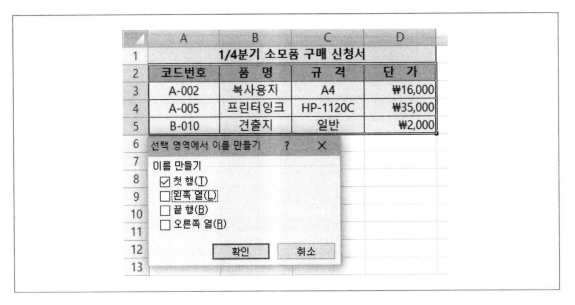

① 정의된 이름은 모든 시트에서 사용할 수 있으며, 이름 정의 후 참조 대상을 편집할 수도 있다.

② 현재 통합문서에 이미 사용 중인 이름이 있는 경우 기존 정의를 바꿀 것인지 묻는 메시지 창이 표시된다.

③ 워크시트의 이름 상자에서 '코드번호'를 선택하면 [A3:A5] 영역이 선택된다.

④ [B3:B5] 영역을 선택하면 워크시트의 이름 상자에 '품 명'이라는 이름이 표시된다.

⑤ 워크시트의 이름 상자에 '단가'를 선택하면 [D3:D5]영역이 선택된다.

28 다음 중 (   ) 안에 들어갈 알맞은 말은 무엇인가?

분석과제의 발생 → 과제(요구)의 분석 → 조사항목의 선정 → (   ) → 자료의 조사 → 수집정보의 분류 → 항목별 분석 → 종합 · 결론 → 활용 · 정리

① 1차 자료 조사
② 조사정보의 선정
③ 관련 정보의 수집
④ 관련 정보의 분석
⑤ 관련 정보 종합

29 다음 중 아래 보고서에 대한 설명으로 옳지 않은 것은? (단, 이 보고서는 전체 4페이지이며, 현재 페이지는 2페이지이다)

거래처별 제품목록				
거래처명	제품번호	제품이름	단가	재고량
㈜맑은세상	15	아쿠아렌즈	₩50,000	22
	14	바슈롬렌즈	₩35,000	15
	20	C-BR렌즈	₩50,000	3
제품수:	3		총재고량:	40
거래처명	제품번호	제품이름	단가	재고량
참아이㈜	9	선글래스C	₩170,000	10
	7	선글래스A	₩100,000	23
	8	선글래스B	₩120,000	46

2/4

의사소통능력

수리능력

문제해결능력

정보능력

자원관리능력

① '거래처명'을 표시하는 컨트롤은 '중복내용 숨기기' 속성이 '예'로 설정되어 있다.
② '거래처명'에 대한 그룹 머리글 영역이 만들어져 있고, '반복 실행 구역'속성이 '예'로 설정되어 있다.
③ '거래처명'에 대한 그룹 바닥글 영역이 설정되어 있고, 요약 정보를 표시하고 있다.
④ '거래처별 제품목록'이라는 제목은 '거래처명'에 대한 그룹 머리글 영역에 만들어져 있다.
⑤ '제품수'는 COUNTA 함수를 사용하여 구할 수 있다.

30 정보분석에 대한 설명으로 옳지 않은 것은?

① 여러 정보를 상호 관련지어 새로운 정보를 생성해내는 활동을 정보분석이라 한다.
② 정보를 분석함으로써 한 개의 정보로써 불분명한 사항을 다른 정보로써 명백히 할 수 있다.
③ 서로 동일하거나 차이가 없는 정보의 내용을 판단하여 새로운 해석을 할 수 있다.
④ 좋은 분석이란 하나의 메커니즘을 그려낼 수 있고, 동향, 미래를 예측할 수 있는 것이어야 한다.
⑤ 정보분석 절차는 과제 발생 → 과제 분석 → 항목 선정 → 관련정보 수집 → 기존 및 신규자료 조사 → 수집정보 분류 → 항목별 분석 → 종합·결론 → 활용·정리 순으로 진행된다.

자원관리능력

(1) 자원

① 자원의 종류 : 시간, 예산, 물 · 인적자원

② 자원의 낭비 요인
- 비계획적 행동 : 충동적이고 즉흥적인 행동은 활용할 수 있는 자원을 낭비하며 얼마나 낭비하는지조차 파악하지 못한다.
- 편리성 추구 : 자원 활용에 있어서 자신의 편리함이 최우선이기 때문에 물적자원을 비롯하여 시간과 예산 낭비를 초래할 수 있다.
- 자원에 대한 인식 부재 : 자신이 가진 중요한 자원을 인식하지 못하고 무의식적으로 중요한 자원을 낭비하게 된다.
- 노하우 부족 : 자원관리에 대한 경험이나 노하우가 부족하여 자원관리의 중요성을 인식하면서도 효과적인 방법을 활용할 줄 모를 때 낭비하게 된다.

(2) 자원관리 기본 과정 4단계

구분		내용
1단계	필요한 자원의 종류와 양 확인하기	업무 추진에 필요한 자원을 파악하는 단계로, 시간과 예산, 물 · 인적자원을 구체적으로 구분한다.
2단계	이용 가능한 자원 수집하기	업무에 필요한 자원을 파악하고 자원을 확보한다. 이때, 파악한 자원보다 더 여유 있게 확보하는 것이 좋다.
3단계	자원 활용 계획 세우기	자원 확보 후 업무에 합당한 계획을 세우도록 한다. 이때, 업무와 활동의 우선순위를 고려하여 계획을 세우는 것이 바람직하다.
4단계	계획대로 수행하기	업무 추진 단계로서 계획에 맞게 수행하는 단계이다. 이때, 불가피하게 수정해야 하는 상황이라면 전체 계획에 미칠 수 있는 영향을 고려해야 하며 가급적 계획에 맞춰 수행하는 것이 좋다.

출제경향

자원관리능력은 업무를 수행함에 있어 시간과 예산, 물적·인적자원 등의 자원 가운데 무엇이 얼마나 필요한지 파악하고 확보하여 실제 업무에 활용하는 능력이다. 주로 업무를 수행하는 데 소요되는 시간을 계산하거나 일정표, 기획안 등과 함께 여러 평가 항목을 제시하여 이에 맞는 시간 및 인력을 묻는 문제가 출제된다.

하위능력별 출제 유형

시간 관리능력 ◆◆◆◆◆
업무를 수행하기 위해 필요한 시간을 확인하고 자원을 수집하여 업무에 적용하는 문제로 구성된다.

예산관리능력 ◆◆◆◆◇
업무를 수행하기 위해 필요한 자본자원을 확인하고 기업의 궁극적 목적인 최소비용으로 최대효과를 얻을 수 있는 것을 찾는다.

물적자원관리능력 ◆◆◆◇◇
업무를 수행하기 위해 필요한 시설자원을 확인하고 주어진 상황에 적절히 배치하는 문제가 출제된다.

인적자원관리능력 ◆◆◆◆◆
업무를 수행하기 위해 필요한 인적자원을 확보하고 주어진 상황에 적절히 배치하는 문제가 출제된다.

하위능력별 출제 빈도

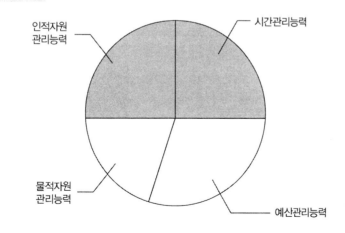

(1) 시간의 특성

① 시간은 매일 주어지는 기적이다.

② 시간은 똑같은 속도로 흐른다.

③ 시간의 흐름은 멈추게 할 수 없다.

④ 시간은 꾸거나 저축할 수 없다.

⑤ 시간은 사용하기에 따라 가치가 달라진다.

(2) 시간 관리의 효과

① 생산성 향상

② 가격 인상 : 기업의 입장에서 고려할 때 소요되는 시간이 단축되면 비용과 이익이 늘어남으로써 사실상 가격 인상의 효과를 볼 수 있다.

③ 위험 감소

④ 시장 점유율 증가

(3) 시간계획

① 개념 : 시간 자원을 최대한 활용하기 위하여 가장 많이 반복되는 일에 가장 많은 시간을 분배하고, 최단시간에 최선의 목표를 달성하는 것을 의미한다.

② 60 : 40의 Rule

계획된 행동 (60%)	계획 외의 행동 (20%)	자발적 행동 (20%)
총 시간		

(4) 시간 관리의 궁극적 목표

① 스트레스 관리 : 어떤 일을 하는 데 예상했던 시간보다 더 많은 시간이 소요된다면 다른 해야 할 일이 지연되고, 스트레스를 받게 된다. 이처럼 시간 낭비는 스트레스 유발요인이라고 할 수 있으며 시간 관리를 통해 스트레스를 줄이는 것이 효과적인 접근이라고 할 수 있다.

② 균형적인 삶 : 직장에서의 업무 수행 시간을 줄이고 개인의 시간을 즐길 수 있다.

③ 생산성 향상 : 개인이나 조직의 입장에서 시간은 한정된 자원 중 하나이며 시간을 적절히 관리하여 효율적으로 일을 한다면 생산성 향상에 크게 도움이 된다.

④ 목표 성취 : 목표는 스스로에게 동기를 부여하는 강력한 방법이며 수단이다. 목표 성취를 위해서는 시간이 필요하다.

예산관리능력

(1) 예산

필요한 비용을 미리 헤아려 계산하는 것이나 그 비용을 의미한다. 필요한 비용을 미리 헤아려 계산하는 것, 또는 그 비용을 의미하며 더 넓은 범위에서는 민간기업 · 공공단체 및 기타 조직체, 개인의 수입 · 지출에 관한 것도 포함한다.

(2) 예산관리

활동이나 사업에 소요되는 비용을 산정하고, 예산을 편성하는 것뿐만 아니라 예산을 통제하는 것 모두를 포함한다.

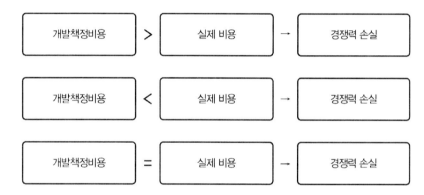

(3) 예산의 구성 요소

구분		내용
비용	직접비용	재료비, 원료와 장비, 시설비, 여행(출장) 및 잡비, 인건비 등
	간접비용	보험료, 건물관리비, 광고비, 통신비, 사무비품비, 각종 공과금 등

(4) 예산수립 과정

필요한 과업 및 활동 구명 → 우선순위 결정 → 예산 배정

물적자원관리능력

(1) 물적자원의 종류

① **자연자원** : 자연상태 그대로의 자원 예 석탄, 석유 등
② **인공자원** : 인위적으로 가공한 자원 예 시설, 장비 등

(2) 물적자원관리

물적자원을 효과적으로 관리할 경우 경쟁력 향상이 향상되어 과제 및 사업의 성공으로 이어지며, 관리가 부족할 경우 경제적 손실로 인해 과제 및 사업의 실패 가능성이 커진다.

(3) 물적자원 활용의 방해요인

① 보관 장소의 파악 문제
② 훼손
③ 분실

(4) 물적자원관리 과정 3단계

구분	내용
1단계 사용 물품과 보관 물품의 구분	• 반복 작업 방지 • 물품활용의 편리성
2단계 동일 및 유사 물품으로의 분류	• 동일성의 원칙 • 유사성의 원칙
3단계 물품 특성에 맞는 보관 장소 선정	• 물품의 형상 • 물품의 소재

(1) 인적자원관리

기업의 목적 달성을 위한 필요한 인적자원을 조달·확보·유지·개발하고, 근로자 스스로가 자기만족을 얻게 하는 동시에 경영 목적을 효율적으로 달성하게 하는 등의 사용자와 근로자 간의 협력 체계 관리를 말한다.

(2) 인사관리 원칙

① 적재적소 배치의 원리 : 해당 직무 수행에 가장 적합한 인재를 배치한다.

② 공정 보상의 원칙 : 인권을 존중하고 공헌도에 따라 공정한 대가를 지급한다.

③ 공정 인사의 원칙 : 직무 배당, 승진, 평가, 임금 등을 공정하게 처리한다.

④ 종업원 안정의 원칙 : 근로자의 안정된 회사생활을 보장한다.

⑤ 창의력 계발의 원칙 : 창의력을 발휘할 수 있도록 기회를 마련하고 적절한 보상을 제공한다.

⑥ 단결의 원칙 : 직장 내 구성원들이 소외감을 갖지 않도록 배려하며 유대감을 이루도록 한다.

(3) 개인 차원에서의 인적관리

인맥관리를 의미한다. 가족, 친구, 직장동료 등 자신과 직접적인 관계에 있는 사람들인 핵심인맥과 핵심인맥들로부터 알게 된 파생인맥이 존재한다.

(4) 조직 차원에서의 인적관리

① 능동성 : 능동적이고 반응적인 성격을 지니며 이를 관리하여 기업의 성과를 높일 수 있다.

② 개발가능성 : 환경 변화와 조직변화가 심할수록 현대조직의 인적자원관리에서 차지하는 중요성은 더욱 커진다.

③ 전략적 자원 : 자원을 활용하는 것이 바로 사람이기 때문에 다른 자원보다도 전략적 중요성이 강조되는 것을 의미한다.

(5) 인력배치의 원칙

① 적재적소주의 : 팀의 효율성을 높이기 위해 팀원의 능력이나 성격 등과 가장 적합한 위치에 배치하여 팀원 개개인의 능력을 최대로 발휘해 줄 것을 기대하는 것

② 능력주의 : 개인에게 능력을 발휘할 수 있는 기회와 장소를 부여하고 그 성과를 바르게 평가하며 평가된 능력과 실적에 대해 그에 상응하는 보상을 주는 원칙

③ 균형주의 : 모든 팀원에 대한 적재적소를 고려

(6) 인력배치의 유형

① 양적 배치 : 부문의 작업량과 조업도, 여유 또는 부족 인원을 감안하여 소요인원을 결정하여 배치하는 것

② 질적 배치 : 적재적소의 배치

③ 적성 배치 : 팀원의 적성 및 흥미에 따라 배치하는 것

의사소통능력

수리능력

문제해결능력

정보능력

자원관리능력

01 시간 관리능력

다음에서 설명하고 있는 개념은 무엇인가?

> 계획된 행동을 60%, 계획 외의 행동을 20%, 자발적 행동을 20%로 분배하여 최단시간에 최선의 목표를 달성하기 위해 시간
> 자원을 최대한 활용하는 방법이다.

① 물적자원관리 ② 60 : 40의 규칙
③ 동일성의 원칙 ④ 적재적소주의
⑤ 단결의 원칙

02 시간 관리능력

다음 중 시간 관리 유형에 대한 설명으로 바르게 짝지어진 것은?

> ㉠ **시간 창조형 인간** : 자신에게 주어진 시간을 하루 24시간으로 구속하지 않고 능동적으로 사고하고 행동하며 자신의 것으
>   로 만드는 사람이다. 이들은 항상 바빠 보이지만 늘 여유가 있고 소위 자신이 하고 싶은 것은 다 해가며 살아가는 사람
> ㉡ **시간 절약형 인간** : 24시간을 꽉 짜여진 계획표대로 움직이면서 시간에 자신의 생활을 맞춰나가는 형으로 나름대로 짜임
>   새 있게 살아가는 사람
> ㉢ **시간 소비형 인간** : 하루 24시간을 제대로 활용하지 못하고 빈둥대면서 살아가는 층으로 왜 살아야 하고, 왜 바빠야 하는
>   지 등 인생의 목적이나 의욕이 전혀 없는 사람
> ㉣ **시간 파괴형 인간** : 자신에게 주어진 시간을 제대로 활용하기는커녕 시간관념이 없어 자신의 시간은 물론 남의 시간마저
>   죽이는 사람

① ㉠㉡ ② ㉡㉣
③ ㉢㉣ ④ ㉡㉢㉣
⑤ ㉠㉡㉢㉣

S호텔의 외식사업부 소속인 K 씨는 예약 일정 관리를 담당하고 있다. 아래의 예약 일정과 정보를 보고 K 씨의 판단으로 옳지 않은 것은?

〈S호텔 일식 뷔페 1월 ROOM 예약 일정〉

: ROOM 이름(시작 시간)

SUN	MON	TUE	WED	THU	FRI	SAT
					1	2
					백합(16)	장미(11) 백합(15)
3	4	5	6	7	8	9
라일락(15)		백향목(10) 백합(15)	장미(10) 백향목(17)	백합(11) 라일락(18)	백향목(15)	장미(10) 라일락(15)

ROOM 구분	수용 가능인원	최소투입인력	연회장 이용 시간
백합	20	3	2시간
장미	30	5	3시간
라일락	25	4	2시간
백향목	40	8	3시간

※ 1) 오후 9시에 모든 업무를 종료함
　 2) 한 타임 끝난 후 1시간씩 세팅 및 정리
　 3) 동 시간 대 서빙 투입인력은 총 10명을 넘을 수 없음

　안녕하세요. 1월 첫째 주 또는 둘째 주에 신년회 행사를 위해 ROOM을 예약하려고 하는데요. 저희 동호회의 총 인원은 27 명이고 오후 8시쯤 마무리하려고 합니다. 신정과 주말, 월요일은 피하고 싶습니다. 예약이 가능할까요?

① 인원을 고려했을 때 장미ROOM과 백향목ROOM이 적합하겠군.
② 만약 2명이 안 온다면 예약 가능한 ROOM이 늘어나겠구나.
③ 조건을 고려했을 때 예약 가능한 ROOM은 5일 장미ROOM뿐이겠구나.
④ 오후 5시부터 8시까지 가능한 ROOM을 찾아야해.
⑤ 인원을 고려하지 않으면 백향목 ROOM이 제일 좋네.

의사소통능력

수리능력

문제해결능력

정보능력

자원관리능력

최근 조직개편 및 연봉협상 과정에서 직원들의 불만이 높아지고 있다. 온갖 루머가 난무한 가운데 인사팀원인 당신에게 사내 게시판의 직원 불만사항에 대한 진위여부를 파악하고 대안을 세우라는 팀장의 지시를 받았다. 다음 중 당신이 조치를 취해야 하는 직원은 누구인가?

① 사원 A는 팀장으로부터 업무 성과가 탁월하다는 평가를 받았는데도 조직개편으로 인한 부서 통합으로 인해 승진을 못한 것이 불만이다.

② 사원 B는 회사가 예년에 비해 높은 영업 이익을 얻었는데도 불구하고 연봉 인상에 인색한 것이 불만이다.

③ 사원 C는 회사가 급여 정책을 변경해서 고정급 비율을 낮추고 기본급과 인센티브를 지급하는 제도로 바꾼 것이 불만이다.

④ 사원 D는 입사 동기인 동료가 자신보다 업무 실적이 좋지 않고 불성실한 근무태도를 가지고 있는데, 팀장과의 친분으로 인해 자신보다 높은 평가를 받은 것이 불만이다.

⑤ 사원 E는 인센티브 제도로 변경된 후 심리적 압박으로 밥 먹을 시간이 부족하다고 느껴 불만이다.

Chapter. 05

출제예상문제

정답 및 해설 p.346

1 백 대리는 독일 출장을 앞두고 원화 50만 원을 찾아 300달러와 100유로를 환전하였고, 출장 중 250 달러와 80유로를 사용하였다. 백 대리는 출장에서 돌아온 후 잔액을 다시 모두 원화로 환전하였다. 다음 환율을 참고할 때, 백 대리가 가지고 있게 될 원화의 총액은 얼마인가?

	현금 살 때	현금 팔 때
유로화	1,250원	1,220원
달러화	1,085원	1,050원

① 135,500원
② 130,400원
③ 127,800원
④ 127,400원
⑤ 126,400원

▌2 ~ 3 ▌ 다음 상황을 보고 이어지는 물음에 답하시오.

K사는 직원들의 업무역량 강화를 위해 NCS 기반 교육을 실시하기로 하였다. 교육 분야를 결정하기 위한 내부 회의를 통해 다음과 같은 4개의 영역이 상정되었고, 이에 대하여 3명의 경영진이 각각 자신의 선호도를 결정하였다.

경영진 선호도	영업본부장	관리본부장	기술본부장
1순위	의사소통영역	조직이해영역	의사소통영역
2순위	자원관리영역	의사소통영역	자원관리영역
3순위	문제 해결영역	문제 해결영역	조직이해영역
4순위	조직이해영역	자원관리영역	문제 해결영역

※ 4개의 영역 중 사내 전 직원의 투표에 의해 2개의 영역이 선정되며, 선정된 안건에 대한 경영진의 선호도 다수결에 따라 한 개의 최종 교육 영역이 채택된다.

2 다음 중 직원들의 투표 결과에 의한 2개 영역 중 하나로 조직이해영역이 선정되었을 경우에 일어날 수 있는 일로 올바른 것은 어느 것인가?

① 나머지 하나로 자원관리영역이 선정되면 조직이해영역이 선정된다.
② 나머지 하나로 의사소통영역이 선정되면 선정된 안건의 심사위원 선호 결과가 같아지게 된다.
③ 나머지 안건과 관계없이 조직이해영역은 반드시 최종 채택된다.
④ 조직이해영역이 최종 채택이 되는 경우는 한 가지 밖에 없다.
⑤ 경영진 선호 결과에 따라 문제 해결영역이 채택되어야 한다.

3 만일 1 ~ 4순위별로 각각 4점, 3점, 2점, 1점의 가중치를 부여한다면, 자원관리영역이 투표 결과에 의한 2개 영역 중 하나로 선정되었을 경우에 대한 설명으로 올바른 것은 어느 것인가? (동일 점수가 나오면 해당 영역만으로 재투표를 실시하여 순위를 가린다)

① 의사소통영역이 나머지 하나의 영역일 경우, 재투표를 실시할 수 있다.
② 어떤 다른 영역과 함께 선정되어도 자원관리영역은 채택될 수 없다.
③ 조직이해영역이 나머지 하나의 영역일 경우, 재투표를 실시할 수 있다.
④ 문제 해결영역이 나머지 하나의 영역일 경우, 문제 해결영역이 채택된다.
⑤ 자원관리영역이 나머지 하나의 영역일 경우, 문제 해결영역이 채택된다.

4 자원을 관리하는 기본 과정을 설명한 다음의 단락 ㉠ ~ ㉣를 효율적인 자원관리를 위한 순서에 맞게 나열한 것은 어느 것인가?

> ㉠ 확보된 자원을 활용하여 계획에 맞는 업무를 수행해 나가야 한다. 물론 계획에 얽매일 필요는 없지만 최대한 계획대로 수행하는 것이 바람직하다. 불가피하게 수정해야 하는 경우는 전체 계획에 미칠 수 있는 영향을 고려하여야 할 것이다.
>
> ㉡ 자원을 실제 필요한 업무에 할당하여 계획을 세워야 한다. 여기에서 중요한 것은 업무나 활동의 우선순위를 고려하는 것이다. 최종적인 목적을 이루는 데 가장 핵심이 되는 것에 우선순위를 두고 계획을 세울 필요가 있다. 만약, 확보한 자원이 실제 활동 추진에 비해 부족할 경우 우선순위가 높은 것에 중심을 두고 계획하는 것이 바람직하다.
>
> ㉢ 실제 상황에서 그 자원을 확보하여야 한다. 수집 시 가능하다면 필요한 양보다 좀 더 여유 있게 확보할 필요가 있다. 실제 준비나 활동을 하는데 있어서 계획과 차이를 보이는 경우가 빈번하기 때문에 여유 있게 확보하는 것이 안전할 것이다.
>
> ㉣ 업무를 추진하는데 있어서 어떤 자원이 필요하며, 또 얼마만큼 필요한지를 파악하는 단계이다. 자원의 종류에는 크게 시간, 예산, 물적자원, 인적자원으로 나누어지지만 실제 업무 수행에서는 이보다 더 구체적으로 나눌 필요가 있다. 구체적으로 어떤 활동을 할것이며, 이 활동에 어느 정도의 시간, 돈, 물적·인적자원이 필요한지를 파악한다.

① ㉢ - ㉣ - ㉡ - ㉠
② ㉣ - ㉢ - ㉠ - ㉡
③ ㉠ - ㉢ - ㉡ - ㉣
④ ㉡ - ㉣ - ㉠ - ㉢
④ ㉣ - ㉢ - ㉡ - ㉠

5 아래의 도표가 〈보기〉와 같은 내용의 근거 자료로 제시되었을 경우, 밑줄 친 ㉠ ~ ㉤ 중 도표의 내용에 비추어 올바르지 않은 설명은 어느 것인가?

의사소통능력

수리능력

문제해결능력

정보능력

자원관리능력

〈미국 멕시코 만에서 각 경로별 수송 거리〉

(단위 : 해리)

		파나마 운하	수에즈 운하	희망봉	케이프 혼
아시아	일본(도쿄만)	9,141	14,441	15,646	16,687
	한국(통영)	9,954	–	15,375	–
	중국(광동)	10,645	13,020	14,297	17,109
	싱가포르	11,955	11,569	12,972	16,878
	인도	14,529	9,633	12,079	
남미	칠레	4,098	–	–	8,965

〈보기〉

㉠ 미국 멕시코만 – 파나마 운하 – 아시아로 LNG를 운송할 경우, 수송거리 단축에 따라 수송시간도 단축될 것으로 보인다. 특히, 전 세계 LNG 수입 시장의 75%를 차지하는 중국, 한국, 일본, 대만 등 아시아 시장으로의 수송 시간 단축은 자명하다. 예를 들어, ㉡ 미국 멕시코만 – 파나마 – 일본으로 LNG 수송 시간은 대략 20일 정도 소요되는 반면, 수에즈 운하 통과 시 약 31일 소요되고, 아프리카의 남쪽 이용 시 약 34일 정도 소요된다. ㉢ 같은 아시아 시장이라고 할지라도 인도, 파키스탄의 경우는 수에즈 운하나 남아프리카 희망봉을 통과하는 것이 수송시간 단축에 유리하며, ㉣ 싱가포르의 경우는 수에즈 운하나 희망봉을 경유하는 것이 파나마 운하를 이용하는 것보다 적은 수송시간이 소요된다. 또한, 미국 멕시코만 – 남미 수송시간도 단축될 것으로 예상되는데, 콜롬비아 및 에콰도르의 터미널까지는 20일이 단축이 되어 기존 25일에서 5일이 걸리고, ㉤ 칠레의 기화 터미널까지는 기존 20일에서 8 ~ 9일로 약 12일이 단축이 된다.

① ㉠

② ㉡

③ ㉢

④ ㉣

⑤ ㉤

▌6 ～ 7 ▐ 다음 렌터카 업체의 안내문을 읽고 이어지는 물음에 답하시오.

〈대여 및 반납 절차〉

■ 대여절차
1. 예약하신 대여지점에서 A렌터카 직원 안내에 따라 예약번호, 예약자명 확인하기
2. 예약자 확인을 위해 면허증 제시 후, 차량 임대차 계약서 작성하기
3. 예약하셨던 차종 및 대여기간에 따라 차량 대여료 결제
4. 준비되어 있는 차량 외관, 작동상태 확인하고 차량 인수인계서 서명하기
5. 차량 계약서, 인수인계서 사본과 대여하신 차량 KEY 수령

■ 반납절차
1. 예약 시 지정한 반납지점에서 차량 주차 후, 차량 KEY와 소지품 챙기기
2. A렌터카 직원에게 차량 KEY 반납하기
3. A렌터카 직원과 함께 차량의 내/외관 및 Full Tank (일부지점 예외) 확인하기
4. 반납시간 초과, 차량의 손실, 유류 잔량 및 범칙금 확인하여 추가 비용 정산하기

〈대여 자격기준〉

1. 승용차, 9인승 승합차 : 2종 보통면허 이상
2. 11인승 이상 승합차 : 1종 보통면허 이상
3. 외국인의 경우에는 국제 운전 면허증과 로컬면허증 동시 소지자에 한함
   ※ 로컬 면허증 – 해당 국가에서 발급된 면허증
4. 운전자 등록 : 실 운전자 포함 제2운전자까지 등록 가능

〈요금 안내〉

차종	일 요금(원)			초과시간당 요금(원)		
	1일 요금	3 ～ 6일	7일 +	+ 6시간	+ 9시간	+ 12시간
M(4인승)	190,000	171,000	152,000	114,000	140,600	166,800
N(6인승)	219,000	197,000	175,000	131,400	162,100	192,300
V9(9인승)	270,000	243,000	216,000	162,000	199,800	237,100
V11(11인승)						
T9(9인승)	317,000	285,000	254,000	190,200	234,600	278,300
T11(11인승)						
리무진	384,000	346,000	307,000	230,400	284,200	337,200

※ 사전 예약 없이 12시간 이상 초과할 경우 추가 1일 요금이 더해짐

6 다음 중 A렌터카를 대여하려는 일행이 알아야 할 사항으로 적절하지 않은 것은?

① 차량 대여를 위해서 서명해야 할 서류는 두 가지이다.

② 2종 보통 면허로 A렌터카 업체의 모든 차량을 이용할 수 있다.

③ 대여지점과 반납지점은 미리 예약한 곳으로 지정이 가능하다.

④ 유류비는 대여 시와 동일한 정도의 연료가 남았으면 별도로 지불하지 않는다.

⑤ 운전자 등록은 실 운전자를 포함하여 최대 2인까지 가능하다.

7 A렌터카 업체의 요금 현황을 살펴본 일행의 반응으로 적절하지 않은 것은?

① "우린 4인 가족이니 M차종을 3일 대여하면 2일 대여하는 것보다 일 요금이 19,000원 싸구나."

② "우리 일행이 11명이니 하루만 쓸 거면 V11이 가장 적당하겠다."

③ "2시간이 초과되는 것과 6시간이 초과되는 것은 어차피 똑같은 요금이구나."

④ "여보, 길이 막혀 초과시간이 12시간보다 한두 시간 넘으면 6시간 초과 요금을 더 내야하니 염두에 두세요."

⑤ "N차종 1일 대여에 6시간을 초과해도 2일 대여료보다 적게 내."

8 다음은 A사의 지출 비용에 대한 자료이다. 업무상 비용을 직접비와 간접비로 구분할 때, 직접비의 합과 간접비의 합으로 적절한 것은?

(단위 : 만 원)

	보험료	광고비	시설비	재료비	통신비	공과금	자동차 보험료	인건비	건물 관리비
지출	40	50	30	60	40	100	80	110	80

	직접비의 합(만 원)	간접비의 합(만 원)
①	200	390
②	190	380
③	180	370
④	170	360
⑤	160	350

9 다음에서 제시되는 인적자원개발의 의미를 참고할 때, 올바른 설명으로 볼 수 없는 것은 어느 것인가?

> 인적자원개발은 행동의 변화를 통해 개인의 능력과 조직성과 향상을 통해 조직목표 달성 등의 다양한 목적이 제시되고 있다. 현행 「인적자원개발기본법」에서는 국가, 지방자치단체, 교육기관, 연구기관, 기업 등이 인적사원의 양성과 활용 및 배분을 통해 사회적 규범과 네트워크를 형성하는 모든 제반 활동으로 정의하고 있다. 이는 생산성 증대뿐만 아니라 직업준비교육, 직업능력개발을 위한 지속적인 교육에서 더 나아가 평생교육을 통한 국민들의 질적 생활을 향상시키는 데 그 목적을 두고 있다고 할 수 있다. 인적자원정책이라는 것은 미시적으로는 개인차원에서부터 거시적으로는 세계적으로 중요한 정책이며, 그 대상도 개인차원(학습자, 근로자, 중고령자 등), 기업차원, 지역차원 등으로 구분하여 볼 수 있다. 인력자원의 양성정책은 학교 및 교육훈련 기관 등의 교육기관을 통해 학습 받은 학습자를 기업이나 기타 조직에서 활용하는 것을 말한다.

① 인적자원개발의 개념은 교육, 개발훈련 등과 같이 추상적이고 복합적이다.
② 인적자원개발의 방법은 개인의 경력개발을 중심으로 전개되고 있다.
③ 인적자원개발은 가정, 학교, 기업, 국가 등 모든 조직에 확대 적용되고 있다.
④ 인적자원개발의 수혜자는 다양한 영역으로 구성되어 있다.
⑤ 인적자원 양성정책은 교육기관에서 학습받은 학습자를 조직 및 기업에서 활용하는 것이다.

- ○○목장은 A ～ D의 4개 구역으로 이루어져 있으며 산양들은 자유롭게 다른 구역을 넘나들 수 있지만 목장을 벗어나지 않는다.
- 甲과 乙은 산양을 잘 관리하기 위해 구역별 산양의 수를 파악하고 있어야 하는데, 산양들이 계속 구역을 넘나들기 때문에 산양의 수를 정확히 헤아리는 데 어려움을 겪고 있다.
- 고민 끝에 甲과 乙은 시간별로 산양의 수를 기록하되, 甲은 특정 시간 특정 구역의 산양의 수만을 기록하고, 乙은 산양이 구역을 넘나들 때마다 그 시간과 그때 이동한 산양의 수를 기록하기로 하였다.
- 甲과 乙이 같은 날 오전 9시부터 오전 10시 15분까지 작성한 기록표는 다음과 같으며, ㉠ ～ ㉣을 제외한 모든 기록은 정확하다.

甲의 기록표			乙의 기록표		
시간	구역	산양 수	시간	구역 이동	산양 수
09:10	A	17마리	09:08	B→A	3마리
09:22	D	21마리	09:15	B→D	2마리
09:30	B	8마리	09:18	C→A	5마리
09:45	C	11마리	09:32	D→C	1마리
09:58	D	㉠21마리	09:48	A→C	4마리
10:04	A	㉡18마리	09:50	D→B	1마리
10:10	B	㉢12마리	09:52	C→D	3마리
10:15	C	㉣10마리	10:05	C→B	2마리

- 구역 이동 외의 산양의 수 변화는 고려하지 않는다.

10 ㉠ ～ ㉣ 중 옳게 기록된 것만을 고른 것은?

① ㉠㉡
② ㉠㉢
③ ㉡㉢
④ ㉡㉣
⑤ ㉢㉣

11 ○○목장에서 키우는 산양의 총 마리 수는?

① 58마리
② 59마리
③ 60마리
④ 61마리
⑤ 63마리

12 A 씨와 B 씨는 함께 내일 있을 시장동향 설명회에 발표할 준비를 함께하게 되었다. 우선 오전 동안 자료를 수집하고 오후 1시에 함께 회의하여 PPT작업과 도표로 작성해야 할 자료 등을 정리하고 각자 다음과 같은 업무를 나눠서 하려고 한다. 회의를 제외한 모든 업무는 혼자서 할 수 있는 일이고, 발표원고 작성은 PPT가 모두 작성되어야 시작할 수 있다. 각 영역당 소요시간이 다음과 같을 때 옳지 않은 것은? (단, 두 사람은 가장 빨리 작업을 끝낼 수 있는 방법을 선택한다)

업무	소요시간
회의	1시간
PPT 작성	2시간
PPT 검토	2시간
발표원고 작성	3시간
도표 작성	3시간

① 7시까지 발표 준비를 마칠 수 있다.
② 두 사람은 같은 시간에 준비를 마칠 수 있다.
③ A가 도표작성 능력이 떨어지고 두 사람의 PPT 활용 능력이 비슷하다면 발표원고는 A가 작성하게 된다.
④ 도표를 작성한 사람이 발표원고를 작성한다.
⑤ 총 6시간 준비를 하며 각자 준비하는 시간은 5시간이다.

▌13 ~ 14▐ 다음은 G사 영업본부 직원들의 담당 업무와 다음 달 주요 업무 일정표이다. 다음을 참고하여 이어지는 물음에 답하시오.

〈다음 달 주요 업무 일정〉

일	월	화	수	목	금	토
		1 사업계획 초안 작성(2)	2	3	4 사옥 이동 계획 수립(2)	5
6	7	8 인트라넷 요청사항 정리(2)	9 전 직원 월간회의	10	11 TF팀 회의(1)	12
13	14 법무실무 교육 담당자 회의(3)	15	16	17 신제품 진행 과정 보고(1)	18	19
20	21 매출 부진 원인 분석(2)	22	23 홍보자료 작성(3)	24 인사고과(2)	25	26
27	28 매출 집계(2)	29 부서 경비 정리(2)	30	31		

※ (   )안의 숫자는 해당 업무 소요 일수

〈담당자별 업무〉

담당자	담당 업무
갑	부서 인사고과, 사옥 이동 관련 이사 계획 수립, 내년 사업계획 초안 작성
을	매출 부진 원인 분석, 신제품 개발 진행과정 보고
병	자원개발 프로젝트 TF팀 회의 참석, 부서 법무실무 교육 담당자 회의
정	사내 인트라넷 구축 관련 요청사항 정리, 대외 홍보자료 작성
무	월말 부서 경비 집행 내역 정리 및 보고, 매출 집계 및 전산 입력

의사소통능력

수리능력

문제해결능력

정보능력

자원관리능력

13 위의 일정과 담당 업무를 참고할 때, 다음 달 월차 휴가를 사용하기에 적절한 날짜를 선택한 직원이 아닌 것은?

① 갑 − 23일

② 을 − 8일

③ 병 − 4일

④ 정 − 25일

⑤ 무 − 15일

14 갑작스런 해외 거래처의 일정 변경으로 인해 다음 달 넷째 주에 영업본부에서 2명이 일주일 간 해외 출장을 가야 한다. 따라서 위에 제시된 5명의 직원 중 담당 업무에 지장이 없는 2명을 뽑아 출장을 보내야 한다면 출장자로 적절한 직원은 누구인가?

① 갑, 병

② 정, 무

③ 을, 병

④ 병, 무

⑤ 을, 무

15 다음의 설명은 물적 자원 활용 방해요인 중 무엇에 해당하는가?

> 물적 자원은 계속해서 사용할 수 있는 것이 아니다. 사용할 수 있는 기간이 정해져 있기 때문에 보유하고 있는 물건을 적절히 관리하여 고장이 나거나 훼손되지 않도록 하여야 한다. 물적 자원은 관리를 제대로 하지 못하면 훼손이 되어 활용할 수 없게 되고 또 그렇게 되면 새로 구입하여야 한다. 관리를 제대로 하였다면 사용할 수 있는 자원을 새로 구입하면 경제적 손실도 가져오게 되는 것이다.

① 보관 장소를 파악하지 못한 경우

② 훼손 및 파손된 경우

③ 분실한 경우

④ 구입하지 않은 경우

⑤ 목적이 없는 물건을 구입한 경우

|16 ～ 17| 다음은 A병동 11월 근무 일정표 초안이다. A병동은 1 ～ 4조로 구성되어 있으며 3교대로 돌아간다. 주어진 정보를 보고 물음에 답하시오.

의사소통능력

수리능력

문제해결능력

정보능력

자원관리능력

구분	일	월	화	수	목	금	토
	1	2	3	4	5	6	7
오전	1조	1조	1조	1조	1조	2조	2조
오후	2조	2조	2조	3조	3조	3조	3조
야간	3조	4조	4조	4조	4조	4조	1조
	8	9	10	11	12	13	14
오전	2조	2조	2조	3조	3조	3조	3조
오후	3조	4조	4조	4조	4조	4조	4조
야간	1조	1조	1조	1조	2조	2조	2조
	15	16	17	18	19	20	21
오전	3조	4조	4조	4조	4조	4조	1조
오후	1조	1조	1조	1조	2조	2조	2조
야간	2조	2조	3조	3조	3조	3조	3조
	22	23	24	25	26	27	28
오전	1조	1조	1조	1조	2조	2조	2조
오후	2조	2조	3조	3조	3조	3조	3조
야간	4조	4조	4조	4조	4조	1조	1조
	29	30					
오전	2조	2조					
오후	4조	4조					
야간	1조	1조					

- 1조 : 나경원(조장), 임채민, 조은혜, 이가희, 김가은
- 2조 : 김태희(조장), 이샘물, 이가야, 정민지, 김민경
- 3조 : 우채원(조장), 황보경, 최희경, 김희원, 노혜은
- 4조 : 전혜민(조장), 고명원, 박수진, 김경민, 탁정은

※ 1) 한 조의 일원이 개인 사유로 근무가 어려울 경우 당일 오프인 조의 일원(조장 제외) 중 1인이 대체 근무를 한다.
2) 대체근무의 경우 오전근무 직후 오후근무 또는 오후근무 직후 야간근무는 가능하나 야간근무 직후 오전근무는 불가능하다.
3) 대체근무가 어려운 경우 휴무자가 포함된 조의 조장이 휴무자의 업무를 대행한다.

16 다음은 직원들의 휴무 일정이다. 배정된 대체 근무자로 적절하지 못한 사람은?

휴무일자	휴무 예정자	대체 근무 예정자
11월 3일	임채민	① 노혜은
11월 12일	황보경	② 이가희
11월 17일	우채원	③ 이샘물
11월 25일	김희원	④ 이가야
11월 30일	고명원	⑤ 최희경

17 다음은 직원들의 휴무 일정이다. 배정된 대체 근무자로 적절하지 못한 사람은?

휴무일자	휴무 예정자	대체 근무 예정자
11월 7일	노혜은	① 탁정은
11월 10일	이샘물	② 최희경
11월 20일	김희원	③ 임채민
11월 27일	임채민	④ 박수진
11월 29일	탁정은	⑤ 김희원

18 물적 자원 관리의 과정 중 반복 작업의 방지 및 물품활용의 편리성을 위한 단계는 무엇인가?

① 사용물품과 보관물품의 구분
② 동일 및 유사물품의 분류
③ 물품의 특성에 맞는 보관장소의 선정
④ 회전 대응 보관의 법칙 적용
⑤ 물품의 출납 및 운용카드 사용

19 인사관리원칙으로 옳지 않은 것은?

① 적재적소 배치의 원리
② 공정 인사의 원칙
③ 단결의 원칙
④ 공정 보상의 원칙
⑤ 우선순위 결정의 원칙

20 다음 운송비 표를 참고할 때, 박스의 규격이 28×10×10(inch)인 실제 무게 18파운드짜리 솜 인형을 배송할 경우, A배송사에서 적용하는 운송비는 얼마인가? (1inch = 2.54cm이며, 물품의 무게는 반올림하여 정수로 표시한다. 물품의 무게 이외의 다른 사항은 고려하지 않는다)

> 항공 배송의 경우, 비행기 안에 많은 공간을 차지하게 되는 물품은 그렇지 않은 물품을 적재할 때보다 비용 면에서 항공사 측에 손해가 발생하게 된다. 비행기 안에 스티로폼 200박스를 적재하는 것과 스마트폰 2000개를 적재하는 것을 생각해 보면 쉽게 이해할 수 있다. 이 경우 항공사 측에서는 당연히 스마트폰 2000개를 적재하는 것이 더 경제적일 것이다. 이와 같은 문제로 거의 모든 항공 배송사에서 제품의 무게에 비해 부피가 큰 제품들은 '부피 무게'를 따로 정해서 운송비를 계산하게 된다. 이 때 사용하는 부피 무게 측정 방식은 다음과 같다.
>
> 부피 무게(파운드) = 가로(inch) × 세로(inch) × 높이(inch) ÷ 166
>
> A배송사는 물건의 무게에 다음과 같은 규정을 적용하여 운송비를 결정한다.
> 1. 실제 무게<부피 무게 → 부피 무게
> 2. 실제 무게>부피 무게이지만 박스의 어느 한 변의 길이가 50cm 이상인 경우 → (실제 무게 + 부피 무게)×60%

17파운드 미만	14,000원	19 ~ 20파운드 미만	17,000원
17 ~ 18파운드 미만	15,000원	20 ~ 21파운드 미만	18,000원
18 ~ 19파운드 미만	16,000원	21 ~ 22파운드 미만	19,000원

① 16,000원
② 17,000원
③ 18,000원
④ 19,000원
⑤ 20,000원

21 다음 중 조직에서 개인의 목표 및 조직의 목표가 조화되도록 하는 인적자원관리제도를 무엇이라고 하는가?

① 경력교육
② 경력개발
③ 경력계획
④ 경력관리
⑤ 경력확대

22 A기업 경영진은 최근 경기 침체로 인한 이익감소를 극복하기 위하여 신규사업을 검토 중이다. 현재 회사는 기존 사업에서 평균 투자액 기준으로 12%의 회계적 이익률을 보이고 있으며, 신규사업에서 예상되는 당기순이익은 다음과 같다.

구분	신규사업으로 인한 당기순이익
1	200,000
2	300,000
3	400,000

회사는 신규사업을 위해 2,240,000을 투자해야 하며 3년 후의 잔존가치는 260,000원으로 예상된다. 최초투자액을 기준으로 하여 신규사업의 회계적 이익률을 구하면? (회사는 정액법에 의해 감가상각 한다. 또한 회계적 이익률은 소수점 둘째 자리에서 반올림한다)

① 약 11.4%   ② 약 12.4%
③ 약 13.4%   ④ 약 14.4%
⑤ 약 15.4%

| 23 ~ 24 | 다음은 서원물류담당자 J 씨가 회사와 인접한 파주, 인천, 철원, 구리 4개 지점 중 최적의 물류거점을 세우려고 한다. 지점 간 거리와 물동량을 보고 물음에 답하시오.

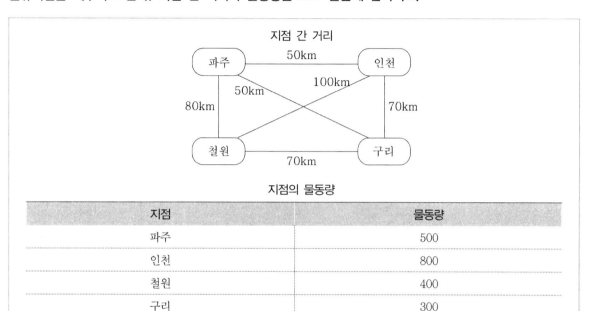

지점 간 거리

지점의 물동량

지점	물동량
파주	500
인천	800
철원	400
구리	300

의사소통능력

수리능력

문제해결능력

정보능력

자원관리능력

23 지점 간 거리를 고려한 최적의 물류거점은 어디가 되는가?

① 파주   ② 인천
③ 철원   ④ 구리
⑤ 파주, 구리

24 지점 간 거리와 물동량을 모두 고려한 최적의 물류거점은 어디가 되는가?

① 파주   ② 인천
③ 철원   ④ 구리
⑤ 파주, 인천

25 다음 그래프는 교통수단별 국내 화물 수송에 관한 것이다. A ~ D 교통수단에 대한 설명으로 옳은 것은?

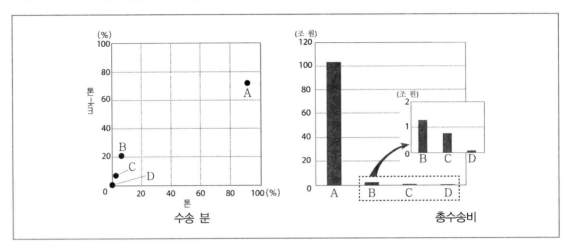

① A는 B보다 톤당 운송비가 저렴하다.

② A는 C보다 평균 수송 거리가 길다.

③ A는 D보다 기종점 비용이 비싸다.

④ B는 D보다 평균 속도가 빠르다.

⑤ D는 C보다 운행 시 기상 조건의 제약을 많이 받는다.

26 다음 자료에 대한 분석으로 옳지 않은 것은?

어느 마을에 20가구가 살고 있으며, 가로등 총 설치비용과 마을 전체 가구가 누리는 총 만족감을 돈으로 환산한 값은 표와 같다. (단, 가로등으로부터 각 가구가 누리는 만족감의 크기는 동일하며, 설치비용은 모든 가구가 똑같이 부담한다)

가로등 수(개)	총 설치비용(만 원)	총 만족감(만 원)
1	50	100
2	100	180
3	150	240
4	200	280
5	250	300

① 가로등이 2개 설치되었을 때는 더 늘리는 것이 합리적이다.

② 가로등 1개를 더 설치할 때마다 추가되는 비용은 일정하다.

③ 가로등을 4개 설치할 경우 각 가구가 부담해야 할 설치비용은 10만 원이다.

④ 가로등이 최적으로 설치되었을 때 마을 전체 가구가 누리는 총 만족감은 300만 원이다.

⑤ 가로등 수 설치의 총 만족감과 총 설치비용은 비례한다.

27 다음 상황에서 J 씨에게는 합리적, K 씨에게는 비합리적 선택이 되기 위한 은행 예금의 연간 이자율 범위에 포함되는 이자율은? (단, 다른 상황은 고려하지 않는다)

> - J 씨와 K 씨는 각각 1억 원, 1억 5천만 원의 연봉을 받고 있는 요리사이다.
> - 10억 원의 보증금만 지불하면 인수할 수 있는 甲식당이 매물로 나왔는데, 연간 2억 5천만 원의 이익(식당 운영에 따른 총수입에서 실제 지불되는 비용을 뺀 값)이 예상된다. 단, 보증금은 1년 후 식당을 그만두면 돌려받을 수 있다.
> - J 씨와 K 씨는 각각 은행에 10억 원을 예금하고 있으며, 甲식당을 인수하기 위해 경쟁하고 있다. 甲식당을 인수할 경우 현재의 직장을 그만두고 예금한 돈을 인출하여 보증금을 지불할 예정이다.

① 4%

② 8%

③ 12%

④ 16%

⑤ 17%

의사소통능력

수리능력

문제해결능력

정보능력

자원관리능력

28 다음 중 시간에 관한 의견으로 옳은 것끼리 짝지어진 것은?

> ⊙ 시간은 누구에게나 공평하게 주어지지.
> ⓒ 시간은 마음만 먹으면 잠시 멈추게 할 수 있어.
> ⓒ 시간은 어떻게 사용하느냐에 따라 그 가치가 달라져.
> ⓔ 시간은 누구에게나 똑같은 속도로 흘러.

① ⊙ⓒ

② ⓒⓒ

③ ⓒⓔ

④ ⊙ⓒⓒ

⑤ ⊙ⓒⓔ

29 다음은 甲 기업의 회의 장면이다. 밑줄 친 ㈎, ㈏에 들어갈 내용으로 옳은 것은? (단, 주어진 내용만 고려한다)

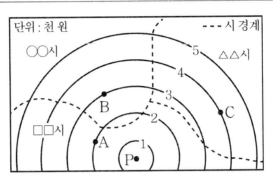

※ 동심원은 제품 1단위당 등총운송비선이며 숫자는 비용이다.

사　장 : 현재 P 지점에 입지한 공장을 다음 그림의 A ~ C 지점 중 어디로 이전해야 할 지 논의해 봅시다.

김 부장 : A 지점으로 공장을 이전하면 제품 1단위당 2,300원의 집적 이익을 얻게 됩니다.

이 부장 : B 지점으로 공장을 이전하면 ○○시는 제품 1단위당 3,500원의 보조금을 지원하겠다고 하였습니다.

박 부장 : C 지점으로 공장을 이전하면 △△시는 제품 1단위당 5,000원의 세금을 감면해 주겠다고 하였습니다.

사　장 : 그렇다면 공장을 ㈎ 지점으로 이전하여 제품 1단위당 총 생산비를 ㈏ 원 절감하는 것이 가장 이익이겠군요.

	㈎	㈏			㈎	㈏
①	A	300		②	B	500
③	B	1,000		④	C	1,000
⑤	C	1,500				

30 다음 사례에 대한 분석으로 가장 옳은 것은?

> L 씨는 한가한 주말을 이용하여 식당에서 아르바이트를 하고 있다. 수입은 시간당 5천 원이고, 일의 양에 따라 피곤함이라는 비용이 든다. L 씨가 하루에 일할 수 있는 시간과 이에 따른 수입(편익) 및 피곤함(비용)의 정도를 각각 화폐 단위로 환산하면 아래와 같다.
>
> (단위 : 원)
>
> | 시간 | 1 | 2 | 3 | 4 | 5 |
> |------|------|--------|--------|--------|--------|
> | 총편익 | 5,000 | 10,000 | 15,000 | 20,000 | 25,000 |
> | 총비용 | 2,000 | 5,000 | 11,000 | 20,000 | 30,000 |
>
> ※ 순편익 = 편익 – 비용

① L 씨는 하루에 4시간 일하는 것이 합리적이다.
② L 씨가 1시간 더 일할 때, 추가로 얻게되는 편익은 증가한다.
③ L 씨가 1시간 더 일할 때, 추가로 발생하는 비용은 일정하다.
④ L 씨가 5시간 이상 일해야 총편익이 증가한다.
⑤ L 씨는 아르바이트로 하루에 최대로 얻을 수 있는 순편익은 5,000원이다.

인 · 적성평가(Lv2)

PART

03

CHAPTER

인·적성평가의 개요

(1) 허구성 척도의 질문을 파악한다.

인·적성평가의 질문에는 허구성 척도를 측정하기 위한 질문이 숨어있음을 유념해야 한다. 예를 들어 '나는 지금까지 거짓말을 한 적이 없다.', '나는 한 번도 화를 낸 적이 없다.', '나는 남을 헐뜯거나 비난한 적이 한 번도 없다.' 이러한 질문이 있다고 가정해보자. 상식적으로 보통 누구나 태어나서 한번은 거짓말을 한 경험은 있을 것이며 화를 낸 경우도 있을 것이다. 또한 대부분의 구직자가 자신을 좋은 인상으로 포장하는 것도 자연스러운 일이다. 따라서 허구성을 측정하는 질문에 다소 거짓으로 '그렇다'라고 답하는 것은 전혀 문제가 되지 않는다. 하지만 지나치게 좋은 성격을 염두에 두고 허구성을 측정하는 질문에 전부 '그렇다'고 대답을 한다면 허구성 척도의 득점이 극단적으로 높아지며 이는 검사항목전체에서 구직자의 성격이나 특성이 반영되지 않았음을 나타내 불성실한 답변으로 신뢰성이 의심받게 되는 것이다. 다시 한 번 인·적성평가의 문항은 각 개인의 특성을 알아보고자 하는 것으로 절대적으로 옳거나 틀린 답이 없으므로 결과를 지나치게 의식하여 솔직하게 응답하지 않으면 과장 반응으로 분류될 수 있음을 기억하자!

(2) '대체로', '가끔' 등의 수식어를 확인한다.

'대체로', '종종', '가끔', '항상', '대개' 등의 수식어는 대부분의 인·적성평가에서 자주 등장한다. 이러한 수식어가 붙은 질문을 접했을 때 구직자들은 조금 고민하게 된다. 하지만 아직 답해야 할 질문들이 많음을 기억해야 한다. 다만, 앞에서 '가끔', '때때로'라는 수식어가 붙은 질문이 나온다면 뒤에는 '항상', '대체로'의 수식어가 붙은 내용은 똑같은 질문이 이어지는 경우가 많다. 따라서 자주 사용되는 수식어를 적절히 구분할 줄 알아야 한다.

(3) 솔직하게 있는 그대로 표현한다.

인·적성평가는 평범한 일상생활 내용들을 다룬 짧은 문장과 어떤 대상이나 일에 대한 선호를 선택하는 문장으로 구성되었으므로 평소에 자신이 생각한 바를 너무 골똘히 생각하지 말고 문제를 보는 순간 떠오른 것을 표현한다. 또한 간혹 반복되는 문제들이 출제되기 때문에 일관성 있게 답하지 않으면 감점될 수 있으므로 유의한다.

(4) 모든 문제를 신속하게 대답한다.

인·적성평가는 일반적으로 시간제한이 많은 것이 원칙이지만 농협에서는 일정한 시간제한을 두고 있다. 인·적성평가는 개인의 성격과 자질을 알아보기 위한 검사이기 때문에 정답이 없다. 다만, 기업체에서 바람직하게 생각하거나 기대되는 결과가 있을 뿐이다. 따라서 시간에 쫓겨서 대충 대답을 하는 것은 바람직하지 못하다.

(5) 자신의 성향과 사고방식을 미리 정리한다.

기업의 인재상을 기초로 하여 일관성, 신뢰성, 진실성 있는 답변을 염두에 두고 꼼꼼히 풀다보면 분명 시간의 촉박함을 느낄 것이다. 따라서 각각의 질문을 너무 골똘히 생각하거나 고민하지 말자. 대신 시험 전에 여유 있게 자신의 성향이나 사고방식에 대해 정리해보는 것이 필요하다.

(6) 마지막까지 집중해서 검사에 임한다.

장시간 진행되는 검사에 지치겠지만 마지막까지 집중해서 정확히 답할 수 있도록 해야 한다.

실전 인·적성평가 1

[1 ~ 65] 다음 질문에 대해서 평소 자신이 생각하고 있는 것이나 행동하고 있는 것에 대해 박스에 주어진 응답요령에 따라 답하시오.

※ 인 · 적성평가는 응시자의 인성을 파악하기 위한 시험이므로 별도의 정답이 존재하지 않습니다.

> 응답 Ⅰ : 제시된 문항들을 읽은 다음 각각의 문항에 대해 자신이 동의하는 정도를 ① 전혀 그렇지 않다 ② 그렇지 않다 ③ 보통이다 ④ 그렇다 ⑤ 매우 그렇다 중 하나에 표시하면 된다.
>
> 응답 Ⅱ : 제시된 문항들을 비교하여 상대적으로 자신의 성격과 가장 가까운 문항 하나와 가장 거리가 먼 문항 하나를 선택하여야 한다. 응답 Ⅱ의 응답은 가깝다 1개, 멀다 1개, 무응답 3개이어야 한다.

1

No.	문항	응답 Ⅰ					응답 Ⅱ	
		전혀 그렇지 않다	그렇지 않다	보통 이다	그렇다	매우 그렇다	가깝다	멀다
1	조금이라도 나쁜 소식은 절망의 시작이라고 생각해 버린다.	○	○	○	○	○	○	○
2	언제나 실패가 걱정이 되어 어쩔 줄 모른다.	○	○	○	○	○	○	○
3	다수결의 의견에 따르는 편이다.	○	○	○	○	○	○	○
4	혼자서 커피숍에 들어가는 것은 전혀 두려운 일이 아니다.	○	○	○	○	○	○	○
5	승부근성이 강하다.	○	○	○	○	○	○	○

2

No.	문항	응답 Ⅰ					응답 Ⅱ	
		전혀 그렇지 않다	그렇지 않다	보통 이다	그렇다	매우 그렇다	가깝다	멀다
6	지금까지 살면서 타인에게 폐를 끼친 적이 없다.	○	○	○	○	○	○	○
7	소곤소곤 이야기하는 것을 보면 자기에 대해 험담하고 있는 것으로 생각된다.	○	○	○	○	○	○	○
8	자주 흥분해서 침착하지 못하다.	○	○	○	○	○	○	○
9	무엇이든지 자기가 나쁘다고 생각하는 편이다.	○	○	○	○	○	○	○
10	자신을 변덕스러운 사람이라고 생각한다.	○	○	○	○	○	○	○

3

No.	문항	응답 Ⅰ					응답 Ⅱ	
		전혀 그렇지 않다	그렇지 않다	보통 이다	그렇다	매우 그렇다	가깝다	멀다
11	고독을 즐기는 편이다.	○	○	○	○	○	○	○
12	자존심이 강하다고 생각한다.	○	○	○	○	○	○	○
13	금방 흥분하는 성격이다.	○	○	○	○	○	○	○
14	지금까지 한 번도 거짓말을 한 적이 없다.	○	○	○	○	○	○	○
15	신경질적인 편이다.	○	○	○	○	○	○	○

4

No.	문항	응답 Ⅰ					응답 Ⅱ	
		전혀 그렇지 않다	그렇지 않다	보통 이다	그렇다	매우 그렇다	가깝다	멀다
16	끙끙대며 고민하는 타입이다.	○	○	○	○	○	○	○
17	나는 감정적인 사람이라고 생각한다.	○	○	○	○	○	○	○
18	자신만의 신념을 가지고 있다.	○	○	○	○	○	○	○
19	다른 사람을 바보 같다고 생각한 적이 있다.	○	○	○	○	○	○	○
20	금방 말해버리는 편이다.	○	○	○	○	○	○	○

5

No.	문항	응답 Ⅰ					응답 Ⅱ	
		전혀 그렇지 않다	그렇지 않다	보통 이다	그렇다	매우 그렇다	가깝다	멀다
21	나를 싫어하는 사람이 없다.	○	○	○	○	○	○	○
22	대재앙이 오지 않을까 항상 걱정을 한다.	○	○	○	○	○	○	○
23	쓸데없는 고생을 하는 일이 많다.	○	○	○	○	○	○	○
24	자주 생각이 바뀌는 편이다.	○	○	○	○	○	○	○
25	문제를 해결하기 위해 여러 사람과 상의한다.	○	○	○	○	○	○	○

6

No.	문항	응답 I					응답 II	
		전혀 그렇지 않다	그렇지 않다	보통 이다	그렇다	매우 그렇다	가깝다	멀다
26	내 방식대로 일을 한다.	○	○	○	○	○	○	○
27	영화를 보고 운 적이 많다.	○	○	○	○	○	○	○
28	어떤 것에 대해서도 화낸 적이 없다.	○	○	○	○	○	○	○
29	사소한 충고에도 걱정을 한다.	○	○	○	○	○	○	○
30	자신은 도움이 안 되는 사람이라고 생각한다.	○	○	○	○	○	○	○

7

No.	문항	응답 I					응답 II	
		전혀 그렇지 않다	그렇지 않다	보통 이다	그렇다	매우 그렇다	가깝다	멀다
31	금방 싫증을 내는 편이다.	○	○	○	○	○	○	○
32	개성 있는 사람이라고 생각한다.	○	○	○	○	○	○	○
33	자기주장이 강한 편이다.	○	○	○	○	○	○	○
34	뒤숭숭하다는 말을 들은 적이 있다.	○	○	○	○	○	○	○
35	학교를 쉬고 싶다고 생각한 적이 한 번도 없다.	○	○	○	○	○	○	○

8

No.	문항	응답 I					응답 II	
		전혀 그렇지 않다	그렇지 않다	보통 이다	그렇다	매우 그렇다	가깝다	멀다
36	사람들과 관계 맺는 것을 잘하지 못한다.	○	○	○	○	○	○	○
37	사려 깊은 편이다.	○	○	○	○	○	○	○
38	몸을 움직이는 것을 좋아한다.	○	○	○	○	○	○	○
39	끈기가 있는 편이다.	○	○	○	○	○	○	○
40	신중한 편이라고 생각한다.	○	○	○	○	○	○	○

9

No.	문항	응답 I					응답 II	
		전혀 그렇지 않다	그렇지 않다	보통 이다	그렇다	매우 그렇다	가깝다	멀다
41	인생의 목표는 큰 것이 좋다.	○	○	○	○	○	○	○
42	어떤 일이라도 바로 시작하는 타입이다.	○	○	○	○	○	○	○
43	낯가림을 하는 편이다.	○	○	○	○	○	○	○
44	생각하고 나서 행동하는 편이다.	○	○	○	○	○	○	○
45	쉬는 날은 밖으로 나가는 경우가 많다.	○	○	○	○	○	○	○

10

No. 10	문항	응답 I					응답 II	
		전혀 그렇지 않다	그렇지 않다	보통 이다	그렇다	매우 그렇다	가깝다	멀다
46	시작한 일은 반드시 완성시킨다.	○	○	○	○	○	○	○
47	면밀한 계획을 세운 여행을 좋아한다.	○	○	○	○	○	○	○
48	야망이 있는 편이라고 생각한다.	○	○	○	○	○	○	○
49	활동력이 있는 편이다.	○	○	○	○	○	○	○
50	많은 사람들과 왁자지껄하게 식사하는 것을 좋아하지 않는다.	○	○	○	○	○	○	○

11

No.	문항	응답 I					응답 II	
		전혀 그렇지 않다	그렇지 않다	보통 이다	그렇다	매우 그렇다	가깝다	멀다
51	돈을 허비한 적이 없다.	○	○	○	○	○	○	○
52	어릴 적에 운동회를 아주 좋아하고 기대했다.	○	○	○	○	○	○	○
53	하나의 취미에 열중하는 타입이다.	○	○	○	○	○	○	○
54	모임에서 리더에 어울린다고 생각한다.	○	○	○	○	○	○	○
55	입신출세의 성공이야기를 좋아한다.	○	○	○	○	○	○	○

No.	문항	응답 I					응답 II	
		전혀 그렇지 않다	그렇지 않다	보통 이다	그렇다	매우 그렇다	가깝다	멀다
56	어떠한 일도 의욕을 가지고 임하는 편이다.	○	○	○	○	○	○	○
57	학급에서는 존재가 희미했다.	○	○	○	○	○	○	○
58	항상 무언가를 생각하고 있다.	○	○	○	○	○	○	○
59	스포츠는 보는 것보다 하는 게 좋다.	○	○	○	○	○	○	○
60	'참 잘했네요'라는 말을 자주 듣는다.	○	○	○	○	○	○	○

13

No.	문항	응답 I					응답 II	
		전혀 그렇지 않다	그렇지 않다	보통 이다	그렇다	매우 그렇다	가깝다	멀다
61	흐린 날은 반드시 우산을 가지고 간다.	○	○	○	○	○	○	○
62	주연상을 받을 수 있는 배우를 좋아한다.	○	○	○	○	○	○	○
63	공격하는 타입이라고 생각한다.	○	○	○	○	○	○	○
64	리드를 받는 편이다.	○	○	○	○	○	○	○
65	너무 신중해서 기회를 놓친 적이 있다.	○	○	○	○	○	○	○

14

No.	문항	응답 I					응답 II	
		전혀 그렇지 않다	그렇지 않다	보통 이다	그렇다	매우 그렇다	가깝다	멀다
66	시원시원하게 움직이는 타입이다.	○	○	○	○	○	○	○
67	야근을 해서라도 업무를 끝낸다.	○	○	○	○	○	○	○
68	누군가를 방문할 때는 반드시 사전에 확인한다.	○	○	○	○	○	○	○
69	노력해도 결과가 따르지 않으면 의미가 없다.	○	○	○	○	○	○	○
70	무조건 행동해야 한다.	○	○	○	○	○	○	○

15

No.	문항	응답 Ⅰ					응답 Ⅱ	
		전혀 그렇지 않다	그렇지 않다	보통 이다	그렇다	매우 그렇다	가깝다	멀다
71	유행에 둔감하다고 생각한다.	○	○	○	○	○	○	○
72	정해진 대로 움직이는 것은 시시하다.	○	○	○	○	○	○	○
73	꿈을 계속 가지고 있고 싶다.	○	○	○	○	○	○	○
74	질서보다 자유를 중요시하는 편이다.	○	○	○	○	○	○	○
75	혼자서 취미에 몰두하는 것을 좋아한다.	○	○	○	○	○	○	○

16

No.	문항	응답 Ⅰ					응답 Ⅱ	
		전혀 그렇지 않다	그렇지 않다	보통 이다	그렇다	매우 그렇다	가깝다	멀다
76	직관적으로 판단하는 편이다.	○	○	○	○	○	○	○
77	영화나 드라마를 보면 등장인물의 감정에 이입된다.	○	○	○	○	○	○	○
78	시대의 흐름에 역행해서라도 자신을 관철하고 싶다.	○	○	○	○	○	○	○
79	다른 사람의 소문에 관심이 없다.	○	○	○	○	○	○	○
80	창조적인 편이다.	○	○	○	○	○	○	○

17

No.	문항	응답 Ⅰ					응답 Ⅱ	
		전혀 그렇지 않다	그렇지 않다	보통 이다	그렇다	매우 그렇다	가깝다	멀다
81	비교적 눈물이 많은 편이다.	○	○	○	○	○	○	○
82	융통성이 있다고 생각한다.	○	○	○	○	○	○	○
83	친구의 휴대전화 번호를 잘 모른다.	○	○	○	○	○	○	○
84	스스로 고안하는 것을 좋아한다.	○	○	○	○	○	○	○
85	정이 두터운 사람으로 남고 싶다.	○	○	○	○	○	○	○

18

No.	문항	응답 I					응답 II	
		전혀 그렇지 않다	그렇지 않다	보통 이다	그렇다	매우 그렇다	가깝다	멀다
86	조직의 일원으로 별로 안 어울린다.	○	○	○	○	○	○	○
87	세상의 일에 별로 관심이 없다.	○	○	○	○	○	○	○
88	변화를 추구하는 편이다.	○	○	○	○	○	○	○
89	업무는 인관관계로 선택한다.	○	○	○	○	○	○	○
90	환경이 변하는 것에 구애되지 않는다.	○	○	○	○	○	○	○

19

No.	문항	응답 I					응답 II	
		전혀 그렇지 않다	그렇지 않다	보통 이다	그렇다	매우 그렇다	가깝다	멀다
91	불안감이 강한 편이다.	○	○	○	○	○	○	○
92	인생은 살 가치가 없다고 생각한다.	○	○	○	○	○	○	○
93	의지가 약한 편이다.	○	○	○	○	○	○	○
94	다른 사람이 하는 일에 별로 관심이 없다.	○	○	○	○	○	○	○
95	사람을 설득시키는 것은 어렵지 않다.	○	○	○	○	○	○	○

20

No.	문항	응답 I					응답 II	
		전혀 그렇지 않다	그렇지 않다	보통 이다	그렇다	매우 그렇다	가깝다	멀다
96	심심한 것을 못 참는다.	○	○	○	○	○	○	○
97	다른 사람을 욕한 적이 한 번도 없다.	○	○	○	○	○	○	○
98	금방 낙심하는 편이다.	○	○	○	○	○	○	○
99	다른 사람에게 어떻게 보일지 신경을 쓴다.	○	○	○	○	○	○	○
100	다른 사람에게 의존하는 경향이 있다.	○	○	○	○	○	○	○

21

No.	문항	응답 I					응답 II	
		전혀 그렇지 않다	그렇지 않다	보통 이다	그렇다	매우 그렇다	가깝다	멀다
101	그다지 융통성이 있는 편이 아니다.	○	○	○	○	○	○	○
102	다른 사람이 내 의견에 간섭하는 것이 싫다.	○	○	○	○	○	○	○
103	낙천적인 편이다.	○	○	○	○	○	○	○
104	숙제를 잊어버린 적이 안 번도 없다.	○	○	○	○	○	○	○
105	밤길에는 발소리가 들리기만 해도 불안하다.	○	○	○	○	○	○	○

22

No.	문항	응답 I					응답 II	
		전혀 그렇지 않다	그렇지 않다	보통 이다	그렇다	매우 그렇다	가깝다	멀다
106	상냥하다는 말을 들은 적이 있다.	○	○	○	○	○	○	○
107	자신은 유치한 사람이다.	○	○	○	○	○	○	○
108	잡담을 하는 것보다 책을 읽는 것이 낫다.	○	○	○	○	○	○	○
109	나는 영업에 적합한 타입이라고 생각한다.	○	○	○	○	○	○	○
110	술자리에서 술을 마시지 않아도 흥을 돋을 수 있다.	○	○	○	○	○	○	○

23

No.	문항	응답 I					응답 II	
		전혀 그렇지 않다	그렇지 않다	보통 이다	그렇다	매우 그렇다	가깝다	멀다
111	한 번도 병원에 간 적이 없다.	○	○	○	○	○	○	○
112	나쁜 일은 걱정이 되어 어쩔 줄을 모른다.	○	○	○	○	○	○	○
113	금세 무기력해지는 편이다.	○	○	○	○	○	○	○
114	비교적 고분고분한 편이라고 생각한다.	○	○	○	○	○	○	○
115	독자적으로 행동하는 편이다.	○	○	○	○	○	○	○

24

No.	문항	응답 I					응답 II	
		전혀 그렇지 않다	그렇지 않다	보통 이다	그렇다	매우 그렇다	가깝다	멀다
116	적극적으로 행동하는 편이다.	○	○	○	○	○	○	○
117	금방 감격하는 편이다.	○	○	○	○	○	○	○
118	어떤 것에 대해서도 불만을 가진 적이 없다.	○	○	○	○	○	○	○
119	밤에 잠을 잘 못잘 때가 많다.	○	○	○	○	○	○	○
120	자주 후회하는 편이다.	○	○	○	○	○	○	○

25

No.	문항	응답 I					응답 II	
		전혀 그렇지 않다	그렇지 않다	보통 이다	그렇다	매우 그렇다	가깝다	멀다
121	쉽게 뜨거워지고 쉽게 식는다.	○	○	○	○	○	○	○
122	자신만의 세계를 가지고 있다.	○	○	○	○	○	○	○
123	많은 사람 앞에서도 긴장하는 일은 없다.	○	○	○	○	○	○	○
124	말하는 것을 아주 좋아한다.	○	○	○	○	○	○	○
125	인생을 포기하는 마음을 가진 적이 한 번도 없다.	○	○	○	○	○	○	○

26

No.	문항	응답 I					응답 II	
		전혀 그렇지 않다	그렇지 않다	보통 이다	그렇다	매우 그렇다	가깝다	멀다
126	어두운 성격이다.	○	○	○	○	○	○	○
127	금방 반성한다.	○	○	○	○	○	○	○
128	활동범위가 넓은 편이다.	○	○	○	○	○	○	○
129	자신을 끈기 있는 사람이라고 생각한다.	○	○	○	○	○	○	○
130	좋다고 생각하더라도 좀 더 검토하고 나서 실행한다.	○	○	○	○	○	○	○

27

No.	문항	응답 I					응답 II	
		전혀 그렇지 않다	그렇지 않다	보통 이다	그렇다	매우 그렇다	가깝다	멀다
131	위대한 인물이 되고 싶다.	○	○	○	○	○	○	○
132	한 번에 많은 일을 떠맡아도 힘들지 않다.	○	○	○	○	○	○	○
133	사람과 만날 약속은 부담스럽다.	○	○	○	○	○	○	○
134	질문을 받으면 충분히 생각하고 나서 대답하는 편이다.	○	○	○	○	○	○	○
135	머리를 쓰는 것보다 땀을 흘리는 일이 좋다.	○	○	○	○	○	○	○

28

No.	문항	응답 I					응답 II	
		전혀 그렇지 않다	그렇지 않다	보통 이다	그렇다	매우 그렇다	가깝다	멀다
136	결정한 것에는 철저히 구속받는다.	○	○	○	○	○	○	○
137	외출 시 문을 잠갔는지 몇 번을 확인한다.	○	○	○	○	○	○	○
138	이왕 할 거라면 일등이 되고 싶다.	○	○	○	○	○	○	○
139	과감하게 도전하는 타입이다.	○	○	○	○	○	○	○
140	자신은 사교적이 아니라고 생각한다.	○	○	○	○	○	○	○

29

No.	문항	응답 I					응답 II	
		전혀 그렇지 않다	그렇지 않다	보통 이다	그렇다	매우 그렇다	가깝다	멀다
141	무심코 도리에 대해서 말하고 싶어진다.	○	○	○	○	○	○	○
142	건강하다는 소릴 자주 듣는다.	○	○	○	○	○	○	○
143	단념하면 끝이라고 생각한다.	○	○	○	○	○	○	○
144	예상하지 못한 일은 하고 싶지 않다.	○	○	○	○	○	○	○
145	파란만장하더라도 성공하는 인생을 걷고 싶다.	○	○	○	○	○	○	○

30

No.	문항	응답 I					응답 II	
		전혀 그렇지 않다	그렇지 않다	보통 이다	그렇다	매우 그렇다	가깝다	멀다
146	활기찬 편이라고 생각한다.	○	○	○	○	○	○	○
147	소극적인 편이라고 생각한다.	○	○	○	○	○	○	○
148	무심코 평론가가 되어 버린다.	○	○	○	○	○	○	○
149	자신은 성급하다고 생각한다.	○	○	○	○	○	○	○
150	꾸준히 노력하는 타입이라고 생각한다.	○	○	○	○	○	○	○

31

No.	문항	응답 I					응답 II	
		전혀 그렇지 않다	그렇지 않다	보통 이다	그렇다	매우 그렇다	가깝다	멀다
151	내일의 계획이라도 메모한다.	○	○	○	○	○	○	○
152	리더십이 있는 사람이 되고 싶다.	○	○	○	○	○	○	○
153	열정적인 사람이라고 생각한다.	○	○	○	○	○	○	○
154	다른 사람 앞에서 이야기를 잘 하지 못한다.	○	○	○	○	○	○	○
155	통찰력이 있는 편이다.	○	○	○	○	○	○	○

32

No.	문항	응답 I					응답 II	
		전혀 그렇지 않다	그렇지 않다	보통 이다	그렇다	매우 그렇다	가깝다	멀다
156	엉덩이가 가벼운 편이다.	○	○	○	○	○	○	○
157	여러 가지로 구애됨이 있다.	○	○	○	○	○	○	○
158	돌다리도 두들겨보고 건너는 쪽이 좋다.	○	○	○	○	○	○	○
159	자신에게는 권력욕이 있다.	○	○	○	○	○	○	○
160	업무를 할당받으면 기쁘다.	○	○	○	○	○	○	○

33

No.	문항	응답 I					응답 II	
		전혀 그렇지 않다	그렇지 않다	보통 이다	그렇다	매우 그렇다	가깝다	멀다
161	사색적인 사람이라고 생각한다.	○	○	○	○	○	○	○
162	비교적 개혁적이다.	○	○	○	○	○	○	○
163	좋고 싫음으로 정할 때가 많다.	○	○	○	○	○	○	○
164	전통에 구애되는 것은 버리는 것이 적절하다.	○	○	○	○	○	○	○
165	교제 범위가 좁은 편이다.	○	○	○	○	○	○	○

34

No.	문항	응답 I					응답 II	
		전혀 그렇지 않다	그렇지 않다	보통 이다	그렇다	매우 그렇다	가깝다	멀다
166	발상의 전환을 할 수 있는 타입이라고 생각한다.	○	○	○	○	○	○	○
167	너무 주관적이어서 실패한다.	○	○	○	○	○	○	○
168	현실적이고 실용적인 면을 추구한다.	○	○	○	○	○	○	○
169	내가 어떤 배우의 팬인지 아무도 모른다.	○	○	○	○	○	○	○
170	현실보다 가능성이다.	○	○	○	○	○	○	○

35

No.	문항	응답 I					응답 II	
		전혀 그렇지 않다	그렇지 않다	보통 이다	그렇다	매우 그렇다	가깝다	멀다
171	마음이 담겨 있으면 선물은 아무 것이나 좋다.	○	○	○	○	○	○	○
172	여행은 마음대로 다니는 것이 좋다.	○	○	○	○	○	○	○
173	추상적인 일에 관심이 있는 편이다.	○	○	○	○	○	○	○
174	결정은 대담하게 하는 편이다.	○	○	○	○	○	○	○
175	괴로워하는 사람을 보면 우선 동정한다.	○	○	○	○	○	○	○

36

No.	문항	응답 I					응답 II	
		전혀 그렇지 않다	그렇지 않다	보통 이다	그렇다	매우 그렇다	가깝다	멀다
176	가치기준은 자신의 안에 있다고 생각한다.	○	○	○	○	○	○	○
177	조용하고 조심스러운 편이다.	○	○	○	○	○	○	○
178	상상력이 풍부한 편이라고 생각한다.	○	○	○	○	○	○	○
179	의리, 인정이 두터운 상사를 만나고 싶다.	○	○	○	○	○	○	○
180	인생의 앞날은 알 수 없어 재미있다.	○	○	○	○	○	○	○

37

No.	문항	응답 I					응답 II	
		전혀 그렇지 않다	그렇지 않다	보통 이다	그렇다	매우 그렇다	가깝다	멀다
181	밝은 성격이다.	○	○	○	○	○	○	○
182	별로 반성하지 않는다.	○	○	○	○	○	○	○
183	활동범위가 좁은 편이다.	○	○	○	○	○	○	○
184	좋다고 생각하면 바로 행동한다.	○	○	○	○	○	○	○
185	좋은 사람이 되고 싶다.	○	○	○	○	○	○	○

38

No.	문항	응답 I					응답 II	
		전혀 그렇지 않다	그렇지 않다	보통 이다	그렇다	매우 그렇다	가깝다	멀다
186	한 번에 많은 일을 떠맡는 것은 골칫거리라고 생각한다.	○	○	○	○	○	○	○
187	사람과 만날 약속은 즐겁다.	○	○	○	○	○	○	○
188	질문을 받으면 그때의 느낌으로 대답하는 편이다.	○	○	○	○	○	○	○
189	땀을 흘리는 것보다 머리를 쓰는 일이 좋다.	○	○	○	○	○	○	○
190	한번 결정한 일에는 그다지 구속받지 않는다.	○	○	○	○	○	○	○

39

No.	문항	응답 Ⅰ					응답 Ⅱ	
		전혀 그렇지 않다	그렇지 않다	보통 이다	그렇다	매우 그렇다	가깝다	멀다
191	외출 시 문을 잠갔는지 별로 확인하지 않는다.	○	○	○	○	○	○	○
192	사람은 지위에 어울려야 한다.	○	○	○	○	○	○	○
193	안전책을 고르는 타입이다.	○	○	○	○	○	○	○
194	자신은 사교적이라고 생각한다.	○	○	○	○	○	○	○
195	도리는 상관없다.	○	○	○	○	○	○	○

40

No.	문항	응답 Ⅰ					응답 Ⅱ	
		전혀 그렇지 않다	그렇지 않다	보통 이다	그렇다	매우 그렇다	가깝다	멀다
196	침착하다는 소릴 자주 듣는다.	○	○	○	○	○	○	○
197	단념도 중요하다고 생각한다.	○	○	○	○	○	○	○
198	예상하지 못한 일도 해보고 싶다.	○	○	○	○	○	○	○
199	평범하고 평온하게 행복한 인생을 살고 싶다.	○	○	○	○	○	○	○
200	모임에서 늘 리더의 역할만 했다.	○	○	○	○	○	○	○

41

No.	문항	응답 Ⅰ					응답 Ⅱ	
		전혀 그렇지 않다	그렇지 않다	보통 이다	그렇다	매우 그렇다	가깝다	멀다
201	착실한 노력으로 성공한 이야기를 좋아한다.	○	○	○	○	○	○	○
202	어떠한 일에도 의욕적으로 임하는 편이다.	○	○	○	○	○	○	○
203	피곤한 날에는 무엇이든지 귀찮아하는 편이다.	○	○	○	○	○	○	○
204	이것저것 남들의 이야기를 평가하는 것이 싫다.	○	○	○	○	○	○	○
205	나는 성급하다.	○	○	○	○	○	○	○

42

No.	문항	응답 I					응답 II	
		전혀 그렇지 않다	그렇지 않다	보통 이다	그렇다	매우 그렇다	가깝다	멀다
206	협동심이 강한 사람이 되고 싶다.	○	○	○	○	○	○	○
207	나는 열정적인 사람이 아니다.	○	○	○	○	○	○	○
208	다른 사람들 앞에서 이야기를 잘 한다.	○	○	○	○	○	○	○
209	말보다 행동력이 강한 타입이다.	○	○	○	○	○	○	○
210	엉덩이가 무겁다는 소릴 자주 듣는다.	○	○	○	○	○	○	○

43

No.	문항	응답 I					응답 II	
		전혀 그렇지 않다	그렇지 않다	보통 이다	그렇다	매우 그렇다	가깝다	멀다
211	특별히 가리는 음식이 없다.	○	○	○	○	○	○	○
212	나에게는 권력에 대한 욕구는 없는 것 같다.	○	○	○	○	○	○	○
213	업무를 할당받으면 불안감이 먼저 든다.	○	○	○	○	○	○	○
214	나는 진보보다는 보수이다.	○	○	○	○	○	○	○
215	무슨 일이든 손해인지 이득인지를 먼저 생각한다.	○	○	○	○	○	○	○

44

No.	문항	응답 I					응답 II	
		전혀 그렇지 않다	그렇지 않다	보통 이다	그렇다	매우 그렇다	가깝다	멀다
216	전통을 고수하는 것은 어리석은 짓이다.	○	○	○	○	○	○	○
217	나는 교제의 범위가 넓은 편이다.	○	○	○	○	○	○	○
218	나는 상식적인 판단을 할 수 있는 사람이다.	○	○	○	○	○	○	○
219	객관적인 판단을 거부하는 편이다.	○	○	○	○	○	○	○
220	나는 연예인을 매우 좋아한다.	○	○	○	○	○	○	○

45

No.	문항	응답 I					응답 II	
		전혀 그렇지 않다	그렇지 않다	보통 이다	그렇다	매우 그렇다	가깝다	멀다
221	가능성을 보고 현실을 직시하는 편이다.	○	○	○	○	○	○	○
222	구체적인 일에 관심이 없다.	○	○	○	○	○	○	○
223	매사 나를 기준으로 일을 처리한다.	○	○	○	○	○	○	○
224	나는 생각이 개방적이다.	○	○	○	○	○	○	○
225	나는 이성적으로 판단을 잘 한다.	○	○	○	○	○	○	○

46

No.	문항	응답 I					응답 II	
		전혀 그렇지 않다	그렇지 않다	보통 이다	그렇다	매우 그렇다	가깝다	멀다
226	공평하고 정직한 사람이 되고 싶다.	○	○	○	○	○	○	○
227	일 잘하고 능력이 강한 상사를 만나고 싶다.	○	○	○	○	○	○	○
228	사람들과 적극적으로 유대관계를 유지한다.	○	○	○	○	○	○	○
229	몸을 움직이는 일은 별로 즐기기 않는다.	○	○	○	○	○	○	○
230	모든 일에 쉽게 질리는 편이다.	○	○	○	○	○	○	○

47

No.	문항	응답 I					응답 II	
		전혀 그렇지 않다	그렇지 않다	보통 이다	그렇다	매우 그렇다	가깝다	멀다
231	경솔하게 판단하여 후회를 하는 경우가 많다.	○	○	○	○	○	○	○
232	인생의 목표는 가능한 크게 잡는다.	○	○	○	○	○	○	○
233	무슨 일도 좀처럼 시작하지 못한다.	○	○	○	○	○	○	○
234	초면인 사람과도 바로 친해질 수 있다.	○	○	○	○	○	○	○
235	행동을 하고 나서 생각을 하는 편이다.	○	○	○	○	○	○	○

48

No.	문항	응답 I					응답 II	
		전혀 그렇지 않다	그렇지 않다	보통 이다	그렇다	매우 그렇다	가깝다	멀다
236	쉬는 날에는 늘 집에 있다.	○	○	○	○	○	○	○
237	일을 마무리 짓기 전에 포기하는 경우가 많다.	○	○	○	○	○	○	○
238	나는 욕심이 없다.	○	○	○	○	○	○	○
239	아무 이유 없이 불안할 때가 많다.	○	○	○	○	○	○	○
240	자존심이 매우 강하다.	○	○	○	○	○	○	○

49

No.	문항	응답 I					응답 II	
		전혀 그렇지 않다	그렇지 않다	보통 이다	그렇다	매우 그렇다	가깝다	멀다
241	주변 사람들의 의견을 무시하는 경우가 많다.	○	○	○	○	○	○	○
242	내가 지금 잘하고 있는지 생각할 때가 많다.	○	○	○	○	○	○	○
243	생각 없이 함부로 말하는 경우가 많다.	○	○	○	○	○	○	○
244	정리가 되지 않은 방 안에 있어도 불안하지 않다.	○	○	○	○	○	○	○
245	위기를 모면하기 위해 거짓말을 한 적이 있다.	○	○	○	○	○	○	○

50

No.	문항	응답 I					응답 II	
		전혀 그렇지 않다	그렇지 않다	보통 이다	그렇다	매우 그렇다	가깝다	멀다
246	슬픈 영화나 드라마를 보면서 눈물을 흘린 적이 있다.	○	○	○	○	○	○	○
247	나 자신은 충분히 신뢰할 수 있다고 생각한다.	○	○	○	○	○	○	○
248	노래를 흥얼거리는 것을 좋아한다.	○	○	○	○	○	○	○
249	나만이 할 수 있는 일을 찾고 싶다.	○	○	○	○	○	○	○
250	나는 내 자신을 과소평가하는 버릇이 있다.	○	○	○	○	○	○	○

51

No.	문항	응답 I					응답 II	
		전혀 그렇지 않다	그렇지 않다	보통 이다	그렇다	매우 그렇다	가깝다	멀다
251	나의 책상이나 서랍은 늘 잘 정리가 되어 있다.	○	○	○	○	○	○	○
252	건성으로 대답을 할 때가 많다.	○	○	○	○	○	○	○
253	남의 험담을 해 본 적이 없다.	○	○	○	○	○	○	○
254	쉽게 화를 내는 편이다.	○	○	○	○	○	○	○
255	초조하면 손을 떨고 심장박동이 빨라지는 편이다.	○	○	○	○	○	○	○

52

No.	문항	응답 I					응답 II	
		전혀 그렇지 않다	그렇지 않다	보통 이다	그렇다	매우 그렇다	가깝다	멀다
256	다른 사람과 말싸움으로 져 본 적이 없다.	○	○	○	○	○	○	○
257	다른 사람의 아부에 쉽게 넘어가는 편이다.	○	○	○	○	○	○	○
258	주변 사람이 나의 험담을 하고 다닌다고 생각이 든다.	○	○	○	○	○	○	○
259	남들보다 못하다는 생각이 자주 든다.	○	○	○	○	○	○	○
260	이론만 내세우는 사람을 보면 짜증이 난다.	○	○	○	○	○	○	○

53

No.	문항	응답 I					응답 II	
		전혀 그렇지 않다	그렇지 않다	보통 이다	그렇다	매우 그렇다	가깝다	멀다
261	다른 사람과 대화를 하다가도 금방 싸움이 되는 경우가 많다.	○	○	○	○	○	○	○
262	내 맘대로 안 되면 소리를 지르는 경우가 많다.	○	○	○	○	○	○	○
263	상처를 주는 일도 받는 일도 싫다.	○	○	○	○	○	○	○
264	매일 매일 하루를 반성하는 편이다.	○	○	○	○	○	○	○
265	매사 메모를 잘 하는 편이다.	○	○	○	○	○	○	○

54

No.	문항	응답 I					응답 II	
		전혀 그렇지 않다	그렇지 않다	보통 이다	그렇다	매우 그렇다	가깝다	멀다
266	사람들이 나 때문에 즐거워하는 것을 즐긴다.	○	○	○	○	○	○	○
267	아무 것도 하지 않고 하루 종일을 보낼 수 있다.	○	○	○	○	○	○	○
268	지각을 하느니 차라리 결석을 하는 것이 낫다고 생각한다.	○	○	○	○	○	○	○
269	이 세상에 보이지 않는 세계가 존재한다고 믿는다.	○	○	○	○	○	○	○
270	하기 싫은 일은 죽어도 하기 싫다.	○	○	○	○	○	○	○

55

No.	문항	응답 I					응답 II	
		전혀 그렇지 않다	그렇지 않다	보통 이다	그렇다	매우 그렇다	가깝다	멀다
271	남에게 안 좋게 보일까봐 일부러 열심히 하는 척 행동한 적이 있다.	○	○	○	○	○	○	○
272	세상에는 못 할 일이 없다고 생각한다.	○	○	○	○	○	○	○
273	착한 사람이라는 말을 자주 듣는다.	○	○	○	○	○	○	○
274	나는 개성적인 스타일을 추구한다.	○	○	○	○	○	○	○
275	동호회 활동을 하고 있다.	○	○	○	○	○	○	○

56

No.	문항	응답 I					응답 II	
		전혀 그렇지 않다	그렇지 않다	보통 이다	그렇다	매우 그렇다	가깝다	멀다
276	나는 갖고 싶은 물건이 생기면 반드시 손에 넣어야 한다.	○	○	○	○	○	○	○
277	세상의 모든 사람들은 나를 싫어한다.	○	○	○	○	○	○	○
278	스트레스를 해소하는 나만의 방법이 있다.	○	○	○	○	○	○	○
279	모든 일은 계획을 세워 행동한다.	○	○	○	○	○	○	○
280	나의 계획에 맞지 않으면 화가 난다.	○	○	○	○	○	○	○

57

No.	문항	응답 I					응답 II	
		전혀 그렇지 않다	그렇지 않다	보통 이다	그렇다	매우 그렇다	가깝다	멀다
281	남의 일에 참견을 잘한다.	○	○	○	○	○	○	○
282	이성친구가 많다.	○	○	○	○	○	○	○
283	생각했던 일이 뜻대로 되지 않으면 불안하다.	○	○	○	○	○	○	○
284	생각한 일은 반드시 행동으로 옮긴다.	○	○	○	○	○	○	○
285	친구가 적으나 깊게 사귄다.	○	○	○	○	○	○	○

58

No.	문항	응답 I					응답 II	
		전혀 그렇지 않다	그렇지 않다	보통 이다	그렇다	매우 그렇다	가깝다	멀다
286	남들과의 경쟁에서는 절대 지는 꼴을 못 본다.	○	○	○	○	○	○	○
287	내일해도 되는 일도 오늘 끝내는 편이다.	○	○	○	○	○	○	○
288	머릿속의 모든 생각을 글로 표현할 수 있다.	○	○	○	○	○	○	○
289	말보다는 글로 나의 의견을 전달하는 것이 편하다.	○	○	○	○	○	○	○
290	배려가 깊다는 소릴 자주 듣는다.	○	○	○	○	○	○	○

59

No.	문항	응답 I					응답 II	
		전혀 그렇지 않다	그렇지 않다	보통 이다	그렇다	매우 그렇다	가깝다	멀다
291	게으른 사람이라는 소리 들어본 적이 있다.	○	○	○	○	○	○	○
292	나에게 주어진 기회는 반드시 잡는다.	○	○	○	○	○	○	○
293	외출을 할 때 옷차림에 신경을 쓰는 편이다.	○	○	○	○	○	○	○
294	약속시간이 다가와도 머리나 옷이 맘에 안 들면 늦더라도 반드시 고쳐야 한다.	○	○	○	○	○	○	○
295	모임이나 동호회에서 바로 친구를 사귈 수 있다.	○	○	○	○	○	○	○

60

No.	문항	응답 I					응답 II	
		전혀 그렇지 않다	그렇지 않다	보통 이다	그렇다	매우 그렇다	가깝다	멀다
296	쉽게 포기를 잘 한다.	○	○	○	○	○	○	○
297	위험을 무릅쓰고 성공을 해야 한다고 생각한다.	○	○	○	○	○	○	○
298	학창시절 체육시간이 가장 즐거웠다.	○	○	○	○	○	○	○
299	휴일에는 어디든 나가야 직성이 풀린다.	○	○	○	○	○	○	○
300	작은 일에도 쉽게 몸이 지친다.	○	○	○	○	○	○	○

61

No.	문항	응답 I					응답 II	
		전혀 그렇지 않다	그렇지 않다	보통 이다	그렇다	매우 그렇다	가깝다	멀다
301	매사 유연하게 대처하는 편이다.	○	○	○	○	○	○	○
302	나의 능력이 어느 정도인지 확실하게 알고 있다.	○	○	○	○	○	○	○
303	어려운 상황에 처하면 늘 누군가가 도와줄 거란 희망을 가지고 있다.	○	○	○	○	○	○	○
304	내가 저지른 일을 나 혼자 해결하지 못한 경우가 많다.	○	○	○	○	○	○	○
305	나는 친구가 없다.	○	○	○	○	○	○	○

62

No.	문항	응답 I					응답 II	
		전혀 그렇지 않다	그렇지 않다	보통 이다	그렇다	매우 그렇다	가깝다	멀다
306	건강하고 활발한 사람을 보면 부럽다.	○	○	○	○	○	○	○
307	세상의 모든 일을 경험해 보고 싶다.	○	○	○	○	○	○	○
308	스트레스를 해소하기 위해 운동을 한다.	○	○	○	○	○	○	○
309	기한이 정해진 일은 반드시 기한 내에 끝낸다.	○	○	○	○	○	○	○
310	결론이 나더라도 계속 생각을 하는 편이다.	○	○	○	○	○	○	○

63

No.	문항	응답 I					응답 II	
		전혀 그렇지 않다	그렇지 않다	보통 이다	그렇다	매우 그렇다	가깝다	멀다
311	내가 하고 싶은 대로 일이 이루어지지 않으면 화가 난다.	○	○	○	○	○	○	○
312	말과 행동이 일치하지 않을 때가 많다.	○	○	○	○	○	○	○
313	항상 내 기분대로 행동을 한다.	○	○	○	○	○	○	○
314	무슨 일이든 도전하는 것을 좋아한다.	○	○	○	○	○	○	○
315	세상을 알기 위해 여행은 필수라고 생각한다.	○	○	○	○	○	○	○

64

No.	문항	응답 I					응답 II	
		전혀 그렇지 않다	그렇지 않다	보통 이다	그렇다	매우 그렇다	가깝다	멀다
316	자동차에 대해 관심이 많다.	○	○	○	○	○	○	○
317	월 초가 되면 늘 달력을 놓고 이번 달의 스케줄을 확인한다.	○	○	○	○	○	○	○
318	사물에 대해 가볍게 생각하는 편이다.	○	○	○	○	○	○	○
319	나는 사교성이 제로이다.	○	○	○	○	○	○	○
320	등산을 하려면 먼저 완벽한 장비를 갖추어야 한다.	○	○	○	○	○	○	○

65

No.	문항	응답 I					응답 II	
		전혀 그렇지 않다	그렇지 않다	보통 이다	그렇다	매우 그렇다	가깝다	멀다
321	잘 모르는 분야도 아는 척을 하는 편이다.	○	○	○	○	○	○	○
322	한 번 시작한 일은 절대 도중에 포기하지 않는다.	○	○	○	○	○	○	○
323	나만의 특별한 취미를 하나 정도 가지고 있다.	○	○	○	○	○	○	○
324	잘 다룰 수 있는 악기가 하나 정도는 있다.	○	○	○	○	○	○	○
325	친구의 애인을 뺏은 적이 있다.	○	○	○	○	○	○	○

실전 인·적성평가 2

[1 ~ 325] 다음 (   ) 안에 당신에게 적합하다면 YES, 그렇지 않다면 NO를 선택하시오.

※ 인·적성평가는 응시자의 인성을 파악하기 위한 시험이므로 별도의 정답이 존재하지 않습니다.

YES NO

1. 모임에서 리더에 어울리지 않는다고 생각한다. ··· (   )(   )
2. 사람들이 착실한 노력으로 성공한 이야기를 좋아한다. ··· (   )(   )
3. 어떠한 일에도 항상 의욕적으로 임하는 편이다. ·· (   )(   )
4. 학창시절 학급에서 존재가 두드러졌다. ·· (   )(   )
5. 아무것도 생각하지 않을 때가 많다. ·· (   )(   )
6. 스포츠는 하는 것보다 보는 것을 더 좋아한다. ·· (   )(   )
7. 나 자신이 게으른 편이라고 생각한다. ·· (   )(   )
8. 비가 오지 않아도 날씨가 흐리면 우산을 챙겨 외출을 한다. ······························· (   )(   )
9. 1인자 보다 조력자의 역할이 어울린다고 생각한다. ··· (   )(   )
10. 의리를 중요하게 생각한다. ·· (   )(   )
11. 모임에서 주로 리드를 하는 편이다. ·· (   )(   )
12. 신중함이 부족해서 후회한 적이 많다. ·· (   )(   )
13. 모든 일에 여유 있게 대비하는 타입이다. ·· (   )(   )
14. 업무를 진행하다가도 퇴근 시간이 되면 바로 퇴근할 것이다. ··························· (   )(   )
15. 타인을 만날 경우 반드시 약속을 하고 만난다. ·· (   )(   )
16. 노력하는 과정은 중요하나 결과는 중요하다고 생각하지 않는다. ····················· (   )(   )
17. 매사 무리해서 일을 진행하지는 않는다. ·· (   )(   )
18. 유행에 민감한 편이다. ·· (   )(   )
19. 정해진 틀에 의해 움직이는 것이 좋다. ·· (   )(   )
20. 현실을 직시하는 편이다. ·· (   )(   )
21. 자유보다 질서를 중요시하게 생각한다. ·· (   )(   )
22. 친구들과 수다를 떠는 것을 좋아한다. ·· (   )(   )

23. 모든 일을 결정할 때 항상 경험에 비추어 판단하는 편이다. ································ (   )(   )

24. 영화를 볼 때 각본의 완성도나 화면의 구성에 주목한다. ··························· (   )(   )

25. 타인의 일에는 별로 관심이 없다. ·· (   )(   )

26. 다른 사람의 소문에 관심이 많다. ·· (   )(   )

27. 정이 많다는 소릴 자주 듣는다. ·· (   )(   )

28. 독단적인 것보다 협동하여 일을 하는 것이 편하다. ······························· (   )(   )

29. 친구들의 휴대전화 번호를 모두 외운다. ··· (   )(   )

30. 일의 순서를 정해놓고 진행하는 것을 좋아한다. ··································· (   )(   )

31. 이성적인 사람보다 감성적인 사람이 더 좋다. ····································· (   )(   )

32. 조직의 일원보다는 경영자가 되고 싶다. ··· (   )(   )

33. 세상 돌아가는 일에 관심이 많다. ··· (   )(   )

34. 인생은 한 방이라고 생각한다. ··· (   )(   )

35. 사람은 환경이 중요하다고 생각한다. ·· (   )(   )

36. 하루하루 그날의 일을 반성하는 편이다. ··· (   )(   )

37. 활동범위가 좁은 편이다. ··· (   )(   )

38. 나는 시원시원한 사람이다. ··· (   )(   )

39. 하고 싶은 일은 다른 일을 제쳐두고 라도 반드시 해야 한다. ············ (   )(   )

40. 다른 사람들에게 좋은 모습만 보여주고 싶다. ··· (   )(   )

41. 한 번에 많은 일을 떠맡는 것은 골칫거리라고 생각한다. ··························· (   )(   )

42. 사람들과 만날 약속을 하는 것은 늘 즐거운 일이다. ··································· (   )(   )

43. 질문을 받으면 바로바로 대답을 할 수 있다. ··· (   )(   )

44. 육체적인 노동보다는 머리를 쓰는 일이 더 편하다. ····································· (   )(   )

45. 이미 결정된 일에는 절대 반박을 하지 않는다. ··· (   )(   )

46. 외출 시 항상 문을 잠갔는지 두 번 이상 확인하여야 한다. ······················· (   )(   )

47. 회사에서 지위를 얻는 것을 좋아한다. ··· (   )(   )

48. 빨리 가는 길보다 안전한 길을 선택한다. ··· (   )(   )

49. 나는 사교적이라고 생각한다. ··· (   )(   )

50. 주위 사람들로부터 착하다는 소릴 자주 듣는다. ··· (   )(   )

51. 모든 일에 빨리 단념을 하는 편이다. ··· (　)(　)

52. 누구도 예상하지 못한 일을 하고 싶다. ··· (　)(　)

53. 평범하고 평온하게 인생을 살고 싶다. ··· (　)(　)

54. 나는 소극적인 사람이다. ··· (　)(　)

55. 이것저것 남의 일에 평하는 사람을 싫어한다. ··· (　)(　)

56. 나는 성격이 매우 급하다. ··· (　)(　)

57. 꾸준하게 무엇인가를 해 본 적이 없다. ··· (　)(　)

58. 내일의 계획은 항상 머릿속에 있다. ··· (　)(　)

59. 협동심이 강한 편이다. ··· (　)(　)

60. 나는 매우 열정적인 사람이다. ··· (　)(　)

61. 다른 사람들 앞에서 이야기를 잘한다. ··· (　)(　)

62. 말보다 행동이 더 강한 편이다. ··· (　)(　)

63. 한 번 자리에 앉으면 오래 앉아 있는 편이다. ··· (　)(　)

64. 남의 말에 구애받지 않는다. ··· (　)(　)

65. 나는 권력보다 돈이 더 중요하다. ··· (　)(　)

66. 업무를 할당받으면 늘 부담스럽다. ··· (　)(　)

67. 나는 한 시라도 집 안에 있는 것은 참을 수 없다. ··································· (　)(　)

68. 나는 보수적인 성향을 가지고 있다. ··· (　)(　)

69. 모든 일에 계산적이다. ··· (　)(　)

70. 규칙은 지키라고 정해 놓은 것이라 생각한다. ··· (　)(　)

71. 나는 한 번도 교통법규를 위반한 적이 없다. ··· (　)(　)

72. 나는 운전을 잘 한다고 생각한다. ··· (　)(　)

73. 교제의 범위가 넓어 외국인 친구도 있다. ·· (　)(　)

74. 판단을 할 때에는 상식 밖의 생각은 하지 않는다. ··································· (　)(　)

75. 주관적인 판단을 할 때가 많다. ··· (　)(　)

76. 가능성을 생각하기 보다는 현실을 추구하는 편이다. ································· (　)(　)

77. 나는 다른 사람들에게 반드시 필요한 사람이라고 생각한다. ······················ (　)(　)

78. 누군가를 죽도록 미워해 본 적이 있다. ··· (　)(　)

79. 누군가가 잘 되지 않도록 기도해 본 적이 있다. ·· (   )(   )

80. 여행을 떠날 때면 반드시 계획을 하고 떠나야 맘이 편하다. ·· (   )(   )

81. 일을 할 때에는 집중력이 매우 강해진다. ·· (   )(   )

82. 주위에서 괴로워하는 사람을 보면 그 이유가 무엇인지 궁금해진다. ······························ (   )(   )

83. 나는 가치 기준이 확고하다. ·· (   )(   )

84. 다른 사람들보다 개방적인 성향이다. ·· (   )(   )

85. 현실타협을 잘 하지 않는다. ·· (   )(   )

86. 공평하고 공정한 상사가 좋다. ·· (   )(   )

87. 단 한 번도 죽음을 생각해 본 적이 없다. ·· (   )(   )

88. 내 자신이 쓸모없는 존재라고 생각해 본 적이 있다. ·· (   )(   )

89. 사람들과 이야기를 하다가 이유 없이 흥분한 적이 있다. ·· (   )(   )

90. 내 말이 무조건 맞다고 우겨본 일이 많다. ·· (   )(   )

91. 작은 일에도 분석적이고 논리적으로 생각한다. ·· (   )(   )

92. 나에게 도움이 되지 않는 일에는 절대 관여하지 않는다. ·· (   )(   )

93. 사물에 대해서는 매사 가볍게 생각하는 경향이 강하다. ·· (   )(   )

94. 계획을 정확하게 세워서 행동을 하려고 해도 한 번도 지켜본 적이 없다. ····················· (   )(   )

95. 주변 사람들은 힘든 일이 있을 때마다 나를 찾아와 조언을 구한다. ································· (   )(   )

96. 한 번 결심한 일은 절대 변경하지 않는다. ·· (   )(   )

97. 친한 친구 외에는 만나지 않는다. ·· (   )(   )

98. 활발한 사람을 보면 부럽다. ·· (   )(   )

99. 학창시절 암기과목 보다 체육을 가장 잘했다. ·· (   )(   )

100. 모든 일은 결과보다 과정이 중요하다고 생각한다. ·· (   )(   )

101. 나의 능력 밖에 일은 절대 하지 못한다. ·· (   )(   )

102. 새로운 사람들을 만날 때면 항상 떨리며 용기가 필요하다. ··· (   )(   )

103. 차분하고 사려 깊은 사람을 배우자로 맞이하고 싶다. ··· (   )(   )

104. 글을 쓸 때에는 항상 내용을 결정하고 쓴다. ·· (   )(   )

105. 남들이 하지 못한 새로운 일들을 경험하고 싶다. ··· (   )(   )

106. 스트레스를 받으면 식욕이 왕성해진다. ·· (   )(   )

107. 기한 내에 정해진 일을 끝내지 못한 경우가 많다. ····················· (　　)(　　)

108. 스트레스를 받으면 반드시 술을 마셔야 한다. ························ (　　)(　　)

109. 혼자서 술집에서 술을 마셔본 적이 있다. ·························· (　　)(　　)

110. 여러 사람들 만나는 것보다 한 사람과 만나는 것이 더 좋다. ············· (　　)(　　)

111. 무리한 도전을 할 필요가 없다고 생각한다. ······················· (　　)(　　)

112. 남의 앞에 나서는 것을 별로 좋아하지 않는다. ···················· (　　)(　　)

113. 내가 납득을 하지 못하는 일이 생기면 화부터 난다. ················· (　　)(　　)

114. 약속시간은 반드시 여유 있게 도착한다. ························· (　　)(　　)

115. 약속시간에 늦는 사람을 보면 이해를 할 수가 없다. ················ (　　)(　　)

116. 사람들과 대화를 할 때 한 번도 흥분해 본 적이 없다. ··············· (　　)(　　)

117. 이성을 만날 때면 항상 마음이 두근거린다. ······················ (　　)(　　)

118. 휴일에는 반드시 집에 있어야 한다. ··························· (　　)(　　)

119. 위험을 무릅쓰면서 성공을 해야 한다고 생각하지는 않는다. ············ (　　)(　　)

120. 어려운 일에 봉착하면 늘 다른 사람들이 도와줄 것이라 생각한다. ········ (　　)(　　)

121. 한 번 결론을 지어도 다시 여러 번 생각하는 편이다. ················ (　　)(　　)

122. 항상 다음 날에 무슨 일이 생기지 않을까 늘 불안하다. ·············· (　　)(　　)

123. 반복적인 일은 정말 하기 싫다. ····························· (　　)(　　)

124. 오늘 할 일을 내일로 미루어 본 적이 있다. ······················ (　　)(　　)

125. 독서를 많이 하는 편이다. ·································· (　　)(　　)

126. 사람이 자신이 할 도리는 반드시 해야 한다고 생각한다. ············· (　　)(　　)

127. 갑작스럽게 발생한 일에도 유연하게 대처하는 편이다. ·············· (　　)(　　)

128. 쇼핑을 하는 것을 좋아한다. ······························· (　　)(　　)

129. 나 자신을 위해 무언가를 사는 일은 늘 즐겁다. ··················· (　　)(　　)

130. 운동을 하는 것보다 게임을 하는 것이 더 즐겁다. ················· (　　)(　　)

131. 어려움이 닥치면 늘 그 원인부터 파악해야 한다. ·················· (　　)(　　)

132. 돈이 없으면 외출을 하지 않는다. ··························· (　　)(　　)

133. 한 가지 일에 매달리는 사람을 보면 한심하다. ···················· (　　)(　　)

134. 주위 사람들에 비해 손재주가 있는 편이다. ······················ (　　)(　　)

135. 규칙을 벗어나는 사람들을 보면 도와주고 싶지 않다. ·· (   )(   )

136. 세상은 규칙을 지키지 않는 사람들 때문에 망가지고 있다고 생각한다. ································· (   )(   )

137. 일부러 위험한 일에 끼어들지 않는다. ··· (   )(   )

138. 남들의 주목을 받고 싶다. ·· (   )(   )

139. 조금이라도 나쁜 소식을 들으면 절망적인 생각이 먼저 든다. ·· (   )(   )

140. 언제나 실패가 걱정이 되어 새로운 일을 시작하는 것이 어렵다. ··· (   )(   )

141. 다수결의 의견을 존중하는 편이다. ··· (   )(   )

142. 혼자 식당에 들어가서 밥을 먹어본 적이 없다. ··· (   )(   )

143. 승부근성이 매우 강하다. ·· (   )(   )

144. 작은 일에도 흥분을 잘 하는 편이다. ··· (   )(   )

145. 지금까지 살면서 남에게 폐를 끼친 적이 없다. ··· (   )(   )

146. 다른 사람들이 귓속말을 하면 나의 험담을 하는 것이 아닌가라는 생각을 한다. ················ (   )(   )

147. 무슨 일이 생기면 항상 내 잘못이 아닌가라는 생각을 먼저 한다. ······································· (   )(   )

148. 나는 변덕스러운 사람이다. ·· (   )(   )

149. 고독을 즐긴다. ·· (   )(   )

150. 자존심이 매우 강해 남들의 원성을 산 적이 있다. ·· (   )(   )

151. 지금까지 한 번도 남을 속여 본 일이 없다. ·· (   )(   )

152. 매우 예민하여 신경질적이라는 말을 들어본 적이 있다. ·· (   )(   )

153. 무슨 일이 생기면 늘 혼자 끙끙대며 고민하는 타입이다. ·· (   )(   )

154. 내 입장을 다른 사람들에게 말해 본 적이 없다. ·· (   )(   )

155. 다른 사람들을 바보 같다 라고 생각해 본 적이 있다. ··· (   )(   )

156. 빨리 결정하고 빨리 일을 해야 하는 성격이다. ··· (   )(   )

157. 전자기계를 잘 다루는 편이다. ·· (   )(   )

158. 문제를 해결하기 위해 여러 사람들과 상의를 하는 편이다. ··· (   )(   )

159. 나는 나만의 일처리 방식을 가지고 있다. ·· (   )(   )

160. 영화를 보면서 눈물을 흘린 적이 있다. ··· (   )(   )

161. 나는 한 번도 남에게 화를 낸 적이 없다. ·· (   )(   )

162. 유행을 따라하는 것보다 개성을 추구하는 것을 좋아한다. ··· (   )(   )

163. 쓸데없이 자존심이 강한 사람을 보면 불쌍한 생각이 든다. ················ (   )(   )

164. 한 번 사람을 의심하면 절대 풀어지지 않는다. ························· (   )(   )

165. 건강보다 일이 더 중요하다고 생각한다. ···························· (   )(   )

166. 일을 하지 않는 사람은 먹을 자격도 없다고 생각한다. ················ (   )(   )

167. 성공을 하려면 반드시 남을 밟아야 한다고 생각한다. ················ (   )(   )

168. 인생의 목표는 클수록 좋다. ·································· (   )(   )

169. 이중적인 사람은 정말 싫다. ································· (   )(   )

170. 과거의 일에 연연하는 사람은 정말 어리석다고 생각한다. ············· (   )(   )

171. 싫어하는 사람한테도 잘 대해주는 편이다. ······················ (   )(   )

172. 좋고 싫음이 얼굴에 확연히 들어나는 편이다. ···················· (   )(   )

173. 일을 하다고 혼자 중얼거리는 일이 많다. ························ (   )(   )

174. 한 번 시작한 일을 정확하게 끝내 본 적이 없다. ·················· (   )(   )

175. 남들의 이야기를 들으면 비판적인 의견만 나온다. ·················· (   )(   )

176. 감수성이 매우 풍부하다. ··································· (   )(   )

177. 나는 적어도 하나 이상의 취미를 가지고 있다. ···················· (   )(   )

178. '개천에서 용 난다.'는 말은 현실이 아니라고 생각한다. ·············· (   )(   )

179. 뉴스를 보면 늘 한숨만 나온다. ······························ (   )(   )

180. 비가 오는 날 일부러 비를 맞아본 일이 있다. ···················· (   )(   )

181. 외모에 대해서 걱정을 해 본 적이 없다. ························· (   )(   )

182. 공격적인 성향의 사람을 보면 나도 공격적이 된다. ·················· (   )(   )

183. 너무 신중해서 기회를 놓친 적이 있다. ·························· (   )(   )

184. 세상에서 가장 중요한 것은 돈이라고 생각한다. ···················· (   )(   )

185. 세상에서 가장 중요한 것은 건강이라고 생각한다. ·················· (   )(   )

186. 세상에서 가장 중요한 것은 부모님이라고 생각한다. ················· (   )(   )

187. 야근을 해서 일을 끝내는 것은 비효율적이라 생각한다. ··············· (   )(   )

188. 신상품이 나오면 반드시 구입해야 한다. ························· (   )(   )

189. 자유분방한 삶을 살고 싶다. ································· (   )(   )

190. 영화나 드라마를 보다가 주인공의 감정에 쉽게 이입된다. ············· (   )(   )

191. 조직에서 사안을 결정할 때 내 의견이 반영되면 행복하다. ···································· (   )(   )

192. 다른 사람들이 나를 어떻게 생각할까 걱정해 본 적이 있다. ································ (   )(   )

193. 틀에 박힌 생각을 거부하는 편이다. ·· (   )(   )

194. 눈물이 많은 편이다. ··· (   )(   )

195. 가족들의 휴대전화 번호를 외우지 못한다. ·· (   )(   )

196. 변화와 혁신을 추구하는 일이 좋다. ·· (   )(   )

197. 환경이 변하는 것에 구애받지 않는다. ··· (   )(   )

198. 사회생활에서는 인간관계가 제일 중요하다고 생각한다. ··· (   )(   )

199. 다른 사람들 설득시키는 일은 어려운 일이 아니다. ·· (   )(   )

200. 조금이라도 심심한 것은 못 참는다. ·· (   )(   )

201. 나보다 나이가 많은 사람에게는 의지하는 편이다. ·· (   )(   )

202. 다른 사람이 내 의견에 간섭하는 것이 정말 싫다. ·· (   )(   )

203. 부정적인 사람보다 낙천적인 사람이 성공할 거라 생각한다. ·· (   )(   )

204. 자기 기분대로 행동하는 사람을 보면 화가 난다. ·· (   )(   )

205. 버릇없이 행동하는 사람을 보면 그 부모의 잘못이라고 생각한다. ··································· (   )(   )

206. 융통성이 있는 편이 아니다. ·· (   )(   )

207. 사무직보다 영업직이 나에게 어울린다고 생각한다. ·· (   )(   )

208. 술자리에서 술을 마시지 않다고 흥이 난다. ··· (   )(   )

209. 일주일 적어도 세 번 이상은 술자리를 갖는다. ·· (   )(   )

210. 쉽게 무기력해지는 편이다. ·· (   )(   )

211. 감격을 잘 하는 편이다. ··· (   )(   )

212. 후회를 자주 하는 편이다. ·· (   )(   )

213. 쉽게 뜨거워지고 쉽게 식는 편이다. ·· (   )(   )

214. 나만의 세계에 살고 있다는 말을 자주 듣는다. ··· (   )(   )

215. 말하는 것보다 듣는 것을 더 좋아한다. ·· (   )(   )

216. 성격이 어둡다는 말을 들어본 적이 있다. ·· (   )(   )

217. 누군가에게 얽매이는 것은 정말 싫다. ··· (   )(   )

218. 한 번에 많은 일을 떠맡으면 심리적으로 너무 힘들다. ·· (   )(   )

219. 즉흥적으로 행동하는 편이다. ·· ( )( )

220. 모든 일에 꼭 1등이 되어야 한다고 생각한다. ································ ( )( )

221. 건강을 관리하기 위해 약을 복용한다. ··· ( )( )

222. 한 번 단념한 일은 끝이라고 생각한다. ·· ( )( )

223. 남들이 부러워하는 삶을 살고 싶다. ·· ( )( )

224. 다른 사람들의 행동을 주의 깊게 관찰하는 편이다. ···························· ( )( )

225. 습관적으로 메모를 하는 편이다. ·· ( )( )

226. 나는 통찰력이 강한 사람이다. ·· ( )( )

227. 처음 보는 사람 앞에서는 말을 잘 하지 못한다. ······························ ( )( )

228. 누군가를 죽도록 사랑해 본 적이 있다. ·· ( )( )

229. 선물은 가격보다 마음이라고 생각한다. ·· ( )( )

230. 나의 주변은 항상 정리가 잘 되어 있다. ·· ( )( )

231. 주변이 어지럽게 정리가 되어 있지 않으면 늘 불안하다. ················· ( )( )

232. 나는 충분히 신뢰할 수 있는 사람이다. ·· ( )( )

233. 나는 술을 마시면 반드시 노래방에 가야 한다. ································ ( )( )

234. 나만이 할 수 있는 일이 있다고 생각한다. ······································ ( )( )

235. 나의 책상 위나 서랍은 늘 깔끔하다. ··· ( )( )

236. 남의 이야기에 건성으로 대답해 본 적이 있다. ································ ( )( )

237. 초조하면 손이 떨리고, 심장박동이 빨라진다. ··································· ( )( )

238. 다른 사람과 말싸움에서 한 번도 진 적이 없다. ······························ ( )( )

239. 문학 분야 보다 예술 분야에 관심이 더 많다. ································· ( )( )

240. 일처리를 항상 깔끔하게 처리한다는 말을 자주 듣는다. ·················· ( )( )

241. 일을 시작할 때는 항상 결정하기 위해 고민하는 시간이 길다. ········· ( )( )

242. 독단적으로 일하는 것이 더 효율적이다. ·· ( )( )

243. 나는 나의 능력 이상의 일을 해낸다. ··· ( )( )

244. 이 세상에 없는 새로운 세계가 존재할 것이라고 믿는다. ················· ( )( )

245. 하기 싫은 일을 하게 되면 반드시 사고를 치게 된다. ····················· ( )( )

246. 다른 사람과 경쟁을 하면 늘 흥분이 된다. ······································ ( )( )

247. 무슨 일이든 나를 헤쳐 나갈 수 있다고 믿는다. .... (　)(　)

248. 나는 착한 사람보다는 성공한 사람으로 불리고 싶다. .... (　)(　)

249. 나는 다른 사람들보다 뛰어난 능력을 가지고 있다고 생각한다. .... (　)(　)

250. 주변 사람들을 잘 챙기는 편이다. .... (　)(　)

251. 주어진 목표를 달성하기 위해서라면 불법도 저지를 수 있다. .... (　)(　)

252. 나에게 주어진 기회를 한 번도 놓쳐본 적이 없다. .... (　)(　)

253. 남들이 생각지도 못한 생각을 할 때가 많다. .... (　)(　)

254. 모르는 것이 있으면 스스로 찾아서 해결한다. .... (　)(　)

255. 한 번도 부모님에게 의지해 본 적이 없다. .... (　)(　)

256. 친구가 많은 편이다. .... (　)(　)

257. 직감이 강하다. .... (　)(　)

258. 남들보다 촉이 발달한 것 같다. .... (　)(　)

259. 나의 예감은 한 번도 틀린 적이 없다. .... (　)(　)

260. 공상과학영화를 매우 좋아한다. .... (　)(　)

261. 다른 사람들과 다툼이 발생해도 조율을 잘 하는 편이다. .... (　)(　)

262. 모든 일은 빠르게 처리하는 편이다. .... (　)(　)

263. 논리적인 원칙을 따져 가며 말하는 것을 좋아한다. .... (　)(　)

264. 질문을 받으면 충분히 생각하고 나서 대답하는 편이다. .... (　)(　)

265. 이유 없이 화를 낼 때가 많다. .... (　)(　)

266. 나는 단호하며 통솔력이 강하다. .... (　)(　)

267. 남들에게 복잡한 문제도 나에게는 간단한 일이 될 때가 많다. .... (　)(　)

268. 타인의 감정에 쉽게 동요되는 편이다. .... (　)(　)

269. 고집이 세다. .... (　)(　)

270. 원리원칙을 중요시하여 남들과 대립할 때가 많다. .... (　)(　)

271. 나는 겸손한 사람이다. .... (　)(　)

272. 유머감각이 뛰어난 사람을 보면 늘 유쾌하다. .... (　)(　)

273. 나는 나이에 비해 성숙한 편이다. .... (　)(　)

274. 나는 철이 없다는 소릴 들어본 적이 많다. .... (　)(　)

275. 다른 사람의 의견이나 생각은 중요하지 않다. ··· ( )( )

276. 쓸데없이 동정심이 많다는 소릴 자주 듣는다. ··· ( )( )

277. 나는 지식에 대한 욕구가 강하다. ··· ( )( )

278. 나는 조직 내 분위기 메이커이다. ··· ( )( )

279. 자기 표현력이 강한 사람이다. ··· ( )( )

280. 나는 조금이라도 손해를 보는 행동을 하지 않는 편이다. ······························· ( )( )

281. 나는 불의를 보면 못 참는다. ··· ( )( )

282. 나는 불이익을 당하면 못 참는다. ··· ( )( )

283. 위기의 상황에서 나는 순간 대처능력이 강하다. ·· ( )( )

284. 새로운 것보다는 검증되고 안전한 것을 선택하는 경향이 강하다. ··················· ( )( )

285. 항상 상황에 정면으로 맞서서 도전하는 것을 즐긴다. ·································· ( )( )

286. 약자를 괴롭히는 사람들 보면 참을 수 없다. ·· ( )( )

287. 강자에게 아부하는 사람을 보면 참을 수 없다. ·· ( )( )

288. 머리는 좋은데 노력을 안 한다는 소릴 들어본 적이 있다. ···························· ( )( )

289. 권위나 예의를 따지는 것보다 격의 없이 지내는 것이 좋다. ························· ( )( )

290. 이해력이 빠른 편이다. ·· ( )( )

291. 다른 사람에게 좋은 인상을 주기 위해 이미지에 많이 신경을 쓰는 편이다. ········ ( )( )

292. 나는 공사구분이 확실한 편이다. ··· ( )( )

293. 나는 무슨 일이든 미리미리 준비를 하는 편이다. ··· ( )( )

294. 나는 모든 분야에 전문가적인 수준의 지식과 식견을 가지고 있다. ·················· ( )( )

295. 대를 위해 소를 희생하는 것은 당연하다고 생각한다. ·································· ( )( )

296. 회사를 위해 직원들이 희생하는 것은 옳지 않다고 생각한다. ························· ( )( )

297. 나는 이해심이 넓은 편이다. ··· ( )( )

298. 나는 객관적이고 공정한 사람이다. ··· ( )( )

299. 피곤하더라도 웃으면서 행동하는 편이다. ·· ( )( )

300. 다른 사람들의 부탁을 쉽게 거절하지 못하는 편이다. ·································· ( )( )

301. 아직 일어나지도 않은 일에 대처하는 편이다. ·· ( )( )

302. 다른 동료보다 돋보이는 사람이 되고자 노력한다. ······································ ( )( )

303. 상사가 지시하는 일은 무조건 복종해야 한다고 생각한다. ┈┈┈┈┈┈┈┈┈┈┈┈ (   )(   )

304. 다른 사람을 쉽게 믿는 편이다. ┈┈┈┈┈┈┈┈┈┈┈┈┈┈┈┈┈┈┈┈┈┈┈┈┈┈┈ (   )(   )

305. 세상은 아직 살만하다고 생각한다. ┈┈┈┈┈┈┈┈┈┈┈┈┈┈┈┈┈┈┈┈┈┈┈┈ (   )(   )

306. 낯가림이 심한 편이다. ┈┈┈┈┈┈┈┈┈┈┈┈┈┈┈┈┈┈┈┈┈┈┈┈┈┈┈┈┈┈ (   )(   )

307. 일주일에 월요일은 항상 피곤하다. ┈┈┈┈┈┈┈┈┈┈┈┈┈┈┈┈┈┈┈┈┈┈┈┈ (   )(   )

308. 사람들이 붐비는 장소에는 가지 않는다. ┈┈┈┈┈┈┈┈┈┈┈┈┈┈┈┈┈┈┈ (   )(   )

309. 악몽을 자주 꾸는 편이다. ┈┈┈┈┈┈┈┈┈┈┈┈┈┈┈┈┈┈┈┈┈┈┈┈┈┈┈ (   )(   )

310. 나는 귀신을 본 적이 있다. ┈┈┈┈┈┈┈┈┈┈┈┈┈┈┈┈┈┈┈┈┈┈┈┈┈┈┈ (   )(   )

311. 나는 사후세계가 있다고 믿는다. ┈┈┈┈┈┈┈┈┈┈┈┈┈┈┈┈┈┈┈┈┈┈┈┈┈ (   )(   )

312. 다른 사람들의 대화에 끼어드는 걸 좋아한다. ┈┈┈┈┈┈┈┈┈┈┈┈┈┈┈┈ (   )(   )

313. 정치인들은 모두 이기적이라고 생각한다. ┈┈┈┈┈┈┈┈┈┈┈┈┈┈┈┈┈┈ (   )(   )

314. 나의 노후에 대해 생각해 본 적이 없다. ┈┈┈┈┈┈┈┈┈┈┈┈┈┈┈┈┈┈┈ (   )(   )

315. 나의 노후생활에 대한 대비책을 준비하고 있다. ┈┈┈┈┈┈┈┈┈┈┈┈┈ (   )(   )

316. 누군가 나에 대해 험담을 하면 참을 수 없다. ┈┈┈┈┈┈┈┈┈┈┈┈┈┈ (   )(   )

317. 밤길을 혼자 걸으면 늘 불안하다. ┈┈┈┈┈┈┈┈┈┈┈┈┈┈┈┈┈┈┈┈┈┈┈ (   )(   )

318. 나는 유치한 사람이 싫다. ┈┈┈┈┈┈┈┈┈┈┈┈┈┈┈┈┈┈┈┈┈┈┈┈┈┈┈ (   )(   )

319. 잡담을 하는 것보다 독서를 하는 것이 낫다고 생각한다. ┈┈┈┈┈┈┈ (   )(   )

320. 나는 태어나서 한 번도 병원에 간 적이 없다. ┈┈┈┈┈┈┈┈┈┈┈┈┈┈ (   )(   )

321. 나의 건강상태를 잘 파악하는 편이다. ┈┈┈┈┈┈┈┈┈┈┈┈┈┈┈┈┈┈┈┈ (   )(   )

322. 쉽게 무기력해지는 편이다. ┈┈┈┈┈┈┈┈┈┈┈┈┈┈┈┈┈┈┈┈┈┈┈┈┈┈┈ (   )(   )

323. 나는 매사 적극적으로 행동하려고 노력한다. ┈┈┈┈┈┈┈┈┈┈┈┈┈┈ (   )(   )

324. 나는 한 번도 불만을 가져본 적이 없다. ┈┈┈┈┈┈┈┈┈┈┈┈┈┈┈┈┈┈┈ (   )(   )

325. 밤에 잠을 잘 못잘 때가 많다. ┈┈┈┈┈┈┈┈┈┈┈┈┈┈┈┈┈┈┈┈┈┈┈┈┈┈ (   )(   )

[1 ~ 325] 다음 제시된 문항을 읽고 자신의 성격에 해당되는 정도를 '① 전혀 그렇지 않다, ② 그렇지 않다, ③ 그렇다, ④ 매우 그렇다' 중 선택하시오.

※ 인·적성평가는 응시자의 인성을 파악하기 위한 시험이므로 별도의 정답이 존재하지 않습니다.

1. 나는 식욕이 좋다. ① ② ③ ④

2. 아침에 일어나면 대개 상쾌하고 밤새 잘 쉬었다는 기분이 든다. ① ② ③ ④

3. 나의 아버지는 좋은 사람이다. ① ② ③ ④

4. 범죄에 관한 신문기사 읽기를 좋아한다. ① ② ③ ④

5. 나의 일상생활은 흥미로운 일로 가득 차 있다. ① ② ③ ④

6. 목에 무언가 걸린 것 같은 때가 많다. ① ② ③ ④

7. 탐정소설이나 추리소설을 좋아한다. ① ② ③ ④

8. 변비로 고생하지는 않는다. ① ② ③ ④

9. 상당한 긴장 속에서 일하고 있다. ① ② ③ ④

10. 차마 입 밖에 꺼낼 수 없을 정도로 나쁜 생각을 할 때가 가끔 있다. ① ② ③ ④

11. 확실히 내 팔자는 사납다. ① ② ③ ④

12. 때때로 도저히 참을 수 없는 웃음이나 울음이 터져 나오곤 한다. ① ② ③ ④

13. 나에게 나쁜 짓을 하는 사람에게는 할 수만 있다면 보복을 해야 한다. ① ② ③ ④

14. 이따금 집을 몹시 떠나고 싶다. ① ② ③ ④

15. 아무도 나를 이해해 주지 않는 것 같다. ① ② ③ ④

16. 곤경에 처했을 때는 입을 다물고 있는 것이 상책이다. ① ② ③ ④

17. 일주일에 몇 번이나 위산과다나 소화불량으로 고생한다. ① ② ③ ④

18. 며칠에 한 번씩 악몽으로 시달린다. ① ② ③ ④

19. 남들이 하지 못한 아주 기이하고 이상한 경험을 한 적이 있다. ① ② ③ ④

20. 건강에 대해 거의 염려하지 않는다. ① ② ③ ④

21. 어렸을 때 가끔 물건을 훔친 적이 있다. ① ② ③ ④

22. 언제나 진실만을 말하지는 않는다. ① ② ③ ④

23. 심장이나 가슴이 아파 고생한 적이 거의 없다. ① ② ③ ④

24. 한 가지 일에 너무 몰두하여 남들이 내게 참을성을 잃는 때가 가끔 있다. ············· ① ② ③ ④

25. 거의 어느 때나 무언가를 하기보다는 가만히 앉아 공상에 잠기는 편이다. ············· ① ② ③ ④

26. 나는 매우 사교적인 사람이다. ·· ① ② ③ ④

27. 나만큼 알지 못하는 사람들로부터 명령을 받아야 할 때가 종종 있다. ·················· ① ② ③ ④

28. 매일 신문의 모든 사설을 읽지는 않는다. ·· ① ② ③ ④

29. 올바른 삶을 살아오지 못했다. ·· ① ② ③ ④

30. 가족들이 내가 앞으로 하고자 하는 일을 좋아하지 않는다. ····························· ① ② ③ ④

31. 나도 남들만큼 행복했으면 좋겠다. ··· ① ② ③ ④

32. 부모님은 내 친구들을 좋아하지 않는다. ··· ① ② ③ ④

33. 타인으로부터 동정이나 도움을 얻기 위해 자기들의 불행을 과장하는 사람이 많다. ········ ① ② ③ ④

34. 나는 중요한 사람이다. ··· ① ② ③ ④

35. 가끔 동물을 못살게 군다. ·· ① ② ③ ④

36. 대부분의 법률은 없애버리는 편이 더 낫다. ································· ① ② ③ ④

37. 연애 소설을 즐겨 읽는다. ·· ① ② ③ ④

38. 가끔 기분이 좋지 않을 때 나는 짜증을 낸다. ····························· ① ② ③ ④

39. 남들이 놀려도 개의치 않는다. ·· ① ② ③ ④

40. 나는 논쟁에서 쉽사리 궁지에 몰린다. ·· ① ② ③ ④

41. 요즈음은 가치 있는 사람이 될 것이라는 희망을 지탱해 나가기가 어렵다. ············· ① ② ③ ④

42. 나는 확실히 자신감이 부족하다. ··· ① ② ③ ④

43. 사람들에게 진실을 납득시키기 위해서 토론이나 논쟁을 많이 해야 한다. ············· ① ② ③ ④

44. 이따금 오늘 해야 할 일을 내일로 미룬다. ································ ① ② ③ ④

45. 후회할 일을 많이 한다. ··· ① ② ③ ④

46. 대부분의 사람들은 남보다 앞서기 위해서라면 거짓말도 할 것이다. ·················· ① ② ③ ④

47. 그들이 옳다는 것을 알면서도 일부러 해 달라는 것과는 정반대의 일을 하고 싶어진다. ········ ① ② ③ ④

48. 집안 식구들과 거의 말다툼을 하지 않는다. ································ ① ② ③ ④

49. 여자도 남자와 같이 성의 자유를 누려야 한다. ····························· ① ② ③ ④

50. 때로 해롭거나 충격적인 일을 하고 싶은 충동을 강하게 느낀다. ···················· ① ② ③ ④

51. 떠들썩하게 놀 수 있는 파티나 모임에 가는 것을 좋아한다. ····················· ① ② ③ ④

52. 선택의 여지가 너무 많아 마음의 결정을 내리지 못한 상황에 처한 적이 있었다. ·········· ① ② ③ ④

53. 살찌지 않기 위해 가끔 난 먹은 것을 토해낸다. ┈┈┈┈┈┈┈┈┈┈┈┈┈┈┈┈┈┈┈┈ ① ② ③ ④

54. 나에게 가장 힘든 싸움은 나 자신과의 싸움이다. ┈┈┈┈┈┈┈┈┈┈┈┈┈┈┈┈┈┈ ① ② ③ ④

55. 나는 아버지를 사랑한다. ┈┈┈┈┈┈┈┈┈┈┈┈┈┈┈┈┈┈┈┈┈┈┈┈┈┈┈┈┈┈┈┈ ① ② ③ ④

56. 경기나 게임은 내기를 해야 더 재미있다. ┈┈┈┈┈┈┈┈┈┈┈┈┈┈┈┈┈┈┈┈┈┈┈ ① ② ③ ④

57. 나에게 무슨 일이 일어나건 상관하지 않는 편이다. ┈┈┈┈┈┈┈┈┈┈┈┈┈┈┈┈┈ ① ② ③ ④

58. 내 주위에 있는 사람들만큼 나도 유능하고 똑똑한 것 같다. ┈┈┈┈┈┈┈┈┈┈┈ ① ② ③ ④

59. 마치 내가 나쁜 일을 저지른 것처럼 느껴지는 때가 많다. ┈┈┈┈┈┈┈┈┈┈┈┈ ① ② ③ ④

60. 거의 언제나 나는 행복하다. ┈┈┈┈┈┈┈┈┈┈┈┈┈┈┈┈┈┈┈┈┈┈┈┈┈┈┈┈┈┈ ① ② ③ ④

61. 누군가 나에게 악의를 품고 있거나 나를 해치려고 한다고 생각한다. ┈┈┈┈┈ ① ② ③ ④

62. 스릴을 맛보기 위해 위험한 행동을 해본 적이 한 번도 없다. ┈┈┈┈┈┈┈┈┈ ① ② ③ ④

63. 학교 다닐 때 나쁜 짓을 하여 가끔 교무실에 불려 갔었다. ┈┈┈┈┈┈┈┈┈┈┈ ① ② ③ ④

64. 소화불량, 신트림 등 위장과 관련된 장애가 많다. ┈┈┈┈┈┈┈┈┈┈┈┈┈┈┈┈┈ ① ② ③ ④

65. 대부분의 사람들은 이득이 된다면 다소간 부당한 수단도 쓸 것이다. ┈┈┈┈┈ ① ② ③ ④

66. 능력도 있고 열심히 일하기만 한다면 누구나 성공할 가능성이 크다. ┈┈┈┈┈ ① ② ③ ④

67. 누구 때문에 내가 이런 곤경에 빠져 있는지를 알 수 있다. ┈┈┈┈┈┈┈┈┈┈┈ ① ② ③ ④

68. 피를 봐도 놀라거나 역겹지 않다. ┈┈┈┈┈┈┈┈┈┈┈┈┈┈┈┈┈┈┈┈┈┈┈┈┈┈┈ ① ② ③ ④

69. 종종 내가 왜 그렇게 짜증을 내거나 뚱해 있었는지 도무지 이해할 수 없다. ┈ ① ② ③ ④

70. 나는 영화보다 연극을 더 좋아한다. ┈┈┈┈┈┈┈┈┈┈┈┈┈┈┈┈┈┈┈┈┈┈┈┈┈ ① ② ③ ④

71. 입장료를 내지 않고 극장에 들어가도 들킬 염려만 없다면 나는 아마 그렇게 할 것이다. ┈┈┈┈ ① ② ③ ④

72. 꽃이나 화초를 가꾸는 것을 좋아한다. ┈┈┈┈┈┈┈┈┈┈┈┈┈┈┈┈┈┈┈┈┈┈┈ ① ② ③ ④

73. 옳다고 생각하는 일은 밀고 나가야 할 필요가 있다고 자주 생각한다. ┈┈┈┈ ① ② ③ ④

74. 거의 매일 밤 쉽게 잠든다. ┈┈┈┈┈┈┈┈┈┈┈┈┈┈┈┈┈┈┈┈┈┈┈┈┈┈┈┈┈┈ ① ② ③ ④

75. 피를 토하거나 피가 섞인 기침을 한 적이 없다. ┈┈┈┈┈┈┈┈┈┈┈┈┈┈┈┈┈ ① ② ③ ④

76. 누군가 내게 잘해 줄 때는 뭔가 숨은 의도가 있을 것이라고 종종 생각한다. ┈┈┈ ① ② ③ ④

77. 나는 사후의 세계가 있다고 믿는다. ┈┈┈┈┈┈┈┈┈┈┈┈┈┈┈┈┈┈┈┈┈┈┈┈┈ ① ② ③ ④

78. 때때로 생각이 너무 빨리 떠올라서 그것을 말로 다 표현할 수 없다. ┈┈┈┈┈ ① ② ③ ④

79. 결정을 빨리 내리지 못해서 종종 기회를 놓쳐 버리곤 했다. ┈┈┈┈┈┈┈┈┈ ① ② ③ ④

80. 중요한 일을 하고 있을 때 다른 일로 나를 방해하면 참을성을 잃고 만다. ┈┈ ① ② ③ ④

81. 초등학교 때부터 지금까지 매일 일기를 쓴다. ┈┈┈┈┈┈┈┈┈┈┈┈┈┈┈┈┈┈ ① ② ③ ④

82. 법률은 지켜져야 하며 어긴 사람은 벌 받아 마땅하다. ···································· ① ② ③ ④

83. 비판이나 꾸지람을 들으면 속이 몹시 상한다. ·· ① ② ③ ④

84. 음식 만들기를 좋아한다. ··· ① ② ③ ④

85. 내 행동은 주로 주위 사람들의 행동에 의해 좌우된다. ································· ① ② ③ ④

86. 때때로 나는 정말 쓸모없는 인간이라고 느낀다. ·· ① ② ③ ④

87. 어렸을 때 어려움이 닥쳐도 의리를 지키려고 하는 친구들 무리와 어울려 지냈다. ·········· ① ② ③ ④

88. 누군가가 나를 해칠 음모를 꾸미고 있다고 느낀다. ···································· ① ② ③ ④

89. 게임에서 지기보다는 이기고 싶다. ·· ① ② ③ ④

90. 누군가에게 주먹다짐을 하고 싶을 때가 이따금 있다. ································· ① ② ③ ④

91. 정신은 멀쩡하지만 갑자기 몸을 움직일 수도 말을 할 수도 없었던 적이 있다. ·············· ① ② ③ ④

92. 누가 내 뒤를 몰래 따라다닌다고 생각한다. ··· ① ② ③ ④

93. 이유도 없이 자주 벌 받았다고 느낀다. ··· ① ② ③ ④

94. 나는 작은 일에도 쉽게 운다. ·· ① ② ③ ④

95. 나는 지난 10년 동안 체중이 늘지도 줄지도 않았다. ··································· ① ② ③ ④

96. 나는 건강하다고 생각한다. ·· ① ② ③ ④

97. 거의 두통을 느끼지 않는다. ··· ① ② ③ ④

98. 지루할 때면 뭔가 신나는 일을 벌이고 싶다. ·· ① ② ③ ④

99. 술을 마시거나 마약을 사용하는 사람들은 문제가 있다고 믿는다. ·················· ① ② ③ ④

100. 나도 모르게 속았다는 것을 인정해야 할 때 나는 분노하게 된다. ················· ① ② ③ ④

101. 쉽게 피곤해지지 않는다. ·· ① ② ③ ④

102. 현기증이 나는 일이 거의 없다. ··· ① ② ③ ④

103. 나의 기억력은 괜찮은 것 같다. ··· ① ② ③ ④

104. 이유없이 졸도한 적이 없다. ·· ① ② ③ ④

105. 높은 곳에서 아래를 보면 겁이 난다. ··· ① ② ③ ④

106. 가족들 중 누가 법적인 문제에 말려든다 해도 별로 긴장하지 않을 것이다. ····· ① ② ③ ④

107. 뱀을 그다지 무서워하지 않는다. ·· ① ② ③ ④

108. 남이 나를 어떻게 생각하든 신경 쓰지 않는다. ··· ① ② ③ ④

109. 파티나 모임에서 장기 자랑을 하는 게 불편하다. ······································ ① ② ③ ④

110. 학창시절 학교를 가는 것을 좋아했다. ··· ① ② ③ ④

111. 수줍음을 탄다는 것을 나타내지 않으려고 자주 애써야 한다. ································ ① ② ③ ④

112. 나는 누군가를 독살하고 싶을 때가 있다. ································ ① ② ③ ④

113. 나는 글을 읽거나 조사하는 것을 좋아한다. ································ ① ② ③ ④

114. 거지에게 돈을 주는 것을 반대한다. ································ ① ② ③ ④

115. 여러 종류의 놀이와 오락을 즐긴다. ································ ① ② ③ ④

116. 오랫동안 글을 읽어도 눈이 피로해지지 않는다. ································ ① ② ③ ④

117. 처음 만나는 사람과 대화하기가 어렵다. ································ ① ② ③ ④

118. 행동한 후에 내가 무엇을 했었는지 몰랐던 때가 있었다. ································ ① ② ③ ④

119. 손 놀리기가 거북하거나 어색한 때가 없다. ································ ① ② ③ ④

120. 정신이 나가거나 자제력을 잃을까봐 두렵다. ································ ① ② ③ ④

121. 당황하면 땀이 나서 몹시 불쾌할 때가 가끔 있다. ································ ① ② ③ ④

122. 무엇을 하려고 하면 손이 떨릴 때가 많다. ································ ① ② ③ ④

123. 내 정신 상태에 뭔가 문제가 있는 것 같다. ································ ① ② ③ ④

124. 꽃가루 알레르기나 천식이 없다. ································ ① ② ③ ④

125. 거의 언제나 온몸에 기운이 없다. ································ ① ② ③ ④

126. 내가 아는 모든 사람을 다 좋아하지는 않는다. ································ ① ② ③ ④

127. 나는 때때로 자살에 대해 생각한다. ································ ① ② ③ ④

128. 심장이 두근거리거나 숨이 찰 때가 거의 없다. ································ ① ② ③ ④

129. 걸어가면서 몸의 균형을 유지하는 데 어려움이 없다. ································ ① ② ③ ④

130. 농담이나 애교로 이성의 관심을 사고 싶다. ································ ① ② ③ ④

131. 가족이나 친척들은 나를 어린애 취급한다. ································ ① ② ③ ④

132. 나의 어머니는 좋은 사람이다. ································ ① ② ③ ④

133. 분명히 내 귀도 남들만큼 밝다. ································ ① ② ③ ④

134. 공상에 잠기는 적이 거의 없다. ································ ① ② ③ ④

135. 너무 수줍어하지 않았으면 좋겠다. ································ ① ② ③ ④

136. 건축업자가 하는 일을 좋아할 것 같다. ································ ① ② ③ ④

137. 신체적인 이상 때문에 여가 생활을 즐길 수 없다. ································ ① ② ③ ④

138. 과학을 좋아한다. ································ ① ② ③ ④

139. 비록 보답할 수 없더라도 친구의 도움을 청하는 것이 그리 어렵지 않다. ································ ① ② ③ ④

140. 나는 독립성이 강하고 가족의 규율에 얽매임 없이 자유롭게 행동한다. ································ ① ② ③ ④

141. 가끔 남에 대한 험담이나 잡담을 조금 한다. ·· ① ② ③ ④

142. 길을 걸을 때 길바닥의 금을 밟지 않으려고 매우 신경 쓴다. ··· ① ② ③ ④

143. 가족 중에 몹시 나를 괴롭히고 성가시게 하는 버릇을 가진 이가 있다. ···························· ① ② ③ ④

144. 다른 집에 비해 우리 가정은 사랑과 우애가 거의 없다. ·· ① ② ③ ④

145. 무엇인가에 대해 나는 자주 걱정을 한다. ··· ① ② ③ ④

146. 나는 남들보다 더 불안하거나 초조해 하지는 않는다. ·· ① ② ③ ④

147. 전에 한 번도 가본 적이 없는 곳에 가는 것을 좋아한다. ·· ① ② ③ ④

148. 나는 내 인생을 설계할 때 해야 할 도리나 의무를 우선으로 삼았다. ······························· ① ② ③ ④

149. 간혹 지저분한 농담에 웃곤 한다. ··· ① ② ③ ④

150. 내가 어울려 지내는 친구들을 부모님이 종종 탐탁지 않게 여기셨다. ······························ ① ② ③ ④

151. 고민을 털어버리지 못하고 계속 집착한다. ··· ① ② ③ ④

152. 친척들은 거의 다 나와 의견을 같이 한다. ·· ① ② ③ ④

153. 한 곳에 오래 앉아 있기 힘들 정도로 안절부절 못할 때가 있다. ····································· ① ② ③ ④

154. 때때로 범인의 영리한 행동을 보고 그가 잡히지 않고 잘 빠져나가기를 바란 적이 있다. ········ ① ② ③ ④

155. 나의 외모에 대해 결코 걱정하지 않는다. ··· ① ② ③ ④

156. 누구한테도 말할 수 없고 혼자만 간직해야 할 꿈을 자주 꾼다. ····································· ① ② ③ ④

157. 성에 대해 이야기하는 것을 좋아한다. ·· ① ② ③ ④

158. 아픈 데가 거의 없다. ·· ① ② ③ ④

159. 나의 일하는 방식은 다른 사람들로부터 오해를 사기 쉽다. ·· ① ② ③ ④

160. 가끔 아무 이유도 없이 혹은 일이 잘못되어 갈 때조차도 "세상을 내 손 안에 다 넣은 것"처럼
     굉장히 행복하다. ··· ① ② ③ ④

161. 나는 쉽게 화내고 쉽게 풀어진다. ··· ① ② ③ ④

162. 집을 나설 때 문단속이 잘 되었는지 걱정하지 않는다. ·· ① ② ③ ④

163. 부모님은 정말로 나를 사랑하지 않는다. ·· ① ② ③ ④

164. 누군가 내 것을 빼앗아 가려고 한다. ··· ① ② ③ ④

165. 서로 농담을 주고받는 사람들과 함께 있는 것이 좋다. ·· ① ② ③ ④

166. 나는 학교에서 남보다 늦게 깨우치는 편이다. ··· ① ② ③ ④

167. 지금의 내 생긴 모습 그대로에 만족한다. ·· ① ② ③ ④

168. 신선한 날에도 곧잘 땀을 흘린다. ·· ① ② ③ ④

169. 귀가 윙윙거리거나 울리는 일이 거의 없다. ······································· ① ② ③ ④

170. 가게 물건이나 남의 것을 훔치지 않고는 못 견딜 때가 가끔 있다. ············· ① ② ③ ④

171. 내가 기자라면 스포츠에 대한 기사를 쓰고 싶다. ································· ① ② ③ ④

172. 일주일에 한 번 혹은 그 이상 나는 몹시 흥분이 된다. ·························· ① ② ③ ④

173. 이 세상에서 무엇이든지 다 손에 넣으려고 하는 사람을 나는 탓하지 않는다. ······· ① ② ③ ④

174. 내 생각이나 아이디어를 훔치려는 자가 종종 있다. ······························ ① ② ③ ④

175. 갑자기 멍해져서 아무 것도 할 수 없고 내 주위의 일이 어떻게 돌아가는 지 알 수 없는 때가

　　있었다. ··· ① ② ③ ④

176. 잘못된 행동을 하는 사람과도 나는 친해질 수 있다. ···························· ① ② ③ ④

177. 허술하고 어수룩한 사람을 이용하는 자를 나는 탓하지 않는다. ················ ① ② ③ ④

178. 나는 무슨 일이든 시작하기가 어렵다. ·· ① ② ③ ④

179. 여러 사람이 함께 곤경에 처했을 때 최상의 해결책은 한 가지 이야기에 입을 맞춰 끝까지

　　밀고 가는 것이다. ··· ① ② ③ ④

180. 매일 물을 상당히 많이 마신다. ·· ① ② ③ ④

181. 사람들은 대개 자신에게 도움이 될 것 같으니까 친구를 사귄다. ··············· ① ② ③ ④

182. 평소에는 내가 사랑하는 가족들이 이따금 미워지기도 한다. ···················· ① ② ③ ④

183. 아무도 믿지 않는 것이 가장 안전하다. ·· ① ② ③ ④

184. 남에게 무슨 일이 일어나든 아무도 상관하지 않는다. ··························· ① ② ③ ④

185. 여러 사람들과 있을 때 적절한 화제 거리를 생각해 내기가 어렵다. ············ ① ② ③ ④

186. 울적할 때 뭔가 신나는 일이 생기면 기분이 훨씬 나아진다. ···················· ① ② ③ ④

187. 많은 사람 앞에서 내가 잘 아는 분야에 관해 토론을 시작하거나 의견을 발표하라고 하면

　　당황하지 않고 잘 할 수 있다. ·· ① ② ③ ④

188. 귀중품을 아무 데나 내버려두어서 유혹을 느끼게 하는 사람도 그것을 훔치는 사람만큼 도난

　　에 책임이 있다고 생각한다. ·· ① ② ③ ④

189. 나는 술을 너무 많이 마시곤 한다. ·· ① ② ③ ④

190. 곤경에서 빠져 나오기 위해 누구라도 거짓말을 한다. ··························· ① ② ③ ④

191. 나는 남들보다 민감하다. ·· ① ② ③ ④

192. 나쁜 짓을 해서 학교에서 정학 당한 적이 있다. ·································· ① ② ③ ④

193. 낯선 사람들이 비판의 눈초리로 나를 쳐다보고 있는 것을 종종 느낀다. ⋯⋯⋯⋯⋯⋯⋯ ① ② ③ ④

194. 아무 음식이나 맛이 다 똑같다. ⋯⋯⋯⋯⋯⋯⋯⋯⋯⋯⋯⋯⋯⋯⋯⋯⋯⋯⋯⋯⋯⋯⋯⋯⋯⋯⋯⋯⋯⋯ ① ② ③ ④

195. 나는 대부분의 사람들보다 더 감정적이다. ⋯⋯⋯⋯⋯⋯⋯⋯⋯⋯⋯⋯⋯⋯⋯⋯⋯⋯⋯⋯⋯⋯⋯⋯ ① ② ③ ④

196. 누구를 사랑해 본 적이 없다. ⋯⋯⋯⋯⋯⋯⋯⋯⋯⋯⋯⋯⋯⋯⋯⋯⋯⋯⋯⋯⋯⋯⋯⋯⋯⋯⋯⋯⋯⋯⋯ ① ② ③ ④

197. 칼 혹은 아주 날카롭거나 뾰족한 것을 사용하기가 두렵다. ⋯⋯⋯⋯⋯⋯⋯⋯⋯⋯⋯⋯⋯⋯ ① ② ③ ④

198. 나는 거의 꿈을 꾸지 않는다. ⋯⋯⋯⋯⋯⋯⋯⋯⋯⋯⋯⋯⋯⋯⋯⋯⋯⋯⋯⋯⋯⋯⋯⋯⋯⋯⋯⋯⋯⋯⋯ ① ② ③ ④

199. 다른 사람 앞에 나가 이야기하는 것이 무척 어렵다. ⋯⋯⋯⋯⋯⋯⋯⋯⋯⋯⋯⋯⋯⋯⋯⋯⋯ ① ② ③ ④

200. 나는 어머니를 사랑한다. ⋯⋯⋯⋯⋯⋯⋯⋯⋯⋯⋯⋯⋯⋯⋯⋯⋯⋯⋯⋯⋯⋯⋯⋯⋯⋯⋯⋯⋯⋯⋯⋯⋯ ① ② ③ ④

201. 사람들과 함께 있을 때에도 나는 늘 외로움을 느낀다. ⋯⋯⋯⋯⋯⋯⋯⋯⋯⋯⋯⋯⋯⋯⋯⋯ ① ② ③ ④

202. 나는 남들로부터 이해와 관심을 받을 만큼 받는다. ⋯⋯⋯⋯⋯⋯⋯⋯⋯⋯⋯⋯⋯⋯⋯⋯⋯ ① ② ③ ④

203. 잘하지 못하는 게임은 아예 하지도 않는다. ⋯⋯⋯⋯⋯⋯⋯⋯⋯⋯⋯⋯⋯⋯⋯⋯⋯⋯⋯⋯⋯⋯ ① ② ③ ④

204. 나도 다른 사람들처럼 쉽게 친구를 사귀는 것 같다. ⋯⋯⋯⋯⋯⋯⋯⋯⋯⋯⋯⋯⋯⋯⋯⋯⋯ ① ② ③ ④

205. 주위에 사람이 있는 것이 싫다. ⋯⋯⋯⋯⋯⋯⋯⋯⋯⋯⋯⋯⋯⋯⋯⋯⋯⋯⋯⋯⋯⋯⋯⋯⋯⋯⋯⋯⋯ ① ② ③ ④

206. 남이 내게 말을 걸어오기 전에는 내가 먼저 말을 하지 않는 편이다. ⋯⋯⋯⋯⋯⋯⋯⋯ ① ② ③ ④

207. 법적인 일로 말썽이 난 적이 없다. ⋯⋯⋯⋯⋯⋯⋯⋯⋯⋯⋯⋯⋯⋯⋯⋯⋯⋯⋯⋯⋯⋯⋯⋯⋯⋯⋯ ① ② ③ ④

208. 사람들은 남을 돕는 것을 속으로는 싫어한다. ⋯⋯⋯⋯⋯⋯⋯⋯⋯⋯⋯⋯⋯⋯⋯⋯⋯⋯⋯⋯ ① ② ③ ④

209. 가끔 중요하지도 않은 생각이 마음을 스치고 지나가 며칠이고 나를 괴롭힌다. ⋯⋯ ① ② ③ ④

210. 사람들은 남의 권리를 존중해 주기보다는 남들이 자신의 권리를 존중해주기를 더 바란다고

생각한다. ⋯⋯⋯⋯⋯⋯⋯⋯⋯⋯⋯⋯⋯⋯⋯⋯⋯⋯⋯⋯⋯⋯⋯⋯⋯⋯⋯⋯⋯⋯⋯⋯⋯⋯⋯⋯⋯⋯⋯ ① ② ③ ④

211. 돈 걱정을 자주 한다. ⋯⋯⋯⋯⋯⋯⋯⋯⋯⋯⋯⋯⋯⋯⋯⋯⋯⋯⋯⋯⋯⋯⋯⋯⋯⋯⋯⋯⋯⋯⋯⋯⋯⋯ ① ② ③ ④

212. 인형을 가지고 놀고 싶었던 때가 한 번도 없었다. ⋯⋯⋯⋯⋯⋯⋯⋯⋯⋯⋯⋯⋯⋯⋯⋯⋯⋯ ① ② ③ ④

213. 거의 언제나 인생살이가 나에게는 힘이 든다. ⋯⋯⋯⋯⋯⋯⋯⋯⋯⋯⋯⋯⋯⋯⋯⋯⋯⋯⋯⋯ ① ② ③ ④

214. 어떤 문제에 대해서는 이야기조차 할 수 없을 정도로 과민하다. ⋯⋯⋯⋯⋯⋯⋯⋯⋯⋯ ① ② ③ ④

215. 몸에 마비가 오거나 근육이 이상하게 약해진 적이 없다. ⋯⋯⋯⋯⋯⋯⋯⋯⋯⋯⋯⋯⋯⋯ ① ② ③ ④

216. 감기에 걸리지 않아도 가끔 목이 잠겨 소리를 낼 수 없거나 목소리가 변한다. ⋯⋯⋯⋯ ① ② ③ ④

217. 나는 갈등해소와 극복을 위해 노력한다. ⋯⋯⋯⋯⋯⋯⋯⋯⋯⋯⋯⋯⋯⋯⋯⋯⋯⋯⋯⋯⋯⋯⋯ ① ② ③ ④

218. 이따금 이상한 냄새를 맡을 때가 있다. ⋯⋯⋯⋯⋯⋯⋯⋯⋯⋯⋯⋯⋯⋯⋯⋯⋯⋯⋯⋯⋯⋯⋯⋯ ① ② ③ ④

219. 한 가지 일에 마음을 집중할 수 없다. ⋯⋯⋯⋯⋯⋯⋯⋯⋯⋯⋯⋯⋯⋯⋯⋯⋯⋯⋯⋯⋯⋯⋯⋯ ① ② ③ ④

220. 내가 하고 싶은 일도 남이 대단치 않게 여기면 포기해 버린다. ⋯⋯⋯⋯⋯⋯⋯⋯⋯⋯⋯ ① ② ③ ④

221. 어떤 것이나 어떤 사람에 대해서 거의 언제나 불안을 느낀다. ······································ ① ② ③ ④

222. 가족들 중 누가 한 일로 인해 무서웠던 적이 있다. ······································ ① ② ③ ④

223. 죽어 버렸으면 하고 바랄 때가 많다. ······································ ① ② ③ ④

224. 너무 흥분이 되어 잠을 이루기 힘든 때가 가끔 있다. ······································ ① ② ③ ④

225. 다른 사람에 비해 나는 걱정거리가 많다. ······································ ① ② ③ ④

226. 소리가 너무 잘 들려 괴로울 때가 가끔 있다. ······································ ① ② ③ ④

227. 나는 쉽게 당황한다. ······································ ① ② ③ ④

228. 길을 걷다가 어떤 사람과 마주치는 게 싫어 길을 건너가 버릴 때가 종종 있다. ··········· ① ② ③ ④

229. 모든 것이 현실이 아닌 것처럼 느껴질 때가 자주 있다. ······································ ① ② ③ ④

230. 파티와 사교 모임을 좋아한다. ······································ ① ② ③ ④

231. 별로 중요하지도 않은 것들을 세어보는 버릇이 있다. ······································ ① ② ③ ④

232. 사람들이 나에 관해 모욕적이고 상스러운 말을 한다. ······································ ① ② ③ ④

233. 기대 이상으로 친절하게 구는 사람을 경계하는 편이다. ······································ ① ② ③ ④

234. 나는 이상하고 기이한 생각을 가지고 있다. ······································ ① ② ③ ④

235. 잠깐이라도 집을 나서야 할 때는 불안하고 당황하게 된다. ······································ ① ② ③ ④

236. 특별한 이유도 없이 몹시 명랑한 기분이 들 때가 있다. ······································ ① ② ③ ④

237. 혼자 있을 때면 이상한 소리가 들린다. ······································ ① ② ③ ④

238. 어떤 사물이나 사람이 나를 해치지 않는다는 것을 알면서도 그것들을 두려워한다. ··········· ① ② ③ ④

239. 사람들이 이미 모여서 이야기하고 있는 방에 불쑥 나 혼자 들어가는 것이 두렵지 않다. ······ ① ② ③ ④

240. 나는 사람들에 대해 쉽게 참을성을 잃는다. ······································ ① ② ③ ④

241. 사랑하는 사람을 괴롭히는 것이 즐거울 때가 가끔 있다. ······································ ① ② ③ ④

242. 성급하다는 소리를 자주 듣는다. ······································ ① ② ③ ④

243. 나는 다른 사람들보다 정신을 집중하기가 더 어렵다. ······································ ① ② ③ ④

244. 내 능력이 보잘 것 없다고 생각했기 때문에 일을 포기한 적이 여러 번 있다. ··············· ① ② ③ ④

245. 나쁜 말이나 종종 끔찍한 말들이 떠올라 머릿속에서 떠나지 않는다. ······················ ① ② ③ ④

246. 사람들이 내게 한 말을 금방 잊어버린다. ······································ ① ② ③ ④

247. 거의 매일 나를 소스라치게 하는 일들이 생긴다. ······································ ① ② ③ ④

248. 나는 사소한 일이라도 대개는 행동하기 전에 일단 멈추어 생각해 보아야 한다. ··········· ① ② ③ ④

249. 안 좋은 일이 생기면 민감하게 반응하는 성향이 있다. ······································ ① ② ③ ④

250. 기차나 버스에서 종종 낯선 사람과 이야기를 한다. ···················· ① ② ③ ④

251. 나는 꿈을 이해하려고 노력하며, 꿈이 알려 주는 지시나 경고를 받아들인다. ·············· ① ② ③ ④

252. 파티나 모임에서 여러 사람들과 어울리기보다는 혼자 있거나 단둘이 있는 때가 많다. ········ ① ② ③ ④

253. 어떤 일을 모면하기 위해 꾀병을 부린 적이 있다. ···················· ① ② ③ ④

254. 어려움이 너무 커서 도저히 이겨낼 수 없다고 느껴질 때가 가끔 있다. ·············· ① ② ③ ④

255. 일이 잘못되어 갈 때는 금방 포기하고 싶어진다. ···················· ① ② ③ ④

256. 보통 때보다 머리가 잘 안 돌아가는 것 같을 때가 있다. ················· ① ② ③ ④

257. 사랑하는 사람으로부터 상처받는 것을 가끔 즐긴다. ···················· ① ② ③ ④

258. 나는 아이들을 좋아한다. ······································· ① ② ③ ④

259. 적은 돈을 걸고 하는 노름을 즐긴다. ····························· ① ② ③ ④

260. 기회만 주어진다면 세상에 큰 도움이 될 만한 일을 해 낼 수 있을 것 같다. ········· ① ② ③ ④

261. 나보다 별로 낫지도 않으면서 전문가로 불리는 사람들을 종종 만난다. ·········· ① ② ③ ④

262. 내가 잘 알고 있는 사람이 성공했다는 소식을 들으면 나 자신이 마치 실패자처럼 느껴진다.· ① ② ③ ④

263. 다시 어린아이로 되돌아갔으면 하고 바랄 때가 종종 있다. ················ ① ② ③ ④

264. 혼자 있을 때가 가장 행복하다. ·································· ① ② ③ ④

265. 기회만 주어진다면 나는 훌륭한 지도자가 될 것이다. ··················· ① ② ③ ④

266. 힘이 넘칠 때가 가끔 있다. ····································· ① ② ③ ④

267. 내가 사교 모임을 좋아하는 이유는 단지 사람들과 어울리고 싶어서이다. ········· ① ② ③ ④

268. 누군가 나에게 최면을 걸어서 어떤 일을 하게끔 한다고 느낀 적이 한두 번 있었다. ······· ① ② ③ ④

269. 일단 시작한 일에서 잠깐 동안이라도 손을 떼기가 어렵다. ················ ① ② ③ ④

270. 친구나 가족들이 내게 어떻게 살아야 하는지에 대해 충고하면 화가 난다. ········· ① ② ③ ④

271. 나는 낯선 사람과 만나는 것을 개의치 않는다. ······················ ① ② ③ ④

272. 사람들은 종종 나를 실망시킨다. ································· ① ② ③ ④

273. 명랑한 친구들과 있으면 근심이 사라져버리는 것 같다. ·················· ① ② ③ ④

274. 춤추러 가는 것을 좋아한다. ····································· ① ② ③ ④

275. 내가 어떻게 생각하고 있는지 남에게 알려주고 싶다. ··················· ① ② ③ ④

276. 술에 취했을 때만 솔직해질 수 있다. ····························· ① ② ③ ④

277. 기운이 넘쳐흘러 며칠이고 자지 않아도 괜찮을 때가 있다. ················ ① ② ③ ④

278. 집을 영원히 떠날 수 있는 때가 오기를 간절히 바란다. ·················· ① ② ③ ④

279. 내 친구들은 종종 말썽을 일으킨다. ··· ① ② ③ ④

280. 물을 무서워하지 않는다. ··· ① ② ③ ④

281. 지금의 나 자신에게 만족하지 않는다. ··· ① ② ③ ④

282. 비싼 옷을 입어보고 싶다. ··· ① ② ③ ④

283. 확 트인 곳에 혼자 있는 것이 두렵다. ··· ① ② ③ ④

284. 실내에 있으면 불안하다. ··· ① ② ③ ④

285. 신문에서 재미있는 부분은 단지 만화뿐이다. ··· ① ② ③ ④

286. 내 가족 한두 사람에게 질투를 느끼는 데는 나름대로의 이유가 있다. ······ ① ② ③ ④

287. 살찌지 않기 위해 가끔 나는 설사약을 복용한다. ··································· ① ② ③ ④

288. 나는 쉽게 남들이 나를 두려워하게 할 수 있고 또 가끔은 재미삼아 그렇게 한다. ······· ① ② ③ ④

289. 쉽사리 화를 내지 않는다. ··· ① ② ③ ④

290. 나는 과거에 아무에게도 말하지 못할 나쁜 짓을 저질렀다. ················ ① ② ③ ④

291. 개인적인 질문을 받으면 나는 초조하고 불안해진다. ····························· ① ② ③ ④

292. 장래 계획을 세울 수 없을 것 같다. ··· ① ② ③ ④

293. 군중 속에서 느끼게 되는 흥분감을 즐긴다. ··· ① ② ③ ④

294. 짜증내거나 투덜대고 난 후 후회하는 일이 종종 있다. ························· ① ② ③ ④

295. 실제로 법을 어기지 않는 한, 법을 슬쩍 피해 가는 것도 괜찮다. ····· ① ② ③ ④

296. 남들의 인생철학을 듣고 싶지 않다. ··· ① ② ③ ④

297. 친한 사람들과 심각하게 의견이 대립될 때가 자주 있다. ····················· ① ② ③ ④

298. 주변에서 일어나는 일 때문에 종종 기분이 상한다. ······························· ① ② ③ ④

299. 일이 아주 안 풀릴 때 가족으로부터 도움을 받을 수 있다는 것을 안다. ····· ① ② ③ ④

300. 매를 많이 맞은 적이 있다. ··· ① ② ③ ④

301. 되도록 사람이 많은 곳에 가기를 피한다. ··· ① ② ③ ④

302. 내가 한 말이 남의 마음을 상하게 하지 않았나 하는 걱정을 그만했으면 좋겠다. ······· ① ② ③ ④

303. 내가 계획한 일이 너무 어려워 보여서 포기해야 할 때가 자주 있었다. ······ ① ② ③ ④

304. 모든 일이 잘 되어 갈 때라도 무엇이 어떻게 되어버리든 상관하지 않을 때가 종종 있다. ······· ① ② ③ ④

305. 나는 보통 침착하고 쉽게 감정적으로 되지 않는다. ····························· ① ② ③ ④

306. 실망하면 그 타격이 너무 커서 그것을 떨쳐버릴 수가 없다. ············· ① ② ③ ④

307. 종종 새치기하려는 사람을 보면 아주 불쾌해져서 당사자에게 한 마디 해준다. ······· ① ② ③ ④

308. 때때로 나는 전혀 쓸모없는 인간이라고 생각한다. .... ① ② ③ ④

309. 학교에 가야 하는데도 가지 않은 적이 종종 있다. .... ① ② ③ ④

310. 무례하고 성가시게 구는 사람에게 때때로 거칠게 대해야 했던 적이 있다. .... ① ② ③ ④

311. 닥칠지도 모르는 불행에 대해서 걱정을 많이 한다. .... ① ② ③ ④

312. 남들로부터 칭찬을 받으면 불편해 진다. .... ① ② ③ ④

313. 내가 잘할 것 같지 않다고 남들이 생각하면 하고 싶은 일도 쉽게 그만두어 버린다. .... ① ② ③ ④

314. 갑자기 우울해지는 적이 거의 없다. .... ① ② ③ ④

315. 궁지에 몰렸을 때 나에게 불리한 것은 말하지 않는다. .... ① ② ③ ④

316. 신경 쓰지 않아도 되는 일보다는 정신을 바짝 차려야 되는 일이 더 좋다. .... ① ② ③ ④

317. 내 장래는 희망이 없는 것 같다. .... ① ② ③ ④

318. 남들이 나를 재촉하면 화가 난다. .... ① ② ③ ④

319. 무서운 일이 일어날 것만 같은 느낌이 일주일에 몇 번 든다. .... ① ② ③ ④

320. 과학에 관한 글을 읽는 것을 좋아한다. .... ① ② ③ ④

321. 가끔가다가 미칠 것만 같은 기분이 든다. .... ① ② ③ ④

322. 내가 가장 따르고 존경하는 사람은 어머니이다. .... ① ② ③ ④

323. 어떤 이들은 내가 가까이하기 힘든 사람이라고 생각한다. .... ① ② ③ ④

324. 나는 신문사설을 즐겨 읽는다. .... ① ② ③ ④

325. 여유 시간을 거의 혼자서 보낸다. .... ① ② ③ ④

고난도 모의고사

PART 04

CHAPTER

1 다음 대화의 ㉠에 따라 〈계획안〉을 수정한 것으로 적절하지 않은 것은?

갑 : 지금부터 회의를 시작하겠습니다. 이 자리는 '보고서 작성법 특강'의 개최계획 검토를 위한 자리입니다. 특강을 성공적으로 개최하기 위해서 어떻게 해야 하는지 각자의 의견을 자유롭게 말씀해주시기 바랍니다.

을 : 특강 참석 대상을 명확하게 정하고 그에 따라 개최 일시가 조정되었으면 좋겠습니다. 주중에 계속 근무하는 현직 공무원인 경우, 아무래도 주말에는 특강 참석률이 저조합니다. 특강을 평일에 개최하되 참석 시간을 근무시간으로 인정해 준다면 참석률이 높아질 것 같습니다.

병 : 공무원이 되기 위해 준비하고 있는 예비공무원들에게는 서울이 더 낫겠지만, 중앙부처 소속 공무원에게는 세종시가 접근성이 더 좋습니다. 특강 참석 대상이 누구인가에 따라 장소를 조정할 필요가 있습니다.

정 : 주제가 너무 막연하게 표현되어 있습니다. 보고서의 형식이나 내용은 누구에게 보고하느냐에 따라 크게 달라집니다. 보고 대상이 명시적으로 드러날 수 있도록 주제를 더 구체적으로 표현하면 좋겠습니다.

무 : 특강과 관련된 정보가 부족합니다. 강의에 관심이 있는 사람이라면 별도 비용이 있는지, 있다면 구체적으로 금액은 어떠한지 등이 궁금할 겁니다.

갑 : 얼마 전에 비슷한 특강이 서울에서 개최되었으니 이번 특강은 현직 중앙부처 소속 공무원을 대상으로 진행하도록 하겠습니다. 참고로 특강 수강 비용은 무료입니다. ㉠오늘 회의에서 논의된 내용을 반영하여 특강 계획을 수정하도록 하겠습니다. 감사합니다.

〈계획안〉

보고서 작성법 특강

• 주 제 : 보고서 작성 기법
• 일 시 : 2021. 11. 6.(토) 10 : 00 ~ 12 : 00
• 장 소 : 정부서울청사 본관 5층 대회의실
• 대 상 : 현직 공무원 및 공무원을 꿈꾸는 누구나

① 주제를 '효율적 정보 제시를 위한 보고서 작성 기법'으로 변경한다.
② 일시를 '2021. 11. 10.(수) 10 : 00 ~ 12 : 00(특강 참여 시 근무시간으로 인정)'으로 변경한다.
③ 장소를 '정부세종청사 6동 대회의실'로 변경한다.
④ 대상을 '보고서 작성 능력을 키우고 싶은 현직 중앙부처 공무원'으로 변경한다.
⑤ 특강을 듣기 위한 별도 부담 비용이 없다고 안내하는 항목을 추가한다.

2 다음 글에서 추론할 수 있는 것은?

사람의 혈액은 적혈구, 백혈구, 혈소판처럼 혈액 내에 존재하는 세포인 혈구 성분과 이러한 혈구 성분을 제외한 나머지 액상 성분인 혈장으로 나뉜다. 사람의 혈액을 구별하는 대표적인 방법은 혈액의 성분을 기준으로 삼는 ABO형 방법이다. 이에 따르면, 혈액은 적혈구의 표면에 붙어 있는 응집원과 혈장에 들어 있는 응집소의 유무 또는 종류를 기준으로 다음 표와 같이 구분할 수 있다.

혈액형	응집원	응집소
A	A형 응집원	응집소 β
B	B형 응집원	응집소 α
AB	A형 응집원 및 B형 응집원	없음
O	없음	응집소 α 및 응집소 β

이때, A형 응집원이 응집소 α와 결합하거나 B형 응집원이 응집소 β와 결합하면, 응집 반응이 일어난다. 이 반응은 혈액의 응고를 일으키는데, 혈액이 응고되면 혈액의 정상적인 흐름이 방해되어 심각한 문제가 발생할 수 있다. 혈액의 이러한 특성을 활용하면 수혈도를 작성할 수 있다.

① A형 응집원만을 선택적으로 제거한 A형 적혈구를 B형인 사람에게 수혈해도 응집 반응이 일어나지 않는다.
② B형 응집원만을 선택적으로 제거한 AB형 적혈구를 A형인 사람에게 수혈하면 응집 반응이 일어난다.
③ 응집소 β를 선택적으로 제거한 O형 혈장을 A형인 사람에게 수혈해도 응집 반응이 일어나지 않는다.
④ AB형인 사람은 어떤 혈액을 수혈 받아도 응집 반응이 일어나지 않는다.
⑤ O형인 사람은 어떤 적혈구를 수혈 받아도 응집 반응이 일어나지 않는다.

3 다음 글의 ㉠을 이끌어내기 위해 추가해야 할 전제로 가장 적절한 것은?

> A국에서는 교육 제도 개선을 추진하고 있다. 이와 관련하여 현재 거론되고 있는 방안 중 다음 네 조건을 모두 **충족시키는** 방안이 있다면, 정부는 그 방안을 추진해야 한다. 첫째, 공정한 기회 균등과 교육의 수월성을 함께 이룩할 수 있는 방안이어야 한다. 둘째, 신뢰할 수 있는 설문 조사에서 가장 많은 국민이 선호하는 방안으로 선택한 것이어야 한다. 셋째, 정부의 기존 교육 재정만으로 실행될 수 있는 방안이어야 한다. 넷째, 가계의 교육 부담을 줄일 수 있는 방안이어야 한다.
>
> 현재 거론되고 있는 방안들 중 선호하는 것에 대하여 국민 2,000명을 대상으로 한 설문 조사 결과, 300명이 대학교 평준화 도입을 꼽았고, 400명이 고등학교 자체 평가 확대를 꼽았으며, 600명이 대입 정시 확대와 수시 축소를 꼽았고, 700명이 고교 평준화 강화를 꼽았다. 이 설문 조사는 표본을 치우치지 않게 잡아 신뢰할 수 있다.
>
> 현재 거론된 방안들 가운데 정부의 기존 교육 재정만으로 실행될 수 없는 것은 대학교 평준화 도입 방안뿐이다. 대입 정시 확대와 수시 축소 방안은 가계의 교육 부담을 감소시키지 못하지만 다른 방안들은 그렇지 않다. 고교 평준화 강화 방안은 공정한 기회 균등을 이룰 수 있는 방안임이 분명하다. 따라서 ㉠정부는 고교 평준화 강화 방안을 추진해야 한다.

① 고교 평준화 강화는 가장 많은 국민이 선호하는 방안이다.
② 고교 평준화 강화는 교육의 수월성을 이룩할 수 있는 방안이다.
③ 고교 평준화 강화는 가계의 교육 부담을 줄일 수 있는 방안이다.
④ 고교 평준화 강화는 정부의 기존 교육 재정만으로도 실행될 수 있는 방안이다.
⑤ 정부가 고교 평준화 강화 방안을 추진하지 않아도 된다면, 그 방안은 공정한 기회 균등과 교육의 수월성을 함께 이룩할 수 없는 방안이다.

4 다음 글의 내용이 참일 때, 반드시 참인 것은?

갑돌과 정순은 매일 커피를 마시는 흡연자이다. 을순과 병돌은 매년 치석을 없앤다. 그리고 치아의 색깔에 관한 다음의 사실이 알려져 있다.
- 치석을 매년 없애지 않고 매일 커피를 마시는 사람의 경우, 그의 이가 노랄 확률은 60 % 이상이다.
- 치석을 매년 없애지 않는 흡연자의 경우, 그의 이가 노랄 확률은 80 % 이상이다.
- 치석을 매년 없애지 않고 매일 커피를 마시는 흡연자의 경우, 그의 이가 노랄 확률은 90 % 이상이다.
- 치석을 매년 없애는 사람의 경우, 그의 이가 노랄 확률은 그의 커피 섭취 및 흡연 여부와 무관하게 20 % 미만이다.

---

① 갑돌의 이가 노랄 확률은 80 % 이상이다.
② 을순의 이가 노랗지 않을 확률은 80 % 미만이다.
③ 병돌이 흡연자라면, 그의 이가 노랄 확률은 20 % 이상이다.
④ 병돌이 매일 커피를 마신다면, 그의 이가 노랄 확률은 20 % 이상이다.
⑤ 정순이 치석을 매년 없애지 않는다면, 그의 이가 노랄 확률은 90 % 이상이다.

5 다음 글의 내용이 참일 때, 반드시 참인 것만을 〈보기〉에서 모두 고르면?

> 인접한 지방자치단체인 ○○군을 △△시에 통합하는 안건은 △△시의 5개 구인 A, B, C, D, E 중 3개 구 이상의 찬성으로 승인된다. 안건에 관한 입장은 찬성하거나 찬성하지 않거나 둘 중 하나이다.
>
> 〈입장〉
>
> • A가 찬성한다면 B와 C도 찬성한다.
> • C는 찬성하지 않는다.
> • D가 찬성한다면 A와 E 중 한 개 이상의 구는 찬성한다.

> 〈보기〉
>
> ㉠ B가 찬성하지 않는다면, 안건은 승인되지 않는다.
> ㉡ B가 찬성하는 경우 E도 찬성한다면, 안건은 승인된다.
> ㉢ E가 찬성하지 않는다면, D도 찬성하지 않는다.

① ㉠   ② ㉡
③ ㉠㉢   ④ ㉡㉢
⑤ ㉠㉡㉢

6 다음 글의 내용이 참일 때, 반드시 참인 것만을 〈보기〉에서 모두 고르면?

> 일반행정 직렬 주무관으로 새로 채용된 갑진, 을현, 병천은 행정안전부, 고용노동부, 보건복지부에 한 명씩 배치되는 것으로 정해졌다. 가인, 나운, 다은, 라연은 배치 결과를 궁금해 하며 다음과 같이 예측했는데, 이 중 한 명의 예측만 틀렸음이 밝혀졌다.
> 가인 : 을현은 행정안전부에, 병천은 보건복지부에 배치될 거야.
> 나운 : 을현이 행정안전부에 배치되면, 갑진은 고용노동부에 배치될 거야.
> 다은 : 을현이 행정안전부에 배치되지 않으면, 병천이 행정안전부에 배치될 거야.
> 라연 : 갑진은 고용노동부에, 병천은 행정안전부에 배치될 거야.

> 〈보기〉
>
> ㉠ 갑진은 고용노동부에 배치된다.
> ㉡ 을현은 행정안전부에 배치된다.
> ㉢ 라연의 예측은 틀렸다.

① ㉠   ② ㉡
③ ㉠㉢   ④ ㉡㉢
⑤ ㉠㉡㉢

7 다음 글의 ㉠에 대한 판단으로 적절한 것만을 〈보기〉에서 모두 고르면?

어떤 회사가 소비자들을 A부터 H까지 8개의 동질적인 집단으로 나누어, 이들을 대상으로 마케팅 활동의 효과를 살펴보는 실험을 하였다. 마케팅 활동은 구매 전 활동과 구매 후 활동으로 구성되는데, 구매 전 활동에는 광고와 할인 두 가지가 있고 구매 후 활동은 사후 서비스 한 가지뿐이다. 구매 전 활동이 끝난 뒤 구매율을 평가하고, 구매 후 활동까지 모두 마친 뒤 구매 전과 구매 후의 마케팅 활동을 종합하여 마케팅 만족도를 평가하였다. 구매율과 마케팅 만족도는 모두 a, b, c, d로 평가하였는데, a가 가장 높고 d로 갈수록 낮다. 이 회사가 수행한 ㉠ 실험의 결과는 다음과 같다.

- A와 B를 대상으로는 구매 전 활동을 실시하지 않았는데 구매율은 d였다. 이 중 A에 대해서는 사후 서비스를 하였고 B에 대해서는 하지 않았는데, 마케팅 만족도는 각각 c와 d였다.
- C와 D를 대상으로 구매 전 활동 중 광고만 하였더니 구매율은 c였다. 이 중 C에 대해서는 사후 서비스를 하였고 D에 대해서는 하지 않았는데, 마케팅 만족도는 각각 b와 c였다.
- E와 F를 대상으로 구매 전 활동 중 할인 기회만 제공하였더니 구매율은 b였다. 이 중 E에 대해서는 사후 서비스를 하였고 F에 대해서는 하지 않았는데, 마케팅 만족도는 모두 b였다.
- G와 H를 대상으로 구매 전 활동으로 광고와 함께 할인 기회를 제공하였더니 구매율은 b였다. 이 중 G에 대해서는 사후 서비스를 하였고 H에 대해서는 하지 않았는데, 마케팅 만족도는 각각 a와 b였다.

〈보기〉

㉠ 할인 기회를 제공한 경우가 제공하지 않은 경우보다 구매율이 높다.
㉡ 광고를 할 때, 사후 서비스를 한 경우가 하지 않은 경우보다 마케팅 만족도가 낮지 않다.
㉢ 사후 서비스를 하지 않을 때, 광고를 한 경우가 하지 않은 경우보다 마케팅 만족도가 높다.

① ㉠
② ㉢
③ ㉠㉡
④ ㉡㉢
⑤ ㉠㉡㉢

8 다음 글의 ㉠의 내용으로 가장 적절한 것은?

2020년 7월 2일이 출산 예정일이었던 갑은 2020년 6월 28일 아이를 출산하여, 2020년 7월 10일에 ○○구 건강관리센터 산모·신생아 건강관리 서비스를 신청하였다. 2020년 1월 1일에 ○○구에 주민등록이 된 이후 갑은 주민등록지를 변경하지 않았으며, 실제로 ○○구에 거주하였다. 갑의 신청을 검토한 ○○구는 「○○구 산모·신생아 건강관리 지원에 관한 조례」(이하 "조례"라 한다)와 「○○구 건강관리센터 운영규정」(이하 "운영규정"이라 한다)이 불일치한다는 문제를 발견하였다. 이에 ㉠운영규정과 조례 중 무엇도 위반하지 않고 갑이 30만 원 이하의 본인 부담금만으로 해당 서비스를 이용할 수 있도록 조례 또는 운영규정을 일부 개정하였다.

○○구 산모·신생아 건강관리 지원에 관한 조례

제8조(산모·신생아 건강관리 지원)

제1항 구청장은 출산 예정일 또는 출산일을 기준으로 6개월 전부터 계속하여 ○○구에 주민등록을 두고 있는 산모와 출산 예정일 또는 출산일을 기준으로 1년 전부터 계속하여 ○○구를 국내 체류지로 하여 외국인 등록을 하고 ○○구에 체류하는 외국인 산모에게 산모·신생아 건강관리 서비스를 제공할 수 있다.

제2항 구청장은 제1항에 따른 서비스의 본인 부담금을 이용금액 기준에 따라 30만 원 한도 내에서 서비스 수급자에게 부과할 수 있다.

○○구 건강관리센터 운영규정

제21조(산모·신생아 건강관리 지원)

제1항 다음 각 호의 어느 하나에 해당하는 사람은 산모·신생아 건강관리 서비스를 이용할 수 있다.

    1. 출산일을 기준으로 6개월 전부터 계속하여 ○○구에 주민등록을 두고 실제로 ○○구에 거주하고 있는 산모

    2. 출산일을 기준으로 6개월 전부터 ○○구를 국내 체류지로 하여 외국인 등록을 하고 실제로 ○○구에 체류하고 있는 외국인 산모

제2항 제1항에 따른 서비스를 이용하는 경우 서비스 수급자에게 본인 부담금이 부과될 수 있다. 그 산정은 「○○구 산모·신생아 건강관리 지원에 관한 조례」의 기준에 따른다.

---

① 운영규정 제21조 제3항과 조례 제8조 제3항으로 '신청일은 출산일 기준 10일을 경과할 수 없다.'를 신설한다.

② 운영규정 제21조 제1항의 '실제로 ○○구에 거주하고'와 '실제로 ○○구에 체류하고'를 삭제한다.

③ 운영규정 제21조 제2항의 '본인 부담금'을 '30만 원 이하의 본인 부담금'으로 개정한다.

④ 운영규정 제21조 제1항의 '출산일'을 모두 '출산 예정일 또는 출산일'로 개정한다.

⑤ 조례 제8조 제1항의 '1년'을 '6개월'로 개정한다.

9 다음 대화의 빈칸에 들어갈 내용으로 가장 적절한 것은?

> 갑 : 아시는 바와 같이 코로나19로 인한 위기 상황 속에서 어려움을 겪는 국민의 생계를 지원하기 위해 정부가 지난 5월에 전 국민을 대상으로 긴급재난지원금을 지급했습니다. 그런데 정부는 코로나19로 영업이 어려워진 소상공인 및 자영업자, 생계가 어려운 가구 등을 대상으로 지원금을 다시금 지급하기로 8월에 결정했습니다. 이 소식을 듣고 지원금 수령 가능 여부를 문의하는 민원인들이 많습니다. 문구점을 운영하는 A 씨는 소상공인 및 자영업자에게 주는 지원금을 신청할 수 있는지 문의했습니다.
>
> 을 : 이번에는 소상공인 및 자영업자의 일부, 생계 위기 가구 등에 지원금을 주게 되어 있습니다. 사회적 거리두기 2단계의 실시로 출입이 금지된 집합금지 및 집합제한업종의 자영업자는 특별한 증빙서류 없이 소상공인 및 자영업자 대상 지원금을 받을 수 있습니다. 또 사회적 거리두기 2.5단계부터 운영이 제한된 수도권의 카페나 음식점 등도 집합제한업종에 해당하여 지원금을 받을 수 있습니다. 집합금지 및 집합제한업종에 속하지 않더라도 연 매출 4억 원 이하라는 사실을 증명할 수 있는 자료와 함께 코로나19 확산으로 매출이 감소했음을 증빙하는 자료를 제출하면 지원금을 받을 수도 있습니다. A 씨가 운영하는 가게가 집합금지 및 집합제한업종에 해당하는지 확인하셨습니까?
>
> 갑 : 네, A 씨가 운영하는 문구점은 집합금지 및 집합제한업종에 해당하지 않는 것으로 확인되었습니다.
>
> 을 : 그렇다면 제가 말씀드린 내용을 바탕으로 A 씨에게 적절한 답변을 해주시기 바랍니다.
>
> 갑 : 잘 알겠습니다. 민원인 A 씨에게 (   )고 말씀 드리겠습니다.

① 문구점은 일반 업종에 해당하지 않으므로 긴급재난지원금을 신청할 수 없다.

② 지난 5월에 긴급재난지원금을 받았다는 사실을 증명하는 서류를 제출해야 한다.

③ 문구점은 집합금지 및 집합제한업종에 해당하지 않는 것으로 확인되었기 때문에 지원금을 받을 수 없다.

④ 사회적 거리두기 2.5단계부터 운영이 제한되거나 금지된 업종이 아니면 긴급재난지원금을 받을 수 없다.

⑤ 연 매출 4억 원에 미치지 못하고 코로나19로 매출이 감소한 자영업자라면 증빙서류를 갖추어 신청할 수 있다.

10 다음 논쟁을 분석한 것으로 적절한 것만을 〈보기〉에서 모두 고르면?

> A : 종 차별주의란 인간 종이 다른 생물 종과 생김새가 다르다는 이유만으로 특별한 대우를 받아야 한다는 주장이다. 이런 종 차별주의가 옳지 않다는 주장은 모든 종을 동등하게 대우해야 한다는 종 평등주의가 옳다는 말과 같다. 하지만 종 평등주의는 너무나 비상식적인 견해이다.
>
> B : 종 차별주의를 거부하는 것과 종 평등주의를 받아들이는 것은 별개다. 모든 생명체를 동등하게 대우해야 한다는 종 평등주의는 이웃 사람을 죽이는 것이 그른 만큼 양배추를 뽑아 버리는 것도 그르다는 것을 암시한다. 그러나 양배추는 신경계와 뇌가 없으므로 어떠한 경험을 할 수도 어떠한 의식을 가질 수도 없다. 그런 양배추를 뽑아 버리는 것이, 의식을 가지고 높은 수준의 경험을 누리는 이웃 사람을 죽이는 행위와 같을 수 없다. 종 차별주의에 대한 거부는 생김새가 아닌 의식에 의한 차별적 대우를 부정하지 않는다.
>
> C : 의식에 의한 차별이 정당하다는 주장이 옳다면, 각 인간이 가진 가치도 달라야 한다. 왜냐하면 인간마다 의식적 경험의 정도가 다르기 때문이다. 그러나 모든 인간이 동일한 존엄성과 무한한 생명 가치를 가진다는 것은 거부할 수 없는 윤리의 대전제이다. 따라서 의식을 이용하여 종 사이의 차별을 정당화한다면 이런 윤리의 대전제를 부정할 수밖에 없다.

〈보기〉

㉠ A는 종 차별주의와 종 평등주의가 서로 모순된다고 보지만 B는 그렇지 않다.
㉡ B와 C는 모든 인간이 동일한 존엄성과 무한한 생명 가치를 가진다는 견해에 동의한다.
㉢ C는 인간과 인간이 아닌 것 사이의 차별적 대우를 정당화하는 근거가 있다는 것에 동의하지만, A는 그렇지 않다.

① ㉠
② ㉡
③ ㉠㉢
④ ㉡㉢
⑤ ㉠㉡㉢

11 다음 〈표〉는 2021년 10월 첫 주 '갑' 편의점의 간편식 A ~ F의 판매량에 관한 자료이다. 〈표〉와 〈조건〉을 이용하여 간편식 B, E의 판매량을 바르게 나열한 것은?

〈표〉 간편식 A ~ F의 판매량

(단위 : 개)

간편식	A	B	C	D	E	F	평균
판매량	95	( )	( )	( )	( )	43	70

〈조건〉

• A와 C의 판매량은 같다.
• B와 D의 판매량은 같다.
• E의 판매량은 D보다 23개 적다.

	B	E
①	70	47
②	70	57
③	83	47
④	83	60
⑤	85	62

12 다음 〈표〉는 2015 ～ 2019년 '갑'국의 가스사고 현황에 관한 자료이다. 이에 대한 〈보기〉의 설명 중 옳은 것만을 모두 고르면?

〈표 1〉 원인별 사고건수

(단위 : 건)

연도 원인	2015년	2016년	2017년	2018년	2019년
사용자 취급부주의	41	41	41	38	31
공급자 취급부주의	23	16	22	26	29
제품노후	4	12	19	12	18
고의사고	21	16	16	12	9
타공사	2	6	4	8	7
자연재해	12	9	5	3	3
시설미비	18	20	11	23	24
전체	121	120	118	122	121

〈표 2〉 사용처별 사고건수

(단위 : 건)

연도 사용처	2015년	2016년	2017년	2018년	2019년
주택	48	50	39	42	47
식품접객업소	21	10	27	14	20
특수허가업소	14	14	16	16	12
공급시설	3	7	5	5	6
차량	4	5	4	5	6
제1종 보호시설	3	8	6	8	5
공장	9	6	7	6	4
다중이용시설	0	0	0	0	1
야외	19	20	14	26	20
전체	121	120	118	122	121

〈보기〉

㉠ 2015년 대비 2019년 사고건수의 증가율은 '공급자 취급부주의'가 '시설미비'보다 작다.
㉡ '주택'과 '차량'의 연도별 사고건수 증감방향은 같다.
㉢ 2016년에는 사고건수 기준 상위 2가지 원인에 의한 사고건수의 합이 나머지 원인에 의한 사고건수의 합보다 적다.
㉣ 전체 사고건수에서 '주택'이 차지하는 비중은 매년 35 % 이상이다.

① ㉠㉡
② ㉠㉣
③ ㉡㉢
④ ㉠㉢㉣
⑤ ㉡㉢㉣

13 다음 〈그림〉과 〈표〉는 2018 ~ 2019년 '갑'국의 월별 최대전력수요와 전력수급현황에 관한 자료이다. 이에 대한 설명으로 옳은 것은?

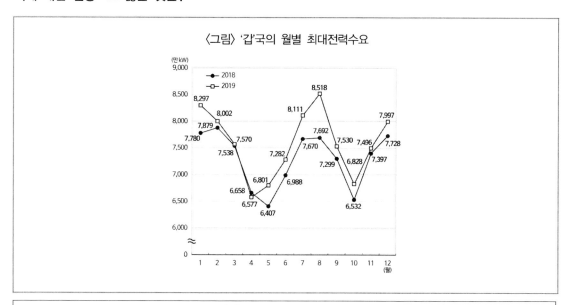

〈그림〉 '갑'국의 월별 최대전력수요

〈표〉 '갑'국의 전력수급현황

(단위 : 만 kW)

구분 \ 시기	2018년 2월	2019년 8월
최대전력수요	7,879	8,518
전력공급능력	8,793	9,240

※ 1) 공급예비력 = 전력공급능력 − 최대전력수요

2) 공급예비율(%) = $\dfrac{공급예비력}{최대전력수요} \times 100$

① 공급예비력은 2018년 2월이 2019년 8월보다 작다.

② 공급예비율은 2018년 2월이 2019년 8월보다 낮다.

③ 2019년 1 ~ 12월 동안 최대전력수요의 월별 증감방향은 2018년과 동일하다.

④ 해당 연도 1 ~ 12월 중 최대전력수요가 가장 큰 달과 가장 작은 달의 최대전력수요 차이는 2018년이 2019년보다 작다.

⑤ 2019년 최대전력수요의 전년동월 대비 증가율이 가장 높은 달은 1월이다.

14 다음 〈표〉는 '갑'시에서 주최한 10km 마라톤 대회에 참가한 선수 A ~ D의 구간별 기록이다. 이에 대한 〈보기〉의 설명 중 옳은 것만을 모두 고르면?

〈표〉 선수 A ~ D의 10 km 마라톤 대회 구간별 기록

구간 \ 선수	A	B	C	D
0 ~ 1km	5분 24초	5분 44초	6분 40초	6분 15초
1 ~ 2km	5분 06초	5분 42초	5분 27초	6분 19초
2 ~ 3km	5분 03초	5분 50초	5분 18초	6분 00초
3 ~ 4km	5분 00초	6분 18초	5분 15초	5분 54초
4 ~ 5km	4분 57초	6분 14초	5분 24초	5분 35초
5 ~ 6km	5분 10초	6분 03초	5분 03초	5분 27초
6 ~ 7km	5분 25초	5분 48초	5분 14초	6분 03초
7 ~ 8km	5분 18초	5분 39초	5분 29초	5분 24초
8 ~ 9km	5분 10초	5분 33초	5분 26초	5분 11초
9 ~ 10km	5분 19초	5분 03초	5분 36초	5분 15초
계	51분 52초	( )	54분 52초	57분 23초

※ 1) A ~ D는 출발점에서 동시에 출발하여 휴식 없이 완주함.

2) A ~ D는 각 구간 내에서 일정한 속도로 달림.

〈보기〉

㉠ 출발 후 6km 지점을 먼저 통과한 선수부터 나열하면 A, C, D, B 순이다.

㉡ B의 10km 완주기록은 60분 이상이다.

㉢ 3 ~ 4km 구간에서 B는 C에게 추월당한다.

㉣ A가 10km 지점을 통과한 순간, D는 7 ~ 8km 구간을 달리고 있다.

① ㉠㉡ ② ㉠㉢
③ ㉠㉣ ④ ㉡㉢
⑤ ㉢㉣

15 다음 〈표〉는 2019년 주요 7개 지역(A ～ G)의 재해 피해 현황이다. 이에 대한 설명으로 옳지 않은 것은?

〈표〉 2019년 주요 7개 지역의 재해 피해 현황

지역 \ 구분	피해액 (천 원)	행정면적 (km2)	인구 (명)	1인당 피해액(원)
전국	187,282,994	100,387	51,778,544	3,617
A	2,898,417	1,063	2,948,542	983
B	2,883,752	10,183	12,873,895	224
C	3,475,055	10,540	3,380,404	1,028
D	7,121,830	16,875	1,510,142	4,716
E	24,482,562	8,226	2,116,770	11,566
F	86,648,708	19,031	2,691,706	32,191
G	( )	7,407	1,604,432	36,199

※ 피해밀도(원/km2) = $\dfrac{\text{피해액}}{\text{행정면적}}$

① G 지역의 피해액은 전국 피해액의 35 % 이하이다.

② 주요 7개 지역을 합친 지역의 1인당 피해액은 나머지 전체 지역의 1인당 피해액보다 크다.

③ D 지역과 F 지역을 합친 지역의 1인당 피해액은 전국 1인당 피해액의 5배 이상이다.

④ 피해밀도는 A 지역이 B 지역의 9배 이상이다.

⑤ 주요 7개 지역 중 피해밀도가 가장 낮은 지역은 D 지역이다.

16 다음 〈표〉는 소프트웨어 경쟁력 종합점수 산출을 위한 영역별 가중치와 소프트웨어 경쟁력 종합순위 1 ~ 10위 국가의 영역별 순위 및 원점수에 관한 자료이다. 이에 대한 설명으로 옳지 않은 것은?

〈표 1〉 소프트웨어 경쟁력 종합점수 산출을 위한 영역별 가중치

영역	환경	인력	혁신	성과	활용
가중치	0.15	0.20	0.25	0.15	0.25

〈표 2〉 소프트웨어 경쟁력 평가대상 국가 중
종합순위 1 ~ 10위 국가의 영역별 순위 및 원점수

(단위 : 점)

종합 순위	종합 점수	국가	환경		인력		혁신		성과		활용	
			순위	원점수	순위	원점수	순위	원점수	순위	원점수	순위	원점수
1	72.41	미국	1		1		1		2		2	
2	47.04	중국		67.1		89.6		78.5		54.8		66.3
3	41.48	일본	28		8		2		18		1	
4	( )	호주		20.9		35.4		66.9		11.3		73.6
5	( )	캐나다	6		10		3		19		7	
6	38.35	스웨덴		50.7		34.0		44.8		10.5		57.2
7	38.12	영국	5		6		7		22		3	
8	( )	프랑스		51.6		37.9		33.1		9.2		62.8
9	( )	핀란드	17		15		4		16		6	
10	( )	한국		37.7		29.5		42.9		13.3		57.6

※ 1) 점수가 높을수록 순위가 높음.
　2) 영역점수 = 영역 원점수 × 영역 가중치
　3) 종합점수는 5개 영역점수의 합임.

① 종합순위가 한국보다 낮은 국가 중에 '성과' 영역 원점수가 한국의 8배 이상인 국가가 있다.
② 종합순위 3 ~ 10위 국가의 종합점수 합은 320점 이하이다.
③ 소프트웨어 경쟁력 평가대상 국가는 28개국 이상이다.
④ 한국은 5개 영역점수 중 '혁신' 영역점수가 가장 높다.
⑤ 일본의 '활용' 영역 원점수가 중국의 '활용' 영역 원점수로 같아지면 국가별 종합순위는 바뀐다.

17 다음 〈표〉는 2017년 부산항 해운항만산업 사업실적에 관한 자료이다. 이에 대한 〈보고서〉의 내용 중 업종 A ～ D에 해당하는 사업체 수의 합은?

〈표〉 2017년 부산항 해운항만산업 사업실적

(단위 : 억 원, 개)

구분 업종	매출액	영업비용	영업이익	사업체 수
여객운송업	957	901	56	18
화물운송업	58,279	56,839	1,440	359
대리중개업	62,276	59,618	2,658	1,689
창고업	14,480	13,574	906	166
하역업	15,298	12,856	2,442	65
항만부대업	14,225	13,251	974	323
선용품공급업	58,329	54,858	3,471	1,413
수리업	8,275	7,493	782	478
전체	232,119	219,390	12,729	4,511

※ 영업이익률(%) = $\dfrac{\text{영업이익}}{\text{매출액}} \times 100$

〈보고서〉

2017년 부산항 해운항만산업 전체 매출액은 232,119억 원이다. 업종별로 보면, 매출액은 대리중개업이 가장 많고, 영업이익은 (A)이 가장 많다.

2017년 부산항 해운항만산업 전체의 영업이익률은 약 5.5%이다. (B)을 제외한 모든 업종이 10% 이하의 영업이익률을 기록하여 해운항만산업 고도화를 통한 부가가치 증대의 필요성을 보여준다.

2017년 부산항 해운항만산업 전체의 사업체당 매출액은 51억 원 이상이다. (C)은 사업체당 매출액이 부산항 해운항만산업 전체의 사업체당 매출액보다 적지만, 사업체당 영업이익이 3억 원을 초과한다. 반면, (D)은 부산항 해운항만산업 업종 중 사업체당 영업비용과 사업체당 매출액이 모두 가장 적다.

① 1,032

② 1,967

③ 2,232

④ 2,279

⑤ 3,333

18 다음 글을 근거로 판단할 때 옳은 것은?

제00조

제1항 사업주는 근로자가 조부모, 부모, 배우자, 배우자의 부모, 자녀 또는 손자녀(이하 '가족'이라 한다)의 질병, 사고, 노령으로 인하여 그 가족을 돌보기 위한 휴직(이하 '가족돌봄휴직'이라 한다)을 신청하는 경우 이를 허용하여야 한다. 다만 대체인력 채용이 불가능한 경우, 정상적인 사업 운영에 중대한 지장을 초래하는 경우, 근로자 본인 외에도 조부모의 직계비속 또는 손자녀의 직계존속이 있는 경우에는 그러하지 아니하다.

제2항 사업주는 근로자가 가족(조부모 또는 손자녀의 경우 근로자 본인 외에도 직계비속 또는 직계존속이 있는 경우는 제외한다)의 질병, 사고, 노령 또는 자녀의 양육으로 인하여 긴급하게 그 가족을 돌보기 위한 휴가(이하 '가족돌봄휴가'라 한다)를 신청하는 경우 이를 허용하여야 한다. 다만 근로자가 청구한 시기에 가족돌봄휴가를 주는 것이 정상적인 사업 운영에 중대한 지장을 초래하는 경우에는 근로자와 협의하여 그 시기를 변경할 수 있다.

제3항 제1항 단서에 따라 사업주가 가족돌봄휴직을 허용하지 아니하는 경우에는 해당 근로자에게 그 사유를 서면으로 통보하여야 한다.

제4항 가족돌봄휴직 및 가족돌봄휴가의 사용기간은 다음 각 호에 따른다.

1. 가족돌봄휴직 기간은 연간 최장 90일로 하며, 이를 나누어 사용할 수 있을 것
2. 가족돌봄휴가 기간은 연간 최장 10일로 하며, 일 단위로 사용할 수 있을 것. 다만 가족돌봄휴가 기간은 가족돌봄휴직 기간에 포함된다.
3. ○○부 장관은 감염병의 확산 등을 원인으로 심각단계의 위기경보가 발령되는 경우, 가족돌봄휴가 기간을 연간 10일의 범위에서 연장할 수 있다.

① 조부모와 부모를 함께 모시고 사는 근로자가 조부모의 질병을 이유로 가족돌봄휴직을 신청한 경우, 사업주는 가족돌봄휴직을 허용하지 않을 수 있다.

② 사업주는 근로자가 신청한 가족돌봄휴직을 허용하지 않는 경우, 해당 근로자에게 그 사유를 구술 또는 서면으로 통보해야 한다.

③ 정상적인 사업 운영에 중대한 지장을 초래하는 경우, 사업주는 근로자의 가족돌봄휴가 시기를 근로자와 협의 없이 변경할 수 있다.

④ 근로자가 가족돌봄휴가를 8일 사용한 경우, 사업주는 이와 별도로 그에게 가족돌봄휴직을 연간 90일까지 허용해야 한다.

⑤ 감염병의 확산으로 심각단계의 위기경보가 발령되고 가족돌봄휴가 기간이 5일 연장된 경우, 사업주는 근로자에게 연간 20일의 가족돌봄휴가를 허용해야 한다.

19 다음 글을 근거로 판단할 때 옳은 것은?

제00조

제1항 영화업자는 제작 또는 수입한 영화(예고편영화를 포함한다)에 대하여 그 상영 전까지 영상물등급위원회로부터 상영등급을 분류받아야 한다. 다만 다음 각 호의 어느 하나에 해당하는 영화에 대하여는 그러하지 아니하다.

    1. 대가를 받지 아니하고 청소년이 포함되지 아니한 특정인에 한하여 상영하는 단편영화

    2. 영화진흥위원회가 추천하는 영화제에서 상영하는 영화

제2항 제1항 본문의 규정에 의한 영화의 상영등급은 영화의 내용 및 영상 등의 표현 정도에 따라 다음 각 호와 같이 분류한다. 다만 예고편영화는 제1호 또는 제4호로 분류하고 청소년 관람불가 예고편영화는 청소년 관람불가 영화의 상영 전후에만 상영할 수 있다.

    1. 전체관람가 : 모든 연령에 해당하는 자가 관람할 수 있는 영화

    2. 12세 이상 관람가 : 12세 이상의 자가 관람할 수 있는 영화

    3. 15세 이상 관람가 : 15세 이상의 자가 관람할 수 있는 영화

    4. 청소년 관람불가 : 청소년은 관람할 수 없는 영화

제3항 누구든지 제1항 및 제2항의 규정을 위반하여 상영등급을 분류받지 아니한 영화를 상영하여서는 안 된다.

제4항 누구든지 제2항 제2호 또는 제3호의 규정에 의한 상영등급에 해당하는 영화의 경우에는 해당 영화를 관람할 수 있는 연령에 도달하지 아니한 자를 입장시켜서는 안 된다. 다만 부모 등 보호자를 동반하여 관람하는 경우에는 그러하지 아니하다.

제5항 누구든지 제2항 제4호의 규정에 의한 상영등급에 해당하는 영화의 경우에는 청소년을 입장시켜서는 안 된다.

① 예고편 영화는 12세 이상 관람가 상영등급을 받을 수 있다.

② 청소년 관람불가 영화의 경우, 청소년은 부모와 함께 영화관에 입장하여 관람할 수 있다.

③ 상영등급 분류를 받지 않은 영화의 경우, 영화업자는 영화진흥위원회가 추천한 △△영화제에서 상영할 수 없다.

④ 영화업자는 청소년 관람불가 예고편 영화를 15세 이상 관람가 영화의 상영 직전에 상영할 수 있다.

⑤ 영화업자는 초청한 노인을 대상으로 상영등급을 분류받지 않은 단편영화를 무료로 상영할 수 있다.

20 다음 글과 〈상황〉을 근거로 판단할 때 옳은 것은?

제00조
제1항 집합건물을 건축하여 분양한 분양자와 분양자와의 계약에 따라 건물을 건축한 시공자는 구분소유자에게 제2항 각 호의 하자에 대하여 과실이 없더라도 담보책임을 진다.
제2항 제1항의 담보책임 존속기간은 다음 각 호와 같다.
　　　1. 내력벽, 주기둥, 바닥, 보, 지붕틀 및 지반공사의 하자 : 10년
　　　2. 대지조성공사, 철근콘크리트공사, 철골공사, 조적(組積)공사, 지붕 및 방수공사의 하자 : 5년
　　　3. 목공사, 창호공사 및 조경공사의 하자 : 3년
제3항 제2항의 기간은 다음 각 호의 날부터 기산한다.
　　　1. 전유부분 : 구분소유자에게 인도한 날
　　　2. 공용부분 : 사용승인일
제4항 제2항 및 제3항에도 불구하고 제2항 각 호의 하자로 인하여 건물이 멸실(滅失)된 경우에는 담보책임 존속기간은 멸실된 날로부터 1년으로 한다.
제5항 분양자와 시공자의 담보책임에 관하여 이 법에 규정된 것보다 매수인에게 불리한 특약은 효력이 없다.

※ 1) 구분소유자 : 집합건물(예 : 아파트, 공동주택 등) 각 호실의 소유자
　　2) 담보책임 : 집합건물의 하자로 인해 분양자, 시공자가 구분소유자에 대하여 지는 손해배상, 하자보수 등의 책임

〈상황〉
甲은 乙이 분양하는 아파트를 매수하려고 乙과 아파트 분양계약을 체결하였다. 丙건설사는 乙과의 계약에 따라 아파트를 시공하였고, 준공검사 후 아파트는 2020. 5. 1. 사용승인을 받았다. 甲은 아파트를 2020. 7. 1. 인도받고 등기를 완료하였다.

① 丙은 창호공사의 하자에 대해 2025. 7. 1.까지 담보책임을 진다.
② 丙은 철골공사의 하자에 과실이 없으면 담보책임을 지지 않는다.
③ 乙은 甲의 전유부분인 거실에 물이 새는 방수공사의 하자에 대해 2025. 5. 1.까지 담보책임을 진다.
④ 대지조성공사의 하자로 인하여 2023. 10. 1. 공용부분인 주차장 건물이 멸실된다면 丙은 2024. 7. 1. 이후에는 담보책임을 지지 않는다.
⑤ 乙이 甲과의 분양계약에서 지반공사의 하자에 대한 담보책임 존속기간을 5년으로 정한 경우라도, 2027. 10. 1. 그 하자가 발생한다면 담보책임을 진다.

공기업 NCS 기출

1 귀하는 OO 복지 공단에서 아래의 글로 사내 교육을 진행할 예정이다. 빈칸에 들어갈 말을 질문했을 때 가장 적절하게 답한 사람은?

> 기분관리 이론은 사람들의 기분과 선택 행동의 관계에 대해 설명하기 위한 이론이다. 이 이론의 핵심은 사람들이 현재의 기분을 최적 상태로 유지하려고 한다는 것이다. 따라서 기분관리 이론은 흥분 수준이 최적 상태보다 높을 때는 사람들이 이를 낮출 수 있는 수단을 선택한다고 예측한다. 반면에 흥분 수준이 낮을 때는 이를 회복시킬 수 있는 수단을 선택한다고 예측한다. 예를 들어, 음악 선택의 상황에서 전자의 경우에는 차분한 음악을 선택하고 후자의 경우에는 흥겨운 음악을 선택한다는 것이다. 기분조정 이론은 기분관리 이론이 현재 시점에만 초점을 맞추고 있다는 점을 지적하고 이를 보완하고자 한다. 기분조정 이론을 음악 선택의 상황에 적용하면, ( )고 예측할 수 있다.
>
> 연구자 A는 음악 선택 상황을 통해 기분조정 이론을 검증하기 위한 실험을 했다. 그는 실험 참가자들을 두 집단으로 나누고 집단 1에게는 한 시간 후 재미있는 놀이를 하게 된다고 말했고, 집단 2에게는 한 시간 후 심각한 과제를 하게 된다고 말했다. 집단 1은 최적 상태 수준에서 즐거워했고, 집단 2는 최적 상태 수준을 벗어날 정도로 기분이 가라앉았다. 이때 연구자 A는 참가자들에게 기다리는 동안 음악을 선택하게 했다. 그랬더니 집단 1은 다소 즐거운 음악을 선택한 반면, 집단 2는 과도하게 흥겨운 음악을 선택했다. 그런데 30분이 지나고 각 집단이 기대하는 일을 하게 될 시간이 다가오자 두 집단 사이에는 뚜렷한 차이가 나타났다. 집단 1의 선택에는 큰 변화가 없었으나, 집단 2는 기분을 가라앉히는 차분한 음악을 선택하는 쪽으로 기분이 변하는 경향을 보인 것이다. 이러한 선택의 변화는 기분조정 이론을 뒷받침하는 것으로 간주되었다.

① A 사원 : 사람들은 현재의 기분을 지속하는 데 도움이 되는 음악을 선택한다.

② B 사원 : 사람들은 다음에 올 상황을 고려해 흥분을 유발할 수 있는 음악을 선택한다.

③ C 사원 : 사람들은 다음에 올 상황에 맞추어 현재의 기분을 조정하는 음악을 선택한다.

④ D 사원 : 사람들은 현재의 기분과는 상관없이 자신이 평소 선호하는 음악을 선택한다.

⑤ E 사원 : 사람들은 현재의 기분이 즐거운 경우에는 그것을 조정하기 위해 그와 반대되는 기분을 자아내는 음악을 선택한다.

2 귀하는 근로복지공단의 심사직에 채용되어 아래의 자료를 분석 중이다. 밑줄 친 ㉠ ~ ㉣에 들어갈 가장 적절한 말은?

근로복지공단의 보장성 강화 정책이 발동됐지만 여전한 비급여 행위를 이유로 건강보험 보장률은 목표 수치인 70%를 훨씬 밑도는 63.8%로 조사됐다. 반면 산재보험의 경우는 보장률이 93.7%로 집계돼 주목받고 있다.

최근 근로복지공단이 공개한 '2019년 산재보험 진료비 본인부담금 실태조사 연구'에서는 산재보험 가입자가 병원을 이용할 때 지급하는 본인부담률은 6.3%로 나타났다. 즉 산재보험은 약 93.7% 정도의 (㉠   )을 띄고 있음을 확인한 셈이다.

이 연구는 2018년 기준 지정 의료기관에서 제출한 진료비 내역서를 대상으로 했다. 입원 1,421건과 외래 9,174건 등 총 1만 595건이다. 입원은 1회 입원해 퇴원일까지 진료비 내역서 1건으로, 외래의 경우 내원일수를 기준으로 했다. 산재근로자 진료비 본인부담률은 전체 6.3%(입원 6.6%, 외래 1.3%)로 나타났다. 이를 요양기관 종별로 살펴보면, 종합병원(전체 7.7%, 입원 7.8%, 외래 3.8%)이 가장 높았으며, 그다음으로 병원(전체 6.6%, 입원 7.0%, 외래 1.2%), 상급종합병원(전체 6.5%, 입원 6.6%, 외래 5.3%), 의원(전체 3.0%, 입원 3.3%, 외래 0.3%)의 순으로 나타났다. 진료 건수가 가장 많은 진료과는 정형외과, 재활의학과, 신경외과의 순이었으며, 진료비 본인부담률이 가장 높은 과는 성형외과(전체건 13.0%, 본인 부담 건 13.0%)로 조사됐다.

이번 조사를 통해 확인된 산재보험 평균 건당 진료비 총액은 61만 710원이며, 본인부담금은 3만 8,512원이었다. 전체 진료비 중 가장 많은 비율을 차지하는 항목은 입원료(30.8%), 처치 및 수술료(12.1%), 재활 및 물리치료료(11.5%)로 집계됐다. 본인부담금 중 가장 많은 비율을 차지하는 항목은 치료재료대(38.0%), 그다음이 주사료(20.6%), 투약 및 조제료(4.7%)였다.

그간 근로복지공단은 산재보험의 보장성을 강화하기 위해 비급여 (㉡   )를 진행했고 이를 기반으로 급여화를 추진했다. 93.7%의 보장률의 근거이기도 하다. 일례로 이학요법료 산정횟수 추가 인정, 초음파, MRI 진단료, 치과보철료, 재활보조기구, 보험급여청구를 위한 진단서비용, 연령 제한 없이 인정하는 치과임플란트, 보청기, 신경인지검사 등 본인부담금의 많은 부분을 차지했던 항목을 보장하는 형태로 전환시켰다.

이러한 결과로 과거에 본인부담금의 높은 비율을 차지하던 초음파, MRI 등은 본인부담금이 거의 발생하지 않았다. 다만, 일반의료기관이 아닌 권역외상센터로 범위를 좁히면 본인부담률은 9.4%로 다소 높았다. 특히 상급종합병원 권역외상센터의 본인부담률은 9.8%로 주로 치료재료대와 주사약품비에서 발생했다.

치료재료대 항목 중 약 50%가 압박고정용 재료와 드레싱 품목류, 배액관 고정류에서 발생하는 것으로 나타났다. 주사약품비에서는 해열·진통·소염제, 자율신경계 두 항목에서 약 45.1%의 점유율을 보였다.

보고서는 "더 높은 보장률을 얻기 위해서는 (㉢) 영역으로 남겨진 치료재료와 의약품을 급여화된 품목으로 전환시키는 노력이 필요하다"고 언급했다. 실제로 치료재료의 경우 드레싱 품목류, 외과수술용 선택 품목류, 압박고정용 재료, 붕대류, 배액관 고정류, 창상봉합용 접착제, 혈액 및 용액 주입 용류, 기타 재료, 카테터 등이 주로 청구된다.이들 비급여 제품들 중 급여 제품으로 대체할 수 있음에도 불구하고 비급여 제품을 사용하는 의료기관이 있어 이에 대한 관리감독이 필요하다는 제안이다. 또 "비급여 약품들의 사용 적정성을 판단해서 사용할 수 있는 급여제품들이 있는지에 대해 확인한 후 가능한 의료기관에서 급여제품을 사용할 수 있도록 (㉣)해 과잉치료와 약물남용을 막아야 한다"고 덧붙였다.

	㉠	㉡	㉢	㉣
①	재해성	검사	미지급	보완
②	보장성	실태조사	비급여	지도
③	유사성	원인관계	미개척	강화
④	연관성	해체	미전환	남용
⑤	입원성	결과보고	유사	완화

|3 ～ 4| 다음은 국민건강보험공단의 '공·사 의료보험' 연계 방안에 관한 연구결과 보고서의 일부이다. 글을 읽고 물음에 답하시오.

국민건강보험과 민간의료보험을 함께 분석할 수 있도록 공·사 의료보험을 연계하고 실태조사 체계를 마련하는 연구가 진행됐다. 양 보험을 단계별로 자료를 연계해 건강보험과 민간보험이 서로 미치는 영향을 효과적으로 파악하고 활용하는 것이 그 목적이다.

국민건강보험공단은 서울대학교 산학협력단에 '공·사 의료보험 실태조사 체계마련 및 운영방안 연구'를 의뢰해 진행하고 그 결과를 지난 17일 공개했다. 보고서는 공·사 의료보험의 관리기관과 소관 부처가 상이해 연계가 부족하며 국민건강보험과 민간의료보험의 보장영역에 대한 포괄적 검토 기전과 비급여 관리 체계가 부재한 점을 지적했다. 건강보험의 적정 보장률 도출을 위해서는 상호작용하는 민간보험의 자료가 (㉠) 돼야 하나 연계된 자료를 (㉡)할 수 있는 통로는 한국의료패널뿐인 상황이다.

아울러 민간의료보험 청구와 지급에 대한 전산 자료 구축이 어려운 점을 지적했다. 민간의료보험의 경우 건강보험과 달리 피보험자가 요양기관에 진료비를 먼저 수납하고, 사후에 피보험자의 수작업 청구에 따라 민간의료보험이 피보험자에게 보험금을 지급하는 방식으로, 수작업으로 일부 DB만 구축되고 있기 때문이다.

보고서는 민간의료보험의 자료를 모으는 방법으로 ▲민간의료보험 자료 축적의 상설화 ▲신용정보원 자료 수집 ▲보험개발원 자료 수집 ▲한국의료패널 설문에 민간의료보험 관련 자료 수집 등을 제시했다. 공·사 의료보험 자료 간 연계를 위해서는 4가지 단계적 추진 방안이 필요하다고 설명했다. ▲공·사 의료보험 자료 간 연계 전 단계 ▲민간의료보험 가입자 정보 연계 ▲민간의료보험 지급 건 연계 ▲민간의료보험 자료의 전산화 후 자료의 연계 등이다.

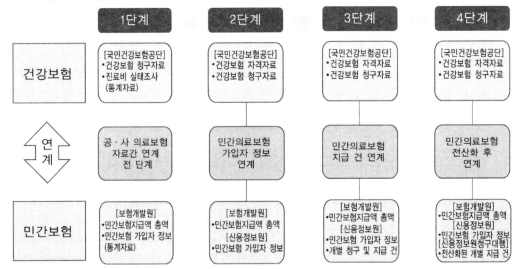

먼저 연계 전 국민건강보험공단이 보유하고 있는 건강보험 청구 자료와 건강보험환자 진료비 실태조사 통계 자료, 보험개발원의 민간의료보험 지급보험금 총액 자료 및 민간의료보험 가입자 통계 자료를 연계 없이 각각 수집해 활용하는 것이 첫 단계라고 설명했다.

두 번째로 보험개발원 또는 신용정보원이 국민건강보험공단에 민간의료보험 가입자 정보를 제공하고, 건강보험공단에서는 이를 건강보험/의료급여 자격 자료와 연계한다.

세 번째로 민간의료보험 지급 건을 연계한 뒤 마지막으로 민간의료보험 청구 및 지급 건을 전산화하고 이를 건강보험 자료와 연계하는 방안이다.

　　마지막 단계에서는 민간의료보험에 대한 청구를 요양기관이 대신하고 제3의 청구대행기관을 활용함으로써 하나의 민간의료보험 DB를 구축하는 형태가 된다.

　　보고서는 이를 위한 시스템을 구축하기 위해서는 타 기관과 충분한 협의를 거친 뒤 연계 가능한 정보 범위를 정하고, 연계정보의 레이아웃을 확정하며 어떤 형태로 연계정보를 제공받을 수 있는지 등 연계기반 조건에 대한 충분한 검토가 필요하다고 설명했다.

　　고려할 요인으로는 상호호환성 및 표준화와 관련한 기술적 요인, 주관기관 및 유관기관 권한 관계에 대한 조직 및 관리적 요인, 법적 틀이 제대로 갖춰져 있는지에 대한 법 제도 및 정치적 요인이 꼽혔다. 이러한 단계를 거쳐 공·사 의료보험의 연계가 진행될 시 보건복지부와 금융위원회가 자료를 다방면으로 활용할 수 있을 것으로 예상된다.

　　보고서는 연구를 통해 네 가지 정책 제언을 도출했다고 밝혔다. ▲비급여 항목 및 비용 관리를 위한 기반 마련 ▲요양기관에서 민간의료보험회사에 전자적 형태로 진료비 계산서 등의 서류를 전송하고 전문중계기관을 통해 해당 전송 업무를 위탁하는 방안 장기적 검토 ▲정부가 민간의료보험과 관련된 인센티브를 제공하고, 관련 자료를 보건부가 (㉢)하여 이를 활용하는 호주의 사례 참고 ▲공·사 의료보험 연계 및 실태조사 방안에 지불제도 개편 등의 영향을 반영

3　보고서를 바탕으로 공단 직원은 회의를 진행하였다. 가장 적절하지 않은 발언을 한 사람은?

①　박 대리 : 국민건강보험공단과 보험개발원, 신용정보원의 업무를 전산시스템으로 통합하여 관리하는 방안이 필요하다.

②　김 주임 : 보험금 청구와 지급에 대한 전산화 작업은 건강보험보다는 민간의료보험이 더 시급하다.

③　남 과장 : 공·사 의료보험 자료 간 연계의 최종 단계는 민간의료보험에 대한 청구를 건강보험공단이 수행하는 것이다.

④　이 팀장 : 주관기관 간에 합의가 이루어져도 관련 법에서 연계기반을 제약하는 조건이 있는지 살펴봐야 한다.

⑤　안 대리 : 정부가 민간의료보험과 관련된 인센티브를 제공하는 호주의 사례를 분석해볼 필요가 있다.

4　㉠ ~ ㉢에 공통으로 들어갈 말과 같은 의미로 쓰인 문장은?

①　쾌적한 주거환경을 유지하기 위해서는 집안을 <u>정리</u>하는 습관을 들여야 한다.

②　4차 산업 혁명 시대를 이끌어갈 역량으로 인문학적 사고가 <u>제시</u>되고 있다.

③　1개월간의 <u>누적</u> 데이터 사용량을 분석해 본 결과 전월보다 10% 더 증가하였다.

④　예산 확보 문제를 해결하기 위해서는 성과에 대한 증빙이 <u>전제</u>되어야 한다.

⑤　정보화 사회에서는 새로운 정보의 <u>확보</u>가 중요하다.

5 다음 글의 내용이 참일 때, 반드시 참인 진술은?

> - 김 대리, 박 대리, 이 과장, 최 과장, 정 부장은 A 회사의 직원들이다.
> - A 회사의 모든 직원은 내근과 외근 중 한 가지만 한다.
> - A 회사의 직원 중 내근을 하면서 미혼인 사람에는 직책이 과장 이상인 사람은 없다.
> - A 회사의 직원 중 외근을 하면서 미혼이 아닌 사람은 모두 그 직책이 과장 이상이다.
> - A 회사의 직원 중 외근을 하면서 미혼인 사람은 모두 연금 저축에 가입해 있다.
> - A 회사의 직원 중 미혼이 아닌 사람은 모두 남성이다.

① 갑 : 김 대리가 내근을 한다면, 그는 미혼이다.
② 을 : 박 대리가 미혼이면서 연금 저축에 가입해 있지 않다면, 그는 외근을 한다.
③ 병 : 이 과장이 미혼이 아니라면, 그는 내근을 한다.
④ 정 : 최 과장이 여성이라면, 그는 연금 저축에 가입해 있다.
⑤ 무 : 정 부장이 외근을 한다면, 그는 연금 저축에 가입해 있지 않다.

6 다음 글은 OO 농수산 식품연구원의 보고서의 일부이다. 이 글을 읽고 평가한 것으로 옳지 않은 것은?

> ㉠ 유엔 식량농업기구(FAO)에 따르면 곤충의 종류는 2,013종인데, 그 중 일부가 현재 식재료로 사용되고 있다. 곤충은 병균을 옮기는 더러운 것으로 알려져 있지만 깨끗한 환경에서 사육된 곤충은 식용에 문제가 없다.
>
> ㉡ 식용으로 귀뚜라미를 사육할 경우 전통적인 육류 단백질 공급원보다 생산에 필요한 자원을 절감할 수 있다. 귀뚜라미가 다른 전통적인 단백질 공급원보다 뛰어난 점은 다음과 같다. 첫째, 쇠고기 0.45kg을 생산하기 위해 필요한 자원으로 식용 귀뚜라미 11.33kg을 생산할 수 있다. 이것이 가능한 가장 큰 이유는 귀뚜라미가 냉혈동물이라 돼지나 소와 같이 체내 온도 유지를 위한 먹이를 많이 소비하지 않기 때문이다.
>
> ㉢ 둘째, 식용 귀뚜라미 0.45kg을 생산하는 데 필요한 물은 감자나 당근을 생산하는 데 필요한 수준인 3.8t이지만, 닭고기 0.45kg을 생산하려면 1,900t의 물이 필요하며, 쇠고기는 닭고기의 경우보다 4배 이상의 물이 필요하다. 셋째, 귀뚜라미를 사육할 때 발생하는 온실가스의 양은 가축을 사육할 때 발생하는 온실가스양의 20%에 불과하다.
>
> ㉣ 현재 곤충 사육은 많은 지역에서 이루어지고 있지만, 식용 곤충의 공급이 제한적이고 사람들에게 곤충도 식량이 될 수 있다는 점을 이해시키는 데 어려움이 있다. 따라서 새로운 식용 곤충 생산과 공급방법을 확충하고 곤충 섭취에 대한 사람들의 거부감을 줄이는 방안이 필요하다.
>
> ㉤ 현재 식용 귀뚜라미는 주로 분말 형태로 100g당 10달러에 판매된다. 이는 같은 양의 닭고기나 쇠고기의 가격과 큰 차이가 없다. 그러나 인구가 현재보다 20억 명 더 늘어날 것으로 예상되는 2050년에는 귀뚜라미 등 곤충이 저렴하게 저녁식사 재료로 공급될 것이다.

① 김 연구원 : 쇠고기 생산보다 식용 귀뚜라미 생산에 자원이 덜 드는 이유 중 하나는 귀뚜라미가 냉혈동물이라는 점이다.

② 이 연구원 : 현재 곤충 사육은 많은 지역에서 이루어지고 있지만, 식용으로 사용되는 곤충의 종류는 일부에 불과하다.

③ 박 연구원 : 식용 귀뚜라미와 동일한 양의 쇠고기를 생산하려면, 귀뚜라미 생산에 필요한 물보다 500배의 물이 필요하다.

④ 정 연구원 : 식용 귀뚜라미 생산에는 쇠고기 생산보다 자원이 적게 들지만, 현재 이 둘의 100g당 판매 가격은 큰 차이가 없다.

⑤ 임 연구원 : 가축을 사육할 때 발생하는 온실가스의 양은 귀뚜라미를 사육할 때의 5배다.

제시된 글과 다음 〈상황〉을 근거로 판단할 때, A 도시 시간기준으로 甲이 C 도시에 도착할 수 있는 가장 빠른 시각은?

> 19세기까지 각 지역에서 시간의 기준점은 태양이 머리 위에 있는 순간, 즉 그림자가 없거나 제일 작은 순간이었다. 문제는 태양이 계속 움직인다(사실은 지구가 자전하는 것이지만)는 사실이었다. 한국의 위도를 기준으로 한다면 지구의 자전 속도는 분당 약 20km이다. 조선시대 강릉 관아에서 정오를 알리는 종을 친 후 11분이 지나서야 한양(서울)에서도 정오를 알리는 종을 쳤던 것은 바로 이 때문이다. 그러나 대부분의 사람들이 태어나서 줄곧 한 곳에 살았고 설사 여행을 하더라도 걸어가는 게 다반사였으며, 탈 것을 이용한다 해도 나룻배나 우마차를 타고 다니던 상황에서 이처럼 지역마다 시간이 다른 것은 아무런 문제가 되지 않았다.
> 철도의 출현은 이러한 상황을 변화시켰다. 철도가 처음으로 만들어진 영국에서는 표준시를 최초로 제정해 각기 다른 시간을 하나로 묶는 일이 진행되었다. 현재 세계 어느 나라를 가더라도 외국인들이 출입하는 호텔의 안내 데스크 뒤쪽 벽면에서 뉴욕이나 런던, 도쿄, 베이징 등 도시 이름이 붙어 있는 여러 개의 시계를 볼 수 있다. 이는 표준시에 근거한 각 도시의 시각을 여행자에게 알려주는 것으로 그리니치 표준시를 기준으로 하기에 가능한 것이다.
> 과거 표준시가 정착되기 이전에도 오늘날의 호텔처럼 미국의 기차역에는 여러 개의 시계가 걸려 있었다. 다른 점이 있다면 시계 밑에 붙어 있는 명찰에는 서울, 홍콩, 베를린, 파리 같은 도시명 대신 '뉴욕 센트럴 레일웨이'와 '볼티모어 앤 오하이오' 같은 미국의 철도회사 이름이 적혀 있었다는 것이다. 즉 시간의 기준은 철도회사가 정하였고, 이에 따라 철도회사의 수만큼 다양한 시간이 존재했다. 1870년대의 '펜실베니아' 철도회사는 필라델피아 시간을 기준으로 열차를 운행하면서 자신이 운행하는 노선의 역들에 이 기준시간에 따른 시간표를 배포했다. '뉴욕 센트럴 레일웨이'는 그랜드 센트럴 역의 '밴더빌트 시간'을 기준으로 열차를 운행했다. 이 두 회사는 가까운 지역에서 영업을 했는데도 통일된 열차 시간을 공유하지 못했다. 만약 여행자가 피츠버그 역에서 열차를 갈아타야 할 경우 갈아탈 시각과 함께 어느 회사에서 운행하는 열차인지도 알아야 했다. 어느 한 회사의 시간을 기준으로 삼을 경우 다른 회사의 시간표는 무용지물이 되기 일쑤였다.

〈상황〉
- A도시는 B도시보다 40분 먼저 정오가 되고, C도시보다는 10분 늦게 정오가 된다.
- 'ㅇㅇ 레일웨이'는 A도시의 시간을 기준으로 열차를 운행한다.
  A도시 발 B도시 행 'ㅇㅇ 레일웨이' 열차는 매시 정각과 30분에 출발하며 운행시간은 3시간이다.
- 'ㅁㅁ캐리어'는 C도시의 시간을 기준으로 열차를 운행한다.
  B도시 발 C도시 행 'ㅁㅁ캐리어' 열차는 매시 15분과 45분에 출발하며 운행시간은 4시간 30분이다.
- 甲은 A도시의 역에 A도시 시간을 기준으로 오전 7시 40분에 도착하여 'ㅇㅇ레일웨이' 열차로 B도시에 가서 'ㅁㅁ캐리어' 열차를 타고 C도시까지 간다.
※ 열차를 갈아타는 데 걸리는 이동시간은 고려하지 않는다.

① 15시 10분 ② 15시 15분
③ 15시 25분 ④ 15시 35분
⑤ 15시 55분

8 준정부기관에 근무하는 김 대리는 신입사원을 대상으로 공문서 작성법을 교육할 예정이다. ㉠ ~ ㉤ 중 공문서 작성 원칙에 맞지 않는 것은?

■ 문서의 작성 기준 : 정확성(바른 글), 용이성(쉬운 글), 성실성(호감 가는 글), 경제성(효율적으로 작성하는 글)
■ 항목의 표시 : 문서의 내용을 둘 이상의 항목으로 구분할 필요가 있으면 다음 구분에 따라 그 항목을 순서대로 표시하되, 필요한 경우 □, ○, -, • 등과 같은 특수한 기호로 표시 가능

구분	항목 기호	비고
첫째 항목	1., 2., 3., 4., …	둘째, 넷째, 여섯째, 여덟째 항목의 경우,
둘째 항목	가., 나., 다., 라., …	
셋째 항목	1), 2), 3), 4), …	하., 하), (하), ㉠ 이상
넷째 항목	가), 나), 다), 라), …	계속되는 때에는
다섯째 항목	(1), (2), (3), (4), …	거., 거), (거), ㉾,
여섯째 항목	㈎, ㈏, ㈐, ㈑, …	너., 너), (너), ㉻… 로 표시
일곱째 항목	①, ②, ③, ④, …	
여덟째 항목	㉮, ㉯, ㉰, ㉱, …	

■ 표시 위치 및 띄우기
1) 첫째 항목 기호는 왼쪽 처음부터 띄어쓰기 없이 시작
2) 둘째 항목부터는 상위 항목 위치에서 오른쪽으로 2타씩 옮겨 시작
3) 항목 기호와 그 항목의 내용 사이에는 1타를 띄운다.
4) 하나의 항목만 있는 경우에는 항목 기호를 부여하지 아니한다.
　※ 2타(ＶＶ표시)는 한글 1자, 영문·숫자 2자에 해당
■ 본문의 "끝" 표시 : 본문 내용의 마지막 글자에서 한 글자(2타) 띄우고 "끝" 표시
1) 본문이 표의 마지막 칸까지 작성되는 경우 : 표 아래 왼쪽 한계선에서 한 글자 띄우고 "끝" 표시

응시번호	성명	생년월일	주소
10	김○○	1980. 3. 8.	서울시 종로구 ○○로 12
21	박○○	1982. 5. 1.	부산시 서구 ○○로 5

　◯　　ＶＶ끝.

2) 본문이 표의 마지막 칸까지 작성되는 경우 : 표의 중간에서 기재사항이 끝나는 경우 : "끝" 표시를 하지 않고 마지막으로 작성된 칸의 다음 칸에 "이하 빈칸" 표시

응시번호	성명	생년월일	주소
10	김○○	1980. 3. 8.	서울시 종로구 ○○로 12
이하 빈칸			

3) 붙임ＶＶ 1.Ｖ○○○계획서 1부.
　　　　　 2.Ｖ○○○서류 1부.ＶＶ끝.

행정○○부

수신자 ㉠ 수신자 참조

(경유)

제목　㉡ 행정업무운영 법령 개정내용 설명회 개최 통보

1. ㉢ 관련 근거 : ○○○부 ○○과-1645(20××. 12. 10)

2. 위 호와 관현하여 행정업무 운영 법령의 전부 개정에 따라 각급 행정기관의 교육수요에 대비하기 위하여 개정내용에 대한 설명회를 아래와 같이 개최합니다.

　　가. ㉣ 일시/장소 : ○○대학교 413호/10:00~12:00

　　나. 교육진행 : ○○교수

　　다. 교육내용 : 기록물관리, 전자문서시스템 활용방법

3. ㉤ 동 설명회에 관련업무에 대해 설명할 공무원을 선정하여 설명준비와 참석에 차질이 없도록 준비하여 주시기 바랍니다.　끝.

붙임　1. ○○○계획서 1부.
　　　2. ○○서류 1부.　끝.

행정○○부장관

수신자 ○○○, ○○○, ○○○, ○○○, ○○○

시행　　　　　　　　　　　　　　　접수
우
전화　　　　　　전송　　　　　　　　　/　　　　　　　/ 공개

① ㉠　　　　　　　　　　　　　　② ㉡

③ ㉢　　　　　　　　　　　　　　④ ㉣

⑤ ㉤

┃9 ~ 10┃ 다음은 저작권에 관련된 회의 자료이다. 글을 읽고 물음에 답하시오.

㉠ 문화가 발전하려면 저작자의 권리 보호와 저작물의 공정 이용이 균형을 이루어야 한다. 저작물의 공정 이용이란 저작권자의 권리를 일부 제한하여 저작권자의 허락이 없이도 저작물을 자유롭게 이용하는 것을 말한다. 비영리적인 사적 복제를 허용하는 것이 그 예이다. 우리나라의 저작권법에서는 오래전부터 공정 이용으로 볼 수 있는 저작권 제한 규정을 두었다.

㉡ 그런데 디지털 환경에서 저작물의 공정 이용은 여러 장애에 부딪혔다. 디지털 환경에서는 저작물을 원본과 동일하게 복제할 수 있고 용이하게 개작할 수 있다. 따라서 저작물이 개작되더라도 그것이 원래 창작물인지 이차적 저작물인지 알기 어렵다. 그 결과 디지털화된 저작물의 이용 행위가 공정 이용의 범주에 드는 것인지 가늠하기가 더 어려워졌고 그에 따른 처벌 위험도 커졌다.

㉢ 이러한 문제를 해소하기 위한 시도의 하나로 포괄적으로 적용할 수 있는 '저작물의 공정한 이용' 규정이 저작권법에 별도로 신설되었다. 그리하여 저작권자의 동의가 없어도 저작물을 공정하게 이용할 수 있는 영역이 확장되었다. 그러나 공정 이용 여부에 대한 시비가 자율적으로 해소되지 않으면 예나 지금이나 법적인 절차를 밟아 갈등을 해소해야 한다. 저작물 이용의 영리성과 비영리성, 목적과 종류, 비중, 시장 가치 등이 법적인 판단의 기준이 된다.

㉣ 저작물 이용자들이 처벌에 대해 불안감을 여전히 느낀다는 점에서 저작물의 자유 이용 허락 제도와 같은 '저작물의 공유' 캠페인이 주목을 받고 있다. 이 캠페인은 저작권자들이 자신의 저작물에 일정한 이용 허락 조건을 표시해서 이용자들에게 무료로 개방하는 것을 말한다. 누구의 저작물이든 개별적인 저작권을 인정하지 않고 모두가 공동으로 소유하자고 주장하는 사람들과 달리, 이 캠페인을 펼치는 사람들은 기본적으로 자신과 타인의 저작권을 존중한다. 캠페인 참여자들은 저작권자와 이용자들의 자발적인 참여를 통해 자유롭게 활용할 수 있는 저작물의 양과 범위를 확대하려고 노력한다. 이들은 저작물의 공유가 확산되면 디지털 저작물의 이용이 활성화되고 그 결과 인터넷이 더욱 창의적이고 풍성한 정보 교류의 장이 될 것이라고 본다. 그러나 캠페인에 참여한 저작물을 이용할 때 허용된 범위를 벗어난 경우 법적 책임을 질 수 있다.

㉤ 한편 ⓐ다른 시각을 가진 사람들도 있다. 이들은 저작물의 공유 캠페인이 확산되면 저작물을 창조하려는 사람들의 동기가 크게 감소할 것이라고 우려한다. 이들은 결과적으로 활용 가능한 저작물이 줄어들게 되어 이용자들도 피해를 입게 된다고 주장한다. 또 디지털 환경에서는 사용료 지불절차 등이 간단해져서 '저작물의 공정한 이용' 규정을 별도로 신설할 필요가 없었다고 본다. 이들은 저작물의 공유 캠페인과 신설된 공정 이용 규정으로 인해 저작권자들의 정당한 권리가 침해받고 있으므로 이를 시정하는 것이 오히려 공익에 더 도움이 된다고 말한다.

9 ⓐ의 주장에 가까운 것은?

① 이용 허락 조건을 저작물에 표시하면 창작 활동을 더욱 활성화한다.

② 저작권자의 정당한 권리 보호를 위해 저작물의 공유 캠페인이 확산되어야 한다.

③ 비영리적인 경우 저작권자의 동의가 없어도 복제가 허용되는 영역을 확대해야 한다.

④ 저작권자가 자신들의 노력에 상응하는 대가를 정당하게 받을수록 창작 의욕이 더 커진다.

⑤ 자신의 저작물을 자유롭게 이용하도록 양보하는 것은 다른 저작권자의 저작권 개방을 유도하여 공익을 확장시킨다.

10 윗글을 바탕으로 〈보기〉를 이해할 때, 적절하지 않은 것은?

〈보기〉

[자료 1]

다음은 저작물 공유 캠페인의 '자유 이용 허락' 조건 표시의 한 예이다.

(👤) : 출처를 표시하고 자유롭게 사용 가능함.

(👤)(🚫💲) : 출처를 표시하고 사용하되 상업적 사용은 안 됨.

[자료 2]

A는 자신의 미술 평론에 항상 (👤)표시를 하여 블로그에 올렸다. B는 표시의 조건을 지키며 A의 미술 평론을 이용해 왔다. 최근 A는 조카의 돌잔치 동영상을 만들고 (👤) (🚫💲)표시를 하여 블로그에 올렸다.

그런데 B는 그 동영상에서 자신의 저작물인 예술 사진이 동의 없이 사용된 것을 발견하였다. B는 A에게 예술 사진에 대한 저작권 사용료를 지불하라고 요구하였다.

---

① 유 대리 : A는 '자유 이용 허락' 조건 표시를 사용하는 것으로 보아 저작물의 공유 캠페인에 참여하는 사람이겠군.

② 이 주임 : B가 평소 A의 자료를 이용한 것에 대해서 A는 B에게 사용료 지불을 요구할 수 없겠군.

③ 정 사원 : A의 행위가 공정 이용에 해당한다면, A는 B에게 사용료를 지불하지 않아도 되겠군.

④ 한 주임 : B는 공정 이용 규정이 없었다면, A에게 사용료 지불을 요구할 수 없겠군.

⑤ 남 사원 : B가 A의 미술평론의 일부를 편집해 자신의 블로그에 올렸다면, A의 동의를 별도로 받지 않아도 되었겠군.

11 귀하는 OO국제협력단의 회의 담당자이다. 귀사의 〈통역경비 산정기준〉과 아래의 〈상황〉을 근거로 판단할 때, 귀사가 A시에서 개최한 설명회에 쓴 총 통역경비는?

통역경비는 통역료와 출장비(교통비, 이동보상비)의 합으로 산정한다.

■ 통역료(통역사 1인당)

구분	기본요금(3시간까지)	추가요금(3시간 초과 시)
영어, 아랍어, 독일어	500,000원	100,000원/시간
베트남어, 인도네시아어	600,000원	150,000원/시간

■ 출장비(통역사 1인당)
− 교통비는 왕복으로 실비 지급
− 이동보상비는 이동 시간당 10,000원 지급

〈상황〉

　귀사는 2019년 3월 9일 A시에서 설명회를 개최하였다. 통역은 영어와 인도네시아어로 진행되었고, 영어 통역사 2명과 인도네시아어 통역사 2명이 통역하였다. 설명회에서 통역사 1인당 영어 통역은 4시간, 인도네시아어 통역은 2시간 진행되었다. A시까지는 편도로 2시간이 소요되며, 개인당 교통비는 왕복으로 100,000원이 들었다.

① 244만 원　　　　　　　　② 276만 원
③ 288만 원　　　　　　　　④ 296만 원
⑤ 326만 원

02. 고난도 모의고사 공기업 NCS 기출 ✦✧✦ 287

12 귀하는 OO문화재단 문화시설 운영 담당자이다. 다음 글을 근거로 판단할 때 OO문화재단에서 운영할 프로그램은?

OO문화재단은 학생들의 창의력을 증진시키기 위해 '창의 테마파크'를 운영하고자 한다. 이를 위해 다음과 같은 프로그램을 후보로 정했다.

분야	프로그램명	전문가 점수	학생 점수
미술	내 손으로 만드는 동물	26	32
인문	세상을 바꾼 생각들	31	18
무용	스스로 창작	37	25
인문	역사랑 놀자	36	28
음악	연주하는 교실	34	34
연극	연출노트	32	30
미술	창의 예술학교	40	25
진로	항공체험 캠프	30	35

- 전문가와 학생은 후보로 선정된 프로그램을 각각 40점 만점제로 우선 평가하였다.
- 전문가 점수와 학생 점수의 반영 비율을 3 : 2로 적용하여 합산한 후, 하나밖에 없는 분야에 속한 프로그램에는 취득점수의 30%를 가산으로 부여한다.
- OO문화재단은 가장 높은 점수를 받은 프로그램을 최종 선정하여 운영한다.

① 연주하는 교실
② 항공체험 캠프
③ 스스로 창작
④ 연출노트
⑤ 창의 예술학교

다음 글을 근거로 판단할 때, 甲 금속회사가 생산한 제품 A, B를 모두 판매하여 얻을 수 있는 최대 금액은?

- 甲 금속회사는 특수구리합금 제품 A와 B를 생산 및 판매한다.
- 특수구리합금 제품 A, B는 10kg 단위로만 생산된다.
- 제품 A의 1kg당 가격은 300원이고, 제품 B의 1kg당 가격은 200원이다.
- 甲 금속회사는 보유하고 있던 구리 710kg, 철 15kg, 주석 33kg, 아연 155kg, 망간 30kg 중 일부를 활용하여 아래 표의 질량 배합 비율에 따라 제품 A를 300kg 생산한 상태이다. (단, 개별 금속의 추가 구입은 불가능하다.)
- 합금 제품별 질량 배합 비율은 아래와 같으며 배합 비율을 만족하는 경우에만 제품이 될 수 있다.

(단위 : %)

구분	구리	철	주석	아연	망간
A	60	5	0	25	10
B	80	0	5	15	0

※ 배합된 개별 금속 질량의 합은 생산된 합금 제품의 질량과 같다.

① 195,000원
② 196,000원
③ 197,000원
④ 198,000원
⑤ 199,000원

14 다음 〈표〉는 ○○축산자원개발원에서 품목별 한우의 2020년 10월 평균가격, 전월, 전년 동월, 직전 3개년 동월 평균가격을 제시한 자료이다. 이를 검토한 의견으로 옳은 것은?

〈표〉 품목별 한우 평균가격(2020년 10월 기준)

(단위 : 원/kg)

품목		2020년 10월 평균가격	전월 평균가격	전년 동월 평균가격	직전 3개년 동월 평균가격
구분	등급				
거세우	1등급	17,895	18,922	14,683	14,199
	2등급	16,534	17,369	13,612	12,647
	3등급	14,166	14,205	12,034	10,350
비거세우	1등급	18,022	18,917	15,059	15,022
	2등급	16,957	16,990	13,222	12,879
	3등급	14,560	14,344	11,693	10,528

※ 1) 거세우, 비거세우의 등급은 1등급, 2등급, 3등급만 있음
　 2) 품목은 구분과 등급의 조합임. 예를 들어 구분이 거세우이고 등급이 1등급이면 품목은 거세우 1등급임

① A : 거세우 각 등급에서의 2020년 10월 평균가격이 비거세우 같은 등급의 2020년 10월 평균가격보다 모두 높다.
② B : 모든 품목에서 전월 평균가격은 2020년 10월 평균가격보다 높다.
③ C : 2020년 10월 평균가격, 전월 평균가격, 전년 동월 평균가격, 직전 3개년 동월 평균가격은 비거세우 1등급이 다른 모든 품목에 비해 높다.
④ D : 직전 3개년 동월 평균가격 대비 전년 동월 평균가격의 증가폭이 가장 큰 품목은 거세우 2등급이다.
⑤ E : 전년 동월 평균가격 대비 2020년 10월 평균가격 증감률이 가장 큰 품목은 비거세우 2등급이다.

15 다음 〈표〉는 OO교육과정평가원의 2016 ~ 2020년 가구당 월평균 교육비 지출액에 대한 자료이다. 이 자료를 바탕으로 한 회의에서 적절한 의견을 제시한 사람은?

〈표〉 연도별 가구당 월평균 교육비 지출액

(단위 : 원)

유형 \ 연도		2016	2017	2018	2019	2020
정규 교육비	초등교육비	14,730	13,255	16,256	17,483	17,592
	중등교육비	16,399	20,187	22,809	22,880	22,627
	고등교육비	47,841	52,060	52,003	61,430	66,519
	소계	78,970	85,502	91,068	101,793	106,738
학원 교육비	학생 학원교육비	128,371	137,043	160,344	167,517	166,959
	성인 학원교육비	7,798	9,086	9,750	9,669	9,531
	소계	136,169	146,129	170,094	177,186	176,490
기타 교육비		7,203	9,031	9,960	10,839	13,574
전체 교육비		222,342	240,662	271,122	289,818	296,802

① A : 2017 ~ 2020년 '전체 교육비'의 전년대비 증가율은 매년 상승하였다.
② B : '전체 교육비'에서 '기타 교육비'가 차지하는 비중이 가장 큰 해는 2019년이다.
③ C : 2018 ~ 2020년 '초등교육비', '중등교육비', '고등교육비'는 각각 매년 증가하였다.
④ D : '학원교육비'의 전년대비 증가율은 2019년이 2018년보다 작다.
⑤ E : '고등교육비'는 매년 '정규교육비'의 60% 이상이다.

㉠ 온라인을 통한 통신, 금융, 상거래 등은 우리에게 편리함을 주지만 보안상의 문제도 안고 있는데, 이런 문제를 해결하기 위하여 암호 기술이 동원된다. 예를 들어 전자 화폐의 일종인 비트코인은 해시 함수를 이용하여 화폐 거래의 안전성을 유지한다. 해시 함수란 입력 데이터 x에 대응하는 하나의 결과 값을 일정한 길이의 문자열로 표시하는 수학적 함수이다. 그리고 입력 데이터 x에 대하여 해시 함수 H를 적용한 수식 $H(x) = k$라 할 때, k를 해시 값이라 한다. 이때 해시 값은 입력 데이터의 내용에 미세한 변화만 있어도 크게 달라진다. 현재 여러 해시 함수가 이용되고 있는데, 해시 값을 표시하는 문자열의 길이는 각 해시 함수마다 다를 수 있지만 특정 해시 함수에서의 그 길이는 고정되어 있다.

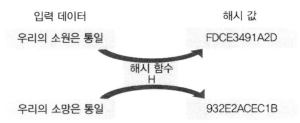

입력 데이터   해시 값

우리의 소원은 통일   FDCE3491A2D

해시 함수
H

우리의 소망은 통일   932E2ACEC1B

〈해시 함수의 입·출력 동작의 예〉

㉡ 이러한 특성을 갖고 있기 때문에 해시 함수는 데이터의 내용이 변경되었는지 여부를 확인하는 데 이용된다. 가령, 상호 간에 동일한 해시 함수를 사용한다고 할 때, 전자 문서와 그 문서의 해시 값을 함께 전송하면 상대방은 수신한 전자 문서에 동일한 해시 함수를 적용하여 결과 값을 얻은 뒤 전송받은 해시 값과 비교함으로써 문서가 변경되었는지 확인할 수 있다.

㉢ 그런데 해시 함수가 ⓐ일방향성과 ⓑ충돌회피성을 만족시키면 암호 기술로도 활용된다. 일방향성이란 주어진 해시 값에 대응하는 입력 데이터의 복원이 불가능하다는 것을 말한다. 특정 해시값 k가 주어졌을 때 $H(x) = k$를 만족시키는 x를 계산하는 것이 매우 어렵다는 것이다. 그리고 충돌회피성이란 특정 해시 값을 갖는 서로 다른 데이터를 찾아내는 것이 현실적으로 불가능하다는 것을 의미한다. 서로 다른 데이터 x, y에 대해서 $H(x)$와 $H(y)$가 각각 도출한 값이 동일하면 이것을 충돌이라 하고, 이때의 x와 y를 충돌쌍이라 한다. 충돌회피성은 이러한 충돌쌍을 찾는 것이 현재 사용할 수 있는 모든 컴퓨터의 계산 능력을 동원하더라도 그것을 완료하기가 사실상 불가능하다는 것이다.

㉣ 해시 함수는 온라인 경매에도 이용될 수 있다. 예를 들어 ○○ 온라인 경매 사이트에서 일방향성과 충돌회피성을 만족시키는 해시 함수 G가 모든 경매 참여자와 운영자에게 공개되어 있다고 하자. 이때 각 입찰 참여자는 자신의 입찰가를 감추기 위해 논스*의 해시 값과 입찰가에 논스를 더한 것의 해시 값을 함께 게시판에 게시한다. 해시 값 게시 기한이 지난 후 각 참여자는 본인의 입찰가와 논스를 운영자에게 전송하고 운영자는 최고 입찰가를 제출한 사람을 낙찰자로 선정한다. 이로써 온라인 경매 진행 시 발생할 수 있는 다양한 보안상의 문제를 해결할 수 있다.

※ 논스 : 입찰가를 추측할 수 없게 하기 위해 입찰가에 더해지는 임의의 숫자

16 윗글의 ⓐ와 ⓑ에 대하여 추론한 내용으로 가장 적절한 것은?

① ⓐ을 지닌 특정 해시 함수를 전자 문서 x, y에 각각 적용하여 도출한 해시 값으로부터 x, y를 복원할 수 없다.

② 입력 데이터 x, y에 특정 해시 함수를 적용하여 도출한 문자열의 길이가 같은 것은 해시 함수의 ⓐ 때문이다.

③ ⓑ를 지닌 특정 해시 함수를 전자 문서 x, y에 각각 적용하여 도출한 해시 값의 문자열의 길이는 서로 다르다.

④ 입력 데이터 x, y에 특정 해시 함수를 적용하여 도출한 해시 값이 같은 것은 해시 함수의 ⓑ 때문이다.

⑤ 입력 데이터 x, y에 대해 ⓐ와 ⓑ를 지닌 서로 다른 해시 함수를 적용하였을 때 도출한 결과값이 같으면 이를 충돌이라고 한다.

17 ㉣에 따라 〈보기〉의 사례를 이해한 내용으로 가장 적절한 것은?

〈보기〉

온라인 미술품 경매 사이트에 회화 작품 △△이 출품되어 A와 B만이 경매에 참여하였다. A, B의 입찰가와 해시 값은 다음과 같다. 단, 입찰 참여자는 논스를 임의로 선택한다.

입찰 참여자	입찰가	논스의 해시 값	'입찰가+논스'의 해시 값
A	a	r	m
B	b	s	n

① A는 a, r, m 모두를 게시 기한 내에 운영자에게 전송해야 한다.

② 운영자는 해시 값을 게시하는 기한이 마감되기 전에 최고가 입찰자를 알 수 없다.

③ m과 n이 같으면 r과 s가 다르더라도 A와 B의 입찰가가 같다는 것을 의미한다.

④ A와 B 가운데 누가 높은 가격으로 입찰하였는지는 r과 s를 비교하여 정할 수 있다.

⑤ B가 게시판의 m과 r을 통해 A의 입찰가 a를 알아낼 수도 있으므로 게시판은 비공개로 운영되어야 한다.

18 헤드의 위치가 트랙 0번이고 현재 대기 큐에 있는 요청만을 처리한다고 할 때, 각 스케줄링의 탐색 시간의 합에 대한 비교로 옳은 것은?

① 요청된 트랙 번호들이 내림차순이면, SSTF 스케줄링과 LOOK 스케줄링에서 탐색 시간의 합은 같다.
② 요청된 트랙 번호들이 내림차순이면, FCFS 스케줄링이 SSTF 스케줄링보나 탐색 시간의 합이 작다.
③ 요청된 트랙 번호들이 오름차순이면, FCFS 스케줄링과 LOOK 스케줄링에서 탐색 시간의 합은 다르다.
④ 요청된 트랙 번호들이 오름차순이면, FCFS 스케줄링이 SCAN 스케줄링보다 탐색 시간의 합이 크다.
⑤ 요청된 트랙 번호들에 끝 트랙이 포함되면, LOOK 스케줄링이 SCAN 스케줄링보다 탐색 시간의 합이 크다.

▌19 ~ 20 ▌ 다음은 ○○소프트웨어 기술진흥협회의 자료이다. 글을 읽고 물음에 답하시오.

㉠ 디지털 통신 시스템은 송신기, 채널, 수신기로 구성되며, 전송할 데이터를 빠르고 정확하게 전달하기 위해 부호화 과정을 거쳐 전송한다. 영상, 문자 등의 데이터는 기호 집합에 있는 기호들의 조합이다. 예를 들어 기호 집합 {a, b, c, d, e, f}에서 기호들을 조합한 add, cab, beef 등이 데이터이다. 정보량은 어떤 기호가 발생했다는 것을 알았을 때 얻는 정보의 크기이다. 어떤 기호 집합에서 특정 기호의 발생 확률이 높으면 그 기호의 정보량은 적고, 발생 확률이 낮으면 그 기호의 정보량은 많다. 기호 집합의 평균 정보량*을 기호 집합의 엔트로피라고 하는데 모든 기호들이 동일한 발생 확률을 가질 때 그 기호 집합의 엔트로피는 최댓값을 갖는다.

㉡ 송신기에서는 소스 부호화, 채널 부호화, 선 부호화를 거쳐 기호를 부호로 변환한다. 소스 부호화는 데이터를 압축하기 위해 기호를 0과 1로 이루어진 부호로 변환하는 과정이다. 어떤 기호가 110과 같은 부호로 변환되었을 때 0 또는 1을 비트라고 하며 이 부호의 비트 수는 3이다. 이때 기호 집합의 엔트로피는 기호 집합에 있는 기호를 부호로 표현하는 데 필요한 평균 비트 수의 최솟값이다. 전송된 부호를 수신기에서 원래의 기호로 복원하려면 부호들의 평균 비트 수가 기호 집합의 엔트로피보다 크거나 같아야 한다. 기호 집합을 엔트로피에 최대한 가까운 평균 비트 수를 갖는 부호들로 변환하는 것을 엔트로피 부호화라한다. 그중 하나인 '허프만 부호화'에서는 발생 확률이 높은 기호에는 비트 수가 적은 부호를, 발생 확률이 낮은 기호에는 비트 수가 많은 부호를 할당한다.

㉢ 채널 부호화는 오류를 검출하고 정정하기 위하여 부호에 잉여 정보를 추가하는 과정이다. 송신기에서 부호를 전송하면 채널의 잡음으로 인해 오류가 발생하는데 이 문제를 해결하기 위해 잉여 정보를 덧붙여 전송한다. 채널 부호화 중 하나인 '삼중 반복 부호화'는 0과 1을 각각 000과 111로 부호화한다. 이때 수신기에서는 수신한 부호에 0이 과반수인 경우에는 0으로 판단하고, 1이 과반수인 경우에는 1로 판단한다. 즉 수신기에서 수신된 부호가 000, 001, 010, 100 중 하나라면 0으로 판단하고, 그 외에는 1로 판단한다. 이렇게 하면 000을 전송했을 때 하나의 비트에서 오류가 생겨 001을 수신해도 0으로 판단하므로 오류는 정정된다. 채널 부호화를 하기 전 부호의 비트 수를, 채널 부호화를 한 후 부호의 비트 수로 나눈 것을 부호율이라 한다. 삼중 반복 부호화의 부호율은 약 0.33이다.

ⓔ 채널 부호화를 거친 부호들을 채널을 통해 전송하려면 부호들을 전기 신호로 변환해야 한다. 0 또는 1에 해당하는 전기 신호의 전압을 결정하는 과정이 선 부호화이다. 전압의 결정 방법은 선 부호화 방식에 따라 다르다. 선 부호화 중 하나인 '차동 부호화'는 부호의 비트가 0이면 전압을 유지하고 1이면 전압을 변화시킨다. 차동 부호화를 시작할 때는 기준 신호가 필요하다. 예를 들어 차동 부호화 직전의 기준 신호가 양(+)의 전압이라면 부호 0110은 '양, 음, 양, 양'의 전압을 갖는 전기 신호로 변환된다. 수신기에서는 송신기와 동일한 기준 신호를 사용하여, 전압의 변화가 있으면 1로 판단하고 변화가 없으면 0으로 판단한다.

※ 평균 정보량 : 각 기호의 발생 확률과 정보량을 서로 곱하여 모두 더한 것

19 윗글을 바탕으로 2가지 기호로 이루어진 기호 집합에 대해 이해한 내용으로 적절하지 않은 것은?

① S 연구원 : 기호들의 발생 확률이 모두 1/2인 경우, 각 기호의 정보량은 동일하다.

② K 연구원 : 기호들의 발생 확률이 각각 1/4, 3/4인 경우의 평균 정보량이 최댓값이다.

③ P 연구원 : 기호들의 발생 확률이 각각 1/4, 3/4인 경우, 기호의 정보량이 더 많은 것은 발생 확률이 1/4인 기호이다.

④ L 연구원 : 기호들의 발생 확률이 모두 1/2인 경우, 기호를 부호화하는 데 필요한 평균 비트 수의 최솟값이 최대가 된다.

⑤ Y 연구원 : 기호들의 발생 확률이 각각 1/4, 3/4인 기호 집합의 엔트로피는 발생 확률이 각각 3/4, 1/4인 기호 집합의 엔트로피와 같다.

20 윗글을 바탕으로 〈보기〉를 이해한 내용으로 적절한 것은?

〈보기〉

날씨 데이터를 전송하려고 한다. 날씨는 '맑음', '흐림', '비', '눈'으로만 분류하며, 각 날씨의 발생 확률은 모두 같다. 엔트로피 부호화를 통해 '맑음', '흐림', '비', '눈'을 각각 00, 01, 10, 11의 부호로 바꾼다.

① S 연구원 : 기호 집합{맑음, 흐림, 비, 눈}의 엔트로피는 2보다 크겠군.

② K 연구원 : 엔트로피 부호화를 통해 4일 동안의 날씨 데이터 '흐림비맑음흐림'은 '01001001'로 바뀌겠군.

③ P 연구원 : 삼중 반복 부호화를 이용하여 전송한 특정 날씨의 부호를 '110001'과 '101100'으로 각각 수신하였다면 서로 다른 날씨로 판단하겠군.

④ L 연구원 : 날씨 '비'를 삼중 반복 부호화와 차동 부호화를 이용하여 부호화하는 경우, 기준 신호가 양(+)의 전압이면 '음, 양, 음, 음, 음, 음'의 전압을 갖는 전기 신호로 변환되겠군.

⑤ Y 연구원 : 삼중 반복 부호화와 차동 부호화를 이용하여 특정 날씨의 부호를 전송할 경우, 수신기에서 '음, 음, 음, 양, 양, 양'을 수신했다면 기준 신호가 양(+)의 전압일 때 '흐림'으로 판단하겠군.

정답 및 해설

PART
05

CHAPTER

나의 **점수 체크**		회독 점수 그래프							
TOTAL	100점 만점								100
문항 당	2점								80
1회독	점								60
2회독	점								40
3회독	점								20

1회독   2회독   3회독

정답 한눈에 보기																			
1	④	**2**	②	**3**	⑤	**4**	②	**5**	②	**6**	③	**7**	②	**8**	①	**9**	⑤	**10**	⑤
11	③	**12**	②	**13**	③	**14**	⑤	**15**	①	**16**	④	**17**	②	**18**	③	**19**	①	**20**	④
21	①	**22**	④	**23**	③	**24**	④	**25**	①	**26**	④	**27**	②	**28**	③	**29**	⑤	**30**	①
31	④	**32**	②	**33**	①	**34**	④	**35**	⑤	**36**	②	**37**	④	**38**	②	**39**	⑤	**40**	②
41	②	**42**	⑤	**43**	①	**44**	②	**45**	④	**46**	③	**47**	③	**48**	④	**49**	①	**50**	⑤

1 ④

8월 14일은 성수기 주말에 해당한다. E방은 최대 정원이 6명이므로 주말 요금 15만 원에 인원 추가 요금 만 원이 붙는다. 따라서 예약금은 16만 원이며 일주일 전에 취소하였으므로 예약금의 90%가 환불되어 144,000원을 돌려받는다.

2 ②

甲 일행은 6명으로, 최대 정원 5명의 D방 이용 시 만 원이 추가된다. 비수기에 이용하므로 지불한 금액은 총 24만 원이다. 乙 일행은 5명으로 B방 이용 시 주말 요금을 적용하여, 총 30만 원을 지불하였다. 丙 일행은 7명으로, 최대 정원 6명의 E방 이용 시 만 원이 추가된다. 비수기에 이용하므로 지불한 금액은 총 18만 원이다. 따라서 가장 큰 금액을 지불하는 乙 일행과 가장 작은 금액을 지불하는 丙 일행의 금액 차이는 120,000원이다.

3 ⑤

대리인에 관한 안내사항은 따로 기재되어 있지 않다.
① 가의 응모대상에서 확인할 수 있다.
② 아의 기타 유의사항에서 확인할 수 있다.
③④ 라의 제출서류에서 확인할 수 있다.

4 ②

① 마을 전체 인구 3/4 이상이 사업에 동의해야 하므로, 동의 인구수는 105명이 되어야 한다. 또한 10호 이상의 농가가 사업에 참여 가능해야 한다.

③ 평가표상 2회 이상 65점 미만으로 득점했을 경우에 팜스테이 마을에서 지정 취소된다.

④ 팜스테이 마을이 소수(1 ~ 3개 참여농가)에 의해서만 운영되는 경우 지정 취소된다. 또한 단순 음식판매업 또는 민박전업화가 되었을 경우에도 지정 취소된다.

⑤ 고객이 사용할 수 있는 편의시설 및 체험 프로그램을 개발 완료하여야 신규 팜스테이 마을 지정 기준에 부합한다.

---

5 ②

① 이미 자사의 강점으로 강력한 브랜드 파워를 꼽을 수 있다. 강점인 강력한 브랜드 파워와 인정받은 농축산물 공급 전략을 활용하여 인터넷 직거래 유통 등의 구매를 극대화해야 한다.

③ 상품의 축소를 통한 비용 감축보다는 인정받은 농축산물을 강조하여 개발된 농·축협 브랜드 상품으로 대형 마트와의 경쟁에 대응해야 한다.

④⑤ 젊은 층 고객의 선호도 향상과 인식 전환을 도모할 수 있는 신제품 개발 및 유통 확대 방안을 모색해야 한다.

---

6 ③

일반적인 문제해결 절차는 문제인식 → 문제 도출 → 원인 분석 → 해결안 개발 → 실행 및 평가로 이루어진다.

거래처의 연락(문제인식) → 도착 예상 날짜 파악(문제도출) → 부분배송이유(원인분석) → 답변에 따라 배송추적하여 예상 날짜 파악(해결안 개발) → 거래처 보고(실행 및 평가)

---

7 ②

① 복사기를 같이 쓴다고 해서 같은 층에 있는 것은 아니다.

③ 디지털혁신실이 2층의 복사기를 쓰고 있다고 해서 2층에 위치하고 있는지는 알 수 없다.

④⑤ 제시된 조건으로 지역사회공헌부의 위치는 알 수 없다.

---

8 ①

주식과 채권은 직접금융시장에서 자금을 조달한다. 주식은 수익성이 높으며 저축과 채권은 주식보다 안전성이 높다.

---

9 ⑤

전년 대비 10% 감액하게 될 정책은 '성과지표 달성도'에서만 '통과'를 받지 못한 A와 E정책이다.

① 전년도와 비교하여 동일한 금액이 편성될 정책은 C, F이다.

② B정책은 '성과지표 달성도' 평가에서 '통과'를 받았음에도 예산을 감액해야 하는 정책이다.

③ 전년 대비 10% 감액하여 편성하게 될 정책은 2개(A, E정책), 전년 대비 15% 감액하여 편성하게 될 정책은 2개(B, D정책)으로 총 10억이 감액되어 올해 예산은 총110억 원이 될 것이다.

④ 전년 대비 15% 감액하여 편성하게 될 정책은 B, D정책으로 두 정책 모두 '계획 대비 실적'에서 '미통과'되었다.

10 ⑤

시간 $= \dfrac{거리}{속도}$ 공식을 이용하여, 먼저 각 경로에서 걸리는 시간을 구한다.

㉠ A→B

- **경로 1 :** $\dfrac{30}{30} = 1.0$

  = 1시간 소요

- **경로 2 :** $\dfrac{30}{60} = 0.5$

  = 30분 소요

㉡ B→C

- **경로 3 :** $\dfrac{40}{40} = 1.0$

  = 1시간 소요

- **경로 4 :** $\dfrac{40}{80} = 0.5$

  = 30분 소요

따라서 출근시간대에 경로 2와 경로 3을 이용하는 경우와 경로 1과 경로 4를 이용하는 경우, C지점에 도착하는 시간은 1시간 20분으로 동일하다.

① C지점에 가장 빨리 도착하는 방법은 경로 2와 경로 4를 이용하는 경우로 1시간 40분이 걸리며, 도착하는 시각은 오전 9시 40분이 된다.

② C지점에 가장 늦게 도착하는 방법은 경로 1과 경로 3을 이용하는 경우로 2시간이 걸리며, 도착하는 시간은 오전 10시가 된다.

③ B지점에 가장 빨리 도착하는 방법은 경로 2를 이용하는 경우로 30분이 걸리며, 도착 시각은 오전 8시 30분이 된다.

④ B지점에 가장 늦게 도착하는 방법은 경로 1을 이용하는 경우로 1시간이 걸리며, 도착 시각은 오전 9시가 된다.

---

11 ③

러시아로 350,000루블을 송금해야 하므로 송금(보내실 때) 환율이 적용된다. 따라서 사원 J는 $14.89 \times 350,000 = 5,211,500$원을 환전해야 한다.

---

12 ②

달러를 송금 받을 경우 적용되는 환율은 1,105.60원이다. 600달러를 송금 받았으므로 $600 \times 1,105.60 = 663,360$원이 입금된다. 유로를 송금할 경우 적용되는 환율은 1,367.97원이다. 400유로를 송금하므로 $400 \times 1,367.97 = 547,188$원이 된다. 따라서 통장 잔액은 $663,360 - 547,188 = 116,172$원이다.

---

13 ③

세금을 떼기 전 급여액은 2,750,000원이다. 매월 세금으로 310,000원을 지출한다고 했을 때 실수령액은 2,440,000원이 된다. 실수령액에서 11%를 적금하려고 한다면, 매달 적금액은 $2,440,000 \times 0.11 = 268,400$원이 된다.

14 ⑤

의료 지원 분야 예산은 40.85(억 원), 비율은 19(%)이므로, 40.85 : 19 = ㉠ : ㉢

㉢ = 100 − (19 + 24 + 31 + 11) = 15(%)

40.85 × 15 = 19 × ㉠ ∴ 소비자 보호 사업의 예산은 32.25(억 원)이 된다.

마찬가지로 취약 농가 인력 지원 사업의 예산을 구하면, 40.85 : 19 = ㉡ : 31

40.85 × 31 = 19 × ㉡ ∴ 취약 농가 인력 지원 사업의 예산은 66.65(억 원)이 된다.

㉣은 32.25 + 40.85 + 51.6 + 66.65 + 23.65 = 215(억 원)이 된다.

---

15 ①

2016년의 농업인 보험 건수 : 4 × 1.25 = 5(천 건)

∴ 증가율 = $\dfrac{15 - 5}{5}$ × 100 = 200%

---

16 ④

2017년부터 2019년까지 농업인 보험 건수는 2.5배 증가하였다.

---

17 ②

복리를 전제로 자산을 두 배로 늘리는 데 걸리는 시간을 계산하는 방법은 72의 법칙이라고 한다. 72를 수익률로 나눌 경우 원금의 두 배가 되는 기간이 계산된다. 따라서 72의 법칙을 사용하면, 72 ÷ 6 = 12(년)이다.

---

18 ③

B 항공사의 2020년 항공기 1대당 운항 거리는 8,905,408 ÷ 11,804 = 802로, 2021년 한 해 동안 9,451,570km의 거리를 운항하기 위해서는 9,451,570 ÷ 802 = 11,785대의 항공기가 필요하다. 따라서 B 항공사는 11,785 − 11,104 = 681대의 항공기를 증편해야 한다.

---

19 ①

1월 산란 거래액 ÷ 1월 육계 거래액 = 103,567 ÷ 12,727 = 8.13배

20 ④

프로젝트 양을 1이라고 가정하였을 때, 영업 1팀과 영업 2팀의 하루 업무량은 $\frac{1}{30}$이다.

영업 1팀과 2팀이 6일 동안 함께 진행했으므로 6일 업무량은 $\left(\frac{1}{30} + \frac{1}{30}\right) \times 6 = \frac{2}{5}$가 된다.

잔업과 마무리는 영업 1팀이 한다고 했으므로 영업 1팀의 업무 기간은 $\frac{3}{5} \div \frac{1}{30} = 18(일)$이 소요된다.

따라서 프로젝트를 마치는 데 걸리는 기간은 6(일) + 18(일) = 24일이다.

---

21 ①

산업 형태의 변화, 그리고 농촌의 인구 감소와 고령화, 수입 농산물 개방으로 인한 국내 농산물 경쟁력 약화 등의 문제로 새롭게 등장하였다.

② 알 수 없는 내용이다.

③ 6차 산업은 1 ~ 3차를 융합한 산업이다.

④⑤ 6차 산업 사업자를 대상으로 하는 인증제도의 특징이다.

---

22 ④

제시문의 개방은 문이나 어떠한 공간 따위를 열어 자유롭게 드나들고 이용하게 한다는 의미로 開放으로 표기하는 것이 옳다. 開方은 제곱근이나 세제곱근 따위를 계산하여 답을 구하는 것을 의미한다.

---

23 ③

정부에서는 통일벼 재배를 적극 권장하며, 비싼 가격으로 농민들에게 쌀을 사들이고 저렴한 가격으로 이를 보급하였다.

① 본격적으로 보급된 시기는 1972년이며, 재배면적이 확대된 시기는 1976년이다.

②④ 주어진 글에 언급되지 않은 내용이다.

⑤ 비탈립성은 낟알이 떨어지지 않는 특성을 말하며, 통일벼는 낟알이 쉽게 떨어져나가는 특성이 있어 개선이 요구되었다.

---

24 ④

36개월 이상, 48개월 이상, 60개월 이상인 사람의 기본 이율은 1.5%로 동일하다.

①② 알 수 없는 내용이다.

③ 해당 적금의 가입대상은 실명인 개인이다.

⑤ 서비스의 이용기간은 적금만기 후 3개월 이내이다.

25 ①

동심동덕(同心同德) ⋯ 같은 목표를 위해 다 같이 힘쓰는 것을 이르는 말이다.
② **동공이곡**(同工異曲) : 재주나 솜씨는 같지만 표현된 내용이나 맛이 다름을 이르는 말이다.
③ **동기일신**(同氣一身) : 형제와 자매는 한 몸이나 다름없음을 이르는 말이다.
④ **동업상구**(同業相仇) : 동업자는 이해관계로 인하여 서로 원수가 되기 쉬움을 이르는 말이다.
⑤ **동귀수도**(同歸殊途) : 귀착점을 같으나 경로(經路)는 같지 않음을 이르는 말이다.

---

26 ④

제시문에서 공통적으로 언급하고 있는 것은 사물인터넷(IoT)임을 알 수 있다. ⓒ에서 사물인터넷의 정의를 제시하며 ⓛ에서는 사물인터넷의 궁극적인 목표와 요구되는 기술을 제시하고 있다. 사물인터넷과 혼용되는 사물통신(M2M)와의 차이를 언급하는 ㉠에 이어 ㉣에서는 사물인터넷에 대한 설명을 매듭짓고 있다. 따라서 순서대로 배열하면, ㉢ - ㉡ - ㉠ - ㉣가 된다.

---

27 ②

융합 ⋯ 다른 종류의 것이 녹아서 서로 구별이 없게 하나로 합하여지거나 그렇게 만듦을 이르는 말이다.
② **합성** : 둘 이상의 것을 합쳐서 하나를 이룸을 이르는 말이다.
① **협합** : 서로 협력하며 화합함을 이르는 말이다.
③ **상충** : 맞지 아니하고 서로 어긋남을 이르는 말이다.
④ **융화** : 서로 어울려 갈등이 없이 화목하게 됨을 이르는 말이다.
⑤ **분경** : 지지 않으려고 몹시 다투거나 그런 일을 이르는 말이다.

---

28 ③

스마트팜을 이용하는 우리나라 농가의 구체적인 우수사례는 제시되어 있지 않다.

---

29 ⑤

자동이체일이 말일이면서 휴일인 경우 다음 달 첫 영업일에 자동이체 처리된다.
① 만 18세 이상의 개인이라면 가입대상이다. 단, 개인사업자는 제외한다.
② 초입금 및 매회 입금 1만 원 이상, 분기별 3백만 원 이내로 제한한다.
③ 급여이체일을 전산등록 한 후 해당 일에 급여이체 실적이 있어도 공휴일 및 토요일에 이체할 시 실적으로 불인정된다.
④ 급여이체일 등록 시 재직증명서, 근로소득원천징수영수증, 급여명세표 中 하나를 지참하여 당행 영업점에 방문하여야 한다.

30 ①

① **領收** : 돈이나 물품 따위를 받아들이는 것을 의미한다.
② **領水** : 연안국의 주권이 미치는 해역을 의미한다.
③ **英數** : 영어와 수학을 의미한다.
④ **領袖** : 여럿 중(中) 우두머리를 의미한다.
⑤ **靈邃** : 영수하다의 어근으로 신령하고 깊숙함을 의미한다.

---

31 ④

택시로 A정류장까지 이동해서 버스를 타고 가게 되면 택시(5분), 버스(1시간 45분), 도보(5분)으로 1시간 55분이 소요된다.
① **도보－지하철** : 도보(30분), 지하철(1시간 25분), 도보(30분)이므로 총 2시간 25분이 소요된다.
② **도보－버스** : 도보(15분), 버스(1시간 45분), 도보(5분)이므로 총 2시간 5분이 소요된다.
③ **택시－지하철** : 택시(10분), 지하철(1시간 25분), 도보(30분)이므로 총 2시간 5분이 소요된다.
⑤ **자차이용** : 제시되어 있지 않다.

---

32 ②

가입 기간이 길수록 금리는 높아지며 해당 우대금리를 모두 적용받을 수 있다. 따라서 3년 기간으로 계약하여 2.41%와 두 가지 우대금리 조건을 모두 충족할 경우 각각 0.2%p와 0.3%p(3명의 추천까지 적용되는 것으로 이해할 수 있다)를 합한 0.5%p가 적용되어 최대 2.91%의 연리가 적용될 수 있다.

---

33 ①

1일째의 일비 50만 원이다. 1일째에 A지역에서 숙박하였으므로 1일째 숙박비는 15만 원이며, 2일째와 3일째의 숙박비는 13만 원이다. 여비액이 다를 경우 많은 액을 기준으로 삼는다 하였으므로 2일째의 일비는 50만원이다. 3일째와 4일째의 일비는 각각 40만원이며 3일째의 숙박비는 13만 원이다. 따라서 총일비는 180만 원이며 총 숙박비는 41만 원이다.

---

34 ④

한정된 예산을 가지고 과업을 수행할 경우 중요도를 기준으로 예산을 사용한다. 위와 같이 불가피하게 비용 항목을 줄여야 한다면, 기본적인 항목인 숙박비, 식비, 교통비를 유지하고 그 다음으로 공지되었던 행사 참가 상품을 유지해야 한다. 때문에 비용 항목을 줄이기 가장 적절한 것은 기념품비가 된다.

---

35 ⑤

인원은 모두 80명이므로 대강당을 예약해야 한다. 예약시간은 9시간으로 기본시간 10시간을 초과하지 않기 때문에 추가 금액은 발생하지 않는다. 부대시설을 이용할 예정이지만 사용금액은 당일 지급이므로 예약 시에는 포함되지 않는다. 따라서 예약금은 기본 대관료 120만 원의 50%인 60만 원이며, 9일전에 취소할 경우 예약금의 20%를 위약금으로 지불해야하기 때문에 48만 원을 돌려받을 수 있다.

---

36 ②

① A와 H가 같은 부서에 배정되어야 한다는 조건 4를 충족하지 못하였다.
③④ A와 H가 같은 부서에 배정되어야 한다는 조건 4와 B와 C는 서로 다른 부서에 배정되어야 한다는 조건 2를 충족하지 못하였다.
⑤ B와 C는 서로 다른 부서에 배정되어야 한다는 조건 2와 정보보호부에는 7급 두 명이 배정되어야 한다는 조건 3을 충족하지 못하였다.

---

37 ④

④ 개별 PC이용이 가능한 채움방은 수용 인원으로 인해 이용 가능 강의실에서 제외되므로 질문하지 않아도 된다.
①③ 인원과 교육 제외 날짜를 제외한 정보를 말하지 않았으므로 교육의 시작 시각, 교육 진행시간에 대한 정보가 필요하다.
② 필요한 부대시설은 개별 연락을 달라는 문구가 있으므로 필요한 부대시설에 관한 질문은 해야 한다.
⑤ 대리 P가 제시한 정부에 따르면 가능한 강의실은 A강당과 B강당 그리고 나눔방이다. 강당의 차이점은 의자/테이블 이동 여부에 따라 달라지므로 확인이 필요하다.

---

38 ②

총 운송비는 기종점 비용과 이동 거리가 늘어나면서 증가하는 주행 비용으로 구성된다. 따라서 '기종점 비용 + 단위 거리당 주행 비용 × 거리'로 계산 할 수 있다. ㉠ 지사까지 총 운송비는 A 13,000원, B 13,500원, C 14,000원으로 A가 가장 저렴하다. ㉡ 지사까지 총 운송비는 A 25,000원, B 24,000원, C 23,000원으로 C가 가장 저렴하다.

---

39 ⑤

사원	평점 합	순위	산정금액
경운	23	3	200만 원 × 130% = 260만 원
혜민	26	1	200만 원 × 150% = 300만 원
허윤	22	4	500만 원 × 80% = 400만 원
성민	17	6	400만 원 × 100% = 400만 원
세훈	25	2	500만 원 × 150% = 750만 원
정아	21	5	400만 원 × 100% = 400만 원

가장 많은 금액은 750만 원이고 가장 적은 금액은 260만 원으로 금액 차이는 490만 원이다.

40 ②

현재 L 팀장은 자원관리에 어려움을 겪고 있는 상황이다.
①③④⑤ 해당 지문 전체를 대변하는 내용과는 거리가 멀다.

41 ②

DSUM 함수는 조건에 부합하는 데이터를 합하는 수식이다. 데이터베이스는 전체 범위를 설정하며, 필드는 보험실적 합계를 구하는 것이므로 "실적"으로 입력하거나 ", "를 제외하고 열 번호 4를 입력해야 한다. 조건 범위는 영업3팀에 한정하므로 F1:F2를 입력한다.

42 ⑤

write(int b) 메소드는 매개 변수로 주어지는 int(4byte)에서 끝에 위치한 1byte만 출력 스트림으로 보낸다.

43 ①

JDK는 Java SE 스펙을 준수하여 만들어지는 버전으로 동일하다.
② 11은 주 버전으로 자바 언어에 변화가 있을 경우 증가한다.
③ 0은 개선버전을 의미하며 주 버전에서 일부가 개선될 때 증가한다. 대부분 0이다.
③ 2는 업데이트 버전을 의미하며 수정될 때마다 증가한다.
④ LTS는 장기지원서비스를 제공 받을 수 있는 버전을 의미한다.

44 ②

소스 파일명과 대소문자는 동일해야 하므로 3라인의 seo는 Seo가 되어야 한다.

45 ④

코드 부여 안내에 따르면 적절한 코드는 다음과 같다.
출판 연월 2102 – 출판지와 출판사 코드 2E – 분야 코드 04 – 상세코드 010 ~ 012(인문학 분야의 세부 코드는 부여되지 않았으므로) 특수 코드 Z
따라서 21022E04011Z가 된다.

46 ③

주어진 조건은 광주지역과 반품된 서적이다. 출판지코드 5에 해당하는 책임자는 정수영, 김유경 두 명이며, 특수 코드 중 반품된 서적 코드는 Z에 해당하는 책임자는 정수영, 김유경, 함경민이다. 따라서 책임자는 모두 세 명이다.

---

47 ③

출판서적의 분야를 나타내는 코드는 알파벳 바로 다음 7 ~ 8번째 자릿수이다. 따라서 '03 외국어'의 책임자는 김하나와 유태오이다.
① 이준일, 박준곤 : 인문학, 참고서
② 정수영, 김유경 : 아동, 참고서
④ 김정희, 한소윤 : 참고서, 아동
⑤ 박지영, 김수현 : 요리, 라이프

---

48 ④

정수연산의 결과는 정수가 되기 때문에 실수연산으로 변경해야 한다. 그러기 위해서는 $(double)x/y;$, $x/(double)y;$, $(double)x/(double)y;$처럼 x나 y 혹은 x와 y 둘 다 double 타입으로 변환해야 한다. 따라서 (　) 안에 들어갈 코드는 (double)이다.

---

49 ①

앞뒤 단어가 가깝게 있는 문서를 검색할 경우 '~' 혹은 'near'를 사용하여 검색한다.

---

50 ⑤

기본 타입을 허용 범위 크기순으로 나타내면 다음과 같다.
byte < short < int < long < float < double

(모듈형)

직업기초능력평가

의사소통능력

정답 한눈에 보기									
1	②	**2**	②	**3**	①	**4**	①	**5**	③

1 ②

| 출제의도 |

주어진 약관의 내용을 읽고 그에 대한 상세 내용의 정보를 이해하는 능력을 측정하는 문항이다.

| 해설 |

부정사용에 대해 고객의 과실이 있으면 회원이 그 책임의 전부 또는 일부를 부담할 수 있다.

2 ②

| 출제의도 |

음성정보는 문자정보와는 달리 쉽게 잊히기 때문에 음성정보를 구조화 시키는 방법을 묻는 문항이다.

| 해설 |

내용을 구조적으로 정리하는 방법은 '㉠ 관련 있는 내용끼리 묶는다. → ㉡ 묶은 내용에 적절한 이름을 붙인다. → ㉣ 중복된 내용이나 덜 중요한 내용을 삭제한다. → ㉢ 전체 내용을 이해하기 쉽게 구조화한다.'가 적절하다.

3 ①

| 출제의도 |

업무를 할 때 필요한 공문서 작성법을 잘 알고 있는지를 측정하는 문항이다.

| 해설 |

공문서 금액 표시

아라비아 숫자로 쓰고, 숫자 다음에 괄호를 하여 한글로 기재한다.

예 123,456원의 표시 : 금 123,456(금 일십이만삼천사백오십육원)

---

4 ①

| 출제의도 |

상사가 잘못을 지적하는 상황에서 어떻게 대처해야 하는지를 묻는 문항이다.

| 해설 |

상사가 부탁한 지시사항을 다른 사람에게 부탁하는 것은 옳지 못하며 설사 그렇다고 해도 그 일의 과오에 대해 책임을 전가하는 것은 지양해야 할 자세이다.

---

5 ③

| 출제의도 |

상대방이 하는 말을 듣고 질문 의도에 따라 올바르게 답하는 능력을 측정하는 문항이다.

| 해설 |

민아는 압박질문이나 예상치 못한 질문에 대해 걱정을 하고 있으므로 침착하게 대응하라고 조언을 해주는 것이 좋다.

Chapter 02	나의 점수 체크		회독 점수 그래프				
직업기초능력평가 **의사소통능력** **출제예상문제**	문항수	30문항					30
	맞힌 문항	문항					25
	1회독	문항					20
	2회독	문항					15
	3회독	문항					10
			1회독	2회독	3회독		

정답 한눈에 보기																			
1	②	**2**	①	**3**	②	**4**	②	**5**	④	**6**	①	**7**	②	**8**	①	**9**	⑤	**10**	④
11	④	**12**	③	**13**	③	**14**	④	**15**	③	**16**	②	**17**	④	**18**	①	**19**	②	**20**	③
21	③	**22**	②	**23**	⑤	**24**	④	**25**	②	**26**	④	**27**	⑤	**28**	③	**29**	②	**30**	⑤

1 ②

수정을 한 문장은 '~막기 위해'와 '~막기 위한'이 중복되는 구절이 되어 자연스러운 의미의 흐름을 방해하고 있다. 따라서 고치지 않은 원래의 문장이 적절하다고 할 수 있다.

① 주어의 위치가 서술어와 너무 먼 경우에 해당된다.

③ '~에 관한', '~에 대해' 등은 불필요한 사족으로 볼 수 있다.

④ '~에 의해'와 '~된'이 합쳐져 의미상 이중피동에 해당된다.

⑤ '~을 통해', '~에 있어서' 등은 불필요한 사족으로 간단하게 사용한다.

2 ①

공공기관의 안내문이라는 점과 첫 문단의 마지막 부분에서 미세먼지의 인체 위해성과 함께 미세먼지를 피하고 미세먼지의 발생을 줄이는 것이 절실하다고 언급한 점으로 보아 미세먼지의 예방과 발생 시의 행동요령에 관한 내용이 이어지는 것이 가장 적절하다.

3 ②

'인거'(引據)는 '글 따위를 인용하여 증거로 삼음'의 의미로 '인증'(引證)과 유의어 관계에 있어 대체할 수 있다. 그러나 주어진 글에서 쓰인 ⓒ의 '인증'은 '문서나 일 따위가 합법적인 절차로 이루어졌음을 공적 기관이 인정하여 증명함'의 의미로 쓰인 '認證'이므로 '인거'로 대체할 수 없다.

① '일원'(一圓)은 '일정한 범위의 어느 지역 전부' 를 의미하며, '일대'(一帶)와 유의어 관계가 된다.

③ '경기'는 일정한 규칙 아래 기량과 기술을 겨루는 것으로 '경쟁'과 유의어 관계이다.

④ '아울러'와 '더불어'는 모두 순우리말로, '거기에다 더하여'의 의미를 지닌 유의어 관계의 어휘이다.

⑤ 순우리말인 '이바지'는 '기여'(寄與)로 대체할 수 있다.

4 ②

외래어 표기법에 따르면, '아울렛'은 틀린 표기이며, '아웃렛'이 올바른 외래어 표기이므로 규정에 맞게 쓰인 문장이다.

① 의미가 명확하지 않고 모호하므로 다음과 같이 수정하여야 한다.

   → '팀장은 직원들과 함께 한 자리에서 회사의 인사 정책에 대하여~' 또는 '팀장은 직원들을 비롯한 회사의 인사 정책에 대하여~'

③ 군이 피동형을 쓸 이유가 없는 불필요한 피동형이므로 다음과 같이 수정하여야 한다.

   → '원래 그 동굴은 원주민들이 발견한 것이 아니다.'

④ 일본어 번역 투이므로 다음과 같이 수정하여야 한다.

   → '앞으로 치러질 선거에서 금품~'

⑤ 영어 번역 투이므로 다음과 같이 수정하여야 한다.

   → 제품의 중고가격은 생산시기의 판매가 기준으로 정한다.

---

5 ④

회신(回信)은 편지, 전신, 전화 따위로 회답을 한다는 의미의 단어로 괄호 위의 문장에서 전북 불교연합대책위 등 지역불교 단체들은 "코레일 전북본부의 명확한 답변을 받아냈다"는 부분에서 문서(편지)·전화·전신 등의 수단을 통해 답변을 얻었다는 것을 알 수 있으므로 회신(回信)이라는 단어를 유추해 낼 수 있다.

---

6 ①

인간의 정주생활은 특정 병원매체와 인간의 계속적인 접촉을 가능하게 하였다.

---

7 ②

온라인상에서는 정보의 진위 여부를 떠나 개인들의 선택에 의해 공론장이 매우 유동적으로 움직이는 경향이 있으므로 집단 감성이 생성되기 어렵다고 설명하고 있다. 특정하게 형성된 집단 감성에 동조하는 구성원들 간에는 강한 유대감이 형성되지만, 자신과 관계없는 분야에 있어서는 전혀 집단 감성이 형성되지 않는 것이다.

① 모든 면에 있어 그러한 것은 아니며, 사적인 이해관계에 따라 전혀 결속력이 없게 되는 경우도 있다.

③ 유대감이 인터넷 공간의 자율성이나 공개성에 영향을 주는 것은 아니다.

④ 의견 표출은 자유로운 것이며, 지속성은 이러한 의견이 사회적 문제 해결과 소통의 회복에 기여하고자 할 때 필요한 것이다.

---

8 ①

한글 맞춤법 제43항에 따르면 '단위를 나타내는 명사는 띄어 쓴다.'라고 규정하고 있다. 다만, 순서를 나타내는 경우나 숫자와 어울리어 쓰이는 경우에는 붙여 쓸 수 있다.

9 ⑤

②에서는 종결어미 '-지요'를 사용하여 청자에게 높임의 태도를 나타내는 상대 높임 표현이 쓰였다.

---

10 ④

주어진 네 개의 문장은 과학과 기술의 발전이 우리에게 닥친 재앙을 해결하고 인류를 보호해 줄 수 있느냐의 문제를 다루고 있다. 따라서 가장 먼저 화두를 던질 문장으로 적절한 것은 ㉠이다. 이를 이어, 과학과 기술 발전의 문제점을 제시하며 반전을 이루는 ②의 문장이 연결되어야 다음 문장들이 자연스럽게 등장할 수 있다. 또한 ②에서 언급된 지구온난화에 의해 ㉢와 같은 기상이변이 발생된 것이며, 이러한 기상이변이 '새로운 재앙'을 의미하게 되어 ㉡에서 준비되지 않은 인류의 문제점을 제시할 논리적 근거가 마련된 것으로 볼 수 있다. 따라서 ㉠ - ② - ㉢ - ㉡의 순서가 적절하다.

---

11 ④

국제노동기구에서는 사회보장의 구성요소로 전체 국민을 대상으로 해야 하고, 최저생활이 보장되어야 하며 모든 위험과 사고가 보호되어야 할뿐만 아니라 <u>공공의 기관을 통해서 보호나 보장이 이루어져야 한다</u>고 하였다.

---

12 ③

③ **파급(波及)** : 어떤 일의 여파나 영향이 차차 다른 데로 미침.
① **통용(通用)** : 일반적으로 두루 씀. 또는 서로 넘나들어 두루 씀.
② **책정(策定)** : 계획이나 방책을 세워 결정함.
④ **양육(養育)** : 아이를 보살펴서 자라게 함.
⑤ **빈곤(貧困)** : 가난하여 살기 어려움.

---

13 ③

주어진 입찰 건은 건축물 시공에 대한 입찰이 아니라 설계 및 인허가에 관한 용역 입찰이다. 따라서 추정 공사비는 설계를 위한 참고 사항으로 제시한 것으로 볼 수 있으며 설계 및 인허가 용역 응찰 업체가 공사비인 430억 원에 근접한 가격을 제시할 필요는 없다.
① 입찰의 설계내용에 제반 인허가 사항이 포함되어 있으므로 낙찰업체의 이행 과제라고 볼 수 있다.
② 건물규모가 지하 5층, 지상 18층 내외이며 주요시설로 업무시설 및 부대시설이 있음을 명시하고 있다.
④ '나'의 (1)에서 건축물의 노후화에 따른 재건축임을 명시하고 있다.
⑤ '나'의 (2)에서 용역 목적을 알 수 있다.

14 ④

제시된 보고서에서 甲은 1인 가구의 대다수는 노인가구가 차지하고 있으며 노인가구는 소득수준이 낮은 데 반해 연료비 비율이 높다는 점을 지적하고 있다. 따라서 보기 ① ~ ③, ⑤의 내용은 甲의 언급 내용과 직접적인 연관성이 있는 근거 자료가 될 수 있으나, 과거 일정 기간 동안의 연료비 증감 내역은 반드시 근거로써 제시되어야 하는 정보라고 할 수 없다.

---

15 ③

선발인원, 활동내용, 혜택 및 우대사항 등은 인원을 모집하려는 글에 반드시 포함해야 할 사항이며, 문의처를 함께 기재하는 것이 모집 공고문 작성의 일반적인 원칙이다.

③ 활동비 지급 내역 등과 같은 세부 사항은 인원 모집에 관련된 직접적인 사항이 아니므로 공고문에 반드시 포함될 필요는 없다.

---

16 ②

제시된 제7조 ~ 제12조까지의 내용은 각 조항별로 각각 인원보안 업무 취급 부서, 비밀취급인가 대상자, 비밀취급인가 절차, 비밀취급인가대장, 비밀취급인가의 제한 조건, 비밀취급인가의 해제 등에 대하여 언급하고 있다.

② 비밀의 등급이나 비밀에 해당하는 문서, 정보 등 취급인가 사항에 해당되는 비밀의 구체적인 내용에 대해서는 언급되어 있지 않다.

---

17 ④

칸막이 제거에 대하여 조직 문화의 관점에서 많은 이득이 있다는 취지의 J 씨의 말에 S 씨가 공감하는 대화의 흐름이므로, 칸막이를 제거함으로써 조직 간 물리적 장벽이 없어져 소통과 협업이 잘 이루어질 것이라고 긍정적으로 말하는 보기 ④가 가장 적절하다.

---

18 ①

언어의 기능
㉠ **표현적 기능** : 말하는 사람의 감정이나 태도를 나타내는 기능이다. 언어의 개념적 의미보다는 감정적인 의미가 중시된다.
  → [예 : 느낌, 놀람 등 감탄의 말이나 욕설, 희로애락의 감정표현, 폭언 등]
㉡ **정보전달기능** : 말하는 사람이 알고 있는 사실이나 지식, 정보를 상대방에게 알려 주기 위해 사용하는 기능이다. → [예 : 설명, 신문기사, 광고 등]
㉢ **사교적 기능**(친교적 기능) : 상대방과 친교를 확보하거나 확인하여 서로 의사소통의 통로를 열어 놓아주는 기능이다. → [예 : 인사말, 취임사, 고별사 등]
㉣ **미적 기능** : 언어예술작품에 사용되는 것으로 언어를 통해 미적인 가치를 추구하는 기능이다. 이 경우에는 감정적 의미만이 아니라 개념적 의미도 아주 중시된다. → [예 : 시에 사용되는 언어]
㉤ **지령적 기능**(감화적 기능) : 말하는 사람이 상대방에게 지시를 하여 특정 행위를 하게 하거나, 하지 않도록 함으로써 자신의 목적을 달성하려는 기능이다. → [예 : 법률, 각종 규칙, 단체협약, 명령, 요청, 광고문 등의 언어]

19 ②

위 문서는 기안서로 회사의 업무에 대한 협조를 구하거나 의견을 전달할 때 작성하며, 흔히 사내 공문서라고도 한다.

---

20 ③

위 글은 부패방지평가 보고대회가 개최됨을 알리고 행사준비관련 협조사항을 통보받기 위하여 쓴 문서이다.

---

21 ③

내용을 보면 박 대리는 공적인 업무를 처리하는 과정에서 출판사 대표와의 사적인 내용을 담아 출판사 대표와 자신이 근무하는 회사에 피해를 안겨준 사례이다.

---

22 ②

서두에 하지만이 오면 그 앞의 내용은 상반되는 내용이 나와야하므로, 20 ~ 40대가 아닌 연령층에서의 목 디스크 발병률이 감소했다는 내용이 적절하다.

---

23 ⑤

기획안의 작성도 중요하나 발표시 문서의 내용을 효과적으로 전달하는 것이 무엇보다 중요하다. 문서만 보면 내용을 이해하기 어렵고 의도한 내용을 바로 파악할 수 없기 때문에 간결하고 시각적인 문서작성이 중요하다.

---

24 ④

④ 글쓴이는 이 글에서 영상 매체가 지배하는 문명은 피상적이고, 공허하기 때문에 우리의 문명과 삶이 공허한 것이 되지 않도록 보다 더 적극적으로 책의 기능을 의식하고 책에 담긴 가치를 발견하고 음미할 것을 주장하고 있다.

① 소설 ② 시 ③ 설명문 ⑤ 수필

---

25 ②

글쓴이는 하나의 책에 기록된 기호들이 공식적으로 전체적인 입장에서 포괄적으로 해석될 수 있으며, 시간의 제약 없이 반복적이면서도 반성적으로 해석될 수 있고 따라서 그만큼 깊은 차원의 정보 전달이 가능하다고 말한다.

26 ④

이 글은 영상 매체와 인쇄 매체의 차이점을 대조하여 말하고 있다.

---

27 ⑤

고급문화와 대중문화의 경계가 무너지고 장르 간 구분이 모호해지면서 서로 다른 문화가 뒤섞여 새로운 문화가 생겨나고 있다고 언급하고 있다.

---

28 ③

'뿐만 아니라'의 쓰임으로 볼 때 이 글의 앞부분에는 문화와 경제의 영역이 무너지고 있다는 내용이 언급되어야 한다. 따라서 (나) 뒤에 이어지는 것이 적절하다.

---

29 ②

첫 문단 마지막에 '그렇다면 윤리적 채식주의 관점에서 볼 때, 육식의 윤리적 문제점은 무엇인가?'라는 문장을 통해 앞을 말하고자 하는 중심 내용을 밝히고 있다.

---

30 ⑤

생태론적 관점은 지구의 모든 생명체들이 서로 유기적으로 연결되어 존재한다고 보는 입장이다. 따라서 하나의 유기체로서 지구 생명체에 대한 유익성 여부를 도덕성 판단 기준으로 보아야 하므로, 생태론적 관점을 지닌 사람들은 바이오 연료를 유해한 것으로 판단할 것이다.

(모듈형)
직업기초능력평가
수리능력

1 ④

| 출제의도 |

업무상 계산을 수행하거나 결과를 정리하고 업무비용을 측정하는 능력을 평가하기 위한 문제로서, 주어진 자료에서 문제를 해결하는 데에 필요한 부분을 빠르고 정확하게 찾아내는 것이 중요하다.

| 해설 |

기본급여	2,240,000	갑근세	46,370
직무수당	400,000	주민세	4,630
명절 상여금		고용보험	12,330
특별수당		국민연금	123,300
차량지원금	100,000	건강보험	79,460
교육지원		기타	
급여계	2,740,000	공제합계	266,090
지급총액			2,473,910

2 ①

| 출제의도 |

길이, 넓이, 부피, 들이, 무게, 시간, 속도 등 단위에 대한 기본적인 환산 능력을 평가하는 문제로서, 소수점 계산이 필요하며, 자릿수를 읽고 구분할 줄 알아야 한다.

| 해설 |

공원의 한 변의 길이는 $4.4 \div 4 = 1.1(\mathrm{km})$이고

$1\mathrm{km}^2 = 10000\mathrm{a}$이므로 공원의 넓이는

$1.1\mathrm{km} \times 1.1\mathrm{km} = 1.21\mathrm{km}^2$

$= 12,100a$

3 ⑤

직장생활에서 자주 사용되는 기초적인 통계기법을 활용하여 자료의 특성과 경향성을 파악하는 능력이 요구되는 문제이다.

| 해설 |

㉠ A 쇼핑몰
- 회원혜택을 선택한 경우 : $129,000 - 7,000 + 2,000 = 124,000$
- 5% 할인쿠폰을 선택한 경우 : $129,000 \times 0.95 + 2,000 = 124,550$

㉡ B 쇼핑몰 :
  $131,000 \times 0.97 - 3,500$
  $= 123,570$

㉢ C 쇼핑몰
- 회원혜택을 선택한 경우 : $130,000 \times 0.93 + 2,500 = 123,400$
- 5,000원 할인쿠폰을 선택한 경우 : $130,000 - 5,000 + 2,500 = 127,500$

∴ C < B < A

---

4 ①

| 출제의도 |

그래프, 그림, 도표 등 주어진 자료를 이해하고 의미를 파악하여 필요한 정보를 해석하는 능력을 평가하는 문제이다.

| 해설 |

② 지역별 인원수가 제시되어 있지 않으므로, 각 지역별 응답자 수는 알 수 없다.

③ 2019년에는 경상도에서, 2020년에는 충청도에서 가장 높은 비율을 보인다.

④ 2019년과 2020년 모두 '자기개발을 하고 있다'고 응답한 비율이 가장 높은 지역은 서울시이며, 2020년의 경우 자기개발 비용을 직장이 100% 부담한다고 응답한 사람의 비율이 가장 높은 지역은 경상도이다.

⑤ 제주도의 자기개발을 하고 있다고 응답한 비율은 2019년 대비 약 19% 증가했다.

Chapter 03

직업기초능력평가
수 리 능 력
출제예상문제

나의 점수 체크		회독 점수 그래프				
문항수	30문항					30
맞힌 문항	문항					25
1회독	문항					20
2회독	문항					15
3회독	문항					10
		1회독		2회독		3회독

정답 한눈에 보기																			
1	③	**2**	①	**3**	③	**4**	⑤	**5**	①	**6**	④	**7**	③	**8**	②	**9**	③	**10**	②
11	①	**12**	⑤	**13**	④	**14**	③	**15**	②	**16**	②	**17**	③	**18**	③	**19**	⑤	**20**	①
21	②	**22**	②	**23**	①	**24**	⑤	**25**	③	**26**	③	**27**	②	**28**	②	**29**	①	**30**	③

1 ③

첫 번째 조합부터 각 조합마다 왼쪽 수에서 오른쪽 수로 각각 $\times 2 + 1$, $\times 3 + 1$, $\times 4 + 1$, $\times 5 + 1$, $\times 6 + 1$의 규칙이 적용되고 있다. 따라서 $1 \times 6 + 1 = 7$, $7 \times 6 + 1 = 43$, $43 \times 6 + 1 = 259$가 됨을 알 수 있다.

2 ①

첫 번째 숫자를 두 번째 숫자로 나누었을 때의 나머지가 세 번째 숫자가 된다.

$22 \div 4 = 5 \ldots 2$ / $19 \div 3 = 6 \ldots 1$ / $37 \div 5 = 7 \ldots 2$ / $5 \div 3 = 1 \ldots 2$ / $54 \div 6 = 9 \ldots 0$

3 ③

왼쪽 네모 칸의 숫자를 십의 자리 수와 일의 자리 수로 분리하여 두 수를 더한 값과 뺀 값 각각 십의 자리와 일의 자리 수로 한 값을 오른쪽 네모 칸에 써 넣은 것이다.

즉, $(A, B) \rightarrow (A + B, A - B)$가 되는 것이다. 따라서 $41 \rightarrow 4 + 1 = 5$와 $4 - 1 = 3$이 되어 53이 된다.

4 ⑤

$+ 2$, $- 4$, $+ 6$, $- 8$, $+ 10$, $- 12$ 규칙을 가진다.

따라서 $8 - 12 = -4$

5 ①

4%의 소금물을 x, 10%의 소금물을 y라 하면

$x + 2y = 200$ ··· ㉠

$\dfrac{4}{100}x + \dfrac{10}{100}y = \dfrac{45}{1000} \times 200$ ··· ㉡

두 식을 연립하면 $x = 100$, $y = 50$이므로 4% 소금물의 양은 100g이다.

---

6 ④

A의 속도를 a(m/min), B의 속도를 b(m/min)라 하면,

$10a - 10b = 400$

$5a + 5b = 400$

$a = 60$(m/min), $b = 20$(m/min)

따라서 1분 동안 A는 60m, B는 20m를 움직인다.

---

7 ③

A호스가 1시간 동안 채우는 물의 양 : $\dfrac{1}{8}$

B호스가 1시간 동안 채우는 물의 양 : $\dfrac{1}{12}$

걸린 시간을 x라 하면

$(x - 3) \times \left(\dfrac{1}{8} + \dfrac{1}{12} \right) + \dfrac{3}{8} = 1$

$\dfrac{5x - 6}{24} = 1$

$5x = 30$

$\therefore x = 6$

---

8 ②

전체 종이의 넓이를 A라 하면 $\dfrac{1}{3}\text{A} + \dfrac{45}{100}\text{A} + \dfrac{32}{100}\text{A} = \text{A} + 27.9$

양변에 300을 곱하여 식을 정리하면

$100\text{A} + (45 \times 3)\text{A} + (32 \times 3)\text{A} = 300(\text{A} + 27.9) \Rightarrow 331\text{A} = 300\text{A} + 8{,}370$

$\therefore \text{A} = 270(\text{cm}^2)$

9 ③

갑이 당첨 제비를 뽑고, 을도 당첨 제비를 뽑을 확률 $\dfrac{4}{10} \times \dfrac{3}{9} = \dfrac{12}{90}$

갑은 당첨 제비를 뽑지 못하고, 을만 당첨 제비를 뽑을 확률 $\dfrac{6}{10} \times \dfrac{4}{9} = \dfrac{24}{90}$

따라서 을이 당첨제비를 뽑을 확률은 $\dfrac{12}{90} + \dfrac{24}{90} = \dfrac{36}{90} = \dfrac{4}{10} = 0.4$

---

10 ②

열차가 출발하는 시각까지 남아 있는 1시간 중에서 물건을 고르는 데 걸리는 시간 10분을 뺀 50분 동안 다녀올 수 있는 거리를 구한다.

$(50분) = (\dfrac{5}{6} 시간)$

시속 3km로 $\dfrac{5}{6}$ 시간 동안 갈 수 있는 거리는 $3 \times \dfrac{5}{6} = \dfrac{5}{2} = 2.5(km)$인데

이는 상점까지 다녀오는 왕복거리이므로 상점은 역에서 1.25km 이내에 있어야 한다.

---

11 ①

A 식품 xg과 B 식품 yg을 섭취한다고 하면

$\begin{cases} \dfrac{20}{100}x + \dfrac{40}{100}y = 30 \\ \dfrac{30}{100}x + \dfrac{10}{100}y = 10 \end{cases}$

$\therefore x = 10(g), \ y = 70(g)$

---

12 ⑤

경석이의 속력을 x, 나영이의 속력을 y라 하면

$\begin{cases} 40x + 40y = 200 \Rightarrow x + y = 5 & \cdots \ \text{㉠} \\ 100(x - y) = 200 \Rightarrow x - y = 2 & \cdots \ \text{㉡} \end{cases}$

이므로 두 식을 연립하면 $x = \dfrac{7}{2}, \ y = \dfrac{3}{2}$

따라서 경석이의 속력은 나영이의 속력의 $\dfrac{7}{3}$ 배이다.

---

13 ④

㉠ 제주, 서울, 부산, 충남, 경기, 인천 6곳이 2%를 넘고 있다. (X)

㉡ 제주는 서비스업 생산에서 약 3%p의 증감률 차이를 보이고 있으며, 소매 판매에서도 5%p 이상의 차이를 보이고 있어 가장 큰 증감률 차이를 보이는 곳이다. (O)

㉢ 제주와 서울 2곳이다. (X)

㉣ 두 그래프에서 이들 지역의 18년 3분기의 수치는 18년 2분기의 수치보다 방사형 그래프의 안쪽에 위치하므로 증감률이 더 낮아진 지역이 된다. (O)

14 ③

2018년의 가구 중 2인 ~ 4인의 가구원 수를 가진 가구를 성별로 구분할 자료는 제시되어 있지 않으므로, 1인 여성 가구 이외의 여성 가구 수의 증감을 판단할 수는 없다.

① 2017년 이전까지는 여성이 줄곧 50%를 상회하였으나 2017년부터 남성이 50%를 넘고 있다.

② 2015년 이후 줄곧 가구원 수가 1인인 가구가 다른 가구원 수를 가진 가구보다 가장 큰 수치를 보이고 있음을 알 수 있다.

④ 2,843 ÷ 19,752 × 100 = 14.4%로 15%에 미치지 못 한다.

⑤ 2015 ~ 2017년 1인 가구 수 = 16,163으로 2010년 일반 가구 수보다 적다.

15 ②

주어진 표에 따라 조건을 확인해보면, 조건의 ⓒ은 B, E가 해당하는데 ⓒ에서 B가 해당하므로 ⓒ은 E가 된다. ⓔ은 F가 되고 ⓜ은 C가 되며 ⓑ은 D가 된다.

남은 것은 TV이므로 A는 TV가 된다.

그러므로 TV - 냉장고 - 의류 - 보석 - 가구 - 핸드백의 순서가 된다.

16 ②

고등학교	국문학과	경제학과	법학과	기타	진학 희망자수
A	420명(84명)	70명(7명)	140명(42명)	70명(7명)	700명
B	250명(25명)	100명(30명)	200명(60명)	100명(30명)	500명
C	60명(21명)	150명(60명)	120명(18명)	180명(18명)	300명
D	20명(6명)	100명(25명)	320명(64명)	120명(24명)	400명

17 ③

㉠ 영상 분야의 예산은 40.85(억 원), 비율은 19(%)이므로, 40.85 : 19 = ㉮ : ㉰

• ㉰ = 100 - (19 + 24 + 31 + 11) = 15%

• 40.85 × 15 = 19 × ㉮, ∴ 출판 분야의 예산 ㉮ = 32.25(억 원)

㉡ 위와 동일하게 광고 분야의 예산을 구하면, 40.85 : 19 = ㉯ : 31

40.85 × 31 = 19 × ㉯, ∴ 광고 분야의 예산 ㉯ = 66.65(억 원)

㉢ 예산의 총합 ㉱는 32.25 + 40.85 + 51.6 + 66.65 + 23.65 = 215(억 원)

18 ③

③ 2000 ~ 2007년 사이에 서울시 거주 외국인 수가 매년 증가한 국적은 중국 1개 이다.

② $\dfrac{119,300}{175,036} \times 100 ≒ 68.16(\%)$

④ ㉠ 1999년 일본 국적 외국인과 캐나다 국적 외국인의 합이 차지하는 비중 :

$\dfrac{6,332 + 1,809}{57,189} \times 100 ≒ 14.24(\%)$

㉡ 2006년 대만 국적 외국인과 미국 국적 외국인의 합이 차지하는 비중 :

$\dfrac{8,974 + 11,890}{175,036} \times 100 ≒ 11.92(\%)$

∴ 1999년 서울시 거주 전체 외국인 중 일본 국적 외국인과 캐나다 국적 외국인의 합이 차지하는 비중이 2.32% 더 크다.

⑤ 2020년, 2007년 서울시에 거주하는 외국인 중 가장 많은 국적은 중국이다.

---

19 ⑤

㉠ A⇆B : $60 = k \times \dfrac{AB}{2}$, $ABk = 120$

㉡ A⇆C : $30 = k \times \dfrac{AC}{4.5}$, $ACk = 135$

㉢ A⇆D : $25 = k \times \dfrac{AD}{7.5}$, $ADk = 187.5$

㉣ A⇆E : $55 = k \times \dfrac{AE}{4}$, $AEk = 220$

∴ A와 k를 1로 가정하면, E − D − C − B의 순서가 된다.

---

20 ①

㉠ 곡물류구성비 : $\dfrac{62454}{64456} \times 100 = 96.89(\%)$

㉡ 채소류구성비 : $\dfrac{60564}{62484} \times 100 = 96.92(\%)$

㉢ 과일류구성비 : $\dfrac{83213}{97456} \times 100 = 85.38(\%)$

㉣ 생선류구성비 : $\dfrac{15446}{21464} \times 100 = 71.96(\%)$

㉤ 육류구성비 : $\dfrac{25950}{26440} \times 100 = 98.14(\%)$

∴ 구성비가 세 번째로 높은 것은 곡물류이다.

21 ②

① 1인 가구인 경우 852,000원, 2인 가구인 경우 662,000, 3인 가구인 경우 520,000원으로 영·유아 수가 많을수록 1인당 양육비가 감소하고 있다.

② 1인당 양육비는 영·유가가 1인 가구인 경우에 852,000원으로 가장 많다.

③ 소비 지출액 대비 총양육비 비율은 1인 가구인 경우 39.8%로 가장 낮다.

④ 영·유아 3인 가구의 총양육비의 절반은 793,500원이므로 1인 가구의 총양육비는 3인 가구의 총양육비의 절반을 넘는다.

⑤ 소비지출액과 총양육비가 가장 큰 가구는 영·유아 3인 가구이다.

---

22 ②

② 납김치 파동 전 사먹는 가정의 비율은 6.1%(2.8 + 0.9 + 2.4)이고,

납김치 파동 후 사먹는 가정의 비율은 3.8%(0.7 + 0.7 + 2.4)로,

납김치 파동 후 사먹는 가정의 비율은 파동 전에 비해 감소하였다.

① 파동 전 김치를 담가먹다가 얻어먹거나 사먹게 된 가정의 비율은 2.1%,

파동 전 김치를 얻어먹다가 담가먹거나 사먹게 된 가정의 비율은 8.1%,

파동 전 김치를 사먹다가 담가먹거나 얻어먹게 된 가정의 비율은 3.7%다.

따라서 납김치 파동 전후의 김치 조달경로가 변한 가정은 총 13.9%다.

③ 파동 전 김치를 담가먹던 가정의 비율은 58.6%(56.5 + 1.4 + 0.7),

파동 전 김치를 담가먹던 가정 중 파동 후 김치를 얻어먹게 된 가정의 비율은 1.4%이므로

전체의 약 $0.8\%\left(\dfrac{58.6}{100} \times \dfrac{1.4}{100} \times 100\right)$가 파동 전에는 담가먹다가 김치파동 후에 얻어먹게 되었다.

④ 납김치 파동 전 사먹던 가정 중 파동 후 얻어먹는 가정은 0.9%,

납김치 파동 전 사먹던 가정 중 파동 후 담가먹는 가정으로 변화한 비율은 2.8%다.

⑤ 납김치 파동 전 얻어먹던 가정의 비율은 35.3%, 파동 후 얻어먹은 가정의 비율 29.5%

따라서 5.8% 더 크다.

---

23 ①

① 2020년 10월 전체 자동차 매출액 총액은 3,256억 원이다.

② 2020년 10월 월 매출액 시장점유율과 월 매출액은 비례한다.

③ 2020년 9월 F 자동차의 월 매출액은 125억 원이다.

④ 2020년 10월 월 매출액 최댓값은 최솟값의 약 42배이다.

⑤ 전월대비 월 매출 증가율이 가장 높은 차는 I이다.

24 ⑤

⊙ A부서의 업무효율 : $\dfrac{100}{(2 \times 41) + (2 \times 3 \times 1)} = 1.1363 \cdots$

ⓒ B부서의 업무효율 : $\dfrac{100}{(3 \times 30) + (3 \times 2 \times 2)} = 0.9803 \cdots$

ⓒ C부서의 업무효율 : $\dfrac{100}{(4 \times 22) + (4 \times 1 \times 4)} = 0.9615 \cdots$.

ⓔ D부서의 업무효율 : $\dfrac{100}{(3 \times 27) + (3 \times 2 \times 1)} = 1.1494 \cdots$

25 ③

$$\text{층수} = \dfrac{\text{연면적}}{\text{건축면적}} = \dfrac{\text{연면적} \times 100\%}{\text{건폐율} \times \text{대지면적}}$$

- A의 층수 $= \dfrac{1200m^2 \times 100\%}{50\% \times 400m^2} = 6$층

- B의 층수 $= \dfrac{840m^2 \times 100\%}{70\% \times 300m^2} = 4$층

- C의 층수 $= \dfrac{1260m^2 \times 100\%}{60\% \times 300m^2} = 7$층

- D의 층수 $= \dfrac{1440m^2 \times 100\%}{60\% \times 400m^2} = 6$층

26 ③

B의 여성 도주자에 대한 결정 중에서 20%만이 정확했으므로

∴ $\dfrac{20}{50} \times 100 = 40(\%)$

27 ②

⊙ 전체 판정성공률

- A : $\dfrac{35 + 25}{100} = 60(\%)$

- B : $\dfrac{20 + 45}{100} = 65(\%)$

∴ A < B

ⓛ 실제 도주자가 여성일 때 판정성공률

- A : $\frac{35}{50} \times 100 = 70(\%)$

- B : $\frac{20}{50} \times 100 = 40(\%)$

∴ A > B

ⓒ 실제 도주자가 남성일 때 판정성공률

- A : $\frac{25}{50} \times 100 = 50(\%)$

- B : $\frac{45}{50} \times 100 = 90(\%)$

∴ A < B

ⓡ ⓛⓒ에서 보면 A는 여성 도주자에 대한 판정성공률이 높고, B는 남성 도주자에 대한 판정성공률이 높다는 것을 알 수 있다.

---

28 ②

② 모든 초등학교 교원 수 : 150 × 30 × 1.3＝5,850명
모든 중학교 교원 수 : 70 × 36 × 1.8＝4,536명
모든 고등학교 교원 수 : 60 × 33 × 2.1＝4,158명
모든 중학교와 고등학교의 총 교원 수의 합 : 4536 + 4158＝8,694명
따라서 모든 초등학교의 교원 수는 모든 중학교와 고등학교의 교원 수의 합보다 적다.

① 모든 초등학교 학생 수 : 150 × 30 × 32＝144,000명
모든 중학교 학생 수 : 70 × 36 × 35＝88,200명
모든 고등학교 학생 수 : 60 × 33 × 32＝63,360명
모든 초등학교 학생 수와 중학교 학생 수의 차이 : 55,800명
모든 중학교 학생 수와 고등학교 학생 수의 차이 : 24,840명

③ 모든 초등학교 주간 수업시수 : 150 × 30 × 28＝126,000시간
모든 중학교 주간 수업시수 : 70 × 36 × 34＝85,680시간

④ 모든 중학교의 교원당 학생 수 : 70 × 36 × 1.8 × 19＝86,184명

⑤ 모든 고등학교 학생 수 : 63,360명
모든 고등학교 교원 수 : 4,158명
63,360 ÷ 4,158 = 15.238 … 이므로 15배 이상이다.

29 ①

금융보험업의 경우는 52 ÷ 327 × 100 = 15.9%이며, 전기가스업은 9 ÷ 59 × 100 = 15.3%이다.

② 1,014개로 제시되어 있으며, 1,993개와의 차이는 복수응답에 의한 차이이다.

③ 5G 모바일, 빅데이터, 클라우드이다.

④ 부동산업이 3 ÷ 246 × 100 = 1.2%로 가장 낮은 비중을 보이며, 운수·창고업은 22 ÷ 715 × 100 = 3.1%이다.

⑤ 4차 산업 기술 활용 기업에 포함되지 않는 산업은 농림어업이다.

30 ③

㉠ 종사자 규모 변동에 따른 사업체 수의 증감은 두 해 모두 규모가 커질수록 적어지는 동일한 추이를 보이고 있으며, 종사자 수 역시 사업체의 규모가 커짐에 따라 증가 → 감소 → 증가의 동일한 패턴을 보이고 있음을 알 수 있다. (X)

㉡ 구성비는 해당 수치를 전체 수치로 나누어 백분율로 나타낸 값을 의미하는데 주어진 기여율은 그러한 백분율 산식에 의한 수치와 다르다. 기여율은 '해당 항목의 전년대비 증감분 ÷ 전체 수치의 전년대비 증감분 × 100'의 산식에 의해 계산된 수치이다. (X)

㉢ 종사자 수를 사업체 수로 나누어 보면 두 해 모두 종사자 규모가 큰 사업체일수록 평균 종사자 수가 커지는 것을 확인할 수 있다. (O)

㉣ 모든 규모의 사업체에서 전년보다 종사자 수가 더 많아졌음을 확인할 수 있다. (O)

〈모듈형〉

직업기초능력평가

문제해결능력

1 ③

| 출제의도 |

업무 수행 중 문제가 발생하였을 때 문제 유형을 구분하는 능력을 측정하는 문항이다.

| 해설 |

업무 수행과정에서 발생하는 문제 유형으로는 발생형 문제, 탐색형 문제, 설정형 문제가 있다.

①④ 발생형 문제

②⑤ 탐색형 문제

③ 설정형 문제

2 ②

| 출제의도 |

창의적 사고에 대한 개념을 정확히 파악하고 있는지를 묻는 문항이다.

| 해설 |

흔히 사람들은 창의적인 사고에 대해 특별한 사람들만이 할 수 있는 대단한 능력이라고 생각하지만 그리 대단한 능력이 아니며 이미 알고 있는 경험과 지식을 해체하여 다시 새로운 정보로 결합하여 가치 있는 아이디어를 산출하는 사고라고 할 수 있다.

3 ②

| 출제의도 |

3C의 개념과 구성요소를 정확히 숙지하고 있는지를 측정하는 문항이다.

| 해설 |

3C 분석에서 사업 환경을 구성하고 있는 요소인 자사(Company), 경쟁사(Competitor), 고객을 3C(Customer)라고 한다. 3C 분석에서 고객 분석에서는 '고객은 자사의 상품·서비스에 만족하고 있는지'를, 자사 분석에서는 '자사가 세운 달성목표와 현상 간에 차이가 없는지'를 경쟁사 분석에서는 '경쟁기업의 우수한 점과 자사의 현상과 차이가 없는지'에 대한 질문을 통해서 환경을 분석하게 된다.

---

4 ④

| 출제의도 |

실제 업무 상황에서 문제가 일어났을 때 해결절차를 알고 있는지를 측정하는 문항이다.

| 해설 |

일반적인 문제해결절차는 '문제 인식 → 문제 도출 → 원인 분석 → 해결안 개발 → 실행 및 평가'로 이루어진다.

Chapter 04	나의 점수 체크		회독 점수 그래프								
직업기초능력평가 문제해결능력 출제예상문제	문항수	30문항									30
	맞힌 문항	문항									25
	1회독	문항									20
	2회독	문항									15
	3회독	문항									10

1회독   2회독   3회독

정답 한눈에 보기

1	②	2	①	3	④	4	③	5	④	6	④	7	④	8	③	9	①	10	④
11	⑤	12	①	13	①	14	①	15	④	16	③	17	④	18	③	19	②	20	④
21	②	22	②	23	①	24	③	25	④	26	①	27	②	28	③	29	②	30	③

1 ②

A국과 B국은 관세 철폐로 인해 수입품의 가격이 하락하게 되므로 양국 간 교역량이 증가하고 소비자들의 혜택은 증가한다. 그러나 수입품과 경쟁하던 A국과 B국의 공급자들은 가격 하락으로 인해 혜택이 감소할 수 있다. 한편 A국과 B국이 C국으로부터 수입하던 재화의 일부분은 A국과 B국 간의 교역으로 대체될 수 있다.

2 ①

㉢㉥㉬을 적용하면

	번호	과일	색상
갑			
을	2	바나나	주황
병			
정	3		
무			

㉡㉣을 적용하면

	번호	과일	색상
갑	4	수박	노랑
을	2	바나나	주황
병			
정	3		
무			

㉒을 적용하면

	번호	과일	색상
갑	4	수박	노랑
을	2	바나나	주황
병		키위	**보라**
정	3		
무			

㉑㉗을 적용하면

	번호	과일	색상
갑	4	수박	노랑
을	2	바나나	주황
병	1	키위	파랑
정	3		
무		포도	빨강

남은 칸을 채우면 다음과 같다.

	번호	과일	색상
갑	4	수박	노랑
을	2	바나나	주황
병	1	키위	파랑
정	3	망고	보라
무	5	포도	빨강

3 ④

① 조기퇴근은 매월 2회까지로 규정되어 있다.

② 정산근무가 여의치 않을 경우를 대비하여 신청을 계획하고 있을 경우 사전에 미리 정산근무부터 해 둘 수 있다.

③ 업무상의 사유와 민원 업무 처리 등의 사유로 승인이 되지 않을 수 있다.

⑤ 제1항에서 확인할 수 있다.

4 ③

③ '탄력근무는 매월 1일을 근무 시작일로 하여 1개월 단위로 승인한다.'고 규정되어 있으므로 M 씨의 판단은 적절하다고 할 수 없다.

① 12세 이하 자녀를 둔 경우이므로 시차출퇴근 C형 사용이 가능하다.

② 조기퇴근의 경우이므로 근무 시간 이후 정산을 원할 경우 22:00까지 가능하며 조기퇴근을 실시한 해당 월 이내에 정산을 하려고 하므로 적절한 판단이다.

④ 5일 이전에 신청한 경우이므로 적절한 판단이다.

⑤ 제4항에서 신청서를 받은 부서장은 원활한 업무 진행을 위해 승인인원의 조정이 필요한 경우 승인하지 않을 수 있다.

5 ④

50세인 최 부장은 기본점수가 100점 이었으나 성수기 2박 이용으로 40점(1박 당 20점)이 차감되어 60점의 기본점수가 남아 있으나 20대인 엄 대리는 미사용으로 기본점수 70점이 남아 있으므로 점수 상으로는 선정 가능성이 더 높다고 할 수 있다.
① 신청은 2개월 전부터 가능하므로 내년 이용 콘도를 지금 예약할 수는 없다.
② 신혼여행 근로자는 최우선 순위로 콘도를 이용할 수 있다.
③ 선정 결과는 유선 통보가 아니며 콘도 이용권을 이메일로 발송하게 된다.
⑤ 취소는 가능하나 다음 이용에 불이익이 있다.

---

6 ④

모두 월 소득이 243만 원 이하이므로 기본점수가 부여되며, 다음과 같이 순위가 선정된다.
우선, 신혼여행을 위해 이용하고자 하는 B 씨가 1순위가 된다. 다음으로 주말과 성수기 선정 박수가 적은 신청자가 우선순위가 되므로 주말과 성수기 이용 실적이 없는 D 씨가 2순위가 된다. A 씨는 기본점수 80점, 3일 전 취소이므로 20점(주말 2박) 차감을 감안하면 60점의 점수를 보유하고 있으며, C 씨는 기본점수 90점, 성수기 사용 40점(1박 당 20점) 차감을 감안하면 50점의 점수를 보유하게 된다. 따라서 최종순위는 B 씨 – D 씨 – A 씨 – C 씨가 된다.

---

7 ④

㉠ 두 번째 조건에서 4호 라인에는 3개의 객실에 투숙하였다고 했으므로 104호, 204호, 304호에는 출장자가 있게 된다.

301호	302호	303호	304호
201호	202호	203호	204호
101호	102호	103호	104호

㉡ ④ 103호에 투숙하였을 경우, 1층의 2개 객실이 정해지게 되며 2층과 3층은 3호 라인을 제외한 1호와 2호 라인 모두에 출장자가 투숙할 수 있다.

301호	302호	303호	304호
201호	202호	203호	204호
101호	102호	103호	104호

---

8 ③

㉡에 따라, 두 번째로 멀기 위해서는 편의점과 식당 중 하나가 맨 끝에 위치하고 다른 하나는 반대쪽의 끝에서 두 번째에 위치해야 한다는 것을 알 수 있다.
㉣을 통해서 왼쪽에서 두 번째에 편의점이나 식당이 위치할 수 없음을 알 수 있으므로 이 두 상점은 맨 왼쪽과 오른쪽에서 두 번째에 나뉘어 위치해야 한다.
㉤을 통해서 맨 왼쪽은 식당이 아닌 편의점의 위치임을 알 수 있다. 동시에 맨 오른쪽은 부동산, 그 옆은 식당이라는 것도 알 수 있다.
㉢을 통해서 커피 전문점이 왼쪽에서 세 번째 상점이라는 것을 알 수 있다.
따라서 이를 종합하면, 왼쪽부터 편의점, 통신사, 커피 전문점, 은행, 식당, 부동산의 순으로 상점들이 이어져 있으며 오른쪽에서 세 번째 상점은 은행이 된다.

9 ①

영업1팀과 생산1팀에 국한된 것이 아니므로 특정 두 팀이 두 번째 경기에서 만날 확률을 구하면 된다.

특정 두 팀을 A팀과 B팀이라고 할 때 A, B 두 팀이 두 번째 경기에서 승부를 하게 되는 것은 다음과 같은 두 가지 경우가 있다.

㉠ A, B 두 팀 중 한 팀이 번호 '1', '2'를 선택하고, 다른 한 팀이 '3', '4'를 선택하는 경우

㉡ A, B 두 팀 중 한 팀이 '5', '6'을 선택하고 다른 한 팀이 '7'을 선택하는 경우

따라서 각각의 확률을 구하면,

㉠의 경우, $\frac{2}{7} \times \frac{2}{6} \times \left(\frac{1}{2}\right)^2 \times 2 = \frac{1}{21}$ 이 된다.

㉡의 경우, $\frac{2}{7} \times \frac{1}{6} \times \frac{1}{2} \times 2 = \frac{1}{21}$ 이 된다.

($\frac{1}{2}$은 첫 번째 경기에서 이길 확률을 의미하며, 2는 '어느 한 자리'가 2개이므로 2를 곱한 것이 된다.)

---

10 ④

팀장별 순위에 대한 가중치는 모두 동일하다고 했으므로 1 ~ 4순위까지를 각각 4, 3, 2, 1점씩 부여하여 점수를 산정해 보면 다음과 같다.

갑 : 2 + 4 + 1 + 2 = 9

을 : 4 + 3 + 4 + 1 = 12

병 : 1 + 1 + 3 + 4 = 9

정 : 3 + 2 + 2 + 3 = 10

따라서 〈보기〉의 설명을 살펴보면 다음과 같다.

㉮ '을' 또는 '정' 중 한 명이 입사를 포기하면 '갑'과 '병'이 동점자이나 A팀장이 부여한 순위가 높은 '갑'이 채용되게 된다.

㉯ A팀장이 '을'과 '정'의 순위를 바꿨다면, 네 명의 순위에 따른 점수는 다음과 같아지므로 바뀌기 전과 동일하게 '을'과 '정'이 채용된다.

갑 : 2 + 4 + 1 + 2 = 9

을 : 3 + 3 + 4 + 1 = 11

병 : 1 + 1 + 3 + 4 = 9

정 : 4 + 2 + 2 + 3 = 11

㉰ 이 경우 네 명의 순위에 따른 점수는 다음과 같아지므로 '정'은 채용되지 못 한다.

갑 : 2 + 1 + 1 + 2 = 6

을 : 4 + 3 + 4 + 1 = 12

병 : 1 + 4 + 3 + 4 = 12

정 : 3 + 2 + 2 + 3 = 10

11 ⑤

'어떤'이라는 범위에 피타고라스가 포함되지 않을 수 있으므로 주어진 전제만으로 피타고라스가 천재인지 아닌지는 알 수 없다.

---

12 ①

모든 변호사는 논리적인데, 어떤 작가도 논리적이지 않으므로, 모든 변호사는 작가가 아니라는 결론은 참이다.

---

13 ①

각 방송국별로 중계방송을 하는 경우는 K, M, S라 표기하고 중계방송을 하지 않는 경우를 ~로 나타내면 위의 논증은 다음과 같다.

~M → K, ~(K and S) → M

~M → K의 대우인 ~K → M이 성립하면서 ~(K and S) = ~K or ~S가 성립해야 하므로, M이 성립하기 위해서는 ~(~S) = S가 추가적으로 필요하다.

---

14 ①

주식, 채권은 직접 금융 시장에서 자금을 조달하며, 주식은 수익성이 높으며, 저축과 채권은 주식보다는 안정성이 높다.

---

15 ④

고객은 많은 문제를 풀어보기를 원하므로 우선적으로 예상문제의 수가 많은 것을 찾아야 한다.

---

16 ③

고객의 요구인 20,000원 가격선과 예상문제의 수가 많은 도서는 문제완성이 된다.

---

17 ④

④ 성과주의의 심화는 기업의 부서 내에 지나친 경쟁 심리를 조장하여 사일로 효과를 증폭시킬 수 있다.

18 ③

호모나랜스의 성격이 강한 최근의 소비자들은 상품 정보를 동료 소비자들과 공유하는 등 서로 소통하는 데 많은 노력을 기울이고 있다.

---

19 ②

먼저 아래 표를 항목별로 가중치를 부여하여 계산하면,

구분	1/4 분기	2/4 분기	3/4 분기	4/4 분기
유용성	$8 \times \dfrac{4}{10} = 3.2$	$8 \times \dfrac{4}{10} = 3.2$	$10 \times \dfrac{4}{10} = 4.0$	$8 \times \dfrac{4}{10} = 3.2$
안전성	$8 \times \dfrac{4}{10} = 3.2$	$6 \times \dfrac{4}{10} = 2.4$	$8 \times \dfrac{4}{10} = 3.2$	$8 \times \dfrac{4}{10} = 3.2$
서비스 만족도	$6 \times \dfrac{2}{10} = 1.2$	$8 \times \dfrac{2}{10} = 1.6$	$10 \times \dfrac{2}{10} = 2.0$	$8 \times \dfrac{2}{10} = 1.6$
합계	7.6	7.2	9.2	8
성과평가 등급	C	C	A	B
성과급 지급액	80만 원	80만 원	110만 원	90만 원

성과평가 등급이 A이면 직전분기 차감액의 50%를 가산하여 지급한다고 하였으므로, 3/4분기의 성과급은 직전분기 차감액 20만 원의 50%인 10만 원을 가산하여 지급한다.

∴ 80 + 80 + 110 + 90 = 360(만 원)

---

20 ④

A에서 선희가 1등을 했다는 게 참이고, 재석이가 3등을 했다는 게 거짓이라면, B에서 도영이가 2등 했다는 것은 참이고, 선희가 3등 했다는 것은 거짓이 된다. 또한 C에서 성덕이가 1등이 된다는 것은 참이 되고, 도영이가 4등이 된다는 것은 거짓이 된다. 하지만 1등이 선희와 성덕이가 되므로 모순이 된다. 따라서 A에서 선희가 1등을 했다는 게 거짓이고, 재석이가 3등을 했다는 게 참이 된다. B에서 도영이가 2등 했다는 게 참이 되고, 선희가 3등이라는 게 거짓, C에서 도영이가 4등이라는 게 거짓, 성덕이가 1등이라는 게 참이 되므로 1등 성덕, 2등 도영, 3등 재석, 4등 선희 순이다.

21 ②

B와 C가 취미가 같고, C는 E와 취미생활을 둘이서 같이 하므로 B가 책읽기를 좋아한다면 E도 여가 시간을 책읽기로 보낸다.

---

22 ②

작품 밑에 참인 글귀를 적는 진수와 상민이 그렸다면, 진수일 경우 진수가 그리지 않았으므로 진수는 그림을 그린 것이 아니고 상민일 경우 문제의 조건에 맞으므로 상민이 그린 것이 된다.

---

23 ①

약속장소에 도착한 순서는 E − D − A − B − C 순이고, 제시된 사실에 따르면 C가 가장 늦게 도착하긴 했지만 약속시간에 늦었는지는 알 수 없다.

---

24 ③

문법반은 월, 화, 목요일에 강좌 개설이 가능하므로 월요일에도 가능 표시가 되어야 한다.

---

25 ④

3 ~ 4월에 문법반은 월, 수, 금 밤 8시에 중급반 강좌가 개설되었었다. 따라서 5 ~ 6월에는 월, 화, 목 밤 9시로 시간을 옮겨 고급반으로 진행되어야 한다.
① 3 ~ 4월에 독해반이 고급이었으므로 입문반이 올바른 강좌이다.
② 3 ~ 4월에 한자반은 초급이었으므로 5 ~ 6월에는 중급 강좌가 적절하며 월, 수, 금이 가능한 요일이다.
③ 비즈니스반은 월, 목이 가능하며, 회화반A는 매일 가능하므로 적절하다.
④ 성조반은 중급반이었으므로 고급반이 올바른 강좌이다.

---

26 ①

조건에 따르면 영업과 사무 분야의 일은 A가 하는 것이 아니고, 관리는 B가 하는 것이 아니므로 'A − 관리, B − 사무, C − 영업, D − 전산'의 일을 하게 된다.

27 ②

경상도 사람은 앞에서 세 번째에 서고 강원도 사람 사이에는 다른 지역 사람이 서있어야 하므로 강원도 사람은 경상도 사람의 뒤쪽으로 서게 된다. 서울 사람은 서로 붙어있어야 하므로 첫 번째, 두 번째에 선다. 충청도 사람은 맨 앞 또는 맨 뒤에 서야하므로 맨 뒤에 서게 된다. 강원도 사람 사이에는 자리가 정해지지 않은 전라도 사람이 서게 된다.

서울 – 서울 – 경상도 – 강원도 – 전라도 – 강원도 – 충청도

---

28 ③

조건을 그림으로 도식화 해보면 다음과 같은 사실을 알 수 있다.

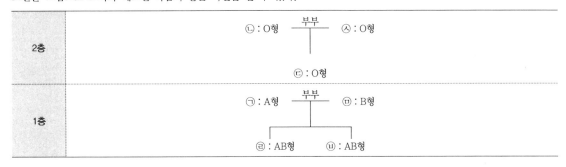

---

29 ②

2층에 사는 ⓒⓈⓔ를 제외한 ⓖⓔⓜⓗ가 1층에 산다.

---

30 ③

가장 확실한 조건(B는 204호, F는 203호)을 바탕으로 조건들을 채워나가면 다음과 같다.

A라인	201 H	202 A	203 F	204 B	205 빈 방
복도					
B라인	210 G	209 C	208 빈 방	207 E	206 D

∴ D의 방은 206호이다.

〈모듈형〉

직업기초능력평가

정보능력

정답 한눈에 보기							
1	①	**2**	④	**3**	②	**4**	②

1 ①

| 출제의도 |

방대한 정보들 중 꼭 필요한 정보와 수집 방법 등을 전략적으로 기획하고 정보 수집이 이루어질 때 효과적인 정보 수집이 가능해진다. 5W2H는 이러한 전략적 정보 활용 기획의 방법으로 그 개념을 이해하고 있는지를 묻는 질문이다.

| 해설 |

5W2H의 'WHAT'은 정보의 입수대상을 명확히 하는 것이다. 정보의 수집 방법을 검토하는 것은 HOW(어떻게)에 해당되는 내용이다.

2 ④

| 출제의도 |

본 문항은 엑셀 워크시트 함수의 활용도를 확인하는 문제이다.

| 해설 |

"VLOOKUP(B3,$B$8 : $C$10, 2, 0)"의 함수를 해설해보면 B3의 값(콜롬비아)을 B8 : C10에서 찾은 후 그 영역의 2번째 열(C열, 100g당 단가)에 있는 값을 나타내는 함수이다. 금액은 "수량 × 단가"으로 나타내므로 D3셀에 사용되는 함수식은 " = C3*VLOOKUP(B3, $B$8 : $C$10, 2, 0)"이다.

상식PLUS⁺ HLOOKUP과 VLOOKUP

㉠ HLOOKUP : 배열의 첫 행에서 값을 검색하여, 지정한 행의 같은 열에서 데이터를 추출
㉡ VLOOKUP : 배열의 첫 열에서 값을 검색하여, 지정한 열의 같은 행에서 데이터를 추출

3 ②

| 출제의도 |

본 문항은 정보관리 방법의 개념을 이해하고 있는가를 묻는 문제이다.

| 해설 |

주어진 자료의 A사에서 사용하는 정보관리는 주요 키워드나 주제어를 가지고 정보를 관리하는 방식인 색인을 활용한 정보관리이다. 디지털 파일에 색인을 저장할 경우 추가, 삭제, 변경 등이 쉽다는 점에서 정보관리에 효율적이다.

4 ②

| 출제의도 |

본 문항은 엑셀 워크시트 함수의 활용도를 확인하는 문제이다.

| 해설 |

#VALUE!는 논리 값 또는 숫자가 필요한 수식에 텍스트를 입력했거나 배열 수식을 입력한 후 올바른 단축키를 누르지 않았을 때 발생한다.

① #DIV/0! : 숫자를 0으로 나누었을 때 발생한다.

③ #NAME? : 함수명을 잘못 입력하거나 잘못된 인수를 사용할 때 발생한다.

④ #NUM! : 함수의 인수나 수식이 잘못된 형식으로 입력되었을 때 발생한다.

⑤ ##### : 셀의 값보다 열의 너비가 좁거나 엑셀에서 처리할 수 있는 숫자 범위를 넘었을 때 발생한다.

나의 **점수 체크**		회독 점수 그래프							
문항수	30문항								30
맞힌 문항	문항								25
1회독	문항								20
2회독	문항								15
3회독	문항								10

1회독   2회독   3회독

정답 한눈에 보기																			
1	④	**2**	③	**3**	④	**4**	②	**5**	③	**6**	④	**7**	④	**8**	③	**9**	③	**10**	③
11	④	**12**	②	**13**	④	**14**	④	**15**	⑤	**16**	③	**17**	③	**18**	①	**19**	③	**20**	②
21	③	**22**	④	**23**	③	**24**	①	**25**	②	**26**	③	**27**	④	**28**	③	**29**	④	**30**	③

1 ④

'ping'은 원격 컴퓨터가 현재 네트워크에 연결되어 정상적으로 작동하고 있는지 확인할 수 있는 명령어이다. 해당 컴퓨터의 이름, IP 주소, 전송 신호의 손실률, 전송 신호의 응답 시간 등이 표시된다.

ⓔ에 제시된 설명은 'tracert'에 대한 설명으로, tracert는 특정 사이트가 열리지 않을 때 해당 서버가 문제인지 인터넷 망이 문제인지 확인할 수 있는 기능, 인터넷 속도가 느릴 때 어느 구간에서 정체를 일으키는지 확인할 수 있는 기능 등을 제공한다.

2 ③

URL에 대한 설명이다. 방대한 컴퓨터 네트워크에서 자신이 원하는 정보 자원을 찾기 위해서는 해당 정보 자원의 위치와 종류를 정확히 파악할 필요가 있는데, 이를 나타내는 일련의 규칙을 URL(Uniform Resource Locator : 자원 위치 지정자)이라고 한다. URL에는 컴퓨터 네트워크 상에 퍼져있는 특정 정보 자원의 종류와 위치가 기록되어 있다.

3 ④

데이터 소스에서 데이터를 크리닝하고 통합하는 과정을 거쳐 데이터를 선별하고 변환한 후, 데이터 마이닝 과정을 거쳐 패턴을 찾아내고 표현한다.

4 ②

'COUNT' 함수는 인수 목록에서 숫자가 들어 있는 셀의 개수를 구할 때 사용되는 함수이며, 인수 목록에서 공백이 아닌 셀과 값의 개수를 구할 때 사용되는 함수는 'COUNTA' 함수이다.

5 ③

연산자 수가 많아도 두 개 이상의 값을 산출할 수 없다.
① 연산의 과정을 연산식이라고 한다.
② 연산자별로 산출되는 값의 타입은 다르다.
④ 연산식의 값은 보통 변수에 저장한다.
⑤ 다른 연산식의 피연산자 위치에 올 수 있다.

---

6 ④

'@'는 표시 위치를 지정하여 특정 문자열을 연결하여 함께 표시하는 기능을 한다. 따라서 '주택담보대출'이라는 결과 데이터를 얻기 위해서는 원본 데이터에 '주택담보', 서식에 '@대출'을 입력하여야 한다.

---

7 ④

지정 범위에서 인수의 순위를 구하는 경우 'RANK' 함수를 사용한다. 이 경우, 수식은 '=RANK(인수, 범위, 결정 방법)'이 된다. 결정 방법은 0 또는 생략하면 내림차순, 0 이외의 값은 오름차순으로 표시하게 된다.

---

8 ③

디도스(DDoS)는 분산 서비스 거부 공격으로, 특정 사이트에 오버플로우를 일으켜서 시스템이 서비스를 거부하도록 만드는 것이다.

---

9 ③

2021년 10월 생산품이므로 2110의 코드가 부여되며, 일본 '왈러스' 사는 5K, 여성용 02와 블라우스 해당 코드 006, 10,215번째 입고품의 시리얼 넘버 10215가 제품 코드로 사용되므로 2110 - 5K - 02006 - 10215가 된다.

---

10 ③

2019년 10월에 생산되었으며, 멕시코 Fama의 생산품이다. 또한, 아웃도어용 신발을 의미하며 910번째로 입고된 제품임을 알 수 있다.

---

11 ④

여행사 예약 담당자나 인쇄소 관계자 등 외주업체는 자주 이용하는 곳은 관계를 구축해두는 것이 추후 여러 도움을 받을 수 있다.

12 ②

절단검색은 지정한 검색어를 포함한 문자열을 가진 자료를 모두 검색하는 것으로, 단어의 어미변화 다양성을 간단하게 축약한다. 일반적으로 *나 %를 많이 사용하며, 특정한 문자열로 시작하는 정보를 찾는지, 특장한 문자열로 끝나는 정보를 찾는지에 따라 후방절단, 전방절단으로 분류한다.

---

13 ④

검색엔진이 제시하는 결과물의 가중치를 너무 신뢰하여서는 안된다. 검색엔진 나름대로의 정확성이 높다고 판단되는 데이터를 화면의 상단에 표시하지만 실제 그렇지 않은 경우가 많기 때문에 사용자가 직접 보면서 검색한 자료를 판단하여야 한다.

---

14 ④

스프레드시트는 전자계산표 또는 표 계산 프로그램으로 워드프로세서와 같이 문서를 작성하고 편집하는 기능 이외에 수치나 공식을 입력하여 그 값을 계산하고 계산결과를 차트로 표시할 수 있는 프로그램이다.

---

15 ⑤

파일관리시스템은 한 번에 한 개의 파일에 대해서 생성, 유지, 검색을 할 수 있는 소프트웨어이다.

---

16 ③

F11을 누르는 것은 별도의 차트시트에 기본 차트가 작성되는 것이므로 [ALT + F1]을 눌러야 데이터가 있는 워크시트에 기본 차트가 작성된다.

---

17 ③

= COUNTIF를 입력 후 범위를 지정하면 지정한 범위 내에서 중복값을 찾는다.
㉠ COUNT함수 : 숫자가 입력된 셀의 개수를 구하는 함수
㉡ COUNTIF함수 : 조건에 맞는 셀의 개수를 구하는 함수
'철'을 포함한 셀을 구해야 하므로 조건을 구하는 COUNTIF함수를 사용하여야 한다.
A2행으로부터 한 칸씩 내려가며 '철'을 포함한 셀을 찾아야 하므로 A2만 사용한다.

18 ①

[인덱스 서비스]는 빠른 속도로 전체 텍스트를 검색할 수 있도록 문서를 찾고, 색인화 하는 서비스로 시스템의 속도는 오히려 조금 줄어들게 되지만 검색 속도는 빨라지는 장점이 있다. [인덱스 서비스]를 설치한다고 하여 시스템 속도가 빨라진다라고 표현하기는 어렵다.

---

19 ③

그림판의 기능으로 삽입한 도형은 [색 채우기] 도구로 다른 색으로 변경할 수 있지만 선택한 영역의 색은 [색 채우기] 도구가 비활성화 된다.

---

20 ②

표준 BCD 코드는 영문 소문자를 표현할 수 없다.

---

21 ③

날짜, 숫자, 텍스트에 상관없이 가장 많이 입력된 값이 기본으로 적용된다.

---

22 ④

Ctrl + Shift + ;(세미콜론)키를 누르면 지금시간이 입력된다.
오늘의 날짜는 Ctrl + ;(세미콜론) 키를 눌러야 한다.

---

23 ③

[계열 옵션] 탭에서 '계열 겹치기' 값을 입력하거나 막대 바를 이동시키면 된다.

---

24 ①

LOOKUP은 LOOKUP(찾는 값, 범위 1, 범위 2)로 작성하여 구한다.
VLOOKUP은 범위에서 찾을 값에 해당하는 열을 찾은 후 열 번호에 해당하는 셀의 값을 구하며, HLOOKUP은 범위에서 찾을 값에 해당하는 행을 찾은 후 행 번호에 해당하는 셀의 값을 구한다.

25 ②

실수인 경우 채우기 핸들을 이용한 [연속 데이터 채우기]의 결과는 일의 자리 숫자가 1씩 증가한다.
15.1
16.1
17.1
18.1

26 ③

③ 2차 자료에 해당한다.

※ **1차 자료** ··· 단행본, 학술지와 학술지 논문, 학술회의자료, 연구보고서, 학위논문, 특허정보, 표준 및 규격자료, 레터, 출판 전 배포자료, 신문, 잡지, 웹 정보자원 등

27 ④

[B3:B5] 영역을 선택하면 워크시트의 이름 상자 '품__명'이라는 이름이 표시되며, 이름은 공백을 가질 수 없다.

28 ③

정보분석의 절차

분석과제의 발생 → 과제(요구)의 분석 → 조사항목의 선정 → 관련 정보의 수집 → 기존 및 신규 자료의 조사 → 수집정보의 분류 → 항목별 분석 → 종합 · 결론 → 활용 · 정리

29 ④

'거래처별 제품목록'이라는 제목은 '거래처명'에 대한 그룹 머리글 영역이 아니라 페이지 머리글이다.

30 ③

정보를 분석함으로써 서로 상반되거나 큰 차이가 있는 정보의 내용을 판단하여 새로운 해석을 할 수 있다.

〈모듈형〉
직업기초능력평가
자원관리능력

정답 한눈에 보기							
1	②	**2**	⑤	**3**	③	**4**	④

1 ②

| 출제의도 |

시간 자원을 최대한 활용할 수 있는 능력을 묻는 문항이다.

| 해설 |

제시된 내용은 자신에게 주어진 시간 중 60%는 계획된 행동을 하여야 한다고 보는 60 : 40 규칙이다.

2 ⑤

| 출제의도 |

시간 자원을 최대한 활용할 수 있는 능력을 묻는 문항이다.

| 해설 |

㉠㉡㉢㉣ 모두 옳은 설명이다.

3 ③

| 출제의도 |

업무에 소요되는 예산 중 꼭 필요한 것과 예산을 감축해야 할 때 삭제 또는 감축이 가능한 것을 구분해내는 능력을 묻는 문항이다.

| 해설 |

③ 조건을 고려했을 때 5일 장미ROOM과 7일 장미ROOM이 예약 가능하다.

① 참석 인원이 27명이므로 30명 수용 가능한 장미ROOM과 40명 수용 가능한 백향목ROOM 두 곳이 적합하다.

② 만약 2명이 안 온다면 총 참석인원 25명이므로 라일락ROOM, 장미ROOM, 백향목ROOM이 예약 가능하다.

④ 오후 8시에 마무리하려고 계획하고 있으므로 적절하다.

⑤ 인원을 고려하지 않는다면 투입인력과 연회장 이용시간이 제일 많은 백향목 ROOM이 좋다.

4   ④

| 출제의도 |

주어진 직원들의 정보를 통해 시급하게 진위여부를 가리고 조치하여 인력배치를 해야 하는 사항을 확인하는 문제이다.

| 해설 |

사원 A, B, C는 각각 조직 정책에 대한 불만이기에 논의를 통해 조직적으로 대처하는 것이 옳지만, 사원 D는 팀장의 독단적인 전횡에 대한 불만이기 때문에 조사하여 시급히 조치할 필요가 있다. 따라서 가장 적절한 답은 ④번이 된다.

Chapter 06	나의 점수 체크		회독 점수 그래프				
직업기초능력평가 자원관리능력 출제예상문제	문항수	30문항					30
	맞힌 문항	문항					25
	1회독	문항					20
	2회독	문항					15
	3회독	문항					10

1회독　　　　　2회독　　　　　3회독

정답 한눈에 보기																			
1	⑤	**2**	④	**3**	③	**4**	⑤	**5**	④	**6**	②	**7**	④	**8**	①	**9**	②	**10**	④
11	④	**12**	④	**13**	④	**14**	④	**15**	②	**16**	②	**17**	③	**18**	①	**19**	⑤	**20**	④
21	④	**22**	③	**23**	①	**24**	②	**25**	⑤	**26**	④	**27**	③	**28**	⑤	**29**	④	**30**	⑤

1 ⑤

백 대리가 최초 가지고 있던 원화 금액은 50만 원이다. 이 중 300달러를 환전하기 위해서는 $1,085 \times 300 = 325,500$원이 필요하며, 100유로를 환전하기 위해서는 $1,250 \times 100 = 125,000$원이 필요하다. 따라서 총 450,500원을 지출하고 49,500원의 원화가 남아있게 된다. 출장 후 잔액은 50달러와 20유로이므로 이를 원화로 계산하면 $1,050 \times 50 = 52,500$원과 $1,220 \times 20 = 24,400$원이 된다. 따라서 백 대리가 가지고 있게 될 원화는 $49,500 + 52,500 + 24,400 = 126,400$원이 된다. '현금 살 때'와 '현금 팔 때'라는 의미는 원화를 지불하고 외화를 살 때와 가지고 있던 외화를 팔아 원화를 확보하고자 할 때를 각각 의미한다.

2 ④

조직이해영역이 선정된 경우, 나머지 하나의 선정된 영역이 의사소통영역이라면 의사소통영역이 채택된다.
나머지 하나의 영역이 문제해결영역이라면 조직이해영역이 최종 채택된다.
나머지 하나의 영역이 자원관리영역이라면 자원관리영역이 최종 채택된다. 따라서 조직이해영역이 최종 채택되기 위한 경우의 수는 나머지 하나의 영역이 문제해결영역인 경우밖에 없다.

3 ③

조직이해영역이 나머지 하나의 영역일 경우, 자원관리영역은 3 + 1 + 3＝7점, 조직이해영역은 1 + 4 + 2＝7점이 되어 재투표를 실시하게 된다.

4 ⑤

자원을 적절하게 관리하기 위해서 거쳐야 하는 4단계의 자원관리 과정과 순서는 다음과 같다.
ⓔ 어떤 자원이 얼마나 필요한지를 확인하기 → ⓒ 이용 가능한 자원을 수집(확보)하기 → ⓑ 자원 활용 계획 세우기 → ⓐ 계획에 따라 수행하기

5 ④

싱가포르의 경우 수에즈 운하를 경유하는 것이 가장 짧은 거리이며, 다음으로 파나마 운하, 희망봉의 순임을 알 수 있다.

---

6 ②

② 외국인은 국제면허증과 자국의 면허증이 필요하며, 내국인의 경우에는 11인승 이상을 대여할 경우 1종 보통면허가 필요하다.
① 임대차 계약서와 차량 인수인계서에 서명을 해야 한다.
③ '예약 시 지정한 반납지점'이라고 명시되어 있으므로 대여지점과 반납지점은 미리 예약한 곳으로 지정이 가능하다고 볼 수 있다.
④ 차량 반납 시 유류 잔량을 확인한다고 명시되어 있다는 것으로 보아, 대여자의 부담이라고 판단할 수 있다.
⑤ 대여 자격기준에 제시되어 있다.

---

7 ④

④ 길이 막혀 늦어지는 경우는 사전 예약이 된 경우라고 볼 수 없으므로 초과시간이 12시간에서 한두 시간이 넘을 경우 6시간의 초과 요금이 아닌, 추가 1일의 요금이 더해진다.
① 1일 대여보다 3 ～ 6일 대여가 1일 대여요금이 19,000원 저렴하다.
② V11과 T11이 11인승이므로 저렴한 V11이 경제적이다.
③ 초과시간요금은 6시간까지 모두 동일하다.
⑤ N차종 1일 대여에 6시간 초과금액은 350,400원, 2일 대여금액은 394,000원이다.

---

8 ①

• **직접비** : 시설비 30 + 재료비 60 + 인건비 110 = 200(만 원)
• **간접비** : 보험료 40 + 광고비 50 + 통신비 40 + 공과금 100 + 자동차보험료 80 + 건물관리비 80 = 390(만 원)
※ 비용
　㉠ **직접비용** : 주로 활동의 결과로서 생기는 비용
　　(예 : 재료비, 원료와 장비, 시설비, 여행비 및 잡비, 인건비 등)
　㉡ **간접비용** : 직접 생산에 관여하지 않는 비용
　　(예 : 보험료, 건물관리비, 광고비, 통신비, 사무비품비, 각종 공과금 등)

---

9 ②

인적자원개발은 개인과 조직의 공동 목표 달성을 위해 진행되는 것이라고 이해할 수 있으므로 개인의 경력개발을 중심으로 전개된다는 것은 타당하지 않다.
① 인적자원개발은 학습을 통한 교육과 훈련이 핵심이므로 추상적이고 복합적인 개념이라고 할 수 있다.
③④ 기존의 조직 내 인력의 양성 차원을 넘어 근로자, 비근로자, 중고령자, 지역 인재 등으로까지 확대 적용되는 것이 인적자원개발의 의의라고 판단할 수 있다.

10 ④

　㉠ 09:22에 D구역에 있었던 산양 21마리에서 09:32에 C구역으로 1마리, 09:50에 B구역으로 1마리가 이동하였고 09:52에 C구역에서 3마리가 이동해 왔으므로 09:58에 D구역에 있는 산양은 21 − 1 − 1 + 3 = 22마리이다.

　㉡ 09:10에 A구역에 있었던 산양 17마리에서 09:18에 C구역에서 5마리가 이동해 왔고 09:48에 C구역으로 4마리가 이동하였으므로 10:04에 A구역에 있는 산양은 17 + 5 − 4 = 18마리이다.

　㉢ 09:30에 B구역에 있었던 산양 8마리에서 09:50에 D구역에서 1마리가 이동해 왔고, 10:05에 C구역에서 2마리가 이동해 왔으므로 10:10에 B구역에 있는 산양은 8 + 1 + 2 = 11마리이다.

　㉣ 09:45에 C구역에 있었던 11마리에서 09:48에 A구역에서 4마리가 이동해 왔고, 09:52에 D구역으로 3마리, 10:05에 B구역으로 2마리가 이동하였으므로 10:15에 C구역에 있는 산양은 11 + 4 − 3 − 2 = 10마리이다.

---

11 ④

　○○목장에서 키우는 산양의 총 마리 수는 22 + 18 + 11 + 10 = 61마리이다.

---

12 ④

　PPT작성이 도표작성보다 더 먼저 끝나므로 PPT를 작성한 사람이 발표원고를 작성하는 것이 일을 더 빨리 끝낼 수 있다.

---

13 ④

　정은 홍보자료 작성 업무가 23일에 예정되어 있으며 이는 3일이 소요되는 업무이므로 25일에 월차 휴가를 사용하는 것은 바람직하지 않다.

---

14 ④

　넷째 주에는 을의 매출 부진 원인 분석 업무, 정의 대외 홍보자료 작성 업무, 갑의 부서 인사고과 업무가 예정되어 있다. 따라서 출장자로 가장 적합한 두 명의 직원은 병과 무가 된다.

---

15 ②

　물적 자원 활용 방해요인으로는 보관 장소를 파악하지 못하는 경우, 물품이 훼손된 경우, 물품을 분실한 경우로 나눌 수 있다. 위 설명은 훼손 및 파손된 경우에 대한 설명이다.

16 ②

11월 12일 황보경(3조)은 오전근무이다. 1조는 바로 전날 야간근무를 했기 때문에 대체해줄 수 없다. 따라서 이가희가 아닌 우채원(3조 조장)이 황보경의 업무를 대행한다.

17 ③

11월 20일 김희원(3조)는 야간근무이다. 1조는 바로 다음 날 오전근무를 해야 하기 때문에 대체해줄 수 없다. 따라서 임채민이 아닌 우채원(3조 조장)이 김희원의 업무를 대행한다.

18 ①

사용물품과 보관물품의 구분은 처음부터 철저하게 물품의 활용계획이나 여부를 확인한 후 해당 물품의 계속적 사용여부에 따라 사용을 가급적으로 하지 않는 물품은 박스나 창고 등에 보관하여 효과적인 물적 자원 관리를 하는 첫 단계로 볼 수 있다.

19 ⑤

인사관리 원칙에는 적재적소 배치의 원리, 공정 보상의 원칙, 공정 인사의 원칙, 종업원 안정의 원칙, 창의력 계발의 원칙, 단결의 원칙이 있다.

20 ④

솜 인형의 실제 무게는 18파운드이며, 주어진 산식으로 부피 무게를 계산해 보아야 한다. 부피 무게는 $28 \times 10 \times 10 \div 166 = 17$파운드가 되어 실제 무게보다 가벼운 경우가 된다. 그러나 28inch는 $28 \times 2.54 = $ 약 71cm가 되어 50cm를 초과하므로, A배송사에서는 $(18 + 17) \times 0.6 = 21$파운드의 무게를 적용하게 된다. 따라서 솜 인형의 운송비는 19,000원이 된다.

21 ④

경력관리는 조직의 입장에서 경력경로 및 경력요건 등을 설정해 주고, 개인은 자신의 성찰 속에서 가장 적합한 경로를 선택하고 자신의 경력목표 달성을 위하여 부단히 능력개발을 시도하는 것을 말한다.

22 ③

회계적 이익률은 $\dfrac{\text{연평균 순이익}}{\text{초기투자액}} \times 100$이므로

연평균 순이익 $= \dfrac{200,000 + 300,000 + 400,000}{3} = 300,000$

$$이익률 = \frac{300,000}{2,240,000} \times 100 = 13.392 \ldots \%$$

23 ①

파주 : $50 + 50 + 80 = 180$

인천 : $50 + 100 + 70 = 220$

철원 : $80 + 70 + 100 = 250$

구리 : $70 + 70 + 50 = 190$

24 ②

파주 : $(50 \times 800) + (50 \times 300) + (80 \times 400) = 40,000 + 15,000 + 32,000 = 87,000$

인천 : $(50 \times 500) + (100 \times 400) + (70 \times 300) = 25,000 + 40,000 + 21,000 = 86,000$

철원 : $(80 \times 500) + (100 \times 800) + (70 \times 300) = 40,000 + 80,000 + 21,000 = 141,000$

구리 : $(50 \times 500) + (70 \times 800) + (70 \times 400) = 25,000 + 56,000 + 28,000 = 109,000$

25 ⑤

A는 도로, B는 해운, C는 철도, D는 항공이다. 항공은 도로보다 기종점 비용이 비싸다. 해운은 항공보다 평균 속도가 느리다. 항공은 철도보다 기상 조건의 영향을 많이 받는다.

26 ④

편익이 비용보다 클 때는 가로등 설치량을 늘려나가야 한다. 따라서 이 마을에서 가로등의 최적 설치량은 3개이며, 이때 마을 전체 가구가 누리는 총 만족감은 240만 원이다.

27 ③

J 씨와 K 씨가 각각 직장을 그만두고 A 식당을 인수하는 것이 J 씨에게는 합리적인 선택이, K 씨에게는 비합리적 선택이 되기 위해서는 은행 예금의 연간 이자율이 10 %보다 높고, 15 %보다는 낮아야 한다.

28 ⑤

시간의 특성

㉠ 시간은 공평하게 주어진다.

㉡ 시간은 똑같은 속도로 흐른다.

㉢ 시간의 흐름은 멈추게 할 수 없다.

㉣ 시간은 꾸거나 저축할 수 없다.

㉤ 시간은 사용하기에 따라 가치가 달라진다.

---

29 ④

C 지점으로 공장을 이전할 경우 제품 1단위당 운송비가 4,000원 증가하지만, 세금 감면을 통해 5,000원의 이익을 얻을 수 있으므로 1,000원의 초과 이익을 얻을 수 있다.

---

30 ⑤

1시간 더 일할 때, 추가되는 편익은 5,000원으로 일정하고, 추가되는 비용은 점차 증가한다. 순편익은 2시간 일할 때 최대(5,000원)가 되므로 갑은 2시간만 일하는 것이 합리적이다.

나의 **점수** 체크		회독 점수 그래프						
TOTAL	100점 만점							100
문항 당	5점							80
1회독	섬							60
2회독	점							40
3회독	점							20
		1회독		2회독		3회독		

P S A T

정답 **한눈에 보기**																			
1	①	**2**	①	**3**	②	**4**	⑤	**5**	③	**6**	①	**7**	③	**8**	④	**9**	⑤	**10**	①
11	①	**12**	①	**13**	④	**14**	②	**15**	⑤	**16**	⑤	**17**	④	**18**	①	**19**	⑤	**20**	⑤

1 ①

① '정'은 주제에 보고 대상이 누구인지 명시적이고 구체적으로 제시될 것을 제안하였으나 반영되지 않았다.

② '을'이 주말의 특강 참석률이 저조하므로 평일 개최하고 근무시간 인정하자는 의견을 말했다.

③ '갑'은 이번에 중앙부처 소속 공무원을 대상으로 특강을 진행하자고 하였다. '병'은 중앙부처 소속 공무원에게 세종시 접근성이 좋다는 의견을 제시하였다.

④ '갑'은 이번에 중앙부처 소속 공무원을 대상으로 특강을 진행하자고 하였으므로 대상이 변경된다.

⑤ '갑'은 특강 수강 비용이 무료라고 하였다.

2 ①

혈액에 존재하는 적혈구와, 혈구를 제외한 액상성분인 혈장으로 구분해서 추론한다. 응집원은 적혈구 표면에 붙어있는 것이고, 응집소는 혈장 내에 있다. 다음 글에 따라서 응집원을 적혈구로, 응집소를 혈장으로 구분해서 추론한다.

① 적혈구 표면에 A형 응집원이 없다면 적혈구를 수혈한다면 응집반응이 일어나지 않는다.

② B형 응집원을 제거하고 AB형 적혈구를 수혈하면 A형 응집원만 있기 때문에 응집 반응이 일어나지 않는다.

③ 응집소 β을 선택적으로 제거하면 응집소 α와 A형 응집원이 응집 반응을 일으킬 수 있다.

④ AB형에는 A형 응집원과 B형 응집원이 존재하므로 수혈받는 혈액의 응집소에 따라 응집 반응이 일어날 수 있는 것으로 추론할 수 있다.

⑤ O형에는 응집소 α와 응집소 β가 있으므로 어떤 적혈구를 받아도 응집 반응이 일어날 수는 있다고 추론할 수 있다.

3 ②

① 700명이 고교 평준화 강화를 꼽았다고 이미 제시된 전제이다.

③ 대입 정시 확대와 수시 축소 방안은 가계의 교육 부담을 감소시키지 못하지만 다른 방안들은 그렇지 않다고 이미 제시된 전제이다.

④ 대학교 평준화 도입 방안을 제외하고 정부의 기존 교육 재정만으로 실행될 수 있다고 제시된 전제이다.

⑤ 공정한 기회 균등을 이룰 수 있는 방안이라고 이미 제시된 전제이므로 중복적으로 들어가지 않아도 된다.

4 ⑤

	치석제거	흡연	커피
갑돌	–	○	○
정순	–	○	○
을순	○	–	–
병돌	○		

치석제거	흡연	커피	치아변색 확률
×	–	○	60%
×	○	–	80%
×	○	○	90%
○	–	–	20% 미만

⑤ 정순은 흡연과 커피를 매일 마시므로 치석 제거를 매년 하지 않는다면 90% 이상 확률이다.

① 갑돌이 매년 치석 제거를 한다면 20% 미만으로 내려갈 수 있다.

② 80% 이하이다.

③④ 병돌은 치석을 매년 제거하므로 커피와 흡연 여부와 무관하게 20% 미만이다.

5 ③

㉠ 첫 번째 입장에 따라 C가 찬성하지 않았으므로 A가 찬성하지 않은 것을 알 수 있다. A가 반대를 했다면 B도 반대이다. A, B, C가 반대하고 있고 D와 E만 찬성을 하더라도 안건은 승인되지 않는다.

㉡ B와 E가 찬성을 하더라도 D가 반대했다면 세 번째 입장에 따라서 A는 반대했을 수 있다. C는 반대한 것이 확실하므로 A, C, D가 반대하여 안건은 승인되지 않을 수 있다.

㉢ 제시된 세 개의 입장에 따르면 A, B, C는 반대 입장이다. E가 반대했다면 세 번째 조건에 따라서 D의 입장에 따라 A와 E가 한 개의 구가 찬성이다. 하지만 A와 E가 반대하고 있으므로 D도 찬성하지 않는 것을 알 수 있다.

6 ①

• 가인의 예측이 틀린 경우 : 라연의 예측에 따라 배치된다.

행정안전부	보건복지부	고용노동부
병천	을현	갑진

나운의 의견과 충돌이 생긴다. 을현이 행정안전부에 배치되어야 갑진이 고용노동부가 되는데, 라연의 의견으로 을현은 행정안전부가 아닌데 갑진은 이미 고용노동부이므로 가인의 예측은 옳다.

• 나운의 예측이 틀린 경우 : 가인의 예측에 따라 배치된다.

행정안전부	보건복지부	고용노동부
을현	병천	갑진

라연의 예측에 따라 배치된다.

행정안전부	보건복지부	고용노동부
병천	을현	갑진

다은의 예측에 따라 을현이 행정안전부가 아니면 병천이 행정안전부가 된다. 나운의 예측이 틀린 경우 두 가지 배치결과가 나올 수 있다. 그러므로 나운의 예측이 틀리다.

• 다은의 예측이 틀린 경우 : 가인의 예측에 따라 배치되고 나운의 예측에 따라 배치된다.

행정안전부	보건복지부	고용노동부
을현	병천	갑진

라연의 예측에 따라 배치되면 아래와 같다.

행정안전부	보건복지부	고용노동부
병천	을현	갑진

라연의 예측과 나운의 예측과 충돌이 생기므로 다은의 예측은 옳다.

• 라연의 예측이 틀린 경우 : 가인의 예측에 따라 배치된다.

행정안전부	보건복지부	고용노동부
을현	병천	갑진

다은의 조건과 충돌이 생겨서 라연의 예측은 옳다.

㉠ 갑진은 어떠한 조건에서도 고용노동부에 배치된다.
㉡ 을현은 행정안전부나 보건복지부 둘 중 하나에 배치될 수 있다.
㉢ 가인, 다은, 라연의 예측은 옳고 나운의 예측이 틀리다.
조건에 따르면 갑진, 을현, 병천은 부서에 한 명씩 배치되고 가인, 나운, 다은, 라연 중 한 사람의 예측은 틀린 것을 알 수 있다.

---

7 ③

㉠ 할인을 제공한 경우가 제공하지 않을 때보다 구매율이 높다.
㉡ 구매 전 활동에서 광고를 했을 경우, 구매 후 활동 사후서비스를 한 경우가 하지 않았을 때보다 마케팅 만족도가 높거나 같다.
㉢ 사후서비스를 하지 않으면, 광고와 관계없이 마케팅 만족도가 낮다.

	A	B	C	D	E	F	G	H
구매 전 활동	×	×	광고	광고	할인	할인	광고, 할인	광고, 할인
구매 후 활동	사후서비스	×	사후서비스	×	사후서비스	×	사후서비스	×
구매율	d	d	c	c	b	b	b	b
마케팅 만족도	c	d	b	c	b	b	a	b

8 ④

운영규정에서 출산일을 기준으로 6개월 전부터 주민등록을 하고 있는 산모만이 지원을 받을 수 있다. '갑'은 출산일 기분으로 6개월 전에는 거주하고 있지 않았으므로, 지원을 받을 수 없다. '갑'이 지원을 받으려면 운영규정에 21조 1항의 규정을 변경하면 된다.

9 ⑤

A 씨는 문구점을 운영한다. 집합금지 및 집합제한업종에 속하지 않으므로 연 매출 4억 원 이하라는 사실을 증명할 수 있는 자료와 함께 코로나19 확산으로 매출이 감소했음을 증빙하는 자료를 제출하면 지원금을 받을 수도 있다.

10 ①

㉠ A는 종 차별주의와 종 평등주의를 모순되도록 보지만, 두 개가 모순되는 것이 아니라 B는 종 차별주의와 종 평등주의를 별개의 문제로 보았다.
㉡ B는 의식에 따라서 인간이 가진 가치가 다르다는 견해를 가지고 있다.
㉢ C는 인간과 인간이 아닌 것에 대한 차별적 대우는 윤리의 대전제에 어긋난다고 말하고 있다. A는 종 평등주의가 비상식적이라고 생각한다.

11 ①

평균 값은 (A + B + C + D + E + F)÷6 = 70이다.
A + B + C + D + E + F = 420이다.
조건에 따르면 값은 다음과 같다.

A	B	C	D	E	F	평균
95		95		D−23	43	70

A + C + F = 233으로
B + D + E = 187이 된다. B와 D의 값은 같으므로, 2D + D−23은 187이 되고, D는 70이 된다.

A	B	C	D	E	F	평균
95	70	95	70	47	43	70

12 ①

㉠ 증가율은 배율에 비례한다. 공급자 취급부주의 증가율은 1.26, 시설미비는 1.33이다.
㉡

연도 사용처	2015	2016	2017	2018	2019
주택	−	↑	↓	↑	↑
차량	−	↑	↓	↑	↑

ⓒ 원인별 사고건수에서 상위 2가지는 사용자 취급 부주의와 시설미비이다. 두 개의 합은 61이고 그 외에 사고건수는 59로 상위 2가지의 사고건수 합이 나머지 원인에 의한 사고건수의 합보다 크다.

ⓔ 2015년 39%, 2016년 41%, 2017년 33%, 2018년 34%, 2019년 38%이다. 매년 35% 이상은 아니다.

---

13 ④

④ 2018년 최대적력수요가 가장 작은 날은 5월 6,407이고 가장 높은 날은 2월 7,879이다. 2019년 최대전력수요가 가장 작은 날은 4월 6,577이고 가장 높은 날은 8월 8,518이다.

① 공급예비력은 2018년 2월 914, 2019년 8월 722이다.

② 공급예비율은 2018년 2월 11%, 2019년 8월 8%이다.

③ 그래프를 확인하면 1월과 2월에는 다르다.

⑤ 그래프가 가장 가파른 것을 선택하면 된다. 2019년 6 ~ 7월이 가파르다.

---

14 ②

⊙ 0 ~ 1km에서 5 ~ 6km 구간별 대략적인 합계를 구한다. A는 29분, B는 33분, C는 31분, D는 33분이 나온다. B는 171초, D는 150초로 순서는 A, C, D, B이다.

ⓛ B의 완주 기록을 모두 합하면 53분 294초가 나와서 60분 이상은 아니다.

ⓒ 3 ~ 4km 구간을 확인하면 분은 똑같지만 초에서 C가 B보다 빠르므로 추월당한다.

ⓔ A가 10km 통과한 순간은 51분 52초이다. D가 통과한 시점은 57분 23초로, 위에서 차감하면 8 ~ 9km구간을 달리고 있다.

---

15 ⑤

피해밀도는 행정면적이 제일 크고, 피해액에 제일 작으면 낮게 나온다. 천의 자리 숫자를 지우고 간략하게 숫자를 만들고 계산하면 A 2,898:1, B 2,883:10, C 3,475:10, D 7,121:16, E 24,482:8, F 86,648:19 G는 대략 59,000:7이다. 제일 낮은 밀도는 B이다.

---

16 ⑤

⑤ 일본의 '활용'영역 원점수가 높아지더라도 '환경'영역 점수를 제외하고 중국이 높기 때문에 변하지 않는다. 일본의 종합점수는 41.48 − 14.3(기존 영역 점수) + 18.4(중국과 같은 영역 점수) = 45.58로 순위는 같다.

① '성과' 2위인 미국이 54.8이고 한국은 6.7로 8배 이상은 53.6으로 8배 이상이 있을 수 있다.

② 3위에서부터는 숫자는 40 이하이고 6위 이하에서부터는 약 38이다. 320점 이하의 숫자가 나온다.

③ '환경'영역에서 16.4가 늘어나서 가중치가 계산해서 4.1이 오르게 되므로 순위가 변하지 않는다.

④ 원점수와 영역별 가중치를 곱한 값은 '혁신'이 가장 높다.

17 ④

A 선용품공급업

B 하역업

C 전체매출액 : 232,119와 사업체수 4,511로 대략적으로 대리중개업, 항만부대업, 선용품공급업, 수리업이 될 수 있다. 사업체당 영업이익이 초과되는 것으로 항만부대업이다.

D 수리업

따라서, A + B + C + D = 2,279이다.

---

18 ①

① 제2항에 따라 조부모 또는 손자녀의 경우 근로자 본인 외에도 직계비속 또는 직계존속이 있는 경우 허용하지 않을 수 있다.

② 제3항에 따라 구술은 허용되지 않고 서면으로만 통보해야한다.

③ 제2항에 따라 정상적인 사업 운영에 중대한 지장을 초래하는 경우에는 근로자와 협의하여 그 시기를 변경할 수 있다.

④ 가족돌봄휴가 기간은 가족돌봄휴직 기간에 포함되므로 별도로 90일을 허용하지 않아도 된다.

⑤ 연간 10일의 범위에서 연장할 수 있다.

---

19 ⑤

⑤ 대가를 받지 아니하고 청소년이 포함되지 아니한 특정인에 한하여 상영하는 단편영화는 분류받지 않고 상영할 수 있다.

① 제2항에 따라 예고편영화는 제1호 또는 제4호로 분류한다.

② 12세 이상과 15세 이상만 부모 등 보호자를 동반하여 관람할 수 있다.

③ 영화진흥위원회가 추천하는 영화제에서 상영하는 영화는 상영등급을 분류받지 않아도 된다.

④ 예고편영화는 청소년 관람불가 영화의 상영 전후에만 상영할 수 있다.

---

20 ⑤

⑤ 분양자와 시공자의 담보책임에 관하여 이 법에 규정된 것보다 매수인에게 불리한 특약은 효력이 없다. 2항에서 10년으로 정해졌으므로 담보 책임을 진다.

① 내력벽, 주기둥, 바닥, 보, 지붕틀 및 지반공사의 하자등의 창호는 10년 담보책임이다.

② 제2항 1호와 3호에 따라 담보책임을 진다.

③ 전유부분은 인도한 날 기준으로 5년으로 기산한다.

④ 담보책임 존속기간은 멸실된 날로부터 1년이다.

	나의 **점수 체크**		**회독 점수 그래프**							
Chapter 08 **공기업 NCS 기출**	TOTAL	100점 만점								100
	문항 당	5점								80
	1회독	점								60
	2회독	점								40
	3회독	점								20
			1회독		2회독		3회독			

정답 한눈에 보기																			
1	③	**2**	②	**3**	③	**4**	⑤	**5**	④	**6**	③	**7**	④	**8**	⑤	**9**	④	**10**	④
11	④	**12**	①	**13**	②	**14**	⑤	**15**	④	**16**	①	**17**	②	**18**	①	**19**	②	**20**	④

1 ③

제시문은 기분관리 이론을 주제로 하고 있다. 이는 사람들이 현재의 기분을 최적 상태로 유지하려 한다는 입장을 바탕으로 하고 있다. 흥분 수준이 낮을 때는 이를 높일 수 있는 수단을 선택하고 흥분 수준이 최적 상태보다 높을 때 이를 낮출 수 있는 수단을 선택한다고 본다. 여기서, 빈칸은 기분조정 이론이 음악 선택의 상황에 적용될 때 나타나는 결론을 찾는 것이다. 단서는 연구자 A의 실험을 통해 기분조정 이론의 내용을 파악할 수 있다. 집단 1은 최적 상태에서 다소 즐거운 음악을 선택했다. 반면 집단 2는 최적 상태보다 기분이 가라앉은 상태에서 과도하게 흥겨운 음악을 선택했다. 30분이 지난 뒤 다시 음악을 선택하는 상황에서 놀이하기를 앞둔 집단 1의 선택에는 변화가 없었다. 반면에 과제하기를 앞둔 집단 2는 차분한 음악을 선택하는 쪽으로 변화가 나타났다. 실험 결과로부터 참가자가 기분이 가라앉았을 때는 흥분을 끌어올리기 위해 흥겨운 음악을 선택한다는 것을 도출할 수 있다. 또한, 과제를 해야 할 상황을 앞두고 과도하게 흥겨운 상태가 되자 이를 가라앉히기 위해 차분한 음악을 선택한다는 것을 알 수 있다. C 사원은 "사람들은 다음에 올 상황에 맞추어 현재의 기분을 조정하는 음악을 선택한다."고 했는데, 가장 적절하게 답하였다.

2 ②

㉠ 보도자료의 내용을 보면 산재보험의 보장률이 93.7%임이 나타나 있고, 이어서 산재보험 가입자가 병원을 이용할 때 지급하는 본인부담률이 6.3%임이 제시되어 있다. 따라서 보장성을 말하고 있는 것이다.

㉡ 근로복지공단은 산재보험의 보장성을 강화하기 위해 급여화를 추진했다. 급여화를 추진하기 위해서는 근거가 필요한데, 이를 마련하기 위해서는 실태조사 추진이 가장 적절하다.

㉢ 보고서는 더 높은 보장률을 얻기 위해서는 비급여 영역으로 남겨진 치료재료와 의약품을 언급하며 급여화된 품목으로 전환시키는 노력이 필요함을 말하고 있다.

㉣ 지도(指導)란 '어떤 목적이나 방향으로 남을 가르쳐 이끈다'는 뜻으로 의료기관에서 급여제품을 사용할 수 있도록 지도해 과잉치료와 약물 남용을 막아야 하는 상황에 적절한 용어이다.

3 ③

보고서는 공·사 의료보험 자료 간 연계를 위해서는 4가지 단계적 추진 방안이 필요하다고 설명한다. 최종 단계는 민간의료보험에 대한 청구를 요양기관이 대신하고 제3의 청구대행기관을 활용함으로써 하나의 민간의료보험 DB를 구축하는 형태가 된다. 남 과장은 공·사 의료보험 자료 간 연계의 최종 단계를 '민간의료보험에 대한 청구를 건강보험공단이 수행하는 것'이라고 보았으므로 적절하지 않게 발언하였다.

① 보고서는 공·사 의료보험의 관리기관과 소관부처가 상이해 연계가 부족하며 국민건강보험과 민간의료보험의 보장영역에 대한 포괄적 검토 기전과 비급여 관리 체계가 부재한 점을 지적한다.

② 보고서에서는 민간의료보험의 경우 건강보험과 달리 피보험자가 요양기관에 진료비를 먼저 수납하고, 사후에 피보험자의 수작업 청구에 따라 민간의료보험이 피보험자에게 보험금을 지급하는 방식을 지적하고 있다.

④ 보고서에서는 시스템 구축 및 연계 시 고려할 요인으로 법적 틀이 제대로 갖춰져 있는지에 대한 법 제도 및 정치적 요인을 제시하고 있다.

⑤ 보도자료의 제일 마지막에는 정부가 민간의료보험과 관련된 인센티브를 제공하고 이를 활용하는 호주의 사례가 언급되어 있다.

---

4 ⑤

확보는 확실하게 가지고 있다는 '갖춤', '보유'의 의미로 쓰인다. ㉠ 건강보험의 적정 보장률을 도출하기 위해 민간보험의 자료가 확보되어야 하며, ㉡ 연계된 자료를 확보할 수 있는 통로는 한국의료패널 뿐인 상황이다. ㉢ 관련 자료를 보건부가 확보하여 활용하는 호주의 사례를 참고할 수 있다.

---

5 ④

제시된 진술을 다음과 같이 정리할 수 있다.
㉠ : 내근 vs 외근(배타적 선언문)
㉡ : 내근 + 미혼 → not 과장 이상
㉢ : 외근 + not 미혼 → 과장 이상
㉣ : 외근 + 미혼 → 연금 저축 가입
㉤ : not 미혼 → 남성

① '㉢'에 의해 과장 이상이 아닌 경우 외근을 하지 않거나 미혼이다. 김 대리가 내근을 한다면 그가 미혼이든 미혼이 아니든 지문의 내용은 참이 된다. 따라서 반드시 참은 아니다.

② '㉣'에 의해 박 대리가 연금 저축에 가입해 있지 않다면 그는 외근을 하지 않거나 미혼이 아니다. 박 대리는 미혼이므로 외근을 하지 않는다. 따라서 반드시 거짓이다.

③ 이 과장이 미혼이 아니라면 '㉡'에 의해 그가 내근을 하지 않는 경우도 성립한다. 따라서 반드시 참은 아니다.

⑤ 정 부장이 외근을 한다면 '㉡'에 의해 그는 미혼이거나 그렇지 않은 경우가 성립하며, 외근을 하면서 미혼이 아닌 경우라면 '㉣'에 의해 그가 연금 저축에 가입해 있는지는 파악할 수 없다.

---

6 ③

박 연구원은 "식용 귀뚜라미와 동일한 양의 쇠고기를 생산하려면 귀뚜라미 생산에 필요한 물보다 500배의 물이 필요하다"고 본다. ⓛ 문단과 ⓒ 문단을 종합적으로 고려해보면 식용 귀뚜라미 0.45kg을 생산하기 위해 물 3.8L가 필요하다. 그런데 쇠고기의 경우 1,900L의 4배 이상, 즉 7,600L 이상의 물이 필요하다. 즉 쇠고기는 귀뚜라미 생산보다 2,000배 이상의 물이 필요하다.

① ⓗ 문단에 따르면 냉혈동물인 귀뚜라미는 먹이를 많이 소비하지 않는다고 설명한다. 이는 생산에 자원이 덜 늘어간다는 것을 의미하므로 김 연구원은 적절히 평가하였다.

② ⓗ 문단에 따르면 곤충의 종류 중 일부가 현재 식재료로 사용되고 있다. 또한, ⓒ 문단에서는 곤충 사육은 많은 지역에서 이루어지고 있음이 나타난다. 즉 사육은 많은 지역에서 이루어지고 있지만 식용으로 사용되는 곤충의 종류에 일부에 불과하다는 것으로 이 연구원은 적절히 평가하였다.

④ ⓛ 문단에 따르면 동일한 자원으로 식용 귀뚜라미를 더 많이 생산할 수 있으므로 귀뚜라미 생산에 자원이 더 적게 든다는 것을 확인할 수 있다. 또한, ⓔ 문단에 따르면 식용 귀뚜라미의 판매 가격은 쇠고기의 가격과 큰 차이가 없으므로 정 연구원은 적절히 평가하였다.

⑤ ⓛ 문단에 따르면 귀뚜라미를 사육할 때 발생하는 온실가스의 양은 가축을 사육할 때의 20%이다. 귀뚜라미를 기준으로 한다면 가축을 사육할 때 발생하는 온실가스의 양은 귀뚜라미를 사육할 때의 5배이므로 임 연구원은 적절히 평가하였다.

---

7 ④

A 도시를 기준으로 판단해야 하므로 甲의 입장에서 시차를 고려하여 C 도시에 도착할 수 있는 가장 **빠른** 시간을 찾아야 한다. 甲이 A 도시를 기준으로 7시 40분에 도착하므로, 8시에 출발하는 기차를 이용하게 된다. 이때 도착시간은 8시부터 3시간이 소요되므로 11시이다. C 도시는 A 도시보다 10분이 **빠르므로** 甲은 11시 5분에 출발하는 기차에 탑승한다. 이후 4시간 30분이 소요되므로 15시 35분이다.

---

8 ⑤

문서의 끝 표시는 붙임 문서가 없을 경우는 문서 마지막에 표시한다. 그러나 붙임 문서가 있을 경우는 본문에는 쓰지 않고 붙임 마지막에 끝을 표기한다.

9 ④

ⓐ의 다른 시각을 가진 사람들의 주장은 저작물의 공유 캠페인은 저작물 창작 의욕을 감소시켜 결과적으로 활용 가능한 저작물이 감소하여 이용자들도 피해를 본다는 것이다. 즉, 저작물의 공정한 이용 규정으로 저작권자들의 정당한 권리가 침해받음을 말하고자 한다. 따라서, 저작권자가 자신들의 노력에 상응하는 대가를 정당하게 받을수록 창작 의욕이 더 커진다는 주장과 관련된다.

① 이용 허락 조건을 저작물에 표시하는 것은 저작물 공유 캠페인에 해당하므로 ⓐ와는 반대되는 주장이다.

② 저작물의 공유 캠페인이 확산되어야 한다는 것은 ⓐ와는 반대되는 주장이다.

③ 복제가 허용되는 영역을 확대해야 한다는 것은 ⓐ와는 반대되는 주장이다.

⑤ 자신의 저작물을 자유롭게 이용하도록 양보하는 것은 저작물의 공정 이용에 해당하는 것으로 ⓐ의 입장과 반대된다.

10 ④

B는 자신의 예술 사진에 대해서는 저작물 공유 캠페인에 저작자로서는 참여하지 않았다. 그런데 A는 B의 허락 없이 B의 예술 사진을 자신의 동영상에 사용하였다. 이는 ㉠ 문단 및 ㉢ 문단에서 설명한 저작물의 공정한 이용 규정에 해당한다. 다시 말해 저작물의 공정 이용과 공정 이용 규정이 있기 때문에 저작물을 저작권자의 허락 없이 무료로 사용할 수 있게 되는 것이다. 만일 공정 이용 규정이 없다면 저작권자에게 사용료를 지불해야 한다.

① A는 자신의 미술 평론에 자유 이용 허락 조건을 표시하여 블로그에 올렸으므로 저작물 공유 캠페인에 참여하는 사람이다.

② A는 자신의 평론을 올릴 때 출처만 표시하면 자유롭게 이용해도 된다는 이용 허락 조건을 달았고, 이는 저작물 공유 캠페인에 참여한 것이므로 A는 B에게 사용료 지불을 요구할 수 없다.

③ A는 B의 예술 사진을 허락받지 않고 사용했지만 이 행위가 공정 이용에 해당한다면 당연히 사용료를 지불하지 않아도 된다.

⑤ B가 A의 미술 평론을 그대로 사용하든 일부를 편집해서 사용하든 관계없이, A의 미술 평론은 출처만 밝힌다면 자유롭게 사용할 수 있다. 즉 A의 동의를 받지 않아도 사용 가능하다.

11 ④

통역료는 통역사 1인 기준으로 영어 통역은 총 4시간 진행하였으므로 기본요금 500,000원에 추가요금 100,000원을 합쳐 600,000원을 지급해야 한다. 인도네시아어 통역사에게는 2시간 진행하였으므로 기본요금 600,000원만 지급한다.

• 영어, 인도네시아 언어별로 2명에게 통역을 맡겼으므로
  (600,000 + 600,000) × 2 = 2,400,000원

• 출장비의 경우 통역사 1인 기준 교통비는 왕복실비인
  100,000원으로 4회 책정되므로 400,000원

• 이동보상비는 이동 시간당 10,000원 지급하므로 왕복 4시간을 이동하였으므로
  10,000 × 4 × 4 = 160,000원

총 출장비는 교통비와 이동보상비를 합한 560,000원

총 통역경비는 2,400,000 + 560,000 = 2,960,000원

12 ①

문화재단은 가장 높은 점수를 받은 프로그램을 최종 선정한다. 따라서 가산점을 고려하여 최고 점수를 받은 프로그램을 알 수 있어야 한다. 먼저, 전문가 점수와 학생 점수의 단순 합이 상위 5개인 프로그램을 도출할 수 있다.

분야	프로그램명	전문가 점수	학생 점수	단순합
무용	스스로 창작	37	25	62
음악	연주하는 교실	34	34	68
연극	연출노트	32	30	62
미술	창의 예술학교	40	25	65
진로	항공체험 캠프	30	35	65

점수의 반영 비율은 전문가와 학생 간 3 : 2의 비율이므로 전문가의 점수에 50%(0.5)를 추가한다. 이 점수에 최종적으로 가산점 30%를 부여해야 한다. 가산점 부여 대상은 하나 밖에 없는 분야에 속한 프로그램인 무용, 음악, 연극, 진로 분야이다. 이를 반영하여 다음과 같이 도출할 수 있다.

분야	프로그램명	전문가 점수	학생 점수	단순합	전문가 점수(× 0.5합)	가산점수(× 1.3)
무용	스스로 창작	37	25	62	80.5	104.65
음악	연주하는 교실	34	34	68	85	110.5
연극	연출노트	32	30	62	78	101.4
미술	창의 예술학교	40	25	65	85	85
진로	항공체험 캠프	30	35	65	80	104

따라서 창의 테마파크에서 운영할 프로그램은 가장 높은 점수를 받은 연주하는 교실이다.

---

13 ②

조건에 따라 제품은 10kg 단위로만 생산하며 제품 A의 1kg당 가격은 300원이고, B의 1kg당 가격은 200원이다. 또한 기존에 보유하고 있던 구리, 철, 주석, 아연, 망간 중 일부를 활용하여 제품 A를 300kg 생산하여 90,000원의 판매이익을 올린 상태이다. 한편, A의 합이 100이고 각주에 배합된 개별 금속 질량의 합이 같다고 되어 있다. 따라서, 도표의 숫자에 3을 곱한 수가 A를 만드는 데 들어간 재료의 양인 것이다.

구분	구리	철	주석	아연	망간
A(× 3)	710 − 180 = 530	15 − 15 = 0	33 − 0 = 0	155 − 75 = 80	30 − 30 = 0

A의 경우 망간을 모두 다 써버렸기 때문에 더 이상 생산을 하지 못하므로 B에서 얼마만큼 생산할 수 있는지를 확인해야 한다. 제품 A를 30kg 생산한 이후 남은 재료로 제품 B를 최대한 생산해야 한다.

제품 A를 만들기 위해 보유한 철과 망간이 전부 소요되지만 제품 B는 철과 망간이 필요하지 않으므로 남은 재료들을 가지고 만들 수 있다. 제품 B의 kg당 가격은 200원이며 표의 비율은 합이 100이므로 100,000원의 제품을 생산한다면 도표에서 5를 곱한 값이 된다.

구분	구리	철	주석	아연	망간
B(× 5)	400	0	25	75	0

이에 따라 (400kg + 25kg + 75kg) = 100,000원이며, A에서 남은 아연 5kg를 B에 활용하는 게 관건이다. B에서 아연

이 15kg을 차지(15%)하므로 33.3kg에 5kg이다. 10kg 단위로만 생산하므로 A의 아연 5kg으로 B 30kg인 6,000원 가치를 생산할 수 있다.

따라서 (90,000원 + 100,000원 + 6,000원) = 196,000원이다.

---

14 ⑤

E는 "전년 동월 평균가격 대비 2020년 10월 평균가격 증감률이 가장 큰 품목은 비거세우 2등급이다."라고 검토했다. 비거세우 2등급의 전년 동월 평균가격 대비 2020년 10월 평균가격 증감률은 약 28.2% 증가하였다. 거세우 1등급은 21.9%, 2등급은 21.5%, 3등급은 17.7%가 증가하였다. 비거세우의 경우 1등급은 19.7%, 3등급은 25.1% 증가하였다. 따라서 E는 옳게 검토하였다.

① A는 "거세우 각 등급에서의 2020년 10월 평균가격이 비거세우 같은 등급의 2020년 10월 평균가격보다 모두 높다."고 했다. 비거세우의 2등급 2020년 10월 평균가격은 16,957원이다. 거세우 3등급인 14,166원보다 크므로 검토 의견은 옳지 않다.

② B는 "모든 품목에서 전월 평균가격이 2020년 10월 평균가격보다 높다."고 했다. 비거세우 3등급의 경우 전월 평균가격은 14,344원으로 2020년 10월 평균가격인 14,560원보다 낮으므로 검토 의견은 옳지 않다.

③ C는 "2020년 10월 평균가격, 전월 평균가격, 전년 동월 평균가격, 직전 3개년 동월 평균가격은 비거세우 1등급이 다른 모든 품목에 비해 높다."고 했다. 이 중 전월 평균가격은 거세우 1등급은 18,922원, 비거세우 1등급은 18,917원이다. 거세우 1등급이 비거세우 1등급보다 전월 평균가격이 높으므로 C의 검토는 옳지 않다.

④ 직전 3개년 동월 평균가격 대비 전년 동월 평균가격의 증가폭은 거세우 2등급 965원보다 거세우 3등급 1,684원이 더 크므로 D의 검토는 옳지 않다.

---

15 ④

D는 "학원교육비의 전년대비 증가율은 2019년이 2018년보다 작다."고 의견을 제시했다. 2018년 학원교육비 대비 2019년의 증가율은 약 4.2% 증가를 보이고 있다. 2017년 대비 2018년은 약 24,000원 증가한 16% 증가율을 보이고 있으므로 적절한 의견을 제시하였다.

① A는 "2017 ~ 2020년 전체 교육비의 전년대비 증가율은 매년 상승하였다."고 본다. 유의할 것은 전체 교육비가 매년 상승했다면 옳은 의견이나 "전년대비 증가율이 매년 상승"했다고 한 것이다. 2017년은 전년대비 8.2% 증가하였고, 2018년은 전년대비 12.7% 증가하였으며 2019년은 전년대비 6.9% 증가하였다. 마지막으로 2020년에는 전년대비 2.4%가 증가하였다. 따라서 A의 의견은 적절하지 않다.

② B는 "전체 교육비에서 기타 교육비가 차지하는 비중이 가장 큰 해는 2019년이나."고 했나. 2016년 ~ 2019년의 경우 전체 교육비에서 기타 교육비가 차지하는 비중은 모두 3% 대이나 2020년에는 4% 대이므로 B의 의견은 적절하지 않다.

③ C는 "2018 ~ 2020년 초등교육비, 중등교육비, 고등교육비가 매년 증가하였다."고 제시했다. 2020년 중등교육비는 전년인 2019년 대비 감소하였으므로 적절하지 않은 의견이다.

⑤ E는 "고등교육비는 매년 정규교육비의 60% 이상이다."고 의견을 제시했다. 2018년의 경우 91,068원의 60%는 약 54,640원이다. 그러므로 고등교육비는 정규 교육비의 60% 미만이 되므로 적절하지 않은 의견이다.

16 ①

ⓒ 문단의 ⓐ와 ⓑ를 다음과 같이 정리할 수 있다.

ⓐ 일방향성	ⓑ 충돌회피성
• 개념 : 주어진 해시 값에 대응하는 입력 데이터의 복원이 불가능 • 특정 해시 값 K가 주어졌을 때 $H(x) = k$를 만족시키는 x를 계산하는 것이 매우 어려움	• 특정 해시 값을 갖는 서로 다른 데이터를 찾아내는 것이 현실적으로 불가능 • $H(y)$가 각각 도출한 값이 동일하면 이것을 충돌이라 하고, 이때의 x와 y를 충돌쌍이라고 함 → 충돌회피성은 이러한 충돌쌍을 찾는 것이 불가능

ⓐ의 개념은 '해시 값을 통해 입력 데이터의 복원이 불가능'하다는 것이므로 ①과 같이 특정 해시 함수의 해시 값을 안다고 해도 입력 데이터 x와 y를 복원하는 것은 불가능하다.

② ㉠ 문단에서 "특정 해시 함수에서의 그 길이는 고정되어 있다."라는 내용은 이유를 제시하지 않은 채 해시 함수의 특징을 서술한 것으로 ⓐ와는 관련이 없다.

③ ⓑ는 문자열의 길이와는 관련이 없다.

④ ⓑ는 특정 해시 값을 갖는 서로 다른 데이터를 찾아내는 것이 현실적으로 불가능하다는 것을 말한다. 즉 입력 데이터 x, y에 특정 해시 함수를 적용하여 도출한 결과 값은 동일하지 않다는 것이다.

⑤ ⓒ 문단의 충돌 개념은 ⓐ와는 관련이 없고 ⓑ에만 해당한다.

17 ②

㉣을 바탕으로 〈보기〉의 사례에 적용하여 경매의 과정을 정리할 수 있다.

㉣ 문단	게시판에 입찰자의 입찰 내용 게시 : 논스의 해시 값, '입찰가+논스'의 해시 값	게시 기한 마감	입찰자가 자신의 '입찰가'와 '논스'를 운영자에게 전송		운영자가 최고 입찰자를 낙찰자로 선정
〈보기〉	A는 'r'과 'm'을, B는 's'와 'n'을 운영자에게 보냄	→	A는 자신의 'a'와 논스를, B는 자신의 'b'와 논스를 각각 운영자에게 전송	→	

운영자가 최고가 입찰자를 낙찰자로 선정하기 위해서는 입찰자들의 입찰가를 알아야 한다. 게시 기한이 마감되고 난 후, 입찰 참여자가 자신의 입찰가와 논스를 운영자에게 보내주어야만 운영자가 해시 함수 G를 사용하여 각 입찰 참여자들의

입찰가를 알 수 있다. 따라서 운영자가 최고가 입찰자를 알게 되는 시점은 입찰자들이 자신의 입찰가와 논스를 보내고 난 후의 시점이다.

① A는 게시 기한 내에 r, m만 운영자에게 전송하면 된다. a는 게시 기한 후에 운영자에게 전송하는 것이다.

③ m과 n이 같다는 것은 A와 B의 입찰가 + 논스의 해시 값이 같다는 것을 의미한다. 그러나 이는 ㉢문단에서 설명한 충돌에 해당한다. 한편 ㉣에서는 이 온라인 경매 사이트에서 일방향성과 충돌회피성을 만족시키는 해시 함수 G를 사용하고 있으므로 ③의 조건 자체가 성립하지 않는다.

④ r과 s는 모두 입찰가와는 직접적인 관련이 없는 논스의 해시 값이다. 운영자가 최고 입찰가를 파악하기 위해서는 결국 입찰가를 보고 판단해야 하는데 ④는 입찰가와는 관련이 없는 정보를 기준으로 정한다고 하였으므로 적절하지 않다.

⑤ ㉣의 입찰 참여자는 자신의 입찰가를 감추기 위해 '논스의 해시 값과 입찰가에 논스를 더한 것의 해시 값'을 함께 게시판에 게시한다는 내용과 모순되므로 적절하지 않다.

---

18 ①

SSTF 스케줄링은 헤드에서 가까운 트랙부터 데이터를 순서대로 처리하므로, 현재 헤드는 0에 있고 요청 순서가 3, 2, 1이라고 해도 $0 \rightarrow 1 \rightarrow 2 \rightarrow 3$의 순으로 헤드가 움직인다. 그럼 총 이동 거리는 3이 된다. LOOK 스케줄링은 대기 큐에 요청되는 트랙 번호의 최솟값과 최댓값 사이를 오가면서 모든 데이터를 처리하는 방식이다. 현재 0에서 출발하여 3까지 간 것이다. 즉 $0 \rightarrow 1 \rightarrow 2 \rightarrow 3$ 순으로 헤드가 움직일 것이고, 총 이동 거리는 3이다. 총 이동 거리는 탐색 시간에 비례하므로, 여기서 SSTF 스케줄링과 LOOK 스케줄링의 탐색 시간의 합은 같다.

② FCFS 스케줄링은 요청 순서대로 처리하므로 $0 \rightarrow 3 \rightarrow 2 \rightarrow 1$의 순서로 헤드가 움직이게 되어 총 이동 거리는 5가 된다. 이에 비해 SSTF 스케줄링은 헤드에서 가까운 것부터 처리하므로 $0 \rightarrow 1 \rightarrow 2 \rightarrow 3$의 순으로 헤드가 움직이고 총 이동 거리는 3이다. 따라서 FCFS 스케줄링이 SSTF 스케줄링보다 탐색 시간의 합이 크다.

③ 탐색 시간의 합은 이동 거리에 비례하는데 두 방식 모두 총 이동 거리가 3으로 같다. 따라서 둘의 탐색 시간의 합은 같다.

④ FCFS 스케줄링은 현재의 위치 0에서 디스크 반대쪽 끝까지 움직이면서 처리한다. 반면 SCAN 스케줄링은 디스크의 양끝을 오가면서 이동 경로 위에 포함된 모든 대기 큐에 있는 트랙에 대한 요청을 처리하는 방식이다. 따라서 FCFS 스케줄링이 SCAN 스케줄링보다 탐색 시간의 합이 작다.

⑤ LOOK 스케줄링과 SCAN 스케줄링의 총 이동 거리는 같으므로 둘의 탐색 시간의 합은 같다.

19 ②

○ 문단의 "기호 집합의 평균 정보량을 기호 집합의 엔트로피라고 하는데 모든 기호들이 동일한 발생 확률을 가질 때 그 기호 집합의 엔트로피는 최댓값을 갖는다."에서 기호 집합의 평균 정보량인 기호 집합의 엔트로피가 최댓값을 가지려면 기호들의 발생 확률이 같아야 함을 알 수 있다. 그런데 K 연구원의 조건에서는 기호들의 발생 확률이 1/4과 3/4으로 서로 다르게 제시되어 있다. 따라서 이 경우는 평균 정보량이 최댓값이라고 이해하는 것은 적절하지 않다.

① ○ 문단의 "어떤 기호 집합에서 특정 기호의 발생 확률이 높으면 그 기호의 정보량은 적고, 발생 확률이 낮으면 그 기호의 정보량은 많다."에서는 발생 확률과 정보량의 반비례 관계만 설명하고 있는 것 같지만, 이 부분은 S 연구원의 이해 적절성을 판단할 수 있는 근거가 된다. {A, B}라는 기호 집합에서 두 가지 기호의 발생 확률이 모두 1/2이라면 이때 발생하는 각 기호의 정보량은 동일한 것이다. 발생 확률에 따라 정보량이 많아지기도 하고 적어지기도 하니까 발생 확률이 같다는 것은 정보량이 동일함을 의미하는 것이다.

③ ○ 문단의 "어떤 기호 집합에서 특정 기호의 발생 확률이 높으면 그 기호의 정보량은 적고, 발생 확률이 낮으면 그 기호의 정보량은 많다."에서 기호의 발생 확률과 기호의 정보량이 반비례 관계에 있음을 확인할 수 있다. 따라서 기호의 정보량이 더 많은 것은 발생 확률이 더 낮은 것, 즉 발생 확률이 1/4인 기호이다.

④ ○ 문단의 "기호 집합의 엔트로피는 기호 집합에 있는 기호를 부호로 표현하는 데 필요한 평균 비트 수의 최솟값이다."를 통해 L 연구원의 핵심 포인트 중 "기호를 부호화하는 데 필요한 평균 비트 수의 최솟값"이 곧 기호 집합의 엔트로피라는 것을 알 수 있다. 또한 ○ 문단에서 "모든 기호들이 동일한 발생 확률을 가질 때 그 기호 집합의 엔트로피는 최댓값을 갖는다."를 통해 L 연구원의 이해가 적절하다는 것을 알 수 있다.

⑤ ○ 문단의 "기호 집합의 평균 정보량을 기호 집합의 엔트로피라고 하는데"와 각주에 제시된 평균 정보량을 종합해 보면, 기호 집합의 엔트로피는 각 기호의 발생 확률과 정보량을 서로 곱하여 모두 더한 값이다. 그리고 ○ 문단에서는 "어떤 기호 집합에서 특정 기호의 발생 확률이 높으면 그 기호의 정보량은 적고, 발생 확률이 낮으면 그 기호의 정보량은 많다."라고 설명하고 있다. 이 내용들을 모두 종합할 때 Y 연구원은 적절히 이해하였다.

20 ④

〈보기〉의 기호 집합은 {맑음, 흐림, 비, 눈}이고 각각의 날씨는 모두 기호라고 보면, 각 기호의 발생 확률이 모두 같으므로 1/4이 된다. ㉠ 문단의 "모든 기호들이 동일한 발생 확률을 가질 때 그 기호 집합의 엔트로피는 최댓값을 갖는다."를 통해, 이 기호 집합의 엔트로피, 즉 평균 정보량은 최댓값을 가지고 있음을 알 수 있다. 그리고 엔트로피 부호화를 통해 각각의 기호를 00, 01, 10, 11의 두 자리 이진수로 부호화했다. 발생 확률이 같으니까 발생 확률에 따라 비트 수를 달리하는 '허프만 부호화'를 사용할 필요가 없는 경우이다.

㉢ 문단에서는 "'삼중 반복 부호화'는 0과 1을 각각 000과 111로 부호화한다."라고 설명하고 있다. 그다음 차동 부호화 과정을 거쳐야 하는데, 기준 신호가 양(+)의 전압이므로, 111000에서 첫 번째 비트 1은 음(−)의 전압으로, 두 번째 비트 1은 양(+)의 전압으로, 세 번째 비트 1은 음(−)의 전압으로 바뀐 다음, 네 번째 비트부터 여섯 번째 비트인 0은 모두 음(−)의 전압이 유지될 것이다. ㉣ 문단에서 "차동 부호화는 부호의 비트가 0이면 전압을 유지하고 1이면 전압을 변화시킨다."고 설명하고 있기 때문이다. 특히 차동 부호화 과정을 생각할 때, 비트 1은 전압을 변화시키고 비트 0은 전압을 유지한다는 것이 핵심이다.

① ㉠ 문단의 "모든 기호들이 동일한 발생 확률을 가질 때 그 기호 집합의 엔트로피는 최댓값을 갖는다."를 바탕으로 보면, 발생 확률이 모두 같은 기호 집합 {맑음, 흐림, 비, 눈}의 엔트로피의 최댓값 역시 2가 된다. 그런데 S 연구원은 기호 집합의 엔트로피가 2보다 크다고 서술했으므로 적절하지 않다.

② 〈보기〉에서는 이미 엔트로피 부호화를 거친 결과 맑음, 흐림, 비, 눈을 각각 00, 01, 10, 11의 부호로 제시하였다. '흐림비맑음흐림' 날씨 데이터를 기호로 변환하면 01100001로 바뀌게 된다.

③ ㉢ 문단에서는 "이때 수신기에서는 수신한 부호에 0이 과반수인 경우에는 0으로 판단하고, 1이 과반수인 경우에는 1로 판단한다."라고 설명한다. 그러니까 수신기에서 판단한 결과 같은 부호 10이 나오므로, 이 경우 같은 날씨로 판단하게 될 것이다.

⑤ 수신기에서 수신한 '음, 음, 음, 양, 양, 양'의 전기 신호를 부호로 전환하면 '1, 0, 0, 1, 0, 0'이 된다. 그리고 Y 연구원은 삼중 반복 부호화를 이용했다고 했으므로 ㉢ 문단 '이때 수신기에서는 수신한 부호에 0이 과반수 이상인 경우에는 0으로 판단하고, ~ 000, 001, 010, 100 중 하나라면 0으로 판단하고'를 볼 때, '100 → 0, 100 → 0'으로 판단하여 이 부호는 원래 '00'이었음을 알 수 있다. 따라서 흐림이 아니라 맑음이다.

자격증 별로 정리된 기출문제로 깔끔하게 합격하자!

기출문제 총집합! 자격증-기출

서원각에서 출간된 자격증 기출 시리즈

국내여행안내사
기출문제 정복하기

유통관리사 2급
기출문제 정복하기

농산물품질관리사 1차 필기
기출문제 정복하기

수산물품질관리사 1차 필기
기출문제 정복하기

보세사
기출문제 정복하기

손해사정사 1차 시험
기출문제 정복하기

손해평가사 1차 시험
기출문제 정복하기

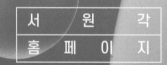

🖐 상식톡톡으로 포인트 상식 찾아가기!

🖐 블로그와 카페로 한번에 접속하기!

🖐 학습자료실에서 유익한 자료집 다운 받기!